CW01638423

Bibliothèque des Histoires

MOSHE LEWIN

LA FORMATION DU SYSTÈME SOVIÉTIQUE

ESSAIS SUR L'HISTOIRE SOCIALE DE LA RUSSIE DANS L'ENTRE-DEUX-GUERRES

Traduit de l'anglais
par Pierre-Emmanuel Dauzat

nrf

GALLIMARD

Titre original :

THE MAKING OF THE SOVIET SYSTEM
ESSAYS IN THE SOCIAL HISTORY OF INTERWAR RUSSIA
Pantheon Books, New York

© *Moshe Lewin, 1985.*
© *Éditions Gallimard, 1987, pour la traduction française.*

INTRODUCTION

Crises sociales et structures politiques en U.R.S.S.

Un recueil d'articles et de conférences doit être, pour bien des auteurs, une source de doutes et d'inquiétudes. Après tout, un grand sujet forme assurément une entité à facettes multiples et pluridimensionnelle, ici d'une grande netteté, là entourée de secret et de mystère, à la fois immuable et changeante, tandis que les articles ne sont jamais que des fragments, des coups de sonde et des approches par définition limités et davantage faits pour poser des questions que pour présenter des réponses. Une fois prise la décision de les republier, tout en laissant au lecteur le soin de décider si leur rassemblement a un sens, il appartient encore à l'auteur de se demander, pour lui-même autant que pour les autres, si ses recherches sont guidées par quelques fils directeurs ou idées centrales.

Tel est bien le cas en l'occurrence. Outre qu'ils forment une réserve d'idées pour de futures études, ces essais ont en commun un aspect central : ils sont d'un spécialiste de l'histoire sociale de la Russie au XXe siècle, tout particulièrement de la période soviétique, d'un historien qui s'efforce de pratiquer et d'encourager l'étude de la société russe et soviétique, notamment durant la période en question [1]. Ce fait pose plus d'un problème, mais le principal, à l'heure actuelle, se laisse résumer très simplement : l'étude de la société russe de ce siècle est encore un

1. Nous employons les termes « Russie » et « Russe » pour la période prérévolutionnaire comme pour la période postrévolutionnaire. À partir des années 1920, nous employons aussi souvent « U.R.S.S. » et « soviétique ». L'emploi de l'appellation « Russie » pour la période postrévolutionnaire vient de ce que l'essentiel de nos matériaux provient de la population russe ou la concerne; les autres nations et républiques ont une grande importance – séparément mais aussi et surtout en bloc. Il s'agit cependant d'un immense sujet à part entière qui exige une connaissance de leurs langues et de leurs cultures, ainsi que des recherches spécialisées. On ne doit donc pas considérer notre usage du terme « Russie » comme un rejet du phénomène baptisé « U.R.S.S. ».

domaine sous-développé ou même à peine développé – fait qu'ignorent ou se refusent parfois à admettre certains spécialistes d'autres aspects des études russes. « Que peut-on attendre de ce type d'étude ? », demandent-ils. On soupçonne qu'ils sont nombreux à penser qu'il n'y a pas grand-chose à ajouter à ce qui est déjà bien compris et que l'on peut résumer en un mot ou en une phrase.

Je ne prétends pas que la dimension qui m'intéresse ici soit la seule à laquelle on n'attache encore aucune importance. Un système social requiert les efforts de tous les chercheurs et de bien d'autres professions, et personne ne manque de pain sur la planche. J'insiste sur ce point, parce qu'il est évident que l'on se trompe du tout au tout en affectant de croire qu'il n'y a rien à attendre de ce type d'étude. Le système social soviétique et son régime politique sont loin d'être assez bien connus et compris. Il ne manque pas de jugements à la légère, mais les erreurs fourmillent, et beaucoup trop d'appréciations demeurent superficielles, au regard des exigences scientifiques certes, mais aussi pour les besoins de la vie politique et le bien-être de notre petite planète.

Naturellement, ce qui m'intéresse ici, c'est la recherche, non pas telle ou telle politique. Mais la politique a contribué à ancrer différents clichés dans les esprits occidentaux et à mettre des obstacles préjudiciables sur la voie de l'étude de la Russie. Examinons quelques-unes de ces entraves qui amènent les chercheurs à se dérober aux études en profondeur et novatrices, alors même que l'on a un besoin urgent d'hommes de talent pour s'occuper d'une montagne croissante de tâches en ce domaine.

La concurrence avec les États-Unis, les guerres froides, ainsi que les courses aux armements ont exigé une propagande massive qui accompagne ce type de compétition. Et cette propagande s'affaire à forger des images de l'Union soviétique qui, non seulement, n'incitent guère les gens à se plonger dans les profondeurs de l'histoire, à se lancer dans des recherches théoriques complexes ou des traités culturels élaborés. Elle suscite au contraire une profonde hostilité, un certain mépris ainsi qu'un besoin de mauvaises nouvelles, de récits horrifiques, ou tout simplement d'anecdotes peu flatteuses qui montrent les mauvais pour ce qu'ils sont tout en permettant aux bons de reposer douillettement sur leur bonté – autant de clichés que les media peuvent transmettre aussi facilement qu'efficacement pour peu qu'ils le souhaitent. Ils peuvent, s'ils le veulent, minimiser l'importance de massacres en quelque pays, ou les traiter sobrement, ou au contraire monter en épingle en perdant toute mesure un extrait de discours, anodin en soi, jusqu'à en faire quasiment la menace la plus grave de tous les temps.

Il faut ajouter à cela un phénomène compliqué : l'existence de « l'autre » – tant que persiste cette image – peut servir d'écran, sinon d'excuse, à des événements strictement intérieurs sans grand rapport avec la Russie – gentille ou vilaine. La « révolution culturelle » chinoise semblait, au début, concerner la Russie, mais il devint bientôt clair qu'il s'agissait d'événements purement intérieurs à la Chine. L'antisoviétisme qui règne à Paris aujourd'hui en est un autre exemple, qui contribue à entretenir des craintes persistantes : les chars soviétiques pourraient atteindre la Manche à tout moment. En réalité, cependant, de telles craintes et phobies s'expliquent largement par les mutations internes à la classe intellectuelle parisienne qui s'intéresse avant tout à elle-même. Il n'est pas difficile de comprendre que les études russes ne se portent pas très bien dans une telle atmosphère.

On peut avancer encore un autre exemple dans lequel le lien avec la Russie est, au moins, plus direct : dans différents pays, diverses gauches ont le sentiment d'avoir été flouées par la révolution d'Octobre, qui n'a pas tenu ses promesses. Tant de gens sont « choqués » – et remplacent leur culte inconditionnel de jadis par un rejet tout aussi inconditionnel et catégorique, sans comprendre qu'en procédant ainsi quand on vit ou que l'on étudie des phénomènes historiques, on ne trompe jamais que soi-même; il n'est pas bon de s'échapper d'un piège pour tomber aussitôt dans un autre sous l'effet du même mécanisme psychologique d'auto-illusion.

Certaines notions aussi tape-à-l'œil que celle d'« intérêts stratégiques mondiaux » des grandes puissances constituent précisément un piège de ce type. De telles attitudes ont tendance à faire tourner tous les problèmes autour d'un seul objectif et à les traiter tous par un même remède – la force militaire. Mais dans le même temps, les véritables problèmes susceptibles de faire dérailler la planète s'accumulent ailleurs pour former les nombreux déséquilibres qui déchirent la planète et les bosquets mêmes de notre civilisation.

Aussi, lorsque l'objectif en question n'est autre que la Russie (et que les Russes se livrent eux aussi au même type d'exercices ne change absolument rien, ni pour eux ni pour leurs problèmes), le régime intérieur de la Russie et tout ce qu'il fait, à l'intérieur comme à l'extérieur de ses frontières, ne sont plus sans rapport avec les tensions internationales – ils sont exploités pour les nourrir. Dès que l'on a affaire avec la Russie, on n'admet plus que quoi que ce soit puisse être « intérieur », comme on l'admet pour la Chine par exemple. D'autres ont des « relations internationales »; la Russie, elle, a une « conduite internationale », de toute évidence une mauvaise conduite, produit d'un esprit malin malintentionné, auquel l'autre camp devrait réserver le traitement qu'il sied à un délinquant. Elle n'est donc pas un pays qui, comme tous les autres, agit dans un environnement international complexe, qui lui est souvent très hostile, et a ses problèmes avec celui-ci. Elle est au contraire le seul facteur de troubles, et nul autre pays ne saurait être ne fût-ce que suspecté de se livrer à quelque mauvais tour que ce soit. Certes, pour les besoins de la propagande – et de bien d'autres produits qui ne se présentent pas comme tels –, on peut attribuer tout et n'importe quoi à la Russie, n'importe quelle intention maléfique, sans prendre la peine d'analyser les rapports de force et la faisabilité de telles intentions ni d'appliquer la moindre méthode de vérification rigoureusement exigée en tout autre domaine. Une telle mêlée est préjudiciable à l'effort intellectuel indispensable ici comme en bien d'autres domaines voisins.

Quelle que soit leur intention précise, les experts qui traitent de l'Union soviétique se trouvent souvent sommés de livrer des pronostics rapides et incisifs – « Où en sont-ils ? » « Quand vont-ils changer ? » ou « En quoi votre étude intéresse-t-elle les besoins de notre pays ? » – cette dernière question est parfois capitale pour trouver des fonds. La question la plus amicale, venant d'esprits pratiques animés d'excellentes intentions – faire des affaires avec les Russes, par exemple –, c'est tout simplement : « Qu'est-ce qui les pousse ? » On s'adresse beaucoup trop souvent aux spécialistes de l'Union soviétique avec des naïvetés de cet acabit, derrière lesquelles se profile de manière évidente une conception passablement répandue, mais qui est en soi une « entrave » : il existe certainement des réponses simples parce que la question est elle-même, au fond, d'une extrême simplicité. Et pourquoi a-t-on gaspillé tout cet argent à de telles études sans avoir encore découvert le secret ?

Des hommes par ailleurs très compétents, et qui maîtrisent des réalités complexes en d'autres sphères de la vie, s'étonnent parfois quand on leur explique que « ce qui pousse les Russes », ce n'est pas quelque mécanisme élémentaire situé dans le Politburo, mais l'histoire du pays, ses traditions et sa culture, son économie, ses structures sociales et son environnement international. Sans oublier les dirigeants – dans cet ordre, à la fin de cette série de grandes composantes; importants, certes, ils s'inscrivent dans un édifice institutionnel plus large, en interaction avec des groupes, des classes et des traditions, à travers des batailles, des compromis, et même – eh oui! – des approches idéologiques différentes.

Même dans les milieux universitaires, où l'on peut fièrement mettre en avant des travaux et des œuvres d'érudition d'importance, la « politisation » de ce domaine a un double effet : d'un côté, la profession est invitée à expliquer la Russie aux hommes politiques et, parfois, en se pliant à leurs humeurs; et, de l'autre, dans un sens très différent, elle est soumise à la pression du système russe lui-même qui, par son « étatisme » profond, attire essentiellement l'attention sur les instruments du pouvoir – État, dirigeants, idéologie.

Il n'y a rien d'intrinsèquement pervers à traiter ces aspects, si ce n'est que cette concentration unilatérale sur le pouvoir politique a frustré de l'attention qu'ils méritaient la « société » et son histoire, les grandes classes populaires, même les groupes dirigeants – la bureaucratie en général, les élites – aussi bien que le complexe institutionnel élargi, les continuités historiques à plus long terme, les phénomènes de civilisation plus vastes et les mécanismes de changement. Si nous revenons alors à cette question : « Qu'est-ce qui les pousse? » réellement dans la vie, l'entreprise intellectuelle devient subitement bien plus exigeante et alléchante. Il convient de reléguer aux recherches strictement privées tous les clichés et les états d'âme.

L'« approche centrale » qui caractérise les textes réunis dans ce livre ouvre, je l'espère, une avenue riche de promesses aux efforts d'interprétation et de définition d'un autre fil directeur de ce livre – le « stalinisme ». Le stalinisme est un stade d'une chaîne de stades ou de « modèles » par laquelle est passé le système politique soviétique. Comme on le verra, le système a connu plusieurs versions, qui ne se différenciaient pas par de simples vétilles, même si elles appartenaient toutes au même cadre autoritaire. Le stalinisme est l'un de ces stades – un stade particulièrement virulent, peut-être même « pathologique », qui s'est développé et s'est éteint presque en même temps que son fondateur. Mais le cadre élargi lui-même a subsisté sous une forme plus complexe et plus durable.

Pour comprendre le stalinisme ainsi que toute la chaîne de formes par laquelle le système soviétique est passé depuis sa naissance, l'historien souhaite tout naturellement introduire dans son analyse autant d'éléments du passé qu'il lui semble nécessaire. Comme l'a souligné Fernand Braudel, une révolution, française ou russe, n'est jamais vraiment une rupture dans la civilisation d'un pays [1]. Il faut donc tâcher de comprendre ce qui s'est passé non seulement avant 1937 ou avant 1929, mais bien avant 1917 : c'est assurément une tâche difficile, et qui exige la collaboration de nombreux historiens de différentes disciplines [2]. Mais le message est clair : Lénine, Trotsky, Staline, et le Politburo tout entier ont tous agi au sein d'un milieu social et culturel soumis à de violents soubresauts dans le cadre de structures qui se désintégraient ou se reformaient. Ils ne se sont donc pas contentés de discuter, d'hériter les uns des autres, ou de s'entretuer. La réalité est bien plus compliquée et souvent déroutante, et il est extrêmement difficile de savoir qui et quoi a engendré qui et quand. Qui plus est, on ne saurait comprendre correctement ce qui nous intéresse si nous nous arrêtons en 1953, lorsque Staline a rendu son dernier soupir. Une bonne analyse ne peut ignorer ce qui s'est fait après lui pendant une trentaine d'années.

Non que nous entendions négliger l'État, l'idéologie, les dirigeants ou les personnalités. Le titre ou le contenu de plusieurs chapitres de ce livre attestent fidèlement de leurs véritables intentions. Mais, au lieu de partir de l'idée trop répandue que dans les régimes dominés par l'État (de style soviétique ou autre) tout est « politique » et « domination » tandis que la société est tout simplement contrôlée, censurée, ou étouffée, qu'elle n'est jamais qu'un appendice de la bureaucratie ou qu'elle est en quelque sorte « atomisée », ces études se concentrent sur une

1. Fernand BRAUDEL, *Écrits sur l'histoire*, Paris, Flammarion, 1969, p. 303 : « Les civilisations survivent aux bouleversements politiques, sociaux, économiques, même idéologiques que, d'ailleurs, elles commandent insidieusement, puissamment parfois. La Révolution française n'est pas une coupure totale dans le destin de la civilisation française, ni la Révolution de 1917 dans celui de la civilisation russe... »

2. Un groupe d'historiens américains se réunit chaque année en colloque sous les auspices d'un « Séminaire national sur l'histoire de la Société russe au XXe siècle »; l'auteur de ces pages n'a donc rien d'un solitaire en ce domaine. Non que les participants à ce séminaire souscrivent à ses opinions, mais nous partageons un même intérêt pour l'histoire sociale de la Russie.

société aux différentes étapes de son développement. La société russe ne s'est approchée de cet état d'« atomisation » qu'à certaines époques, mais il a toujours été un facteur qui a puissamment infléchi et marqué le cours des événements, en particulier l'évolution à long terme du système politique et social. Sans ces aspects, l'histoire n'est pas réellement écrite, ni comprise. Le dernier essai, *Aux prises avec le stalinisme,* illustre l'approche nécessaire, même s'il ne s'agit encore que d'un essai qui n'accorde pas une attention suffisante aux événements d'avant 1917. Néanmoins, bien des problèmes y sont abordés en vue d'une étude et d'une discussion plus poussées.

Dans un récent ouvrage pionnier [1] intéressant toutes les préoccupations qui sont ici les nôtres, Basile Kerblay traite le régime politique comme un facteur très important, sans doute puissant et souvent efficace, mais qui évolue en permanente interaction avec des facteurs historiques – classes, groupes, traditions – qui façonnent et contrecarrent l'État et ses dirigeants. Kerblay étudie essentiellement la scène contemporaine, mais la même approche s'applique tout au long de l'histoire et plus encore à la période soviétique.

Le problème n'est pas seulement celui du droit des personnes de s'organiser en toute liberté, de publier, de discuter, de participer publiquement à la vie politique avec leurs propres idées. Même s'il est fortement et traditionnellement autoritaire, le milieu historique russe a souvent laissé paraître de profondes déchirures entre les sphères politique et sociale (soulèvements populaires, mouvements clandestins, dissidence religieuse, courants culturels qui ont gagné jusqu'aux plus hautes couches de la société et de l'État). Mais point n'est besoin d'événements spectaculaires pour illustrer notre thèse. On peut en effet montrer que des phénomènes plus simples relevant de la vie quotidienne sous la période soviétique – « plus simples » au sens où il ne s'agit ni de troubles ni même de critique politique ouverte – créent parfois d'insurmontables obstacles à l'action de l'État. Ainsi lorsque les ouvriers quittent souvent leur emploi en quête de meilleures conditions de travail, quand les fonctionnaires se font prier pour fournir des statistiques à leurs supérieurs ou se montrent impolis et inefficaces avec le public, quand les paysans consacrent toute leur énergie à leurs lopins privés et ne se

1. Basile KERBLAY, *La Société soviétique contemporaine*, Paris, Armand Colin, 1977. Kerblay est professeur de civilisation russe à l'université de Paris IV.

fatiguent pas outre mesure sur les champs du kolkhoze, lorsque les intellectuels s'abandonnent à des courants, des états d'âme ou des idéologies, et quand, dans leur vie comme dans leur carrière, les jeunes épousent les caprices d'une mode fort éloignée des aspirations officielles. On pourrait allonger à l'infini cette liste. Le parti et les couches dirigeantes ne sont pas à l'abri d'une telle corrosion par les influences et les cultures que cet immense laboratoire historique qu'est le pays ne cesse de créer en liaison avec son ancienne tradition étatiste ou, au contraire, en accord avec les nombreuses autres traditions qui ont façonné l'esprit des hommes et qui en sont nées, du haut en bas de l'échelle sociale, dans une permanente et irrésistible interaction.

Tel est le produit historique que l'on nomme Russie, et il n'en est pas d'autre. Mais, à privilégier ainsi les facteurs autres que l'État constitué – ou la moins précise, plus idéale et abstraite « qualité étatique » *(statehood)* –, on devient suspect de vouloir « dépolitiser » un système où l'étatisme est officiellement le sel des choses et où il n'est que cela aux yeux de bien des observateurs. Mais ce soupçon est sans fondement. Les soutiens de l'État, qu'il s'agisse des administrateurs ou des idéologues, sont certes des créatures politiques, mais ce sont aussi des êtres sociaux et des groupes sociaux. L'objectif est donc de considérer tous ces aspects ensemble, afin de révéler un tableau plus fouillé d'un État qui ne fait pas lui-même toute son histoire, et dont l'histoire n'est pas entièrement à son goût. Les orientations et les paramètres de cette histoire sont en réalité fixés par un dédale d'acteurs, d'intentions et de données, matérielles et spirituelles, qui sont souvent très anciens et qui reviennent hanter des héritiers qui ne se doutent de rien à une époque où ils se croient engagés à changer le monde. Il en va de même pour le parti et pour l'idéologie qui, dans notre cadre, est également traitée en produit non moins qu'en acteur, et qui se trouve partiellement dépouillée des vertus que voudraient lui prêter certains esprits dogmatiques [1]. De même que n'importe quel autre produit social, le marxisme-léninisme est sensible aux changements structurels qui affectent le développement intérieur et international du pays, il change de fonctions et de formules, d'apparences et d'essences et doit donc être traité comme tel.

1. En 1970, à l'occasion du centième anniversaire de la naissance de Lénine, le secrétaire général du P.C.U.S., Leonid Brejnev, a conclu son discours par ce slogan caractéristique : « Longue vie pour les siècles des siècles [*sic*] au marxisme-léninisme ! » Lénine n'en espérait sans doute pas tant.

Les essais présentés ici répondent à ces intentions mais demeurent de modestes incursions sur cette voie, souvent hésitantes, et en tout état de cause, loin de prétendre constituer une « théorie ». Mais une théorie n'est pas indispensable ici; une observation et une interprétation scrupuleuses des faits suffisent à montrer que ces personnages importants de notre scène politique – les bolcheviks – apparaissent sous un jour particulier lorsque nous ne nous intéressons qu'au jeu du pouvoir (comment ils se damaient le pion, comment ils déjouaient les desseins de leurs adversaires et les réduisaient au silence), sujet qu'il faut évoquer et qui l'a souvent été, et sous un jour bien différent lorsque nous nous interrogeons sur le contexte plus général dans lequel il faut le replacer. Dans cette perspective, leur réussite au pouvoir se trouve défigurée par une situation d'abord aigre-douce, puis carrément tragique. Voilà une bande de révolutionnaires audacieux et couronnés par le succès qui sont montés en triomphe dans un train – que l'on nous permette cette fable pour mieux illustrer notre propos – après l'avoir pris d'assaut et même construit de nombreux wagons et une nouvelle locomotive; confiants, ils ont entrepris de conduire ce train de la gare Promesse à la gare Espoir. Mais tandis que le train avance, les fondateurs d'antan sont toujours plus nombreux à se rendre compte qu'il s'avance inexorablement vers quelque autre objectif que nul n'a choisi, et qu'il est impossible de l'arrêter et que personne ne peut en descendre. Nous pouvons dire, à l'honneur des bolcheviks, qu'ils sont nombreux à avoir tenté, opposition après opposition, de corriger le trajet de leur train, mais que rien n'a paru marcher.

Cette fable s'inspire en fait d'une plainte de Lénine : « Je doute fort que ce soient les communistes qui ouvrent la marche. Je crois plutôt qu'ils se contentent de la suivre [1]. » De tels propos illustrent on ne peut mieux le fait que des acteurs historiques qui ont triomphé, imbus de leur propre importance de dictateurs de l'histoire, peuvent se retrouver entraînés dans « quelque autre direction ». De fait, ils sont en ce cas presque tous condamnés à périr, que ce soit individuellement ou en tant que mouvement, à mesure que leurs actions portent leur fruit. Mais en elles-mêmes et par leur seule nature, ces actions ne sauraient expli-

1. V.I. Lénine, *Polnoe sobranie sočinenii*, 5e édition, 55 vol., Moscou, 1958-1965, vol. XLV, p. 95. On trouve bien d'autres réflexions de cet ordre : ainsi, lorsque Lénine explique que « la machine » – il veut dire le régime – n'avance pas du tout dans la direction où le parti tente de l'entraîner.

quer le résultat. Encore une fois, c'est la toile de fond sociale et culturelle plus vaste qu'il convient d'étudier pour comprendre pourquoi le « train » s'est avancé vers une destination inconnue, une destination qui, pour près d'une génération, devait mériter le nom de « stalinisme ».

Nous appliquerons à ce système la même approche et tenterons de découvrir ce qu'elle peut ajouter et si elle explique quelque chose que nous ne comprenions pas auparavant. Mais nous devrons commencer par nous faire une idée générale des « antécédents » de ce système, du tissu historique dans lequel s'est formée l'étape suivante. Une telle approche complique l'évaluation du rôle de la personnalité – en l'occurrence Staline – dans le processus, rôle qui peut être crucial à bien des égards, même dans un cadre de référence qui accorde autant d'importance à des tendances cumulatives et impersonnelles à long terme. Soit dit entre parenthèses, nous sommes enclins à voir dans le stalinisme non pas une excroissance directe du bolchevisme, mais plutôt un phénomène autonome et parallèle en même temps que son fossoyeur. Le stalinisme fut un système à part entière parce qu'il a entièrement redéfini les buts et les stratégies des premiers fondateurs pour former quelque chose de nouveau. Dans l'étude de ce nouveau système, nous attacherons une attention particulière aux effets de la transformation sociale qui s'est produite au début des années 1930 et qui a été la toile de fond ou la cause de l'évolution des formes politiques de l'époque et des stades ultérieurs.

Une *idée fixe* [1] inspire toute cette déclaration d'intention : celle de « canevas élargi ». Nous n'avons pas encore assez avancé pour présenter avec quelque sens un concept plus général de « civilisation », comme Braudel nous aurait invités à le faire. Cela nous amènerait à rassembler tous les traits intéressants produits par des siècles d'enfantement de la Russie, tels qu'ils se perpétuent ou se réfléchissent dans le XXe siècle et ses traductions ou ses transformations, et partant de là, d'esquisser l'indispensable tableau dans lequel il convient de situer le processus moderne dans sa totalité et ses acteurs. L'État, le parti, les dirigeants, le stalinisme et tout le reste apparaîtront moins figés et immuables qu'on ne l'imagine parfois, plus souples, contraints, et intérieurement ambigus, engendrant en leur sein des formes et des modèles de remplacement. Il n'en ressortira pas un flux dans

1. En français dans le texte *(N. d. T.)*.

une direction sous un seul et même bâton, mais des métamorphoses, des crises, des phases de développement et de transformation – rien d'immuable ni d'unilinéaire.

Nous convions le lecteur à un exercice apparemment contradictoire. Nous insistons, et continuons à insister, sur l'importance des effets économiques et sociaux des événements récents et courants parce qu'ils sont certainement responsables d'un *nouveau* phénomène – le système soviétique. Et notre tâche essentielle est précisément d'évaluer ce système et sa nouveauté. Par ailleurs, nous continuons à inviter le chercheur intéressé à prendre sa respiration et à se plonger dans le passé russe, suggérant par là que les racines des événements plus récents s'y dissimulent peut-être et, surtout, exercent encore une influence. Mais la contradiction n'est qu'apparente, nullement réelle. Il ne faut pas perdre de vue la « jeunesse » du système soviétique, qui ne compte que quelque soixante-dix-sept ans, mais à ignorer ses antécédents et son arrière-plan historique, on court le risque de manquer sa spécificité. À défaut de ce cadre, il demeurera une énigme; dans un tel cadre, il sera remis à sa place légitime – dans la toile complexe tissée par le passé dont il est issu. C'est à cette seule condition qu'apparaîtra la véritable originalité de ses traits.

Il vaut la peine de noter sans attendre que ces soixante-dix-sept années se laissent facilement diviser en deux périodes bien distinctes, qui se singularisent par la grande différence d'intensité et de caractère des événements qui se sont déroulés dans chacune d'elles. La période post-stalinienne frappe l'observateur – et à juste titre – par son gradualisme, sa tranquillité, son ralentissement, et même certains éléments de stagnation – presque une période de sérénité, sans grands chambardements ni brusques retournements. Comme si l'on pouvait clairement discerner des signes de vieillissement chez ce nouveau venu dans l'histoire. Par ailleurs, ces signes peuvent indiquer que le modèle approche d'un âge où, la maturité dépassée, il est prêt à de nouvelles transformations; quelle que soit la réponse, le problème est à l'ordre du jour.

Mais cette impression de sérénité peut être aussi tout simplement le résultat d'un contraste avec la précédente période de l'histoire soviétique qui, à partir de 1917 (pourquoi ne pas commencer en 1904, avec l'ouverture des hostilités russo-japonaises?), est d'une tonalité fort différente. On pourrait qualifier de « catastrophiques » ou de « sismiques » ces années de tremblements qui virent la guerre russo-japonaise, la révolution de 1905, une guerre mondiale, deux autres révolutions (ou deux étapes d'une même révolution?) en 1917, les bouleversements d'une guerre civile (1918-1920) avec son cortège d'interventions internationales et d'occupations, et une guerre avec la Pologne puis, après un bref intermède (1922-1928), la collectivisation de l'agriculture et une industrialisation fébrile, avec leur cascade de crises, des épurations sanglantes et, pour couronner le tout, une nouvelle guerre mondiale. Tout cela, bien sûr, n'eut rien de serein. Pour la Russie comme pour la société soviétique tout entière, ce furent des années d'hécatombes, de famines, d'hémorragies démographiques et de souffrances – en même temps qu'une période de terribles changements politiques, économiques et sociaux, de formation d'un système qui ne ressemblait à rien de connu jusqu'ici, d'essor social spectaculaire pour des millions de personnes, mais aussi de chute, de ruine, de mort ou même de négation de toute chance de voir le jour pour des millions d'autres. Bien que cette toute dernière catégorie des personnes qui ne sont pas nées ne concerne que d'hypothétiques calculs démographiques et non de véritables victimes, elle n'en met pas moins en évidence le prix très élevé que la société dut payer.

À la lumière de nos précédents arguments, nous devinons presque instinctivement que l'intensité du drame fut sans doute le fruit de contradictions et de pressions qui se manifestèrent avec tant de violence pour s'être accumulées pendant des siècles, sur la scène intérieure mais non sans une large contribution de l'environnement international. Les mêmes intuitions nous amènent à penser que dans la phase ultérieure, plus « régulière », du développement, d'autres aspects différents du passé – culturel, politique, et psychologique – ont dû passer sur le devant de la scène et jouer leur rôle, en conjonction, bien sûr, avec des métamorphoses plus récentes.

Mais jusqu'où nous faut-il remonter pour démêler ces contradictions et retrouver le fil de la tradition qui, pensons-nous, ont dû se trouver au cœur des « temps de troubles » comme des temps de stabilité qui, de manière presque inattendue, sont venus après les ravages de la Seconde Guerre mondiale? Quels éléments de ce passé ont eu des effets durables, dans le paysage social, l'héritage culturel, ou l'arrangement institutionnel?

On trouvera peu de chose sur la Russie prérévolutionnaire dans nos articles; il faut se reporter aux travaux d'autres penseurs et historiens et écrire de nouvelles études. Mais cette introduction se devait de soulever le problème parce que, dans la plupart des cas, la formation universitaire a laissé se créer, dans les cours comme dans les départements, une ligne de partage beaucoup trop rigide entre les périodes soviétique et présoviétique et ne prépare donc pas les chercheurs à s'acquitter de ce type de tâche. La plupart conviendraient que la « grande Réforme » de 1861 – l'abolition du servage en Russie – peut être prise comme point de départ pour comprendre ce qui devait finalement aboutir à 1917. Plusieurs historiens l'ont dit, et entre autres G.T. Robinson, dans un livre publié pour la première fois en 1932 [1]. C'est là, en effet, que nous pouvons découvrir un axe particulier de l'histoire russe, autour duquel tournent nombre de ses problèmes. Appelons-le « lien rural ».

LE LIEN RURAL

Dès avant la grande Réforme, deux classes rurales avaient formé ce « lien », qui définit et servit pour ainsi dire de garantie à tout l'édifice politique et social : la paysannerie, encore asservie à l'époque, à un pôle, et à l'autre, les nobles possédant des serfs et la petite aristocratie. L'abolition du servage rendit possibles de nombreux changements, en particulier un important développement économique qui dota la Russie d'un petit mais dynamique secteur capitaliste, accrut l'urbanisation et créa de nouvelles couches sociales. Quoique juridiquement transformé, le lien n'en subsista pas moins. Les nouveaux développements ne furent pas assez profonds pour le rompre, et il continua à étayer, socialement et politiquement, le système tsariste tout en contribuant à le rendre incapable de changer et de se moderniser assez rapidement.

Cette formulation est à l'évidence simplifiée – il faut tenir pleinement compte de l'intrusion de nouveaux facteurs, d'un dynamisme souvent impressionnant – mais tant que les composantes de l'ancienne organisation du pouvoir conservèrent leur emprise sur le régime, en particulier à la cour et dans les

1. Geroid Tanquary Robinson, *Rural Russia Under the Old Regime*, Berkeley et Los Angeles, University of California Press, 1967, p. 65 : « Surtout par ce qu'elle a préservé, mais aussi par une bonne partie de ce qu'elle a créé, l'émancipation des années 1860 a très largement contribué à la formation de la Révolution de 1917. »

échelons supérieurs de la bureaucratie, les vagues d'industrialisation comme les autres phénomènes modernes continuèrent à créer des mécanismes qui, loin de détruire les obstacles et les anachronismes, les perpétuèrent. Parmi ceux-ci, il y avait la cour, une main-d'œuvre industrielle maintenue, y compris dans les grandes entreprises, dans un état d'arriération économique et juridique, une bureaucratie qui, en dépit de quelques secteurs qui se modernisaient, entretenait l'incurie et l'inaptitude au bas de la pyramide et de trop nombreuses pratiques et conceptions rétrogrades au sommet. Et, bien entendu, une paysannerie primitive engagée dans un implacable conflit avec la petite noblesse autour de la terre.

Les deux révolutions et la guerre civile, de 1917 à 1920, rompirent ce lien, ou plus précisément éliminèrent l'un des pôles pour le remplacer par autre chose – innovation de grande conséquence qui permit l'émergence d'un tout nouveau régime. Mais, demeurait encore l'autre membre de l'équation : La paysannerie. Le tsar était parti, remplacé par Lénine et les bolcheviks, la noblesse et la petite aristocratie terrienne avaient été évincées – mais le moujik restait, puissant « reliquat » de l'ancien lien, quoique profondément tranformé et confronté à un environnement politique différent qu'il avait lui-même contribué à promouvoir.

Pour un spécialiste de l'histoire sociale comme dans toute autre perspective, la paysannerie n'est donc aucunement un point de départ arbitraire. Tout en appartenant au lien historiquement dominant, les paysans ne constituaient nullement une classe dirigeante, mais formaient une classe au plus bas de l'échelle sociale – où l'État russe pouvait prélever ses soldats et ses laboureurs, qui lui servait de réservoir de main-d'œuvre et d'impôts directs et indirects, et qui était à des siècles du clinquant des capitales, souvent famélique et, dans sa très grande majorité, illettrée. Tout retombait sur eux. Bien qu'ils n'en fussent certainement pas conscients, ils exerçaient néanmoins une influence sur la nature et le régime du pays, mais de manière pas toujours très évidente. En premier lieu, étant à la fois un pilier et une menace, et par conséquent une base qui pouvait à tout moment se transformer en volcan, une classe de cette échelle, dans un pays où l'agriculture était encore la principale source du revenu national, a dû exercer une certaine fascination sur l'esprit des dirigeants comme des révolutionnaires. Et en vérité, le fait est bien connu. Dans le même temps, la paysannerie, et l'humble figure du « ténébreux » moujik, apparut parfois aux penseurs comme un nabot opprimé, parfois comme le géant populaire responsable à plus d'un titre de la destinée et de la culture nationales.

Laissant de côté les expressions hyperboliques, que la pensée nationale russe a produites en abondance, le chercheur est souvent surpris par la difficulté et la complexité qu'il découvre quand il tente de comprendre une classe prétendument simple et primitive par définition. Pour comprendre la paysannerie, il faut y voir un système social avec sa propre culture, fortement pressé par les villes, les marchés, les chemins de fer, l'État et les guerres afin qu'il change et s'adapte – et survivant néanmoins dans sa coquille villageoise avec ses formes et ses institutions traditionnelles en dépit de toutes les incursions du XXᵉ siècle. Encore dans les années 1920, et même après, la paysannerie demeurait identifiable par sa façon de voir les choses, ses modes de vie, son langage, sa culture, et ses croyances et sa sagesse ancestrale qui s'exprimaient en un incroyable trésor de proverbes. Bref, c'était un monde à part entière, qui n'était pas vraiment de notre temps. Les paysans étaient bien plus aptes que les citadins à survivre aux désastres de toutes sortes et, inlassablement, à repartir de rien pour rebâtir leurs villages et reprendre leur mode de vie, quels que soient les envahisseurs ou les calamités.

Les articles de ce recueil traitent, entre autres sujets, de la religion populaire et des perceptions rurales de la justice et du droit. Il s'agit cependant de sujets importants que nous ne traitons que de manière très schématique. Mais pour ceux qui se préoccupent des choses soviétiques, l'intérêt de tels sujets pour la compréhension du système soviétique n'est pas toujours clair, et quelques remarques explicatives ne seront peut-être pas inutiles.

Étant donné que nous traitons d'un univers socioculturel d'une considérable complexité, en dépit de certaines apparences trompeuses d'uniformité, un tel univers produit inévitablement un tissu serré de croyances religieuses, éthiques et politiques, toutes marquées par leur origine. La paysannerie est un milieu social dense qui réagit à toute influence extérieure, tel un crible ou un filtre. L'instruction, la propagande, les modes ou les images sont rarement reçues telles quelles. Tant que le « filtre » d'une société ou d'une mentalité demeure, pour l'essentiel, en place, les « intrus » seront soit tout simplement repoussés soit, souvent, acceptés, mais remaniés, mis en morceaux, adaptés – bref, « ruralisés ». C'est ce qui est arrivé aux grandes influences extérieures et, entre autres, au christianisme. Certaines formes d'acceptation, de remaniement, d'oubli et de redécouverte sont complexes et fascinantes : un bon exemple en est certains produits du folklore, qui avaient été à l'origine empruntés aux classes supérieures qui les oublièrent totalement (quand elles ne furent pas elles-mêmes emportées dans le tourbillon de l'histoire) et que l'emprunteur refondit au point d'en faire un élément de culture rurale des plus authentiques. Quelque temps plus tard, alors que la mémoire populaire en a perdu les traces, la création refait surface grâce aux efforts des chercheurs et se retrouve sur les bureaux des écrivains, pour faire fructifier les trésors de la littérature nationale.

Un tel exemple n'illustre qu'un seul usage ou itinéraire à travers la culture, mais l'activité réelle est intense et multidirectionnelle. De fait, la plupart des chants, poèmes, mélodies, déclarations et slogans politiques officiels ont été et sont toujours transformés par les villes comme par les campagnes en une multitude de parodies, de pastiches et d'adaptations qui contribuent à créer des cultures, des sous-cultures ou des contre-cultures, aussi bien que des idéologies qui expriment la perception de la réalité des différents groupes sociaux, en particulier de la paysannerie, sur laquelle nous concentrons notre attention dans ces pages; et ces perceptions sont différentes des versions officielles ou de celles des autres classes sociales. Qui connaît la Russie ne peut l'ignorer. Le Russe qui se contentait de chanter la version officielle d'un chant, de réciter le poème acceptable, de parler le langage officiel, de réciter la même prière, et de croire uniquement à ce qu'on lui demandait de croire a dû être une rareté – tout particulièrement dans les campagnes, qui parlaient souvent uniquement leur propre langue et adoraient leurs propres saints.

La mentalité religieuse de la paysannerie, qui différait profondément de l'orthodoxie officielle (sans parler des sectes, dont nous ne saurions discuter dans le cadre de ce recueil), eut aussi une grande importance politique dans l'histoire du pays et de sa culture. Cette influence prit de nombreuses formes, et ses ramifications constituent un sujet d'étude extrêmement riche, souvent subtil. Les manifestations religieuses de la paysannerie comportaient maints éléments de mythologie et de démonologie anciennes groupés autour de l'église sous la forme d'une « orthodoxie ruralisée », ou apparaissant comme une couche de croyances souvent païennes à l'intérieur et autour de la maison paysanne, ou encore comme un ensemble de croyances animistes dans les champs et les forêts – toutes à divers stades de vitalité ou de décomposition, mais encore présentes au tournant du siècle et plus tard. Toutes ces manifestations ont dû profondément affecter la scène nationale, mais nous nous contenterons d'évoquer un thème central intéressant le système politique.

L'acceptation de l'orthodoxie par les paysans était cruciale pour l'Église aussi bien que pour l'État, dont l'Église était l'un des principaux appuis. Mais le régime exploitait aussi de manière plus directe la religiosité populaire en entretenant la croyance du moujik dans le tsar-petit père *(car' batjuška)*. L'importance de l'adhésion massive des paysans à cette croyance en un bienfaiteur lointain mais puissant est évidente : tant qu'ils y croyaient, le tsarisme était tranquille. Il est intéressant de noter qu'une telle croyance est à la fois de nature religieuse et de conception rurale. Elle mettait en relief, dans une version rurale, l'image officielle que voulait se donner le tsarisme – celle d'une autocratie de droit divin –, tout en présentant le tsar comme le chef de l'Église. Il existait en même temps une certaine affinité entre cette croyance et la structure de la vie rurale, en ce sens que le tsar-petit père, ostensiblement très patriarcal, semble avoir été (ou être apparu telle) une figure magnifiée de ce que la vie rurale imprimait sur l'esprit des villageois : un père et chef de famille élargie ou de clan, un *hozjain* (propriétaire et chef) de ferme magnifié et projeté, également en tant que *hozjain*, à l'échelle de la terre russe tout entière. Tant que durait cette affinité de *hozjain* à *hozjain* (en dépit des intrigues des hauts dignitaires et des courtisans qui, aux yeux des paysans, masquaient trop souvent ce lien), le tsar pouvait se passer des baïonnettes. Mais on ne pouvait tenir cette foi pour un fait acquis. Elle pouvait facilement s'effriter comme les événements du passé en apportèrent la preuve, lorsque les paysans se retournèrent contre leur tsar et ses seigneurs à l'occasion de dramatiques retournements d'allégeance. Ainsi, au XVIIe siècle, de nombreux paysans se retournèrent contre l'Église et le tsar, contre l'autorité même du symbolisme chrétien-orthodoxe, en assimilant le tsar à l'Antéchrist. Tel fut le cas à cette époque ou plus tard des vieux-croyants et d'autres sectes. Parmi les autres cas où des paysans nièrent la légitimité de l'État, il faut mentionner une kyrielle d'effroyables rébellions – dont les plus célèbres et les plus inquiétantes furent celles que dirigea le cosaque Pougatchev dans les années 1770. Depuis lors les *pugačevščina* ne devaient cesser de hanter les tsars, et sans doute aussi les dirigeants de la Russie soviétique, comme l'exemple classique de la colère des paysans. Au cours de ce soulèvement paysan, comme en d'autres épisodes semblables, les rebelles eurent recours à un symbolisme un peu différent de celui de l'Antéchrist; on prétendit alors que le tsar n'était qu'un « faux tsar » qui avait tué le véritable tsar et s'était intronisé par des moyens frauduleux. Le chef du mouvement de rébellion devait se présenter comme le véritable tsar, le fils qui avait en réalité réussi à échapper aux sbires de l'imposteur.

Mais qu'il s'agît de le défendre ou de le combattre, le tsar était toujours au centre de la bataille. Tel ne fut pas le cas cependant au cours de la révolution de 1905. À travers les rapports de police sur les centaines de demeures seigneuriales pillées ou incendiées, le gouvernement apprit alors à ses dépens que la paysannerie, sur la religiosité et le conservatisme de laquelle il comptait pour soutenir l'autocratie, était soudainement devenue extrémiste et blasphématrice.

En remettant à plus tard la proclamation des réformes agraires (et l'achèvement de ce qui avait été laissé en suspens en 1861), c'est le tsar lui-même qui fut à l'origine de cette désillusion populaire. Mais il est tentant d'imaginer que d'autres facteurs ont pu jouer, contribuant à miner le puissant symbolisme de l'image du tsar. Après l'émancipation, des facteurs démographiques et socio-économiques accélérèrent la tendance à l'éclatement des grandes familles rurales en unités « nucléaires » plus réduites suivant un processus connu sous le nom de « nucléarisation » de la famille. Cela entraîna un sérieux affaiblissement du vénérable système patriarcal et réduisit en conséquence le rôle de la figure patriarcale magnifiée du *hozjain*. Cela signifie aussi qu'il y eut une certaine laïcisation des conceptions politiques du paysan.

Mais ce ne sont que des spéculations. Ce qui n'en est pas, en revanche, c'est le complexe très réel des notions de justice – réel par ses conséquences politiques quoique d'essence utopique. (Ce problème fait l'objet d'une discussion plus détaillée au chapitre III.) Les différents principes de justice que la commune rurale distributive ancra dans l'esprit des paysans débouchèrent sur une vague utopie de commune rurale à l'échelle de l'État. Mais il n'y avait rien de vague dans le principe qui inspirait les redistributions : la terre, qui n'appartenait à personne, devait être enlevée à l'aristocratie terrienne pour être remise aux paysans. Il n'est pas besoin d'une grande imagination pour comprendre que c'est ce terrible casse-tête qui brisa les fondations sur lesquelles reposait le tsarisme.

Il est difficile de démontrer de manière convaincante les effets directs et indirects de la religiosité rurale (ou, en l'espèce, des croyances religieuses de l'ensemble de la société) sur la politique et la culture soviétiques; certains phénomènes généraux sont néanmoins bien connus, et leurs origines religieuses évidentes. Une culture si profondément imprégnée de différents credo, hérités de siècles d'expériences culturelles et conservés à différents stades d'intégrité ou de décomposition (parfois même de recomposition) jusqu'à l'époque la plus récente, a dû colorer les sentiments et les pensées des personnes réagissant aux terribles changements qui se produisirent autour d'elles ou qui les touchèrent. Nous avons déjà dit que rien n'échappe à l'œuvre d'un filtre culturel tant que ce filtre demeure plus ou moins intact. Une mentalité encore fortement attirée par l'apparat de la magie, une vision manichéenne de mondes réels et imaginaires – le Christ et ses saints contre le Diable et ses innombrables cohortes d'esprits inférieurs – associée à des reliquats de cultes plus anciens – tout cela n'a pu qu'influencer, par des voies encore mal étudiées, le régime politique proprement dit, si séculier et attaché au rationalisme fût-il. En des temps de crise et de terribles tensions, le rationnel est lui aussi soumis à rude épreuve, et ni les États en voie de modernisation ni les individus modernes ne sont immunisés contre les ressorts moins rationnels du pouvoir et des stratagèmes politiques, s'ils sont disponibles. Même si le problème, dans l'optique de l'État, consiste tout simplement à contrer des influences et des superstitions rétrogrades, l'idée de combattre un culte en lui opposant un autre culte est déjà un exemple de l'impact très réel de l'objet même que l'on cherche à exorciser.

De fait, le terme de « culte » est un bon exemple dans notre cas. Des spécialistes de la Russie ont noté il y a longtemps déjà que l'Église orthodoxe en général, mais surtout dans l'esprit populaire, était davantage centrée autour du culte qu'autour d'autres aspects de la religion, tels que la théologie et le mysticisme [1], et que certains phénomènes de la vie politique sovié-

1. Cf., par exemple, Anatole Leroy-Beaulieu, *L'Empire des tsars et les Russes*, Paris, 1889, vol. III, p. 330.

tique tels que la création d'un mausolée de Lénine procèdent d'une origine culturelle et émotionnelle identique ou similaire. Quant à la question de savoir s'il s'agit simplement d'un usage politique fondé sur ce que l'on savait convenir à la mentalité populaire ou si les dirigeants réagirent à leurs émotions intimes ou à celles des cadres politiques subalternes, elle ne présente ici aucun intérêt.

Le même raisonnement vaut pour le passage du culte de Lénine, en des circonstances bien plus dramatiques et sous une forme encore plus ritualiste, sur la personne de Staline. Ici l'idée d'offrir aux masses un symbole quasi religieux destiné à exploiter les esprits religieux à des effets de légitimation, semble de toute évidence mûrement réfléchie. Ranimer le mythe détrôné du tsar et le mettre au service d'un régime au beau milieu d'un effort des plus complexes et émotionnellement exigeant était tout à fait contraire à l'esprit bolchevik – mais ainsi le voulait la nature même de la dictature de Staline. Un chef soupçonneux et clairvoyant tel que Staline, un tacticien calculateur particulièrement soucieux de prouver qu'il était seul capable de damer le pion au moujik, était parfaitement capable d'essayer de conjurer l'apparition d'idées explosives, comme celles d'Antéchrist, dirigées contre lui, ou de les détourner, sous une forme ou une autre, contre ses ennemis véritables ou présumés.

C'est sans doute sur ce plan que se trouvent les prémisses du phénomène de diabolisation de la vie politique dans les années 1930 – diabolisation qui a servi d'idéologie pour justifier des purges sanguinaires. L'idée de cette expression vient de la lecture d'ouvrages sur la persécution des sorcières et des hérétiques par les tribunaux de l'Inquisition. Norman Cohn a parlé de « diabolisation [par l'Église] des hérétiques » [1], mais sous Staline il n'était pas question de s'en prendre aux hérétiques; il s'agit plutôt d'un acte plus mystérieux de sorcellerie politique – consistant à faire croire qu'il en existait en grand nombre, quand il n'en existait absolument aucun. Ce fut donc une stratégie de « diabolisation » de la vie politique à ses propres fins, employée comme un instrument de gouvernement et peut-être comme un moyen d'apaiser certains démons intérieurs qui hantaient l'âme du dirigeant. Et il n'est pas entièrement gratuit d'imaginer que l'on s'attendait ainsi à éveiller – quels que fussent par ailleurs

1. Norman Cohn, *Europe's Inner Demons : An Enquiry Inspired by the Great Witch-Hunt*, 1975, p. 59; trad. franç. par S. Laroche et M. Angeno, *Démonolâtrie et sorcellerie au Moyen Âge. Fantasmes et réalités*, Paris, Payot, 1982, p. 35.

les objectifs de l'opération – un profond écho dans des esprits habitués à croire aux sorcières, aux démons, et à la « force du mal » *(nečistaja sila)*.

Mais il vaut mieux laisser ce sujet aux mains expertes d'un biographe. Les idées générales sur l'exploitation des diverses formes des traditions autocratico-religieuses pour soutenir une nouvelle autocratie naissante ou l'étude des rapports entre les croyances religieuses et la culture politique des masses et de l'État méritent, cependant, certainement beaucoup plus que la modeste conférence sur la religion populaire, jusqu'ici inédite, incluse dans ce volume. Rappelons une fois encore au lecteur que, dans les années 1920, les sectes rurales connurent un vigoureux essor aux dépens de l'Église orthodoxe officielle – et que ce fut là encore un autre réservoir de credo et de croyances, d'exutoires à l'imagination et à la philosophie populaires, beaucoup moins connus de la plupart des observateurs de la Russie, mais influents à bien des égards.

Le thème de l'impact du moujik sur l'histoire et la mentalité russes est presque inépuisable. Nous ne ferons qu'aborder un chapitre de plus, quoique crucial, de la destinée de la Russie et de l'U.R.S.S. après la révolution, en suivant des lignes qui n'ont pas encore été suffisamment étudiées.

La guerre civile provoqua une désurbanisation partielle mais très dommageable du pays et ruina, d'une manière générale, une bonne partie de ce que la Russie avait acquis au prix de ses efforts de modernisation après l'émancipation. La guerre civile marqua donc un très profond recul pour le pays, et celui-ci prit un tour singulier en ce qui concerne la paysannerie. Cette classe – le gros de la population –, habituée par les siècles à endurer la pauvreté et l'adversité, survécut aux guerres, à la famine, et aux épidémies en meilleure forme que les autres et, par sa capacité de seul et unique producteur alimentaire, elle s'affirma comme la principale force qui pourrait aider le pays à revenir plus ou moins à la normale. Mais, involontairement, elle devait « ruraliser » le pays à un degré bien plus fort qu'auparavant, non seulement par ses effectifs et sa fécondité, mais aussi par le fait que les autres classes, en particulier les intellectuels, sortirent de l'épreuve fort épuisées.

Mais la paysannerie contribua à retarder l'horloge du développement du pays en un autre sens plus profond. Elle détruisit les secteurs capitalistes et marchands de l'agriculture, affaiblit les meilleurs producteurs, rétablit ce que les réformes Stolypine avaient tenté de changer et, en particulier, ranima une institution rurale traditionnelle – la commune qui se charge de la répartition. Ce faisant, les paysans renforcèrent leur coquille rurale et sortirent de la guerre civile encore plus profondément engoncés dans leur vieux moule de moujik – ce qui justifie notre emploi du terme « archaïsation ».

Comme on l'a dit plus haut, l'un des pôles du lien rural de la Russie tsariste fut ainsi rompu, mais la dimension moujik, plus moujik que jamais, parut encore plus forte dans un pays affaibli par la guerre civile. Et le nouveau régime, dont les chefs s'inquiétaient du niveau insuffisant atteint par le développement du pays, qui risquait de frustrer leurs aspirations socialistes, se retrouva encombré d'un système économique et social bien plus primitif que celui de la Russie en 1914 – mais aussi plus vulnérable et exposé que jamais aux valeurs plus anciennes et plus archaïques de la vieille Russie.

Cette situation allait de toute évidence représenter une contrainte de taille pour les nouveaux dirigeants. Il serait désormais très dur d'arracher la Russie rurale de la coquille dans laquelle elle s'était mise à l'abri des ravages des calamités précédentes et de la propulser dans le XXe siècle. Et le problème ne paraîtra guère plus facile après la relative tranquillité de la N.E.P. Dans une large mesure, tout tournera une nouvelle fois autour des paysans. Ils seront bientôt sollicités ou obligés d'accomplir un bond de la cabane de bois à l'usine géante et à l'aéroport moderne, des proverbiales chaussures en écorce *(lapti)* aux salopettes modernes. Mais il fallait changer beaucoup plus que les *lapti.* Ce devait être une bataille pour délivrer la Russie de sa paysannerie en même temps que du nœud ou « lien » rural. Ce n'était pas une mince affaire – même si le problème a maintenant été, sur le fond, résolu – non sans prix, bien sûr [1]. Tout au moins, il n'est plus possible de présenter la paysannerie comme un « codéfinisseur » du régime, comme on le faisait dans les années 1920 (voir le chapitre VIII, « Léninisme et bolchevisme à l'épreuve de l'histoire et du pouvoir »). Durant l'ère d'industrialisation à venir, les paysans furent la principale source de matériaux humains pour édifier la société industrielle. On ne leur demanda pas que faire ni comment le faire. Drainés dans

1. La dépendance à l'égard de la paysannerie n'est plus un facteur historique capital, mais l'agriculture reste un problème, même s'il revêt aujourd'hui un caractère différent.

le processus industriel, cependant, ils contribuèrent, par des voies détournées, et notamment en s'accrochant à leur coquille rurale, au climat culturel des années 1930 et à tout ce que celui-ci a pu engendrer.

L'INDUSTRIALISATION ET LES MIROIRS INTERNATIONAUX

Même dans le pays qui a vu naître la révolution industrielle, l'industrialisation n'a jamais été chose facile. Elle s'est révélée coûteuse en souffrances humaines, difficiles à supporter; elle eut d'immenses répercussions sociales et politiques, et fut – comme les pays en voie de développement le savent si bien aujourd'hui – une nécessité. Mais son accomplissement fut aussi d'une difficulté diabolique. Comme l'explique David Landes, historien de l'industrialisation en Occident : « Le changement est démoniaque... et l'on a compté par centaines de milliers, voire par millions, les victimes de la révolution industrielle [1]. » Si cela est vrai de l'Occident, l'industrialisation accélérée des années 1930 valut à la Russie des souffrances, des ravages et des pertes d'une ampleur atterrante, même si l'on est ici tenté, pour faire bonne mesure, d'ajouter avec Landes : « En revanche, la condition de beaucoup de ces victimes eût été pire encore sans l'industrialisation. »

C'est un grand et difficile débat. Pour l'heure, et en ce qui nous concerne, il est plus fructueux de prendre en considération quelques-uns des grands faits, événements et tendances avant de nous livrer, dans un second temps, à des interprétations ou à des appréciations.

Le rêve de Lénine était de doter la Russie arriérée d'une économie industrielle (nous nous souvenons de son : « Que l'on nous donne seulement cent mille tracteurs! ») et telle fut bien, historiquement parlant, la seule justification d'une révolution socialiste en Russie. Et cela n'était pas moins important devant ou contre ses ennemis jurés parmi les marxistes russes – les mencheviks – qui le hantaient avec leur : « Vous n'auriez pas dû faire ça. » En vérité, c'est le parti bolchevik tout entier qui s'attela à cette tâche, mais les grands débats qui déchirèrent le parti dans les années 1920 tournaient autour d'un seul problème : comment pouvons-nous faire ceci? Même après sept ans

1. David S. Landes, *L'Europe technicienne ou le Prométhée libéré*, trad. par L. Évrard, Paris, Gallimard, 1975, pp. 17-18.

de prétendu rétablissement, le poids du sous-développement se fit encore plus lourd. Les paisibles années de la N.E.P. ne devaient pas changer grand-chose à l'« archaïsation » provoquée par la guerre civile. Socialement et économiquement, la paysannerie était restée la même couche qu'autrefois. L'industrie retrouva son niveau de production brute d'avant-guerre (mais pas dans toutes les branches clés de l'industrie lourde). Mais ce redressement s'opéra avec le vieil équipement prérévolutionnaire, qui fut bientôt tout à fait obsolète et produisit une base industrielle beaucoup trop étroite pour assurer la sécurité militaire du pays et lui donner une petite part de modernité. D'aucuns persistèrent à parler de gradualisme et de « stratégies tournées vers les paysans », mais même les modérés d'hier comme Boukharine comprirent en 1928 qu'il fallait employer de grands moyens. Mais quiconque connaissait l'histoire de la Russie savait que les grandes vagues d'industrialisation engendraient des crises. La vague d'industrialisation des années 1890 ne fut certainement pas sans rapport avec la révolution de 1905; une autre poussée impressionnante contribua à multiplier les troubles croissants qui se manifestèrent dès avant la guerre de 1914 pour culminer avec les événements de 1917. L'industrialisation accélérée annonçait des troubles. C'est un Boukharine antistalinien qui fit clairement comprendre en 1928 à un Kamenev stupéfait et même incrédule que Staline était « prêt à noyer dans le sang des soulèvements paysans » – ce qui voulait dire que Staline savait ce que l'avenir lui réservait, même s'il ne prévoyait probablement pas tout l'impact de la crise imminente sur la configuration du système. Mais Boukharine l'avait prévu. C'est lui qui, au Comité central, employa l'expression forte et provocatrice d'« État léviathan » pour définir le régime qui allait résulter du système d'« exploitation militaro-féodale de la paysannerie » qu'employaient Staline et ses partisans pour industrialiser [1]. On n'aurait pu imaginer prophétie plus juste.

L'industrialisation accélérée et réussie dans un pays qui, de surcroît, peut prétendre au rang de grande puissance devient facilement un phénomène et un enjeu d'une grande portée internationale. C'est la révolution industrielle qui donna à la Grande-

1. Sur ce débat, voir Moshe Lewin, *Political Undercurrents in Soviet Economic Debates*, Princeton, N.J., Princeton University Press, 1974, pp. 326-333. Deux articles publiés à l'étranger sur ces problèmes dans la réflexion de Boukharine ne sont pas repris ici; voir, cependant, la biographie de Stephen F. Cohen, *Bukharin and the Bolshevik Revolution*, New York, Alfred A. Knopf, 1974.

Bretagne l'empire le plus puissant du monde. De même, l'industrialisation de l'Allemagne ne fut pas non plus une affaire purement intérieure. Ce fut un défi lancé à la Grande-Bretagne et à la France et le « marchepied » de deux guerres mondiales. C'est grâce à leur développement industriel que les États-Unis accédèrent à leur position dominante de superpuissance et, chacune à sa façon, les offensives industrielles de la Russie et du Japon lancèrent de nouveaux défis aux États-Unis.

En fait, la difficulté même que rencontre l'industrialisation en tout pays est en réalité le résultat des fortes pressions que des prédécesseurs plus développés exercent sur les nouveaux venus. Ce sont ces prédécesseurs qui, objectivement, définissent la tâche, l'intensité de l'effort, et la longueur du bond que doit accomplir le prétendant au développement, obligé d'acquérir et de développer les techniques aussi compliquées que coûteuses que ceux-là ont créées et maîtrisées. Dans la réalité des choses, il semble qu'il ne soit pas possible de faire appel, tout au moins au début, à du matériel plus ancien, meilleur marché et plus simple. C'est, en bref, le dilemme d'une transition directe et de l'adoption immédiate de l'avion à réaction et de l'ordinateur ou bien du sous-développement continu et de la décomposition. Tel semble être le verdict.

Le « grand bond en avant » de l'Union soviétique sous les plans quinquennaux d'avant-guerre rencontra un grand écho international amplifié par l'effet de contraste avec la crise profonde qui sévit en Occident durant ces mêmes années. C'est une bonne illustration des effets et des distorsions apportés à des événements intérieurs par l'environnement international. On sait aussi que le principal argument de Lénine pour justifier la prise du pouvoir en octobre 1917 était l'approche de la révolution en Allemagne, en laquelle il croyait fermement à cette époque. Et quelque soixante années plus tard, le rapport est encore plus direct et plus complexe qu'alors : le développement économique mouvementé de l'Occident et du Japon dans les années 1960 (contrastant avec le ralentissement de la croissance soviétique à la même époque) a aidé les réformateurs en Union soviétique à convaincre leur gouvernement de lancer d'importantes réformes économiques. L'essor occidental parut s'épuiser en 1973 tandis que se profilait le spectre d'une croissance zéro – et c'est alors qu'en Union soviétique les adversaires de la réforme prirent le dessus. Aujourd'hui, le pendule peut de nouveau osciller vers la réforme.

Ce sont autant de faits fascinants de l'histoire contemporaine. L'Occident, en tant que modèle, concurrent, et parfois épouvantail, a joué un grand rôle dans le développement économique et intellectuel aussi bien que politique de la Russie. Leurs rapports ont été et demeurent torturés, reflétant probablement un modèle plus universel : les puissances ascendantes eurent des problèmes avec les précurseurs plus développés, et dans ce type de cas, les rapports ont toujours été contournés. Ces pages accordent une large place aux complexes d'infériorité ou de supériorité, aux images déformées, et aux mythologies.

Les rapports entre les superpuissances d'aujourd'hui sont pleins de corrélations et d'aberrations, de réalisme et de pugilisme. Pour la Russie, les États-Unis ont été et demeurent un modèle et un étalon de mesure et d'évaluation de ses propres résultats économiques, l'état de sa science, la structure de son économie. Dans les publications soviétiques, l'économie plus développée sert expressément de miroir naturel. Les États-Unis, aussi, sont étonnamment sensibles aux réussites de la Russie (les minimiser est un passe-temps favori de maints amateurs) et à ses échecs (autre jeu favori des amateurs d'amplification), et ceux-ci donnent parfois lieu à des réactions hystériques. Les exemples foisonnent.

La Russie s'est longtemps abandonnée à la mythologie d'une perpétuelle « crise générale du capitalisme » pour apparaître comme figée dans l'attente de l'heure, prévue mais constamment différée, de la grande explosion. Il y a eu, cependant, un certain processus d'apprentissage en Union soviétique et, de toute évidence, cette caricature d'analyse historique a laissé place à une acceptation plus pondérée et réaliste de la réussite et de la puissance de l'Occident capitaliste. En revanche, l'Occident ne s'est hélas toujours pas rendu à une vision également posée de l'Union soviétique.

Les États-Unis paraissent encore hésiter entre la perception d'une Russie croulante ou au bord de l'effondrement (mais d'une certaine manière encore très dangereuse et menaçante) et celle d'une Russie progressant, dynamique et changeante. La première conception persiste encore à refuser l'idée que le stalinisme est révolu et qu'il a été remplacé par quelque chose de différent qui appelle une analyse différente. De l'autre côté, ceux qui voient dans la Russie un système qui marche bien, avec lequel il vaut la peine de traiter et de régler ses différends, s'aperçoivent que le système montre aujourd'hui qu'il n'est pas à cours de ressources, et que les signes de malaise qui apparaissent dans les différentes sphères de la vie ne sauraient être interprétés comme ceux de quelque ultime chapitre.

Ce dernier point nous ramène à des réflexions historiques. Le développement économique, culturel et social est toujours aussi politique – dans des directions différentes, mais pas toujours prévisibles. Tel a bien été le cas en Union soviétique où, suivant notre optique, on peut observer depuis 1917 une succession de formes politiques différentes à l'intérieur d'un vaste cadre, qui fait de la phase stalinienne une étape dans une chaîne de modèles de pouvoir, tant au sein du parti que dans le système politique au sens large.

ÉTAPES ET VISAGES D'UN SYSTÈME DE PARTI UNIQUE

L'ascension de Staline au plus haut poste de responsabilité au sein du parti, puis à celui tout à fait unique d'autocrate, demanda du temps et des étapes transitoires. Il faut la resituer dans le contexte des transformations que subirent le parti et le régime autoritaire tout entier tandis que les changements révolutionnaires de 1917, la guerre civile, la N.E.P. et la campagne d'industrialisation – avec, chaque fois, leurs effets et leurs conséquences bien particuliers – ne cessaient de transformer le paysage social, exerçant des pressions et exigeant leur prix. Aussi convient-il de réviser l'idée que le mécanisme gouvernemental demeura identique tout au long de ces années parce qu'il se présentait lui-même comme un système de parti unique. En dépit du monopole du parti et de l'idéologie, les différences entre les divers régimes autoritaires peuvent être considérables et significatives : témoin la scène contemporaine sur laquelle on trouve toute une série de régimes d'inspiration soviétique, de la Yougoslavie à la Chine, ou encore les différentes formes et étapes par lesquelles est passé chaque pays.

Une étude approfondie d'un problème aussi compliqué est à l'évidence nécessaire. Ces essais ne font qu'entamer cette recherche. Notre souci étant de comprendre le stalinisme, la possibilité d'y voir plus clair en mettant cette forme en perspective, comme l'un des modèles potentiels aujourd'hui en place, mérite au moins une brève esquisse.

Au départ, avant la prise du pouvoir en 1917, nous avons affaire à un parti composé d'un réseau de comités clandestins à l'intérieur de la Russie, plus ou moins fermement dirigé de l'étranger, mais jouissant, naturellement, d'une latitude d'action considérable. C'est la forme qui se rapproche le plus de ce parti d'avant-garde très soudé et formé de « révolutionnaires professionnels », que Lénine sembla avoir annoncé dans son *Que faire?* écrit en 1902. Mais même ce texte ne suggérait pas le moindre autoritarisme mécanique dans l'organisation interne bien qu'il insistât sur la discipline et l'unité d'action. Conférences et congrès, débats et plates-formes restèrent monnaie courante parmi les bolcheviks comme chez les mencheviks et étaient considérés comme la procédure normale du parti.

Sans doute était-ce davantage qu'une exagération nostalgique qui poussa Alexandra Kollontaï, l'un des chefs de l'Opposition ouvrière au sein du parti, à affirmer en 1921 qu'avant la révolution, et même dans la clandestinité, la politique du parti était d'abord discutée par les troupes (elle employait le terme *nizi*, ceux de la base) puis par la direction (*verhi*, les hauts responsables [1]). Ainsi déplorait-elle l'inversion de cette pratique qui s'était produite durant la guerre civile, et il est vraisemblable qu'il ne s'agissait pas de sa part, à peine trois ou quatre ans après la révolution, d'une idéalisation de réalités dont toutes les personnes concernées devaient encore garder un très vif souvenir.

Qui plus est, ce parti n'était pas conçu pour prendre le pouvoir, ni même pour instaurer un système socialiste. De même que le parti social-démocrate russe tout entier, Lénine adhérait alors à la théorie des deux étapes chère à Plekhanov : la révolution en perspective allait produire un système « démocratique bourgeois », et la faction de Lénine, avec ses révolutionnaires professionnels, sa discipline et son unité d'action, devait mener les masses à l'assaut contre le tsarisme, et non pas prendre le pouvoir. Et cela est important. En dépit des attitudes élitistes bien connues de Lénine (entre autres, l'idée que seul le parti pouvait inculquer une conscience socialiste dans l'esprit des ouvriers), cette attitude incitait le parti à s'orienter sur les masses. Or, quand on recherche le pouvoir, et tout particulièrement quand on l'exerce, la tendance est au contraire à s'orienter sur les élites, les cadres et les administrations.

Il est vrai qu'après l'expérience de la révolution de 1905, Lénine apporta des changements à sa formule stratégique, sans

1. Alexandra Kollontaï, *Rabočaja oppozicija (na pravah rukopisi)*, Moscou, 1921, p. 43. À la page 4, elle soulève le problème d'une « nouvelle couche sociale de dirigeants que l'on ne saurait chasser de la conscience des masses ».

pour autant remettre fondamentalement en cause la théorie des deux étapes que le parti avait faite sienne; autrement, on se demanderait bien pourquoi le parti fut si surpris lorsque Lénine changea une nouvelle fois de route pour expliquer, dans ses « Thèses d'avril », 1917, que l'étape « démocratique bourgeoise » avait déjà été atteinte et que sa fin était proche. En attendant, cependant, le parti bolchevik, qui n'était encore qu'un assez petit parti de cadres travaillant dans la clandestinité, devint un parti de masse légal et démocratique, dirigé d'une main ferme par des chefs hors du commun, qui pouvait compter sur une direction de deuxième échelon influente et étroitement liée à sa base et à ses troupes dans les usines et les casernes. C'était un parti remarquable et très actif sur tous ces barreaux de l'échelle, témoignant de sa vitalité et de sa capacité de débattre des problèmes politiques.

Les documents concernant cette période démontrent de manière convaincante que les factions – gauche, droite, et autres, entre les deux – n'étaient pas seulement actives, mais aussi acceptées comme le *modus operandi*, y compris par Lénine [1]. La décision de prendre le pouvoir ne fut prise qu'après une longue et difficile bataille politique interne. Les hauts responsables du parti admiraient presque tous Lénine et acceptaient son autorité. Ils n'hésitaient pas, cependant, à prendre fait et cause contre lui sur des petites ou même des grandes questions de politique ou de stratégie. Pour obtenir ce qu'il voulait, Lénine devait passer par les procédures normales du parti et obtenir la majorité des voix. Et s'il ne trouvait pas une majorité pour le soutenir, il ne lui restait qu'à accepter la défaite ou à menacer de se démettre.

Au sommet de la hiérarchie, tout au moins, ce climat persista même durant la période dramatique de la guerre civile, quand le parti dut affronter les exigences de l'état de guerre, et que bon nombre de changements commencèrent à se manifester dans le style et les modalités de fonctionnement du parti. Néanmoins, son appareil central ne commença à se développer sérieusement qu'au milieu de l'année 1919, si bien que sous Lénine le véritable appareil du pouvoir au sein du parti était partagé entre le Sovnarkom (Conseil des commissaires) et les soviets locaux. Mais la guerre civile disloqua ces derniers et les secrétariats naissants

1. Les minutes des réunions du Comité central entre août 1917 et février 1918 sont particulièrement importantes : cf. *The Bolsheviks and the October Revolution*, trad. Ann Bone, New York, Urizen Books, 1976.

du parti furent ainsi amenés à prendre de plus en plus de responsabilités directes et à multiplier leurs centres d'intérêt.

Le fait est qu'en 1921 l'écrasante majorité des militants du parti – avant la première grande purge des adhérents et indépendamment de ses résultats (près d'un tiers des membres, soit quelque cent quatre-vingt mille personnes, furent exclus en 1921) – se composait d'adhérents qui avaient rejoint le parti durant la guerre civile. La principale sinon la seule expérience qu'ils avaient donc du parti et de la politique soviétique remontait à une période de guerre acharnée et de méthodes particulièrement arbitraires et brutales de résoudre les problèmes. Ils ne possédaient pas la culture, politique ou générale, que partageait, pour l'essentiel, la vieille garde, si bien qu'ils ne pouvaient qu'apporter au sein du parti une culture politique nouvelle et différente fortement marquée par le militarisme et, tout naturellement, par un profond autoritarisme. Ainsi allaient-ils instiller l'esprit du « communisme de guerre » dans leurs activités en temps de paix, et l'on avait des raisons de douter que le bref intermède de la N.E.P. et les nouvelles recrues de cette période pussent contribuer à extirper ou à transformer une attitude de cette espèce. En fait, nous le verrons dans un instant, les nouvelles recrues n'étaient pas assez fortes pour ce faire.

Peu après le lancement de la N.E.P., une campagne de recrutement draina vers le parti plusieurs centaines de milliers de nouveaux membres, souvent des travailleurs illettrés. Le renforcement du secrétariat, si souvent déploré à cette époque et plus tard par les différentes oppositions internes, fut en réalité la contrepartie de ce changement de la composition sociale du parti – évolution qui ne devait cesser de prendre de l'ampleur au cours des années suivantes. L'afflux de nouvelles recrues, à la base, et, en contrepoids, l'emprise, qui allait en se renforçant, des *apparaty* (organes politiques), brûlèrent la chandelle par les deux bouts. Autrement dit, ce processus entraîna une profonde transformation du parti, de son style comme de sa substance.

Ainsi le parti fut-il tour à tour un réseau mal défini mais caractéristique de comités, puis un parti démocratique d'opposition avant de se transformer bientôt en un parti dirigeant à la tête d'un État tronqué et d'un camp retranché, et de nouveau un parti en train de changer de peau. Pour un temps, une partie des anciens et des nouveaux allaient coexister dans une même structure à peine soudée : la vieille garde, pour l'essentiel à des postes de responsabilité, conserva pendant quelque temps ses traditions, sa dialectique marxiste, les apparences, tout au moins, de son style pré et postrévolutionnaire, mais aussi de ses discussions et de son comportement. Mais l'atmosphère changea rapidement autour d'eux, avec des troupes qui étaient incapables de comprendre leurs discussions et écoutaient plus volontiers les ordres qui eux-mêmes ne se souciaient guère de théories ni d'histoires du passé révolutionnaire, de dictature du prolétariat et d'internationalisme. Ils comprenaient la dictature *tout court* [1] et mieux, le nationalisme.

On se trouvait désormais dans une situation telle que la principale fonction des adhérents n'était plus véritablement la politique, ni même l'idéologie, car celle-ci était trop difficile à saisir pour les nouveaux membres. Leur fonction fut, dès lors, de recevoir et d'exécuter les ordres donnés à tous les échelons de la nouvelle organisation administrative par les secrétaires du parti; ou dans le meilleur des cas, pour les permanents du parti, de superviser les organismes gouvernementaux et administratifs qu'édifiait le parti, qu'il présidait, pourvoyait en personnel et endoctrinait. Ce faisant, le caractère administratif, plutôt que politique, de cette machine à construire des machines pénétra encore plus profondément le parti au point d'étrangler encore un peu plus la vieille garde, le parti bolchevik ou ce qu'il en restait. Le parti dans le parti ne devait pas survivre très longtemps. Néanmoins, le processus prit quelque temps. Pendant la guerre civile, et au début de la N.E.P., les corps constitués du parti – congrès, conférences, Comité central, commissions de contrôle – continuèrent à fonctionner. Interdites par Lénine, qui avait décidé de supprimer les factions, les oppositions continuèrent leurs difficiles combats (auxquels, à un moment ou à un autre, devaient s'associer presque tous les membres de la vieille garde). Ces corps constitués conservèrent une certaine importance jusqu'à la mort de Lénine en 1924. À la fin de l'année 1929, cependant, la structure administrative était devenue fondamentalement différente même si elle agissait toujours sous les mêmes noms.

Après 1929, le parti fut dirigé par des hommes différents et présidé par une personne d'un style différent : Staline. Il était le chef d'un groupe de staliniens – c'est-à-dire d'hommes qui le placèrent à la barre et qui l'aidèrent à détruire les autres factions. Ils formaient une espèce d'oligarchie au sein du parti,

1. En français dans le texte *(N. d. T.)*.

composée d'hommes comme Kirov, Ordžonikidze, Kaganovič, Vorošilov, Kujbyšev, et Molotov – la liste est beaucoup plus longue et comprend des personnalités de moindre importance, qui étaient pour la plupart d'anciens camarades et collaborateurs de Staline durant la guerre civile. Ils constituaient un rempart d'hommes d'action énergiques, fermes et autoritaires qui voyaient en Staline l'indispensable réaliste clairvoyant, tenace et (ainsi apparaissait-il) simple, accessible et modeste. Ils étaient suffisamment avertis des nouvelles réalités du parti au lendemain de la guerre civile et des conditions difficiles d'un pays primitif pour ne pas s'effaroucher excessivement de sa manière rude et peu orthodoxe de diriger tout son entourage.

Tant que ces hommes formèrent un groupe dirigeant, on eut affaire à une phase distincte et nouvelle de la transformation interne du parti, mais il ne s'agissait encore ni d'un changement du système social élargi, ni de stalinisme. Aussi longtemps que dura la N.E.P., le système politique resta caractérisé par un autoritarisme relativement détendu. Vigilant mais ignorant encore la terreur massive, c'était un système de « contrats sociaux » avec la paysannerie, avec les experts (formés dans la Russie tsariste, et qui étaient rarement marxistes ou membres du parti), et les autres bataillons de l'intelligentsia qui bénéficiaient d'une relative marge de liberté, malgré des hauts et des bas, et avec les syndicats encore très attentifs aux intérêts des ouvriers.

À la fin de l'année 1928 et surtout après 1929, la grande vague d'industrialisation allait renverser tous ces dispositifs en inaugurant une refonte en profondeur de l'ensemble du système social et en entraînant un nouveau changement dans la manière dont le parti allait être dirigé. Nous pouvons dire ici, brièvement, en anticipant sur les explications ultérieures, que le groupe que nous qualifions de stalinien, le groupe des promoteurs de la « grande offensive » du début des années 1930, s'aperçut alors qu'il allait trop loin. Ils s'accordèrent alors à reconnaître la nécessité d'une nouvelle détente en matière de politique comme dans la vie interne du parti. Mais au moment de promouvoir ce changement de ligne, ils s'aperçurent aussi qu'ils n'étaient plus associés aux décisions; leur chef avait réussi à les coiffer pour accéder, contre toute attente, à une position d'autocrate. Bientôt, il n'allait plus tolérer la moindre censure, la moindre prétention à partager le pouvoir avec lui sur un pied d'égalité, ni même la plus petite allusion au rôle qu'ils avaient joué dans son ascension au sommet.

En l'espace de deux ans, la plupart des staliniens allaient à leur tour disparaître. Une nouvelle étape serait franchie. La nouvelle organisation administrative qui avait remplacé le bolchevisme initial serait elle aussi détruite. Ses corps constitués cesseraient de fonctionner, pour ne se réunir qu'à la demande du dirigeant suprême et se soumettre à ses diktats. Staline entreprit aussi de décimer à sa guise ces organismes en procédant à des purges sanglantes et en éliminant leurs chefs, n'hésitant pas à s'en prendre, le cas échéant, à la famille de collaborateurs qui n'étaient pas l'objet d'une persécution personnelle. Ainsi la notion de direction, qui avait été un trait marquant du bolchevisme, allait-elle disparaître tandis que le parti perdait tout pouvoir au profit d'un seul homme, qui contrôlait personnellement tous les instruments de coercition et régnait à sa guise, par l'intermédiaire d'organes et de personnalités qu'il choisissait, à l'intérieur comme à l'extérieur du parti [1].

Ce fut l'autocratie, et ce fut le stalinisme proprement dit, en plein épanouissement, une forme d'autorité et de régime politique différant profondément de tout ce que l'on avait vu auparavant, même durant la guerre civile, et reposant sur une espèce d'hypnose massive qui devait captiver le pays, et en particulier les cadres, en amenant nombre d'entre eux à croire que tout ce que faisait l'État dépendait en réalité d'un seul homme, dans la mesure où ils pensaient que tout s'effondrerait sans lui. La relative facilité avec laquelle les choses suivirent une routine différente après la mort de Staline a prouvé que cette espèce d'hypnose se laissait aisément dissiper, mais elle nous aide aussi à découvrir comment, à l'intérieur même du système d'une autocratie capricieuse et meurtrière, des anticorps ne cessèrent d'apparaître pour former l'ébauche d'un autre modèle encore à venir.

1. Le fait évident que, durant cette période, le parti n'ait gardé du pouvoir que le nom, explique qu'il soit si difficile à l'actuelle direction soviétique de reconnaître les faits. Reconnaître les atrocités, comme cela s'est déjà fait sous Khrouchtchev, lui poserait probablement moins de problèmes.

En l'occurrence, on pourrait signaler que la décision prise par Lénine en mars 1921 d'interdire les factions – et qui, semble-t-il, fut acceptée à l'unanimité par le Comité central – ne doit pas être considérée comme la sinistre racine du stalinisme, comme on le fait parfois. Les citations de propos de Lénine ont toujours été très sélectives, suivant les circonstances et les besoins des factions en lutte, et il est possible d'envisager la même issue (le stalinisme) même si Lénine n'avait pas imposé cette interdiction. Ceux qui souhaitent rétablir la liberté de discussion et même les factions peuvent aussi trouver chez Lénine assez d'arguments en ce sens.

LA POLITIQUE DE LA DÉMESURE

La manière dont le système de la N.E.P. a tourné au cours de l'étape suivante, transformant en très peu de temps l'édifice politique et social et présentant des formes virulentes et pathologiques, est incompréhensible si l'on ne prend pas en considération l'industrialisation effrénée, si frénétique qu'un éminent chercheur l'a fort justement qualifiée de « tapageuse » ou « bachique » [1]. Cette industrialisation fut lancée et exécutée par un État puissant qui se croyait faible : la majorité de sa population était, à ses yeux, formée par un océan de petits-bourgeois prêts à se ranger aux côtés des puissances étrangères qui, tôt ou tard, pensait-on, décideraient d'attaquer l'U.R.S.S. Les risques politiques de ce genre, attribués à la petite bourgeoisie, se prêtaient aussi à une analyse rationnelle – ils n'étaient certainement pas dépourvus de tout fondement – mais dans les périodes de crise interne et d'angoisses ou de phobies exacerbées, le régime en usa et en abusa de manière irrationnelle et mythique.

La manière dont cette accélération fut lancée et exécutée, son explosion sans précédent d'activités fébriles, de dépenses, et d'inévitables sacrifices plongèrent le pays, mais surtout les sphères dirigeantes, dans un véritable état de fièvre : mobilisations générales comme à la guerre, impatience extrême devant la lenteur ou l'incapacité d'exécution la plus naturelle, multiplication des mesures de contrainte. Toute l'offensive étant par définition déséquilibrée en raison même du caractère extrême de ses priorités, accordées à l'accumulation sur la consommation, aux industries lourdes sur les industries légères, à l'industrie en général sur l'agriculture et aux activités de surveillance bureaucratique sur toute autre initiative sociale ou action autonome, le pays s'installa dans une espèce de crise permanente. Le premier résultat, très clairement visible à la fin du premier plan quinquennal, fut un incroyable désordre dont on ne put venir à bout qu'au prix de nouveaux efforts et en multipliant encore les mesures contraintes avant de pouvoir, enfin, relancer le système économique [2].

1. Naum Jasny, *Soviet Industrialization, 1928-1952,* Chicago, University of Chicago Press, 1961, p. 7.

2. Le premier plan quinquennal prit fin officiellement en 1932. L'année 1933 ne connut pas la moindre croissance. Le deuxième plan quinquennal ne fut ratifié qu'à la fin de l'année 1934. Voir *ibid.* et Alec Nove, *Economic History of the U.S.S.R.*, 2e éd., New York, Penguin Books, 1972.

Cette forme de traitement et de mauvais traitement de l'économie, de déstructuration et de restructuration du système tout entier, et les mouvements concomitants de marées humaines entre les villes, les chantiers de construction et les camps constituent la toile de fond des développements politiques qui nous intéressent ici. C'est le mot français *démesure* qui rend le mieux la spécificité de ce phénomène, déroutant en raison même de la difficulté que l'on a à l'expliquer. Il était fait de gigantisme, d'immodération et de refus du réalisme, et il y était si fortement attaché que seuls des dommages bien tangibles étaient de nature à le modérer ou à susciter des politiques correctives. La seule explication de cette frénésie, qui se prolongea une génération durant sous différentes formes, est que toute cette affaire fut dirigée par une volonté purement politique, refusant tout contrepoids direct et tout frein.

Mais le sentiment qu'il « n'y avait pas de freins » était, en dernière analyse, illusoire. Cette illusion, avec d'autres, sema la confusion parmi les hommes et les institutions dans ces années de vie politique débridée. Notre penchant pour le contexte social et les facteurs qui ont façonné et infléchi la politique nous amènent à conclure que – sous réserve de corrections dictées par les développements ultérieurs – ce furent là autant d'effets de toutes les insuffisances et de tous les déséquilibres accumulés dans le système social et qui, de prime abord, ne possédaient pas assez de forces motrices autonomes pour accomplir la modernisation du pays.

Ce fut aussi le cas en d'autres pays d'Europe centrale et d'Europe de l'Est où, malgré des départs et des avancées appréciables, la révolution industrielle amorcée à la fin du XIXe siècle n'était pas réellement terminée et n'avait pas eu le temps de restructurer l'économie ni d'entraîner les changements sociaux appropriés, même en 1939 [1]. En Russie, il se produisit de toute évidence la même chose et sous une forme encore plus prononcée – 75 % de la main-d'œuvre ou plus étant encore accaparée par un secteur agricole peu productif. Pis encore, à la fin de l'année 1921, d'importantes sources d'activité économique – les grandes et moyennes entreprises, notamment – furent évincées de la scène sociale. Avant même de se retrouver personnellement au pouvoir, Lénine avait pris conscience des insuffisances du capitalisme russe tout

1. Voir Gyorgi Ranki et Ivan T. Berend, *Economic Development in East Central Europe in the Nineteenth and Twentieth Centuries*, New York, Columbia University Press, 1976, prologue et pp. 218, 241.

en comprenant que le pays avait terriblement besoin de ces forces. Il s'efforça donc de contenter les entrepreneurs et de les amener à coopérer en lançant son idée de « capitalisme d'État » quelques mois après la révolution. Mais cette idée n'allait pas prendre, et c'est ainsi l'un des préalables indispensables de la réussite du développement économique qui fit, une fois de plus, défaut. Un autre encore allait être compromis plus tard, au tout début de la grande offensive.

À l'Ouest, les révolutions industrielles avaient été précédées ou accompagnées, dans la plupart des cas, par d'importants progrès, ou même des révolutions à part entière, de la production agricole. L'alimentation n'avait donc posé aucun problème et n'avait en rien freiné le développement. Dans le cas de l'Union soviétique, cependant, une agriculture faible, quoique bénéficiant d'une pléthore de paysans, fut fortement ébranlée par la collectivisation violente des agricultures au point que ces résultats se dégradèrent et que la grande poussée industrielle dut s'accomplir dans une situation de pénuries alimentaires, et certaines années même de famine. La quête de remèdes miracles pour résoudre le problème de l'alimentation et atténuer la dépendance à l'égard des paysans se solda par l'intensification de tous les aspects de la « crise permanente ».

Tels sont donc les maillons d'une chaîne de causes et d'effets entremêlés : le manque de foyers sociaux autonomes pour participer à la restructuration de la société sur l'échelle voulue entraîne une intervention toujours plus grande de l'État et, finalement, une mainmise totale de l'État. L'initiative lancée hardiment et massivement par l'État provoqua une crise sociale, une commotion temporaire mais puissante s'accompagnant d'une désorientation des structures sociales (groupes, classes) – d'où un engagement toujours plus profond et la monopolisation de l'initiative et de l'action par les bureaucraties et le sommet hypercentralisé du pouvoir. Le faîte du pouvoir devint ainsi source de *démesure*. À ce stade, on peut aussi introduire l'élément idéologique qui nous donne une illustration complémentaire du fonctionnement de notre « chaîne » ainsi que de l'interaction du réel et du mythique dans un système en proie à une forte fièvre.

La Russie de la N.E.P. était dans un tel état de sous-développement que le projet de développement à très grande échelle qui, comme nous le savons après coup, devait être fortement comprimé dans le temps, ne pouvait être mené à bien que par l'État. Aucun marché, fonctionnant normalement, n'aurait permis de tels exploits. Ne fût-ce que pour cette seule raison, et quelle que soit l'idéologie, le développement d'une approche et d'un système essentiellement administratifs était inévitable, du moins pendant un temps considérable. Mais, réinterprétée suivant les besoins du jour, l'idéologie ne fit en l'occurrence que fournir des armes supplémentaires aux artisans de ce processus. L'économie n'étant plus dirigée pour, ni par des capitalistes, il était facile de la faire passer pour socialiste et, *ipso facto,* on le crut volontiers. Et, dans ces conditions, l'insuffisance du marché comme mécanisme central se laissait facilement interpréter comme un élément supplémentaire soulignant le caractère socialiste de toute l'entreprise. Tout cela encouragea les dirigeants à rejeter le marché et ses catégories pour renforcer davantage encore la pureté idéologique, ou le semblant de pureté, du processus révolutionnaire.

L'effet mobilisateur de telles perceptions ou apparences fut de toute évidence important. Les cadres purent croire qu'ils n'étaient pas seulement en train d'industrialiser le pays, mais qu'ils édifiaient un système libre de toute exploitation, un système tout à la fois supérieur et plus humain. Rejetant la catégorie des « marchandises », qui semble transformer les rapports humains en un mouvement de choses, et rejetant le dégradant « lien monétaire » *(cash nexus)*, ils donnèrent la priorité aux produits dont le véritable rôle était de satisfaire les besoins humains à travers leur « valeur d'usage », et non de créer des profits. L'organisation rationnelle de l'économie et des relations humaines – en harmonie avec les perspectives élargies d'un humanisme socialiste – exigeait une planification, laquelle pourrait éviter les pièges des mécanismes impersonnels d'intermédiation, susceptibles de ravaler les êtres humains ou même de les asservir, et permettre au contraire aux hommes de dominer la nature et les choses par l'intervention directe et rationnelle de la volonté sociale.

Tel semble bien avoir été leur dessein – un dessein qui justifiait des sacrifices et des excès. D'autres tenants de la même idéologie marxiste s'interrogèrent cependant sur le réalisme de ces objectifs et la réalité de leur caractère socialiste. Les bolcheviks n'héritaient pas d'une société ni d'une économie profondément transformées par le capitalisme. Bien au contraire, ils avaient précisément réussi parce qu'aucune transformation de ce genre n'était encore intervenue. La Russie ne s'engageait pas sur la voie d'un développement postcapitaliste mais dans la refonte d'un système social essentiellement non capitaliste en un moule non capitaliste, mais nouveau et entièrement différent. Les réflexions de cet ordre appartiennent logiquement à notre conclusion, mais nous avons choisi de les aborder ici parce que le rejet du capitalisme et tout particulièrement des catégories marchandes, quelle que soit l'interprétation idéologique de ce choix, a imprimé une marque bien spéciale sur le type de planification et le caractère du système industriel, ainsi que sur de nombreux autres développements.

Le processus de planification a été fondé sur des « balances-matières », sur des comptes quantitatifs de matériaux plutôt que sur la valeur et les prix considérés comme unités comptables de base. Dans tout ce processus, la notion de coût fut aussi laissée de côté pendant un certain temps – témoignage évident de la nature « extensive » plutôt qu'« intensive » de l'entreprise. Vouloir faire le plus possible et le plus vite possible n'est pas un gage de qualité. L'objectif était un indicateur quantitatif tiré du concept de planification en valeur – les objectifs de l'année suivante étant fixés par l'ajout d'un certain pourcentage à la production de la période précédente. La quantité n'indiquant jamais tous les aspects essentiels de la vie économique ni tous les objectifs souhaitables, on ajoutait d'autres objectifs quantitatifs – pratique inéluctablement contradictoire, qui désorientait les agents économiques et faisait totalement abstraction des aspects non quantifiables de l'économie nationale, tels que l'organisation de la production, les relations humaines, ou encore d'aspects plus généraux comme les motivations profondes suscitées par la culture ou la structure générale de l'économie. En ce domaine, une meilleure théorie ou un meilleur enseignement comptaient davantage pour les résultats généraux de l'économie que les objectifs quantitatifs en matière de productivité du travail ou de production assignés année après année aux usines par les autorités supérieures.

Cette planification eut de nombreuses conséquences. En premier lieu, elle créa un système d'approvisionnements extrêmement lourd qui ne fut jamais capable de fonctionner sans heurts. En deuxième lieu, elle donna le jour à un système complexe de stratagèmes de fraude et d'autodéfense de la part des directeurs d'usine qui souhaitaient remplir le plan et toucher leurs primes : on peut citer, notamment, le suremploi, la dissimulation du véritable potentiel de leur entreprise, et la constitution de réserves secrètes pour faire face à des objectifs excessifs. Enfin, elle fut inévitablement une source de marchés illégaux.

En dépit d'évidentes inefficacités, cette économie fondamentalement administrée et le processus administratif proprement dit donnèrent le jour à une puissante clientèle intéressée à les perpétuer : l'État et les bureaucraties économiques centrales. Toutes ces unités physiques de mesure, ces objectifs simplistes, et cette bataille de la planification avec ces inévitables ultimatums donnèrent à la bureaucratie d'immenses pouvoirs et une trompeuse facilité de contrôle. Dans le même temps, cette économie administrée conféra un prestigieux imprimatur idéologique pour diriger et brasser, presque à volonté, d'imposantes masses de main-d'œuvre – influence profondément corruptrice, on l'a vu, sur les détenteurs de ces pouvoirs. La bureaucratisation est généralement, dans les temps modernes, la grande compagne de l'industrialisation, mais dans le cas soviétique, ce phénomène se caractérisa par une ubiquité, une profondeur et une ampleur plus grandes encore. Il acquit une dimension bien particulière qui explique pourquoi nous ne cessons de revenir dans cette introduction à l'idée d'un léviathan soviétique.

Mais attardons-nous encore un instant sur le processus économique, dans lequel, assez paradoxalement, les principes administratifs l'ont emporté sur les principes économiques. Cela devait laisser aux autorités post-staliniennes tout un héritage de médiocre productivité difficile à éradiquer. Des phénomènes proches de la sclérose firent leur apparition dans l'économie, se traduisant par une baisse de la productivité du capital et, tout particulièrement, par la répugnance de l'appareil productif à introduire de nouvelles techniques ainsi que des méthodes ou des modèles novateurs. Le ralentissement de l'économie, qui était sans doute dans une certaine mesure inévitable, fut en outre accentué par tous les accès de vitesse excessive des premières étapes, et il a récemment amené certains observateurs à conclure que le système économique soviétique n'était plus capable de performances marquantes.

Ces problèmes sortent du champ de notre ouvrage, mais un mot de prudence s'impose ici. Avec des normes aussi pessimistes, l'économie soviétique n'en serait pas où elle est aujourd'hui. La volonté politique peut être une source de progrès technique – il n'en manque pas d'exemples ailleurs. Qui plus est, l'économie et le système social actuels de l'U.R.S.S. constituent en eux-mêmes une nouvelle ressource qui n'était pas disponible dans les années 1920 ou 1930. Les millions de citoyens instruits et munis d'une qualification professionnelle représentent un potentiel d'amélioration et de réforme, même si ce nouveau potentiel n'a pas pu encore jouer pleinement son rôle. Dans cette optique, la faible productivité, ou même l'inefficacité, met en évidence un immense champ ouvert au progrès, peut-être même à un nouveau grand bond en avant.

MAIN-D'ŒUVRE ET ENCADREMENT — DE LA BÊCHE AU HAUT FOURNEAU

Revenons aux années 1930 et au facteur crucial de l'industrialisation à cette époque : le refus du marché, même comme mécanisme auxiliaire, dans les premières étapes. Le sociologue Anthony Giddens fait de cette considération son point de départ théorique pour définir le système soviétique comme un « socialisme étatique » [1]. En refusant d'assigner au mécanisme de marché le rôle de moteur du développement, le système ne contribue point à la création, à l'entretien et au bénéfice d'une classe de propriétaires privés des moyens de production. Qui plus est, l'économie administrée engendre une stratification en classes différente des autres modèles, même de ceux qui ont aussi injecté de fortes doses d'étatisme dans leurs systèmes économiques au XXe siècle. Ainsi, l'ensemble de l'Europe centrale et orientale dans les années 1920 et 1930, l'Italie et l'Allemagne, les États-Unis sous Roosevelt, et surtout le Japon virent l'État jouer un rôle central dans l'économie. Toutefois, dans tous ces cas, l'État administra une économie de marché ou y intervint. Le système soviétique, en revanche, dirigeait ses capacités productives ou les administrait directement comme une sorte d'économie politique ou étatique. C'est l'État qui mettait en branle l'ensemble du système; les organismes d'État se comportaient en entrepreneurs collectifs et n'abandonnaient pas facilement leurs positions devant les pressions continuelles des échelons inférieurs de la bureaucratie, des différents groupes de cadres, et des entreprises et de leur personnel réclamant plus d'autonomie et un rôle plus large dans la définition de la politique.

Dans un tel système, la véritable élite est l'élite politique, ou peut-être l'élite politico-économique. Il existe aussi d'autres élites

1. Anthony GIDDENS, *The Class Structure of the Advanced Societies*, New York, Harper & Row, 1975, p. 154, et les chapitres sur les systèmes socialistes étatiques.

qui gagnent en importance avec le temps : les techniciens, les scientifiques, les artistes, et diverses catégories de spécialistes. Toutes gravitent cependant autour de l'élite du pouvoir [1], qui est, en même temps, la direction centrale ou locale d'une bureaucratie. L'idée d'une direction politique non bureaucratique n'avait pas encore vu le jour en Union soviétique.

Avant d'en venir aux autres effets sociaux de l'industrialisation accélérée, il nous faut mentionner un autre aspect laissé de côté jusqu'ici. Il est clair que l'accélération du développement économique et de certains autres processus historiques est possible : nous en avons un exemple éclatant. Mais il est aussi clair que seule une période assez longue peut montrer ce qui a été réellement accéléré. D'importants aspects et dimensions de la vie sociale ne mûrissent pas à volonté, et à vouloir aller trop vite on risque tout simplement de détruire ou de produire des résultats artificiels. Des illusions de changement ne sauraient dissimuler très longtemps la persistance de valeurs et de pratiques héritées du passé ni la création de structures et d'attitudes tout à fait involontaires. Marcher en faisant du surplace n'est pas l'apanage exclusif des bons mimes.

Tout en insistant sans cesse sur la prépondérance du « politique » dans la révolution industrielle soviétique, nous pouvons, à cet égard, attirer l'attention sur un autre paradoxe. La direction politique prit l'initiative de développer et de diriger l'économie, d'exercer du sommet des pressions sur les agents économiques, et de les soumettre à sa volonté. Mais là encore, il y eut un remarquable effet de boumerang de la part de l'économie : la direction de l'État et le parti, le cœur politique du système, se laissèrent emporter par leurs responsabilités économiques toujours plus grandes et subirent un profond processus d'« économisation ». Ce point mérite quelques précisions.

Les cellules du parti, pour partir de la base, avaient pour la plupart, de toute façon, des fonctions économiques, mais elles se transformèrent désormais en courtiers au service de leur branche économique, parfois même d'une seule entreprise. De même pour les plus hautes sphères de l'administration, formées pour l'essentiel de membres du parti qui subirent un processus analogue de « dépolitisation » – leurs activités professionnelles devenant leur seule tâche, leur seule et unique « politique ». Les

1. Par opposition aux États-Unis, par exemple, où les chefs d'entreprise semblent plus puissants et plus sûrs d'eux que les membres d'une élite politique plutôt diffuse et qui, à défaut d'être liée au monde des affaires, n'a guère de possibilités.

ministères économiques (encore appelés commissariats) et les départements du parti tournés vers l'économie devinrent les bastions les plus importants et les plus puissants de l'appareil d'État et du secrétariat du parti, et la direction politique fut littéralement absorbée par le fardeau du contrôle des bureaucraties de gestion. Pour reprendre la terminologie martiale de l'époque, on proclama alors que l'économie était le « front » le plus important et, aux yeux des sphères dirigeantes des *apparaty*, il devint dès lors inacceptable que quiconque restât indifférent à cette mission historique capitale ou n'y apportât pas sa pierre. D'où la tendance à contrôler et à mobiliser les institutions et les activités de tous les milieux et les secteurs de l'État afin de les atteler à l'édification du pays. Ainsi les activités culturelles, artistiques ou autres du pays furent-elles « économisées ». Tout le monde, des écrivains aux juges et aux procureurs, dut participer à la bataille pour la productivité du travail, la qualité des produits industriels, ou la construction de barrages.

Dans ces circonstances, une autre manifestation du penchant à l'hyperbole porta ses fruits : la police secrète fut aussi poussée, ou se poussa elle-même, à devenir un « bâtisseur du pays », en compétition avec les autres ministères économiques. Ce besoin « constructif » qu'éprouva alors la police secrète de peupler les camps de travail forcé l'incita à mettre la main sur le plus grand nombre possible de nouveaux « ennemis du peuple ».

L'économie continuant à asservir la politique et à lui imposer ses méthodes, la politique ne cessa d'« économiser » toute la culture et de dominer le tissu social – en pleine effervescence à cette époque. Le parti cessa définitivement d'être un exutoire pour les activités politiques de ses membres. Comme pétrifié par l'économie, il se métamorphose en un organisme chargé d'administrer et d'exhorter la population à accomplir les plans et à les dépasser [1].

Nos essais, en particulier dans la dernière section, examinent en détail les aspects sociaux de la période couverte par les plans quinquennaux. Dans cet essai introductif, nous n'aborderons qu'un petit nombre de thèmes centraux qui y sont développés.

1. Cela valait pour les instances supérieures du parti dans les années 1930. Aujourd'hui, l'économie garde une importance de premier plan, mais un puissant secteur politique s'est reconstitué au sein de la direction et de la bureaucratie et s'occupe de politique intérieure et, surtout, internationale. Il vaut la peine de signaler que le K.G.B. ne dirige plus le système des camps, et qu'il n'est donc plus un commissariat économique disposant d'une massive force de travail. C'est le ministère de la Justice qui gère les camps.

Il vaut la peine de noter, de prime abord, la remarquable résilience de la société, en particulier de ses éléments ruraux, aux effets dévastateurs de la guerre, de la famine, et de l'hémorragie démographique. Grâce au niveau élevé de ses taux de fécondité et à son aptitude à survivre dans des conditions de vie primitives, la population rurale réussit à compenser de lourdes pertes. À cet égard, la Seconde Guerre mondiale devait une fois encore la soumettre à rude épreuve.

La paysannerie fut aussi la principale source de la croissance trépidante des villes et de l'essor de toutes les classes d'une société industrielle en pleine expansion. Il est difficile d'évaluer cette contribution dans la mesure où il ne s'agit pas d'une simple question de chiffres. Mais anticipons un instant sur les conclusions de notre essai, notamment du chapitre IX, montrant qu'au cours de ces années, c'est le pays presque tout entier qui fut secoué par des changements, plus ou moins soudains, souvent violents, au point que tout le monde a changé de position dans la société, même si tous n'ont pas changé de localité. Le dernier point concerne essentiellement les paysans, pour qui la collectivisation, même lorsqu'elle ne les a pas chassés de leur village, a été ressentie comme une épreuve qui se solda avant tout pour eux par des changements de position sociale décevants. Pour les quelque dix-sept millions de paysans qui s'installèrent dans les villes entre 1928 et 1935, sans parler des millions d'autres qui les rejoignirent au cours des dernières années de l'avant-guerre, ce fut un changement important, même si le paysage social de cette époque ne fut pas seulement occupé par ceux qui vinrent et s'installèrent, mais aussi marqué par ceux qui, par millions, ne cessèrent d'aller et venir, de partir et de « se retourner ».

Au-delà de ces grandes migrations et pérégrinations, le processus social objectif consista en une restructuration du profil de classe et de carrière de la population afin qu'elle puisse répondre aux besoins d'une économie moderne. En l'occurrence, comme en d'autres cas d'industrialisation, la mobilité sociale, souvent ascendante, prit des proportions considérables et joua un rôle crucial. Un autre trait marquant fut assurément la rapidité spectaculaire de ce processus, sur laquelle nous avons déjà insisté. Cette mobilité, avec ses grands espoirs et ses terribles tensions, s'accompagna aussi d'une crise sociale de maintes facettes et manifestations qui marquèrent en profondeur toute la période, son atmosphère et son caractère.

Beaucoup de paysans se firent ouvriers, acquirent une qualification, ou entamèrent des études, tandis que de nombreux ouvriers accédèrent à des postes plus rémunérateurs, y compris à des postes de responsabilité administrative ou politique, ou suivirent une formation de technicien ou de scientifique. L'histoire se fût-elle limitée à cela que ce tableau de l'ascension sociale aurait certainement mérité des hymnes à la réalisation d'un mythe prométhéen. La version soviétique officielle eût préféré que nous nous contentions de cet aspect des choses en nous concédant, pour faire bonne mesure, quelques mots supplémentaires sur les « grands sacrifices » et « certaines difficultés » rencontrées en cours de route.

Il est impossible de tirer un trait sur les effets de la restructuration – à savoir, sur la mobilité ascendante. Mais les historiens traitent de l'industrialisation dans sa totalité et de son impact sur le destin de millions de personnes dans les sphères culturelles, sociales et politiques aussi bien qu'économiques. Les années 1930 furent une période de grande mobilité, mais pour de trop nombreuses personnes, il s'agit d'une chute et non pas d'une ascension. Des classes entières furent créées ou se développèrent, tandis que d'autres disparurent. S'il y eut une formation et une promotion massives de cadres, d'autres masses de cadres furent anéanties. La formation professionnelle prit une ampleur impressionnante, mais la majorité de la classe ouvrière travaillait encore à mains nues. C'étaient les *černorabočii*, manœuvres sans qualifications professionnelles, souvent encore illettrés et techniquement primitifs. Pour des paysans qui possédaient autrefois leur propre ferme, si pauvre fût-elle, accéder à un « poste » de *černorabočii* et vivre dans des baraques surpeuplées (sans parler des *zemljanki*, simples gourbis creusés dans la terre et recouverts d'un toit de fortune) ne pouvaient guère ressembler à une ascension sociale.

On ne saurait non plus fermer les yeux sur les vagues massives de répression qui remplirent les camps de concentration de plusieurs millions (on ignore le chiffre exact) de détenus. C'est là un phénomène trop imposant pour être négligé, et qui a considérablement terni l'heureux tableau de la promotion sociale.

Mais même pour les prolétaires héréditaires et les autres ouvriers qui restèrent dans les usines pour y poursuivre leur carrière professionnelle, la promotion n'avait rien de simple. La position sociale est chose relative. Grimper à une échelle lorsque d'autres montent plus haut et plus vite sur d'autres échelles peut donner une impression d'immobilité, ou même de régression.

Au chapitre x nous examinons le développement rapide de la pyramide sociale, au sein de la classe ouvrière mais aussi autour et au-dessus d'elle, l'essor d'un réseau stratifié de hiérarchies, techniques et administratives, encouragé, accéléré et consolidé par la politique de l'État au terme d'une stratégie délibérée. La rapidité de ce revirement ne pouvait échapper aux ouvriers quand ils le comparaient aux premières étapes du nouveau régime et même à la N.E.P. Ce qui se produisit alors, c'est une véritable révolution des situations sociales, engendrant et encourageant une classe puissante et souvent rude de chefs qui allaient bientôt dicter leur volonté à l'intérieur de l'usine, mais aussi prendre de l'importance dans le parti. C'est pourquoi, si immensément importante qu'elle ait été pour des millions de gens, la promotion sociale fut tempérée, pour bien d'autres, en particulier pour les ouvriers, par une relative régression sociale. Pour d'autres encore, cette révolution fut le révélateur d'une structure hiérarchique qui devenait trop oppressive pour ne pas altérer le sentiment d'émancipation qu'aurait dû susciter la mobilité ascendante.

C'est peut-être la raison pour laquelle tant d'ouvriers, voyant leurs *načal'stvo* (chefs ou supérieurs) emportés, vague après vague, par les purges de la fin des années 1930, crurent qu'ils avaient dû réellement devenir des « ennemis du peuple », coupables d'actes incessants de trahison. Mais il faudrait davantage de faits pour écrire en connaissance de cause sur cet aspect de la mentalité des ouvriers.

Attardons-nous encore un instant sur l'usine pour aborder un chapitre peu connu de l'histoire de la main-d'œuvre que nous ne traitons pas dans ce volume. C'est, tout bien considéré, un pan entier de l'histoire sociale soviétique qui reste encore largement à écrire. Nous n'offrons ici qu'une rapide suggestion.

Les pyramides sociales auxquelles nous venons de faire allusion et la révolution des situations furent des tendances sociales importantes qui créèrent des traits permanents. Le style et quelques-unes des méthodes politiques employées pour promouvoir et consolider la stratification, aussi bien que pour la justifier idéologiquement, étaient marqués par l'époque et appartenaient à l'essence du « stalinisme ». Mais la substance de ces tendances était inhérente à la société industrielle et au régime autoritaire qui prit forme à travers une période de paroxysmes, pour présider à la nouvelle base économique et sociale. Les mesures politiques adoptées pour imposer le modèle voulu de système industriel s'inspirait du célèbre slogan, lancé par Staline en 1931, qui condamnait comme « antisocialiste » le principe de l'*uravnilovka* (égalitarisme) dans les rémunérations. Autrement dit, les politiques précédentes et la conduite révolutionnaire furent entièrement rejetées. Déjà pendant la N.E.P., il y avait eu des pressions considérables en ce sens, mais les bolcheviks et les idéologies populaires égalitaires avaient servi de frein. Le refus de ces idéologies par Staline se solda par un élargissement de l'éventail des salaires et des rémunérations et inaugura une période de recherche des meilleures méthodes de stimulation et de motivation à travers un système de primes et de privilèges. Cette politique fut aussi un aspect important d'une stratégie visant à endiguer les marées du désordre et du mouvement, à renforcer le système industriel, et à rendre ses performances crédibles.

Plus qu'avant ou après, les années 1930 expérimentèrent fébrilement les systèmes de stimulation afin d'associer des tarifs à la pièce et des primes supplémentaires satisfaisants avec des normes de travail convenables et un salaire raisonnable. Mais en ce domaine comme en d'autres, le mouvement fut la norme. La direction essaya système après système, réformant presque en permanence les méthodes de rémunération, tandis que l'effet stimulateur des mesures précédentes continuait à se manifester. Néanmoins, l'indispensable et si ardemment souhaitée stabilité en ce domaine délicat ne cessa de leur échapper.

Nombre de leurs difficultés résultaient de leur manque d'expérience, de l'intervention par trop grossière « du haut », de l'absence d'ingénieurs de production bien formés, et de la relative jeunesse des cadres. Mais la principale source de leurs multiples problèmes tenait aux effets du « développement combiné », expression employée par Trotsky pour caractériser un attribut général d'un stade du développement où des éléments très primitifs se mêlent à des éléments très nouveaux et avancés et les entravent [1]. L'autre facteur – la centralisation excessive du pouvoir et de la prise de décision – ne fut jamais qu'une conséquence de cette même « loi ». Vu de haut, il paraissait même logique de tenter de consolider une situation chaotique en imposant quelque uniformité de manière à contenir les forces centripètes de l'esprit de clocher et de l'égoïsme. Imposer pourtant un seul et unique

1. Voir l'essai introductif à Léon Trotsky, *Histoire de la révolution russe*, Paris, Éd. du Seuil, 1950; rééd., coll. Points, 1967, 2 vol.

système de paye aux diverses industries implantées dans des régions différentes et employant des techniques différentes avait souvent des effets dysfonctionnels, en particulier au vu de l'entremêlement de différentes matrices sociales dans la plupart des branches et des usines à l'époque des plans quinquennaux.

Pour mieux comprendre ces aspects, nous aurions besoin d'une bonne histoire du travail, laquelle nous fait encore défaut. Une étude de l'expérience industrielle d'autres pays – Grande-Bretagne, États-Unis, Japon, parmi d'autres [1] – fait apparaître un très long processus au cours duquel l'organisation, la technologie, la main-d'œuvre et l'encadrement traversèrent des phases compliquées suivant différentes combinaisons et divers systèmes. L'industrialisation démarrait par un système d'industrie à domicile ou rurale *(putting out system)*, par exemple, puis se développait en un système de manufactures où les méthodes artisanales initiales héritées des corporations se laissaient lentement transformer par la division croissante du travail, tout en s'accrochant encore pendant des décennies entières à la forme de la sous-traitance, notamment, la principale forme d'organisation du travail dans les usines qui, partout, remplacèrent les manufactures. Le sous-traitant était le véritable organisateur du travail : c'est lui qui embauchait, organisait et payait les ouvriers, tandis que le patron de l'usine ne savait pas forcément comment marchait l'atelier. Ce système de sous-traitance dut s'effacer pour qu'apparaisse un système moderne de gestion (les premiers pas sur cette voie furent la création de services de comptabilité et du personnel) et que prennent forme des sociétés modernes. Ainsi fallut-il aussi éliminer le sous-traitant pour le remplacer par des chefs d'atelier et des contremaîtres (aux États-Unis) ou les intégrer à l'encadrement de l'usine au plus bas de l'échelle (Japon).

C'est à ce stade que la bureaucratisation fit une entrée à grande échelle dans le monde industriel et pénétra l'atelier par le bas, à travers l'imposition de contremaîtres, et par le haut, à travers le développement d'une hiérarchie de cadres, dans laquelle le contremaître devint le dernier maillon. Le tableau devient encore plus compliqué avec le développement des syndicats, le renouvellement des techniques, et les nouvelles méthodes d'organisation des systèmes de machines et de la main-d'œuvre. Sitôt

1. Cf. Craig R. Litter, *The Development of the Labour Process in Capitalist Societies : A Comparative Study of the Transformation of Work Organization in Britain, Japan, and the U.S.*, Exeter, N.H., Heinemann Educational Books, 1982.

que le système industriel eut éliminé les principaux vestiges des systèmes préindustriels, il se retrouva mûr, à compter du tournant du siècle, et tout particulièrement durant les années 1920 et 1930, pour les grandes vagues de « rationalisation ». Avec son insistance sur la gestion scientifique, son introduction des chaînes de montage, l'électricité et les moteurs électriques, et ses gigantesques cartels internationaux, la science joua, notamment en Allemagne, un rôle croissant dans l'essentiel des activités industrielles [1].

Tous ces développements intéressants d'autres pays éclairent un phénomène important de l'expérience russe, que nous avons défini plus haut en citant une expression de Trotsky. Les économistes et planificateurs russes ou soviétiques avaient étudié les tendances qui s'affirmaient à l'étranger, et ils avaient leur petite idée sur la question ou, parfois même, ils en savaient très long sur le sujet. Des organisateurs et des techniciens visitèrent maints pays industriels au cours des années 1920, et entre autres l'Allemagne et les États-Unis, mais leur connaissance était purement théorique et ne fut d'aucune utilité pratique immédiate dans l'avalanche qui s'abattit au début du premier plan quinquennal. Des formes, des stades, des phases, des techniques et des systèmes dont le développement et la maturation avaient ailleurs demandé plusieurs décennies sinon des siècles se télescopèrent en Russie – s'interpénétrant ou tout simplement coexistant dans une mosaïque sociale des plus bigarrées.

Les formes dont nous parlions à propos des autres pays existèrent et coexistèrent aussi en Russie. Lorsque des milliers d'usines nouvelles furent édifiées en dépit d'une pénurie grave, et même critique, de main-d'œuvre qualifiée, de techniciens et d'organisateurs, il fallut faire venir des renforts d'une région à l'autre et de l'étranger pour faire tourner les nouvelles entreprises aussi bien que les plus anciennes en cours de rénovation. Et ces renforts devaient inévitablement apporter avec eux leurs différentes méthodes, habitudes et traditions sur une scène industrielle déjà confuse, avec ses propres foules bigarrées. Les ouvriers venus des vieilles industries de l'Oural, avec leur système archaïque de type artel (analogue à la sous-traitance), se mêlèrent à du personnel des usines métallurgiques de Leningrad précédemment formé par des contremaîtres et des cadres étrangers. Des

1. Pour un bon livre sur ces processus, voir Robert A. Brady, *The Rationalization Movement in German Industry*, Berkeley, University of California Press, 1933.

ouvriers hautement qualifiés durent opérer au milieu d'une masse de simples manœuvres qui n'avaient jamais touché à une machine de leur vie. Des chaînes de montage coexistaient, de manière assez malheureuse, avec des brigades artisanales et semi-artisanales, tandis que l'on pouvait apercevoir dans la cour des usines des quantités de machines supermodernes en train de rouiller sous la neige faute de spécialistes capables de les installer et de les faire marcher. Certaines usines, comme celle que dirigeait l'inventeur aéronautique Jakovlev, étaient brillantes, calmes et propres, et pourvues d'un personnel compétent en blouse blanche étudiant d'un œil expert des dessins techniques compliqués. Mais comme le patron de l'industrie lourde, Ordžonikidze, ne cessa de le déplorer, l'existence d'un infranchissable barrage d'immondices *(neprolaznaja grjaz')* était de règle dans la plupart des usines. Dans un rapport présenté en 1939, l'ingénieur en chef de la célèbre usine métallurgique de Magnitogorsk insista sur le phénomène crucial qui nous intéresse ici quand il déplora la cohabitation de technique et de méthodes très modernes avec ce qu'il appelait des antiquités préindustrielles de « grand-papa » [1].

Nul doute que des phénomènes semblables ne se produisirent pas seulement dans l'industrie mais dans presque tous les domaines d'activité : dans les écoles et les universités, dans l'administration et, à notre avis, aussi dans la politique. Les habitudes et traditions tsaristes de différents « passés » allaient de pair avec la « rationalisation » d'inspiration allemande, des méthodes françaises d'administration, le fordisme américain, et le très ancien cri rythmant le travail dans les campagnes, *vzjali!* Tandis que les masses de ruraux apprenaient – ou refusaient d'apprendre – à se servir d'un crachoir et à lire, un homme de grand talent, Tupolev, concevait d'excellents avions, parmi les meilleurs de l'époque, dans une *šaraška* – une prison où il était détenu en compagnie de tout son bureau de construction sous la surveillance de la police politique.

L'arriération en elle-même n'est pas le seul problème. Les masses d'hommes demeurés à un âge préindustriel ou récemment alphabétisés affluant vers de nouvelles structures d'organisation déroutantes avec leurs machines modernes et complexes

1. Le discours de l'ingénieur en chef de l'usine métallurgique de Magnitogorsk se trouve in *Iz istorii magnitogorskogo metallurgičeskogo kombinata i goroda Magnitogorska (1929-1941 gg.) : Sbornik dokumentov i materialov*, Magnitogorsk, 1965, p. 208.

produisirent à tous les niveaux de la société une masse de réactions de rejet, à l'intérieur comme à l'extérieur des usines – harcèlement des spécialistes, destruction ou sabotage des machines, houliganisme, et augmentation de la criminalité – mais aussi des contreréactions non moins primitives de la part de l'encadrement et du système politique proprement dit. Les vagues de mesures de contrainte ne furent qu'une manifestation d'un état d'« arriération prononcée » général, manifestement transitoire mais puissant, dans tous les domaines de la vie – état renvoyant à quelques-uns des replis les plus profonds d'une tradition nationale.

Dans ce contexte, un autre exemple de cette période mérite d'être mentionné : le stakhanovisme. Le record de production battu par un mineur du Donbass, A. Stakhanov, et l'exploitation que le régime et Staline tentèrent d'en faire sont révélateurs des attitudes d'au moins quelques dirigeants à la recherche d'une percée, ou même de remèdes miracles dans la bataille pour la productivité. Seuls des actes héroïques et des personnages hors du commun leur paraissaient capables de triompher de la léthargie des ouvriers et de la routine bureaucratique. Staline laissa clairement entendre qu'il espérait que ce mouvement de héros donnerait un coup de fouet aux administrations et les forcerait en même temps à produire en plus grand nombre des géants de cette espèce inspirés par le folklore et battant tous les records.

Les administrations firent de leur mieux pour « saboter » toute l'entreprise et en payèrent souvent le prix. Pour les plus capables d'entre elles, ce devait être un moyen très fâcheux de combattre l'arriération. La recherche du spectaculaire était précisément aux antipodes de ce dont avait réellement besoin le système industriel pour réussir : c'est-à-dire un travail systématique, des rythmes réguliers, et une bonne coordination des efforts entre les grandes communautés coopératives. La célébration des *supermen* eut, pour diverses raisons, des effets perturbateurs, et la moindre n'est pas le sentiment de frustration qu'elle fit naître parmi les ouvriers qui n'étaient pas capables d'accomplir de tels exploits et enviaient les privilèges accordés aux élus en ces temps de rareté.

Toute cette campagne prit les allures d'un appel à la tradition d'une population rurale qui avait appris, par son travail, à produire les extraordinaires mais brèves poussées d'activité qu'exigeait l'agriculture en pleine saison – poussées qui étaient suivies de ralentissements prolongés. Il est fort possible que les chefs de l'industrie qui, comme le commissaire à l'industrie lourde, Ordžonikidze, y avaient été au départ favorables se retournèrent ensuite contre cette campagne en comprenant que le stakhanovisme, le style stalinien, désorganisait les usines et décourageait les cadres. Ordžonikidze critiqua ouvertement l'idée que la chasse au record pût servir de modèle à la vie industrielle et prit la défense des administrateurs contre les accusations de Staline. Son suicide (s'il s'agit bien d'un suicide), précédé et suivi d'un carnage de cadres et de techniciens, ne devait pourtant pas empêcher l'idée de stakhanovisme de disparaître en même temps, à tous points de vue sauf en apparence.

UNE « RÉVOLUTION CULTURELLE »?

Nous avançons maintenant d'un pas dans la perception des résultats de la restructuration sociale engendrée par l'industrialisation. Les changements culturels intervenus dans le cadre de ce processus furent de la plus haute importance pour le climat social, mais quelques chiffres s'imposent afin d'éclairer ces changements.

Pour commencer, le pourcentage de la population employée par l'État – les ouvriers et les fonctionnaires, ainsi que leurs familles – est passé de 14,8 % à 50,2 % entre 1924 et 1939. Ce pourcentage inclut la population rurale travaillant sur des exploitations collectives; cependant, la part de la paysannerie classique dans la population employée a très nettement diminué. Dans le même temps (1922-1940), la population citadine est passée de 16 à 33 %, à la suite d'un afflux des paysans vers les villes (et de l'élévation d'anciennes colonies de peuplement rurales au rang de villes); et suivant les calculs d'un éminent démographe, Urlanis, 80 % de ce mouvement eut lieu dans les années 1928-1938 [1]. En chiffres absolus, on dénombrait 33,9 millions d'ouvriers et de fonctionnaires en 1940 contre 11,4 en 1928. Seuls les paysans ont pu assurer l'essentiel de cette augmentation – augmentation capitale pour comprendre la thèse de la ruralisation des villes dont traitent nos essais et que corroborent trois auteurs soviétiques sérieux quand, en termes mesurés certes, ils évoquent les ravages provoqués par la rura-

1. Ces chiffres sont repris de L.A. Gordon, E.V. Klopov, et L.A. Onikov, *Čertij socialističeskogo obraza žizni. Byt gorodskih rabočih včera, segodnja, zavtra*, Moscou, 1977, p. 50.

lisation en expliquant que « le passage des modes de vie culturelle ruraux aux modes urbains ne s'est pas fait instantanément » [1]. Mais c'est précisément pour cette raison que les chiffres moyens concernant le niveau culturel de ces populations citadines n'ont rien de surprenant. « Encore en 1939, notent ces chercheurs, 78 % des citadins âgés de dix ans ou plus n'étaient jamais allés à l'école ou n'avaient suivi qu'une scolarité élémentaire [2]. » Mais ils poursuivent en précisant ce qu'ils ont voulu dire en parlant d'une population qui n'a pas acquis « instantanément » les habitudes citadines : si l'on en croit les études de budget-temps, le niveau culturel des ouvriers dans les grandes villes montre qu'en Russie européenne le temps que les ouvriers consacraient chaque semaine à la « culture » diminuait. Le temps passé à lire des journaux tomba de 2,3 heures en 1923-1924 à 1,8 heure en 1939, tandis que le temps consacré à la lecture de livres et de périodiques chuta de 2,1 heures à 1 heure seulement par semaine [3]. Dès lors, il ne faut pas s'étonner si, comme l'indiquent d'autres sources, la consommation de vodka est allée en augmentant – ce dont il faut blâmer non seulement la « ruralisation » mais aussi la baisse du niveau de vie.

Les statistiques relatives aux écoles et à l'effort de scolarisation sont en revanche très impressionnantes et prometteuses, en particulier pour les perspectives du pays à plus long terme. En 1940-1941, on comptait au total 199 000 écoles – toutes catégories confondues – contre 106 000 en 1914-1915. Ces écoles qui réunissaient 8 millions d'élèves en 1914-1915 en comptaient 35,5 millions avec la Seconde Guerre mondiale. La Russie tsariste avait 105 universités; en 1940, on dénombrait 817 établissements d'enseignement supérieur pour 811 000 étudiants contre 127 000 en 1914. Entre 1928 et 1939 ces établissements produisirent 700 000 diplômés et 1,5 million de techniciens ayant suivi des études secondaires [4]. Sommes-nous ici en présence de ce phénomène tant discuté qu'est une « révolution culturelle »? Tous ces chiffres mettent en évidence les efforts déployés sur une grande échelle pour créer une intelligentsia. Mais c'est à tort que la propagande a employé ce terme dès les années 1930 et plus tard pour donner une image exagérément optimiste des

1. *Ibid.*, p. 51.
2. *Ibid.*, p. 49.
3. *Ibid.*, pp. 56-57.
4. Les chiffres sur l'enseignement sont tirés de I.M. Bogdanov, *Gramotnost' i obrazovanie v dorevoljucinnoj Rossii i v SSSR (istorikostatističeskie očerki)*, Moscou, 1964, p. 156.

réalisations culturelles du régime, et les sociologues soviétiques des années 1960 ont eu tout à fait raison de modérer ces prétentions. Le changement de niveau éducatif et culturel d'une plus large couche de la population est tout aussi significatif, sinon plus. Mais le simple fait que la grande majorité des citadins n'avaient jamais été scolarisés ou n'avaient qu'une formation élémentaire nous a déjà mis en garde contre des termes excessifs.

L'ouvrier de l'industrie qui, au début du plan, avait passé en moyenne 3,2 ans à l'école avait accompli 4,2 ans de scolarité – une évolution qu'il faut d'autant moins prendre à la légère que les progrès sur ce terrain étaient constamment compromis par l'arrivée dans les usines de nouvelles recrues venues des campagnes. Néanmoins, tout cela ne fait guère une révolution.

Le nombre croissant des enseignants est plus significatif dans la mesure où ils représentaient une grande promesse pour l'avenir. Il en va de même pour l'amélioration des qualifications et de la formation des futurs cadres sortis d'établissements universitaires. Il peut être utile d'étudier le niveau éducatif, sinon le niveau culturel au sens le plus large, des éducateurs et des cadres en d'autres secteurs pour se faire une meilleure idée du niveau général qu'ils atteignirent et du problème en cause.

Le nombre de cadres engagés dans des activités culturelles et éducatives *(kul'tprosvet)*, en grande majorité des enseignants, atteignit un niveau impressionnant en 1939 avec 1 791 000 personnes. Alors que l'on ne dénombrait que 231 000 enseignants en 1914, leurs effectifs avaient connu une augmentation spectaculaire pour atteindre 1 238 000 en 1940. Parmi ceux-ci, 16 % avaient suivi une formation supérieure, et 68 % accompli des études secondaires; par conséquent, 15 % seulement des *kul'tprosvet* avaient une formation réellement insuffisante, ce qui représente un réel progrès. Mais aucune autre couche sociale scolarisée n'atteignait des niveaux culturels comparables. Sur un personnel médical d'un bon million d'individus, 11,2 seulement avaient suivi une formation supérieure – reçue, pour l'essentiel, dans les *vuzy* de médecine très étroitement spécialisés – tandis que 68 % des membres de ces services littéralement vitaux n'avaient accompli, dans le meilleur des cas, que des études primaires. Un autre service important, crucial pour la qualité de la vie – les employés du secteur commercial –, ne pouvait guère offrir de meilleurs résultats : 83 % de ses 1 180 200 membres n'avaient accompli que des études primaires, et 0,3 % seulement avaient fait des études supérieures. Il s'agissait donc d'une masse très primitive et grossière, dont la population eut à souffrir et souffre encore largement aujourd'hui d'incessantes misères.

La fournée suivante de statistiques [1] devrait nous donner un bon point de vue culturel et professionnel sur toute la classe des spécialistes et des techniciens telle qu'elle émergea de l'industrialisation. Et des purges. Cette technostructure – ingénieurs et techniciens – forte de 1 951 400 personnes ne comptait que 15,9 % de spécialistes ayant suivi une formation supérieure – proportion manifestement insuffisante pour répondre aux besoins d'une industrie en plein essor; 37 % n'avaient suivi au mieux que des études primaires – résultats, là encore, très médiocres. Ainsi, les employés qui avaient fait des études secondaires mais n'avaient reçu aucune formation professionnelle – les fameux *praktiki* – étaient-ils nombreux et, dans certaines branches, ils étaient même largement majoritaires.

Les chiffres qui suivent permettent de se faire une bonne idée de la grande masse des fonctionnaires que l'on appelait, de manière quelque peu pompeuse, « travailleurs en planification et comptabilité » : ils étaient 3 millions, et la moitié d'entre eux n'avaient aucune formation professionnelle, et à peine une éducation primaire. 2,2 % seulement avaient suivi une formation supérieure – le niveau auquel on s'attend quand on parle de « planification ». De toute évidence, ces fonctionnaires étaient beaucoup trop nombreux et très mal formés; ils encombraient les usines et les bureaux et étaient réputés pour leur médiocrité.

Il nous faut maintenant regarder de plus près l'échafaudage du pouvoir, le groupe crucial des dirigeants *(rukovoditeli)* dans tous les domaines d'activité : ceux qui donnaient des ordres à leurs subalternes. Sur les 2 millions de personnes que comptait cette catégorie, à peine 6,7 % avaient une formation supérieure; 30,3 % seulement avaient fait des études secondaires, et 63 % n'avaient fait que des études primaires. Naturellement, les dirigeants au sens le plus large – ce qui comprenait, bien sûr, les cadres du parti – étaient très insuffisamment formés. Et si en 1940 ils étaient moins dépendants des anciens types « bourgeois », ils accusaient encore un très net retard sur la nouvelle technostructure soviétique, toujours médiocrement formée [2].

1. *Ibid.*, pp. 166-169. Bogdanov se fonde sur le recensement démographique de 1939.
2. *Ibid.*

Voilà à quoi ressemblait la situation, même après l'arrivée des nombreux diplômés des établissements d'enseignement supérieur (souvent encore très rachitiques à cette époque), qui ne pouvaient de toute évidence compenser les ravages des épurations – bien que nous ignorions le niveau scolaire et le nombre des épurés.

Comme le disent les trois mêmes auteurs soviétiques, en termes mesurés mais éloquents, « la révolution culturelle des années 1920-1930 commençait tout juste à porter ses fruits »[1]. Aussi remarquable qu'il était, l'effort éducatif n'avait pas encore transformé la population en une masse suffisamment instruite – tâche impossible à réaliser en quelques années. Même les dirigeants (eux en particulier) étaient les produits d'une révolution, mais pas d'une révolution culturelle. Sous l'effet de la politique et de l'effort industriel poursuivis par le régime, la population et les cadres avaient atteint quelque point situé à mi-chemin – et cela était assez pour mener et gagner une guerre, mais pas assez pour éviter d'en payer le coût terrible et excessif. Au lieu de l'expression « révolution culturelle », il est plus juste de parler d'autre chose – d'« acculturation » peut-être –, pour exprimer la réalité d'une population encore médiocrement instruite émergeant d'un analphabétisme profond et produisant une grande masse de gens instruits qui, dans le meilleur des cas, ne formaient qu'une quasi-intelligentsia. « À mi-chemin », « acculturation », « quasi-intelligentsia » – autant d'expressions qui définissent mieux que d'autres l'étape atteinte en 1941, pas seulement dans le domaine de la culture mais, plus généralement, dans la sphère des rapports sociaux et politiques. L'expression « révolution culturelle » serait plus appropriée pour caractériser les nouveaux progrès et changements intervenus après la Seconde Guerre mondiale.

CONCLUSION : L'AUTOCRATIE OU LE DÉSÉQUILIBRE INCARNÉ

L'approche générale que nous avons adoptée dans cet essai introductif et dans les autres chapitres consiste à étudier les grands traits de l'édifice social, et à voir ce qui a disparu ou ce qui est resté dans l'étape suivante. De ce point de vue, il n'est pas indifférent que les réformes de 1861 et les tentatives ulté-

1. Gordon, Klopov, et Onikov, *Čertij, op. cit.*, p. 49.

rieures pour améliorer les choses soient demeurées sans succès et que le capitalisme et le développement industriel de la Russie tsariste n'aient pas été capables de faire œuvre de restructuration et de modernisation. Ainsi se forma un nœud de tensions et de contradictions qui provoquèrent l'explosion du système en 1917, léguant au système suivant maints problèmes irrésolus qui allaient l'occuper pendant encore assez longtemps.

À cette fin, comme le précise le chapitre XII, une explication à trois niveaux est nécessaire : les problèmes hérités de la société et du régime prérévolutionnaires furent aggravés par les sévères revers de fortunes de la guerre civile, puis par la « crise permanente » de l'industrialisation, qui prétendait se débarrasser une fois pour toutes des obstacles des deux premières étapes. Toute la période, qui n'est pas encore assez longue pour devenir « véritable » histoire, présente une succession de tentatives infructueuses, ou partiellement fructueuses seulement pour sortir d'une crise au cours de laquelle d'anciennes formes politiques ne cessèrent de disparaître tandis qu'en apparaissaient de nouvelles. La Russie tsariste était certainement un système politique unique en son genre, et lorsqu'il s'effondra en 1917, ce fut à la structure sociale, pour ainsi dire, de montrer de quoi elle était capable et de reconstituer un État. Ainsi, 1917 nous apparaît comme une scène délibérément montée pour donner aux forces sociales présentes une chance de montrer ce qu'elles pouvaient faire. L'une après l'autre, elles occupèrent la scène, jouèrent leur rôle et furent évincées. Puis une nouvelle espèce apparut, de manière assez inattendue, avec les bolcheviks, et c'est alors que commença la véritable lutte, la lutte finale. Au cours de la guerre civile, les forces de la vieille Russie – ses élites, ses officiers et ses fonctionnaires – qui prétendaient au monopole de l'expérience et de l'autorité, prouvèrent, au contraire, que la chute du tsarisme n'était pas un accident. Elles se montrèrent incapables de renouer des liens avec la population, et à défaut de tels liens, il leur était impossible de revenir au pouvoir.

D'autres groupes et mouvements non autoritaires, également intéressés à une organisation démocratique – les mencheviks, les libéraux, et surtout les socialistes-révolutionnaires –, eurent aussi leur chance : dans le gouvernement provisoire, dans la direction des soviets, et enfin dans leur propre République de Samara, qu'ils fondèrent au cours de l'été 1918 en défi aux bolcheviks. Leur incapacité à défendre et donc à justifier leur victoire aux élections à l'Assemblée constituante était patente : incapables de mettre sur pied une armée, ils restèrent essentiellement tributaires des troupes étrangères (surtout tchèques) et des officiers de l'Armée blanche, qui n'avaient d'autre ambition que de les anéantir.

Puis on assista à une recréation d'un système étatique sous l'autorité des bolcheviks – système qui, encore une fois, nous apparaît comme unique en son genre. Au fil des bouleversements et de la restructuration occasionnés par l'industrialisation apparut un nouveau type d'État constituant une innovation à grande échelle. Le recours permanent à des symboles tels que « bolchevik », « révolution d'Octobre » et « marxisme-léninisme » ne doit pas nous faire perdre de vue la profonde transformation que connurent le parti dirigeant et son idéologie. Ainsi les malheureux mencheviks ne furent pas les seuls : le bolchevisme aussi fit son numéro puis se laissa emporter...

Les bolcheviks remportèrent la guerre civile et créèrent un style et un type d'État parce qu'ils se montrèrent capables d'unir et de diriger la Russie populaire, y compris la nouvelle force qui avait été créée mais pas encore transformée par le capitalisme ni cooptée par le tsarisme : la classe ouvrière. Le régime produisit rapidement une nouvelle élite issue, pour l'essentiel de milieux populaires – de la petite bourgeoisie et de l'intelligentsia (à laquelle convient assez bien le mot russe *raznočincy*), du monde des ouvriers et d'une masse croissante de paysans, avec l'adjonction significative, mais à contrecœur, de personnes issues des échelons inférieurs de l'administration tsariste et de l'armée, sans oublier un petit groupe d'officiers supérieurs – les *štabisty* (officiers d'état-major de l'armée de terre). Tout cela formait une nouvelle et puissante configuration de forces, bonne pour mener des batailles et mobiliser la population – et présidée par un nouveau type de direction : le parti – école d'organisateurs et pour organisateurs, creuset de cadres.

Bien que le nouveau pouvoir ait su exploiter l'amertume et les énergies de la Russie populaire contre l'ancien régime, les bâtisseurs du nouvel État avaient conscience des contradictions qui les opposaient à cette même Russie populaire, dont des secteurs entiers ne lui étaient pas véritablement acquis. Il s'ensuivit un processus inévitable : le parti et les autres institutions furent inondés, ou même emportés, par la marée des candidats venus de la base et qui jugeaient opportun de servir et d'utiliser la révolution et le nouveau régime, même s'ils avaient hésité plus tôt à lui prêter main-forte. Naturellement, cette masse était encore porteuse de l'arriération de la vieille Russie, barbare et analphabète. Cela devait poser un problème permanent au parti : qui, quelle espèce de dirigeants, d'attitudes, de style et de méthodes, serait à même de diriger ou de façonner cette société populaire mais « ancienne » et ses membres pour en faire une nouvelle société et reconstruire un État puissant et stable ? Toutes ces questions – qui, comment, à quel rythme – ouvrirent bientôt une nouvelle bataille à l'intérieur du parti – bataille qui fit rage dans un contexte de crises héritées du passé et contribua à aiguiser de nouvelles contradictions.

Mais nous ne devons pas oublier (j'en dirai davantage à ce sujet au chapitre XII) que la guerre civile provoqua un phénomène d'« archaïsation » du système socio-économique, à travers l'interaction de toute une série de facteurs touchant à la structure sociale, à la composition sociale du parti, à la médiocrité du niveau culturel et scolaire, et tout particulièrement à travers les transformations qui se produisirent au sein de la paysannerie. Aux élans autoritaires du parti et des administrations d'État, au sommet, devaient répondre ceux émanant de la base, de la paysannerie notamment, mais aussi des basses classes dans les villes, encore profondément engoncées dans les valeurs patriarcales de leur vie sociale et familiale et prêtes à respecter un État puissant ou un *hozjain* fort, même oppressif, en dehors de leur domaine. Ces phénomènes allaient provoquer de grands changements au fil des décennies suivantes, jusqu'à une date assez proche. C'est cela que nous entendons par « le vieil héritage » et ses potentialités.

C'est finalement au cours de la campagne d'industrialisation que l'espoir caressé par Lénine de donner au nouvel État paysan-et-ouvrier la base économique moderne qui lui manquait se concrétisa. Le *memento mori* des mencheviks ne cessa certainement de le hanter : ils prétendaient en effet que l'on ne pouvait brûler les étapes et que lui, Lénine, n'aurait pas dû prendre le pouvoir dans un pays qui n'était pas prêt pour le socialisme. Lénine essaya de polémiquer : et si, demanda-t-il en substance, nous profitions précisément du pouvoir pour nous doter des préalables manquants ? Pourquoi ne pourrait-on pas inverser l'ordre des choses [1] ?

On le pouvait, bien sûr, les événements l'ont prouvé. Mais

1. V.I. Lénine, « O našei revoljucii », in *Polnoe sobranie sočinenii*, *op. cit.*, vol. XLV, pp. 378-382.

lorsque le nouvel État, sachant que la base sociale existante ne pouvait assurer la puissance de la Russie pendant très longtemps, lança un effort de redéploiement, ce fut un effort tous azimuts accompli par les organes de l'État pour *hisser* les masses russes et les faire entrer de force dans l'ère industrielle. Dans ces conditions, la nouvelle société en gestation – encore très branlante durant cette transition – entra dans un moule fixé à son intention par un étatisme triomphant, et non pas dans un domaine toujours plus large d'autonomie sociale et de liberté culturelle et politique.

Au cours de ce processus, l'étatisme s'usa ou succomba à une très forte régression. Le lancement du culte de Staline, par exemple, attesta de la présence au sein de la direction d'une espèce d'hommes inflexibles qui avaient choisi de faire de Staline leur symbole et leur chef. Ce fut une adaptation d'un art de gouverner très russe, prêt à emprunter de vieux habits idéologiques mais aussi à se débarrasser de ses traits socialistes, contraignants et surtout non étatistes (ou anti-étatistes). La volonté de ne pas s'inquiéter du coût, de ne pas se montrer trop scrupuleux sur les moyens, l'aptitude à pressurer les institutions et les hommes – autant de traits qui marquèrent le style et le tempérament de ces staliniens, aux yeux desquels la plupart des bolcheviks de la vieille garde apparaissaient maintenant trop européens et trop « libéraux ». C'est dans ces conditions que fut lancée la grande campagne d'industrialisation qui emporta tout ce qui subsistait de l'ancien lien rural, provoquant une chaîne de crises, donnant le jour à une « société de sables mouvants » restée « à mi-parcours » avec sa « quasi-intelligentsia ». Le changement donna lieu à un incroyable tour de force social tenant de la *démesure*, et l'État qui lança et présida à cette transformation se retrouva lui-même menacé par les forces qu'il avait suscitées. En conséquence, il n'eut de cesse de consolider ses positions en renforçant la discipline et la terreur, créant, de ce fait, un climat propice à un virage autocratique.

Mais un régime qui se trouve « à mi-parcours » peut vouloir aller de l'avant et se stabiliser après la violence du changement social, qui avait engendré l'instabilité et le mouvement mais aussi le besoin d'en sortir. Les couches dirigeantes et les administrations d'État, la société dans son ensemble, aspiraient vivement à la stabilité, au ralentissement, à la normalisation de la situation. La lutte pour « un retour à la normale » en temps de crise et de changement social fut certainement un facteur majeur, en particulier parmi les nouveaux fonctionnaires et l'intelligentsia technique. Ils exercèrent des pressions croissantes sur la direction de l'État pour établir un système ordonné, prévisible et légal, tempérer l'arbitraire et écouter les experts.

Il est clair que, parmi les hauts dirigeants, certains se montrèrent sensibles à cet ardent besoin d'un retour à la normale et le souhaitèrent eux aussi. Mais pour d'autres, en particulier pour Staline, tout cela apparut comme un complot.

Il n'y eut probablement pas le moindre complot. Il n'y eut peut-être même pas la moindre trace de cette « faction Kirov », dont certains auteurs ont supposé l'existence. Mais il ne manque pas de preuves indiquant que, bien plus qu'une faction, se répandait dans le pays, dans la nouvelle intelligentsia, dans les masses populaires et dans la bureaucratie un profond désir de mettre fin aux « excès » et d'établir un mode de gouvernement plus régulier. Kirov, le populaire chef du parti à Leningrad, comptait certainement parmi ceux qui partageaient cette aspiration. D'où l'intermède de 1933-1934, avec le ralentissement des rythmes de croissance, la nouvelle priorité donnée aux industries légères, le retour au premier plan de quelques vieux opposants, et les nouveaux espoirs placés dans une intelligentsia créative jouissant davantage de libertés.

C'est dans ce climat que Staline, et une partie de son entourage avec lui, se retourna violemment contre la bureaucratie qui, pensait-il, était la principale source de l'hostilité croissante à sa manière de gouverner. Bientôt, après 1934 et l'assassinat de Kirov, allaient venir la profusion des « ennemis du peuple » et les purges sanglantes qui marquèrent l'épanouissement de l'autocratie stalinienne, la période du « haut stalinisme ». Mais il n'y avait pas d'ennemis alentour, ni d'agents de services secrets étrangers. Et c'est donc le parti administratif et ses dirigeants, les staliniens, qui furent emportés dans la crise de l'industrialisation et qui finirent par y perdre leur pouvoir et la vie. Il y avait aussi une nouvelle structure sociale et une nouvelle bureaucratie en plein essor – qui étaient, l'une et l'autre, des produits de la même révolution et d'une réalité appelée à durer malgré les ravages opérés par les épurations.

Par conséquent, la même période qui vit la formation du « stalinisme » vit aussi l'émergence, d'abord timide, d'un second modèle autoritaire dans l'État soviétique, d'un modèle bureaucratique dans ses attitudes, mais pas intrinsèquement fondé sur la contrainte, oligarchique mais hostile à une autocratie capricieuse. C'est cette « version » qui était le véritable ennemi de Staline; il n'y en avait pas d'autres. C'est cet « ennemi » qui devait prendre la succession et refondre considérablement le système après la mort de Staline. À cette date, la révolution industrielle serait achevée, la reconstruction sociale aurait atteint un seuil après lequel de nouveaux problèmes allaient surgir et engendrer de nouvelles pressions. Il s'agit de l'étape que nous avons sous les yeux, et qu'il appartient aux observateurs de la Russie d'étudier.

Dans les années 1930, après la profonde révolution politique de 1917, vint le temps d'une révolution industrielle – et c'est là que prit fin l'emploi légitime du vocable « révolution ». Les changements industriels produisirent une remarquable acculturation, mais aussi une véritable « contrerévolution culturelle » – expression qui rend bien compte de l'obscurantisme, de la destruction de pans entiers de la créativité culturelle et de la recherche, mais aussi de bien des créateurs, et du phénomène parallèle de contrerévolution politique. Le stalinisme exprima l'incapacité du système, en des temps de transition et de crise, à s'adapter aux changements qu'il avait lui-même promus et à contrôler les usages et les instruments de la coercition. Échappant à tout contrôle, la coercition tourna à l'arbitraire pur et simple. La seule institution qui put jouir désormais d'une certaine stabilité se composait d'un seul homme – d'où le terme d'« autocratie ». Mais en raison des piliers essentiellement coercitifs et « hypnotiques » de ce type de régime, cette autocratie soviétique ne devait jamais se sentir en sécurité. Le stalinisme fut donc le déséquilibre incarné. Il devint rapidement un anachronisme, même pour la société industrielle soviétique, à peine sortie de sa coquille et encore mal assurée, qui devait se ranger à des formes politiques plus disciplinées après la mort de l'autocrate.

I

LA VIE RURALE : COUTUMES ET MAGIE

CHAPITRE I

La société rurale dans la Russie du XXe *siècle*

Esquisse préliminaire

Nous traitons ici, au fond, de quelque vingt-cinq années de l'histoire rurale de la Russie, de 1905 à 1930 environ, et pour définir l'arrière-plan aussi bien que les grandes tendances qui ont infléchi le cours des événements, il est bon de garder à l'esprit certains traits essentiels de cette période. On peut dire que ce fut une période exceptionnellement riche en drames, en frissons et en rebondissements. Elle a connu une « guerre locale » (le conflit russo-japonais des années 1904-1905), une guerre mondiale et une guerre civile. Cela suffisait pour ébranler un monde; mais cette période connut aussi deux – peut-être trois – révolutions (1905; février 1917; octobre 1917), un marasme économique prolongé au début du siècle, un spectaculaire essor industriel à la veille de la Première Guerre mondiale, un cataclysme économique et social ravageur en 1917-1921, une formation économique très singulière connue sous le nom de N.E.P., avec son lent mais incontestable redressement sur des fondements très différents des précédents – la période s'achevant par un nouveau bouleversement à partir de 1928. Qu'une nouvelle guerre mondiale dût éclater à peine dix ans plus tard n'est pas sans importance – même si cela sort déjà de notre champ d'étude.

Nous pouvons ensuite évoquer des phénomènes et des événements non moins importants et remarquables qui ont affecté la société paysanne en son cœur et qui, suivant les cas, sont indépendants ou liés à ces frémissements que nous venons d'esquisser pour définir « l'arrière-plan ». Bien des changements et des évolutions touchant la vie rurale avaient commencé plus tôt,

« Rural Society in Twentieth-Century Russia : An Introduction », *Social History*, 9, n° 2, 1984 (Methuen & Co).

et l'on ne saurait les aborder dans le cadre de cet essai. En dépit d'une ancienne conviction insistant sur le conservatisme et l'immobilisme des paysans russes, beaucoup de choses ont évolué ou se sont transformées, parfois à un rythme très lent, en effet, parfois par bonds. Mais ces changements allaient dans des directions différentes. Ils contribuèrent parfois à une meilleure intégration de la paysannerie à une économie de marché et à une société en pleine modernisation; parfois aussi, la vie rurale suivait un cours opposé – un cours fait de stagnation, ou d'affrontement avec les villes, de repli sur soi, parfois même d'inédit et de relativement imprévu.

La période dont nous traitons présente toutes ces facettes. Autrement dit, la paysannerie fut pour ainsi dire ballottée, pressée d'entrer dans les moules qu'on lui pensait normalement destinés. Le développement économique, mais aussi les tendances sociales et culturelles suivaient à long terme un cours apparemment prévisible, mais ils se trouvèrent associés aux puissants effets de terribles secousses et de poussées qui dévièrent de manière parfaitement imprévisible l'itinéraire historique de la paysannerie. Prenons l'exemple de la réforme Stolypine à la veille de la Première Guerre mondiale. Il s'agissait d'une tentative particulièrement audacieuse de réorganisation sociale « par le haut » – tentative très risquée, mais en tout état de cause fondée sur des tendances déjà à l'œuvre depuis quelque temps dans la société paysanne et engageant le monde rural sur la voie du développement capitaliste au prix d'une stratification sociale et économique ainsi que d'une destruction des institutions et coutumes anciennes. Puis vint la révolution agraire des années 1917-1921, qui fit une fois encore reculer brutalement le monde rural. La poussière soulevée par ces événements n'était pas encore réellement retombée que la collectivisation provoqua une nouvelle secousse, une secousse très violente cette fois, qui poussa la paysannerie dans une direction nouvelle et bien différente. La période précédente, celle de la N.E.P., avait été elle aussi marquée par un très brusque retournement, mais un retournement au profit de changements progressifs et socialement pacifiques, un intermède entre deux orages à bien des égards singulier, soumis à une double influence : celle des suites de la révolution agraire, assimilées ou dépassées, et celle des conséquences d'un autre renversement capital de caractère politique que nous n'avons pas encore mentionné – la révolution bolchévique.

Arrêtons-nous un instant sur une période de bouleversement

qui m'intrigue tout particulièrement – je veux parler de la révolution agraire des années 1917-1921. Elle excita ma curiosité parce que j'ai le sentiment qu'elle a eu sur la paysannerie et le destin du régime soviétique un effet plus profond qu'on ne le réalise habituellement.

Cette révolution a balayé tout ce qu'avait accompli la réforme Stolypine, et plus encore : la plupart des fermes indépendantes (les fameuses *hutora* de Stolypine) furent réintégrées aux villages, sauf dans les régions où elles faisaient déjà largement partie du mode de vie depuis des décennies. L'agriculture capitaliste (ou tournée vers le marché) naissant des franges méridionales et occidentales de l'empire s'en trouva sérieusement affaiblie, sinon entièrement étranglée. La communauté rurale – la célèbre *obščina,* principale cible de Stolypine et déjà soumise à de fortes pressions – fut ressuscitée pour de bon et devint la forme prédominante de la vie rurale à travers toute la Russie, hormis dans les régions occidentales où elle était faiblement implantée, sinon inexistante. Et elle fut le principal instrument d'« égalisation » *(poravnenie)* sociale, au service d'un rapprochement considérable des pôles de la différenciation sociale, composés des *kulaki* au sommet et des paysans pauvres au bas de l'échelle. La redistribution de la terre aidant et les paysans étant moins tournés vers le marché, la paysannerie se rapprocha fort du royaume idéal des paysans moyens *(serednjaki).*

Tout cela signifie que les paysans sortirent de leur frénésie redistributrice – et il s'agit bien ici de frénésie – encore plus moujiks que jamais, plus *sui generis,* plus tournés vers la consommation familiale, moins « agriculteurs » que jamais depuis l'émancipation. Si l'on pouvait légitimement taxer les paysans de ces *hutora* ou les autres paysans aisés de « petits producteurs » ou de « petite bourgeoisie », comment fallait-il classer la paysannerie parcellaire et communautaire à la fin de la guerre civile ? Le terme de « capitaliste » est tout simplement faux pour cette période, et il demeurera parfaitement absurde même dans les années suivantes où les « ciseaux » ont réintroduit une certaine stratification. Cependant, même l'expression de « petite bourgeoisie » s'applique mal à cette époque car, pour mériter une telle classification, cette couche, peu différente des artisans citadins, devrait produire pour le marché – au moins dans une large mesure. Si une « petite bourgeoisie » présumée ne produit aucune marchandise ou ne vend qu'une infime fraction de sa production – l'essentiel étant absorbé par la consommation interne de la famille et de la ferme – pourquoi insister sur sa qualité « bourgeoise »?

J'ai tendance à penser que dans cette période la paysannerie a vécu dans une formation sociale entièrement différente – sans capitalistes, sans le moindre commerce important, sans petite noblesse, sans cette puissante administration qui devait surveiller la paysannerie d'État avant 1861, sans *zemskij načal'nik* ni ces petits bureaucrates qui prirent la relève à partir des années 1880. Elle a aussi vécu sans les puissants koulaks, mais avec une commune forte et – pour un temps – revigorée. Que faut-il donc en penser? On a de toute évidence affaire ici à un changement d'essence socio-économique de la paysannerie en tant que classe ou formation, conceptuellement insaisissable mais bel et bien là, beaucoup moins stratifiée qu'auparavant, plus archaïque sans doute, retardant à bien des égards l'horloge de l'histoire comme si elle s'apprêtait soit à un nouveau bond en avant en termes de développement, soit à l'introduction de quelque nouvelle servitude; un tel état de choses ne pouvait certainement pas durer très longtemps.

Quoi qu'il en soit, j'entends montrer ici que cette restructuration de la paysannerie se trouve à la racine de quelques développements ultérieurs du système soviétique, qui aurait préféré et espéré une espèce différente de paysannerie, plus docile à son influence. Or il trouva en fait une situation très inhabituelle : une immense paysannerie *accentuant* soudain, renforçant sa *spécificité* au lieu de la diluer, comme cela eût été plus normal sous la pression conjuguée des villes, des chemins de fer, des écoles, des marchés, des migrations saisonnières, des facteurs culturels et autres véhicules du changement. En réalité, tous ces « dissolvants » étaient eux-mêmes affaiblis ou en crise et pouvaient à peine assurer leur propre survie, laissant la paysannerie libre de mettre en morceaux ses terres nouvelles et ses institutions pour cultiver sa qualité de *moujik*.

Ces circonstances aidant, nous avons donc la possibilité d'observer cette paysannerie comme une espèce qui aurait conservé sa pureté et de nous attarder sur quelques aspects moins étudiés de son unicité sociale.

TRAVAIL, PSYCHOLOGIE SOCIALE ET PERSONNALITÉ

Le travail agricole et le nœud familial en tant qu'*unité de production*, essentiellement tournée vers l'autosuffisance alimentaire – ces trois facteurs (travail, famille, unité de production autosuffisante) marquaient en profondeur la vie sociale rurale. Dès les premières décennies de ce siècle, les grandes villes avaient perdu presque tout contact avec ces réalités. Or nous nous rendons compte aujourd'hui que les conditions de la vie rurale en Russie à cette époque et toute cette organisation du travail en étaient encore à un niveau qui était celui de l'Europe occidentale dans les siècles passés, peut-être au niveau de la France rurale quelque part au XVIe siècle. C'était encore une existence sans électricité, ni autre forme d'éclairage des rues; les machines agricoles étaient encore extrêmement rares; même la charrue n'était pas encore devenue le principal instrument des travaux agricoles, et les engrais étaient le plus souvent inconnus des paysans. L'ancien assolement triennal, la maigreur du cheptel, la multitude des huttes qui n'avaient pas même une bonne cheminée sur le toit – tout cela confirme l'impression d'un stade antérieur dans l'histoire de la civilisation : les différences entre la nuit et le jour, l'hiver et l'été sont très marquées; la plupart des maladies demeurent mystérieuses et généralement ne pardonnent pas; un homme est vieux à quarante ans, et la mort est toujours présente, prosaïque, et sans appel; dans le meilleur des cas, elle se prête à quelque manipulation et l'on peut la retarder en recourant à la médecine populaire et à l'aide d'un sorcier.

Le caractère « biologique » de la production agricole n'apparaissait pas seulement dans le fait qu'elle dépendait de facteurs biologiques mais, de façon plus inquiétante, dans le fait que la vie dépendait très directement de la seule récolte du moment. Lorsque les stocks étaient bas, la survie de la famille dépendait de la saison courante, et une mauvaise récolte était une catastrophe immédiate. C'était simple et évident; l'alimentation de base était toujours aléatoire, et quand elle venait à manquer, seule une mince réserve pouvait, dans le meilleur des cas, retarder le moment où la famille se verrait obligée de mendier. Qui plus est, tout l'effort productif était mal réparti en raison des fluctuations imprévisibles et capricieuses des conditions climatiques et du fait que toutes les énergies étaient tournées vers le succès capital de la prochaine récolte. Ce trait est d'une immense importance socio-psychologique. Les innovations, les améliorations, les investissements exigent une certaine prévoyance et une disposition à prendre des risques. Mais à ce niveau technique, le paysan prenait déjà d'énormes risques. Le coût du changement était extrêmement lourd, et la propension était forte à continuer à faire les choses comme les faisaient les aînés. À la lumière de ces faits, le revers était aussi beaucoup plus clair : je veux parler de la difficulté, parfois insurmontable, que rencontraient les jeunes les plus entreprenants qui venaient avec de nouvelles exigences ou de nouvelles idées, qui pouvaient avoir un effet de choc sur les deux parties.

Mais un autre facteur, que l'on peut appeler « structurel », vient renforcer le double pouvoir de maîtres et de véritables dirigeants des anciens. Dans la période considérée, la vie dans les campagnes était presque entièrement réglée par le « calendrier agricole ». Celui-ci n'était pas nécessairement écrit ni imprimé, mais en même temps – et, bien sûr, ce n'est pas un hasard – il était identique au calendrier religieux pour la célébration des saints et des fêtes. On peut affirmer avec quelque certitude que c'est l'aspect religieux qui fut adapté et surimposé au cycle agricole, avec ses saisons, ses types de travaux, et ses poussées récurrentes d'activité. Mais cela est une autre question. Le fait demeurait que les paysans savaient par leurs aînés que les semailles d'été devaient se faire à la mi-avril; que mai était le temps de la coupe du bois et des premières jachères; au début du mois de juin, il fallait s'occuper des dernières jachères, tandis que la récolte du seigle avait lieu fin juin et la moisson du blé en juillet. Août et septembre étaient consacrés au battage, sans négliger les semailles des cultures d'hiver. L'intensité de ces occupations était remarquable, surtout quand l'on réalise que la liste était loin de s'achever là : il fallait encore trouver le temps nécessaire au sarclage *(propolka)* au début de la saison puis celui de couper le foin. Que tous ces travaux fussent guidés par un calendrier et d'autres institutions régulatrices n'a rien d'étonnant.

Comme on l'a dit, le même calendrier réglait aussi les jours fériés, les fêtes, presque toute la vie agricole, et donnait aussi des directives pour conclure des affaires. La période la plus propice se situait entre le 14 octobre et le 14 mars *(of Pokrova do Evdokii)* ou jusqu'au 6 mai *(do Egorija)*. Il va sans dire que seuls les aînés pouvaient donner des conseils sur toutes ces affaires agricoles et spirituelles, que nous n'avons évoquées qu'à grands traits.

Il n'est pas étonnant que dans un tel système les gens pensent et agissent « de manière saisonnière » et non pas en termes d'heures ou de minutes – lesquelles sont appropriées à un rythme de travail très différent. « Cette vie est un long point d'interrogation entre une récolte et une autre », écrivait Kipling à propos des paysans. Il parlait des années 1890 en Inde, mais sa formule traduit aussi la réalité d'autres contrées. Travailler et réagir en termes de saisons n'est pas nécessairement synonyme de paresse, léthargie ou allure mesurée. Bien au contraire. Dans la période de travail, en particulier en pleine saison, tout le processus était risqué, précaire, et prédisposé aux accidents. Les longues périodes de loisir, d'inactivité ou même d'indolence devaient être suivies par des explosions d'activités fébriles. Les caprices de la météorologie et les techniques primitives (quand il y en avait) donnaient parfois lieu à de phénoménales explosions d'énergies et d'efforts pour achever de faire les foins ou mettre les grains à l'abri à l'approche d'un nuage, ou encore désembourber au plus vite une charrette lourdement chargée. Ainsi un mode de travail qui était profondément marqué par des méthodes routinières et consacrées par le temps exigeait aussi de l'intuition, du tempérament, un déploiement chaotique d'énergie émotionnelle, nerveuse et physique. Il est donc raisonnable de penser que le même processus qui engendrait circonspection et conservatisme contribuait aussi à la prépondérance de types de personnalités qui avaient tendance à se montrer facilement irritables, faciles à provoquer et prêts à exploser – des êtres humains de tempérament sanguin plutôt que des hommes flegmatiques et à sang-froid.

En fait, on avait trop souvent l'occasion d'observer dans la vie rurale le déchaînement de colères aveugles et puissantes, partiellement imputables aux effets d'une mauvaise alimentation, mais ces colères relevaient certainement de la psychologie collective des paysans. Les soudaines explosions de colère, les massives querelles d'ivrognes ou même le déchaînement bestial des paysans qui battaient leur femme, ou encore, dans une veine différente, les éclats de manifestations religieuses extatiques formaient autant de traits bien connus de la vie rurale.

L'interprétation et le diagnostic en ce domaine ne sont pas très faciles et exigent plus de recherches, mais nous aimerions risquer ici quelques réflexions sur les rapports entre ces traits de personnalité ou de psychologie sociale et quelques aspects encore mal connus de la criminalité rurale. C'est un problème dont l'analyse n'est certainement pas commode. Décrivant les querelles entre ouvriers dans les villes russes des années 1920 (c'est-à-dire, évoquant le comportement de personnes qui n'avaient rien de criminels endurcis), certains criminologues et sociologues purent affirmer que lorsqu'un ouvrier était de sortie un dimanche, il laissait généralement son couteau à la maison. Les querelles du dimanche qui s'enflammaient brusquement n'avaient donc, de toute évidence, rien de prémédité et se terminaient le plus souvent par quelques membres brisés mais rarement par des blessures sérieuses.

Dans les campagnes, en revanche, les querelles étaient intentionnelles; les paysans s'y préparaient et s'en régalaient d'avance, à l'occasion d'une fête religieuse *(prestol'nye prazdniki)*, par exemple. Les jeunes se rendaient aux réunions armés de couteaux et de poids, et les adultes se joignaient à eux dès que l'« action » s'enflammait brusquement. Ils trouvaient toujours sur le terrain quelque objet massif dont ils pouvaient se servir. Dès lors, quand la violence se déchaînait, elle n'avait plus de limites; tous les coups étaient permis, provoquant d'atroces mutilations et de nombreux morts. De ce point de vue, les campagnes tuaient en masse et ces meurtres étaient pour l'essentiel le fait de jeunes gens ou de personnes plus âgées dont le comportement n'avait rien de criminel dans la vie ordinaire. Comment l'expliquer?

Un spécialiste de psychologie criminelle pense que l'on ne saurait tout expliquer par la mauvaise humeur. Des mécanismes ataviques, des souvenirs vaguement préservés de vieilles et longues querelles, irrésolues et apparemment oubliées, opposant des villages sur le partage de la terre avaient pu entretenir des résidus de haine et un désir de vengeance prêts à s'enflammer à une occasion ou à une autre contre des coupables d'un passé quasi mythique.

En tout état de cause, la vue d'un cadavre ne provoquait pas la même émotion dans les campagnes et dans les villes, même petites. À la différence des villes, la campagne a une approche plus directe des réalités de la vie et de la mort chez les êtres humains comme chez les animaux, en particulier lorsque le cadavre est celui d'un inconnu. Les paysans pleurent et tentent de venger les leurs, bien sûr. Mais là encore, à l'intérieur de sa propre famille, ce n'est pas sans émotion que le paysan voyait et commentait la mort ou l'approche de la mort. Sans la moindre intention de blesser, un parent pouvait dire à l'un de ses proches mal en point « tu n'en as plus pour longtemps à fouler l'herbe verte, Petrovič »; et cela était dit sur le ton d'une simple constatation, ou même avec une touche de commisération. Si quelqu'un était très malade ou impotent, l'approche de l'inévitable ne valait visiblement pas la peine que l'on s'en inquiétât outre mesure.

CRIME ET DROIT COUTUMIER AU VILLAGE

L'étude des réactions des ruraux au crime, ou à ce qu'ils considéraient comme tel, ne peut que profiter à notre intelligence de la spécificité rurale en ces temps-là. Si dans les villes des années 1920 on commettait plus de crimes au total que dans les immenses campagnes, celles-ci enregistraient beaucoup moins de vols mais bien plus de meurtres. Dans les villes, les contrevenants s'attaquaient à la propriété; les villageois, on l'a dit, s'en prenaient plus au corps. Une forme de vol était cependant importante : le vol des chevaux. Le paysan était enclin à voir dans un vol de céréales ou de chevaux une agression dirigée contre lui, plutôt qu'un crime officiellement défini et châtié conformément à un code qui cherchait à rééduquer au lieu de tirer vengeance. Cette attitude officielle était assez mal reçue dans les villages. Le paysan ressentait l'offense personnellement et avait le sentiment qu'il devait y réagir sur-le-champ par l'action directe, avec ses poings, ou si l'affaire intéressait un groupe ou la commune tout entière, par le lynchage. Telle était surtout sa réaction dans les cas de vols de bétail ou de chevaux. Son raisonnement se laisse formuler ainsi : Qu'est-ce qu'un juge de la ville peut bien comprendre au vol de *mon* cheval?

Mais des témoignages d'une époque antérieure (les années 1880) ont montré qu'en cas de meurtre, au contraire, les villageois livraient le suspect à la police sans « régler » eux-mêmes l'affaire. Mais quand ils attrapaient un voleur en flagrant délit, ils le lynchaient. Le coupable pouvait alors tenter de sauver sa peau en avouant un meurtre imaginaire – et il gardait alors quelque chance d'être remis entre les mains de la police au lieu d'être atrocement mutilé. Pourquoi? Ma source ne risque aucune explication, mais nous pouvons en suggérer une : les paysans établissaient parfois une distinction entre le « crime » et le « péché ». Et il ne leur appartenait pas de châtier les actions peccamineuses.

Les nombreux cas où « le livre » définissait comme crimes ce que les paysans jugeaient légitime, juste ou normal posaient toute une autre série de problèmes au sociologue, au criminologue et au juge : ainsi, distiller clandestinement de l'alcool, battre sa femme, couper du bois sans autorisation sur les forêts de l'État ou des propriétaires fonciers – la liste est en vérité bien plus longue et plus lourde. Les autorités, par exemple, ont souvent tenté de limiter le partage des fermes entre pères et fils, mais à chaque fois c'est le droit qui a perdu.

Après tout ce qui a été dit, on ne sera sans doute pas surpris d'apprendre que le monde rural – abstraction faite de la catégorie des *huligany* qui prospéra dans les années 1920 – ne comptait guère de criminels, connaissait assez peu la prostitution et les bordels, mais assistait parfois à de sauvages viols collectifs et les tolérait. Les viols collectifs commencèrent à régresser légèrement dans les années 1920 du fait de la nucléarisation continue de la famille, de l'apparition du divorce, et d'un changement d'attitude à l'égard des femmes comme du regard que les femmes portaient sur elles-mêmes. Ce devait être un processus révolutionnaire à long terme, mais qui n'était encore qu'à ses débuts à cette époque. Les femmes désirant porter plainte contre les mauvais traitements infligés par leur mari commencèrent à apprendre à s'adresser aux tribunaux, quand elles ne quittaient pas purement et simplement leur mari, bravant ainsi l'opinion publique rurale. Un mari qui se débarrassait de sa femme en la jetant dehors – le cas n'était pas si rare – encourait beaucoup moins le blâme de l'opinion publique.

Voir dans les attitudes à l'égard du crime des indicateurs susceptibles d'être utilisés pour sonder les problèmes plus généraux de la psychologie sociale, de l'éthique et de la culture nous aide aussi à aborder une autre série hautement significative de problèmes touchant à la spécificité de la vie rurale. Nous avons à l'esprit la grande question du droit coutumier (ou, plus modestement, des coutumes juridiques) des paysans russes. Ce sujet, si important pour comprendre l'histoire de n'importe quelle société et de son droit, a été traité par un certain nombre d'éminents juristes russes à l'occasion d'un débat qui agita la Russie prérévolutionnaire et qui s'est assez récemment ranimé en Union soviétique. Ce débat – l'une des grandes querelles historiques de l'historiographie russe – demeure cependant mal connu. Les spécialistes de la Russie connaissent mieux les discussions sur l'histoire du servage, ou sur la commune rurale [1].

1. Pour une étude du droit coutumier, voir le chap. III, qui a aussi beaucoup à dire sur la commune rurale. Entre parenthèses, pour la période soviétique, il vaut mieux employer le terme « communauté » de préférence à celui de « commune », qui a été largement utilisé depuis la révolution pour désigner une ferme collective avec « communisation » intégrale des moyens de production comme de consommation. Quand on discute de la Russie tsariste, aucune confusion n'est possible, parce qu'il n'existait pas de *kommuny* à cette époque. Il est

Le village sera le dernier thème mentionné ici. Le mot russe est *derevnja* et tire ses racines des forêts septentrionales (avant qu'il ait gagné les prairies méridionales pour devenir *selo*), où l'on ne trouvait naturellement que des cabanes de rondins même si, chose étonnante, le terme lui-même ne vient pas de *derevo* (bois d'œuvre). Si le village était bel et bien la cellule vivante de la société rurale en Russie, on ne peut, hélas, que déplorer la rareté des études qui lui ont été consacrées. Nous en sommes encore plutôt au stade des études globales, macroéconomiques, culturelles et sociologiques. Or, à moins de « décortiquer », pour ainsi dire, le village, nous passerons à côté de quelque chose de tout à fait capital pour l'intelligence de la société rurale. Sans doute aussi pour celle de la Russie. C'est à l'intérieur du village que travaillaient les forces – réseaux de voisinage, systèmes familiaux, organisation de la main-d'œuvre, hiérarchies sociales et valeurs – dont se nourrit cette masse immense d'humanité rurale et qui animèrent, façonnèrent et, parfois même, paralysèrent la Russie – comme elles le font encore en d'autres pays. Il est fort intéressant de se demander pourquoi l'on a consacré tant d'études à la commune et si peu au village. Mais un fait suffira. La tempête de la collectivisation, on le sait, a emporté ou remplacé la commune rurale – tandis que la *derevnja*, le village est resté. Et avec lui, pour plus longtemps encore, la paysannerie.

bon de s'en souvenir, alors même que l'on n'a pas toujours respecté cette distinction dans le présent ouvrage.

CHAPITRE II

La religion populaire dans la Russie du XXe siècle

L'œuvre monumentale de Weber sur les religions universelles tentait de trouver une réponse à une question capitale : Pourquoi l'Occident? Les résultats de ses recherches demeurent controversés, mais leur orientation méthodologique centrale – étudier la religion dans une double perspective historique et sociologique afin de montrer en quoi ce puissant domaine de la vie est un facteur explicatif indispensable des civilisations dans leur totalité, y compris de leurs traits économiques – reste valable. La seule difficulté vient de ce que les Weber se font rares aujourd'hui, et que s'attaquer aux problèmes de la recherche sociale au niveau des systèmes pris dans leur totalité exige diverses formes de coopération entre de nombreux chercheurs ainsi qu'une aptitude à poser les bonnes questions.

À l'origine, mon propre intérêt pour les problèmes de la religion ne m'a pas été inspiré par la lecture des grands auteurs, mais par mon expérience personnelle des paysans et de leurs sociétés, en pratique et surtout dans mes recherches. Il m'est vite apparu que pour comprendre la Russie, il serait nécessaire de « faire face » à la paysannerie et à *ses* systèmes de croyance. En conséquence, ce chapitre traite précisément de la « religion populaire », de celle que pratiquait effectivement le moujik russe. Il est inutile de s'appesantir ici sur le rôle de la paysannerie en Russie et au début de la période soviétique. On sait peut-être moins, en revanche, qu'elle a joué un rôle crucial dans la période stalinienne (qui m'intéresse tout particulièrement), non seulement en créant des problèmes à l'État, mais, en fait, en le façonnant. De tels propos ne devraient pas sembler trop extravagants à quiconque sait que la formation de la Russie stalinienne s'est faite au prix d'une longue et massive guerre sociale menée par le régime contre les paysans durant ce que l'on a appelé la campagne de collectivisation. On a présenté, non sans raison, cet affrontement comme une lutte contre une masse « arriérée » et « obscurantiste ». Dans les discussions de cette partie du monde, on a aussi parlé d'une « masse petite-bourgeoise », essentiellement animée de désirs assez primitifs d'acquisition et handicapée par un horizon politique et culturel très étroit.

Le problème n'est pas de contester de telles expressions, mais de voir quelle réalité, sociale et culturelle, se cachait derrière elles. « Primitif », « obscurantiste », ou « petit-bourgeois », autant de qualificatifs qui semblent parler d'eux-mêmes, mais leur emploi risque, en fait, de faire obstacle à la compréhension si nous ne tentons pas d'explorer, de décrire et d'analyser la mentalité et la culture des sociétés paysannes de manière assez fouillée. Si cela va de soi pour les ethnographes et ethnohistoriens, il n'en va pas de même pour les autres universitaires et les politiciens. Une étude plus poussée et approfondie pourrait nous aider à ne pas voir seulement dans les paysans de simples receveurs passifs de toutes sortes de « développements » mais aussi un puissant facteur qui peut modeler l'État (même si ce rôle s'exerce en fait de manière « passive »).

Au fil de mes propres études, il m'est apparu qu'il était indispensable mais insuffisant de s'attarder sur les aspects les plus évidents de la bataille de « l'État contre les moujiks » – à savoir, les fronts économiques, politiques et idéologiques. Pour répondre plus en détails à la question : « Qui était le moujik ? » et comprendre son rôle dans l'histoire russe, il a donc fallu étudier cette énorme couche sociale comme une entité socioculturelle (ou un système) – plus précisément, comme une « classe-nation » mais aussi « une nation à l'intérieur de la nation ». Ces expressions ne sont pas très explicites, mais elles nous aident à saisir les réalités complexes d'une société primitive. Le paradoxe n'est pas un simple jeu de mots. Il met en évidence un problème bien réel : Pourquoi une telle paysannerie ? Que fait au XXe siècle une classe sortant tout droit du XVe siècle ?

La religion est une composante capitale de l'univers social et culturel des paysans ; c'est un facteur important qui leur a permis de survivre et de conserver leur identité aussi bien que de manifester une immense résistance au changement, chaque fois que le « changement » paraissait menaçant. Les impulsions industrielles et culturelles au changement venant des villes, encore faibles et s'accompagnant d'insatiables demandes ayant pour effet de comprimer les ressources des campagnes, rendirent le changement si coûteux aux paysans que l'on peut interpréter leur résistance en termes plus bienveillants et compréhensifs au lieu de se contenter de les qualifier d'« ignorants » *(temnye)*.

L'étude de la religion paysanne pourrait aussi éclairer certains problèmes cruciaux de la période soviétique : comment les paysans voyaient les kolkhozes, comment ils se fixaient dans les villes, ce qui les rassemblait par millions au cours des années 1930, comment ils réagissaient à l'idéologie officielle, et comment ils se firent une place dans la complexité de l'univers social et institutionnel du nouvel État soviétique.

Mais l'étude de toutes ces questions reste à faire. La mise en ordre ne fût-ce même que des données préliminaires à l'étude de la sphère religieuse dans la vie rurale est en soi un gros travail pour les étudiants. Il n'existe aucun livre moderne sur la vie religieuse des paysans russes en ce siècle. Nous disposons d'une abondante littérature sur l'Église orthodoxe et, dans une moindre mesure, sur les sectes qui se sont opposées à cette Église. (Les sectes aussi, soit dit entre parenthèses, furent pour l'essentiel des manifestations culturelles paysannes, mais nous n'en traiterons pas dans ce chapitre.) Qui plus est, il conviendrait de corriger le titre même de cette étude : il n'y a pas une seule mais *plusieurs* religions paysannes en Russie mais, encore une fois, aucune étude moderne ne leur a été consacrée. Un ouvrage pionnier (de Kravchinsky, publié en Angleterre) a soulevé ce problème en 1882, et en 1968 Donald Treadgold a exprimé le même regret dans un bon article. Il faut signaler en outre l'ouvrage charmant de Pierre Pascal (1973) qui aborde la question sans, malheureusement, recourir à des matériaux empiriques. Il s'agit, sans conteste, d'un sujet qui mérite de retenir l'attention des chercheurs à l'avenir.

LES RELIGIONS RURALES

On a toujours présenté les paysans russes comme des hommes très « pieux » – trait qu'ils manifestaient en multipliant les génuflexions, les signes de croix, les prières, les prostrations, les jeûnes, les confessions et les pénitences. Quand on leur demandait ce qu'ils étaient, ils répondaient : nous sommes des orthodoxes *(pravoslavnye)*. Ils n'avaient aucun besoin d'ajouter : nous sommes russes. L'orthodoxie était la religion officielle, et jusqu'en 1905, où la législation fut modifiée, tout Russe était considéré comme orthodoxe, et il était interdit de choisir une autre religion. Beaucoup le firent, naturellement, en dépit des interdictions et des persécutions.

Néanmoins, il ne faut pas prendre à la légère l'affirmation « Nous sommes des orthodoxes ». Certains auteurs (Biélinski, Tchékhov, Lénine) ont prétendu que le paysan russe était moins pieux que « superstitieux ». Il avait trop de sens pratique pour être authentiquement et profondément religieux. Mais de nombreux auteurs, parmi lesquels Dostoïevski et, plus tard, quelques « chercheurs de Dieu », ont soutenu le contraire : le paysan était profondément chrétien. Pascal ajouterait qu'eux-mêmes, ou plus exactement leur orthodoxie populaire représentait le christianisme par excellence, un christianisme pur et intègre, la quintessence même de la religiosité russe – plus encore que le credo orthodoxe officiel. En même temps, le paysan n'était ni « clérical » ni soumis à l'Église.

Contre cette thèse, Kravchinsky soutenait que le paysan n'était absolument pas *pravoslavnyj* mais plutôt païen ou, tout au plus, qu'il pratiquait une double foi, un mélange de christianisme et de paganisme [1]. Des opinions aussi contradictoires ont persisté jusqu'à une époque assez avancée, et là n'est pas d'ailleurs la seule difficulté.

Des sociologues (Weber, de nouveau) et des ethnographes (Malinovski) ont montré que les croyances et systèmes religieux sont les produits des sociétés et des groupes sociaux (ou des classes). S'ils ont raison, nous pouvons alors présumer a priori que les dénominations officielles ne correspondent jamais à la réalité en des matières aussi compliquées. Nous sommes donc en droit de supposer qu'aussi longtemps que les paysans vivent dans des conditions et un milieu qui les isolent des autres groupes sociaux, ils ne peuvent que cultiver et entretenir leur propre façon de croire. Et l'on peut sans risque écarter l'idée qu'ils devraient adhérer totalement au même système religieux, à la même perspective que le haut clergé et les couches supérieures de citadins. Il en va de même pour la Pologne ou l'Italie catholiques – dans les siècles passés, sans nul doute, et plus que probablement encore aujourd'hui. En vérité, toutes les grandes religions, impatientes qu'elles étaient de conquérir les foules,

1. Sergei M. KRAVCHINSKY, *The Russian Peasantry : Their Agrarian Condition, Social Life and Religion*, 1888 ; rééd., Westport, Conn., Hyperion Press, 1977.

ont dû mener une guerre prolongée contre les vieilles croyances préchrétiennes des masses – en très grande majorité paysannes – mais aussi passer des compromis avec elles. Pour reprendre une formule de Reinhard Bendix, citant Max Weber : « Ni le prophète ni le prêtre ne peuvent se permettre de repousser tout compromis avec les croyances traditionnelles des masses [1]. » Cela vaut tout autant pour l'ère préchrétienne que pour la nôtre et sans doute aussi pour les systèmes politiques.

Compte tenu des traits spécifiques et profondément enracinés de leur société, de leur mentalité et de leur culture, la chrétienté, marquée par ses origines citadines et imposée par l'État (tout au moins dans la Russie du xe siècle), devait être d'une manière ou d'une autre assimilée pour devenir une religion du moujik – sans quoi elle eût été condamnée à s'éteindre dans les campagnes. Historiquement, tel est bien ce qui est arrivé. L'Église adopta du paganisme bien des fêtes, des rites et des rituels, et elle les adapta à ses besoins et à ses symboles. Toutes les religions rurales sont profondément tributaires de la magie, et l'Église a combattu avec un acharnement particulier cette expression du monde païen. Dans le même temps, cependant, l'Église a elle-même introduit, sous ses propres formes, certes, quelques éléments de cette magie qu'elle combattait si âprement. Elle a souvent, ou de temps à autre, pratiqué l'exorcisme pour rivaliser avec les guérisseurs ou les charlatans; elle a accrédité des miracles afin d'éliminer les magiciens; elle a persécuté les sorcières soupçonnées d'avoir vendu leur âme au diable – reconnaissant ainsi que Satan était actif dans la vie quotidienne et que la sorcellerie existait – même si, nous le savons, une bonne partie de ces croyances furent officiellement désavouées à partir du xviiie siècle.

Quoi qu'il en soit, la coexistence de « miracles » (accomplis par des saints) et de la magie (pratiquée par des sorciers – *ved'my* – et des magiciens – *kolduny*) est un aspect important de la religion populaire, dans notre aire culturelle comme ailleurs, et nous pouvons voir ici la perpétuation d'un compromis historique, cette fois dans l'esprit et l'imagination des paysans eux-mêmes – même si, en notre siècle, l'Église officielle se refuserait à en convenir.

Tout cela nous conduit à une autre hypothèse préliminaire : durant le compromis, le processus d'adaptation joua certaine-

1. Reinhard Bendix, *Max Weber : An Intellectual Portrait*, Londres, Methuen, 1966, p. 92.

ment dans les deux sens. L'Église s'est adaptée et a adopté des coutumes populaires afin de régner et de conserver son monopole sur le surnaturel et le sacré tels qu'elle les concevait. Le monde rural, à son tour, en a fait autant de son côté. Les paysans ont accepté, de manière sélective, le nouveau credo officiel, mais ils ont mis en pièces et transformé nombre de ses éléments. Les paysans ont aussi préservé maintes composantes de leur ancienne religion et les ont transmises au fil des siècles jusqu'à notre époque dans une singulière symbiose avec le christianisme officiel. Ainsi, comme bien d'autres choses dans leur vie – culture, droit populaire, organisation sociale – ils ont pratiqué, encore au XXe siècle, une religion qui était très largement de leur propre cru.

LE CHRISTIANISME DU MOUJIK

Pratiquement jusqu'à la fin des années 1930, la majorité des paysans russes étaient chrétiens orthodoxes et se disaient tels. Le moujik, en règle générale, croyait en Dieu et, sans doute plus encore, au Christ. Et bien qu'on ne l'ait jamais sondé sur cette question, on peut dire sans crainte de se tromper que la divinité et la christologie étaient profondément enracinées dans son esprit, bien secondées par la vénération – très particulière à la foi orthodoxe – de Marie, considérée comme une espèce de supersainte. Il acceptait les sacrements et allait à l'église – non pour suivre les services quotidiens, en règle générale, mais pour les fêtes les plus importantes, en particulier pour Noël, Pâques, et la Pentecôte. Il jeûnait aussi avec ferveur, croyait à la vie après la mort, et nourrissait quelque espoir de salut, même si d'aucuns prétendent que cet aspect de sa foi n'avait pas une importance capitale à ses yeux. Après tout, si le salut dépend des cieux, les effets salutaires d'une pluie qui tombe à temps pour assurer de bonnes récoltes pouvaient bien éclipser d'autres bénédictions. Sans doute réagissait-il différemment à l'instant de la « crise suprême », face à la mort, mais là encore on s'attend à des réactions différentes de celles des autres catégories sociales. (Nous n'avons, hélas, aucun sondage sur le dernier soupir pour nous en assurer.) Les paysans suivaient aussi les cérémonies et la liturgie, qui leur faisaient probablement souvent forte impression. Ainsi avaient-ils beaucoup de points communs avec l'Église. Il y a cependant des « mais », et ils sont nombreux.

En premier lieu, le paysan (sauf, dans une certaine mesure, le sectaire, qui n'entre pas dans nos préoccupations ici) ne savait rien du dogme; il ne pouvait expliquer bien des principes de l'Église, à supposer même qu'il en eût jamais entendu parler, et – fait capital dès qu'il s'agit de dogme – comme la plupart de ses semblables, il ne savait pas lire. Mais lorsque le dogme n'impose aucune contrainte, cela laisse beaucoup plus de liberté à l'imagination et à toutes sortes de déviances. Le paysan partageait avec l'Église une même vénération des icônes. Elles étaient sa Bible. Ne sachant pas lire, il suivait les récits bibliques illustrés sur les icônes réunies, dans l'église, sur l'iconostase. De même, l'icône qu'il suspendait dans sa cabane à la place d'honneur – le coin « rouge » au-dessus de la table familiale – représentait aussi son lien physique et symbolique avec ses ancêtres, dont il avait reçu cette icône en héritage, ainsi qu'un rempart contre l'adversité. Le rôle de l'icône dans l'esprit des paysans est souvent discuté. D'aucuns affirment qu'elle n'est qu'un symbole, un symbole chrétien; d'autres qu'elle est la personne réelle du saint, qu'elle n'est donc point un symbole mais une source de protection magique de nature préchrétienne.

Les paysans partageaient aussi avec l'Église le culte des saints. Mais là encore, il y eut une adoption doublée d'une adaptation très marquées, pour ne pas dire, carrément, une ruralisation. À en croire certains chercheurs, nombre de ces saints n'étaient que des divinités païennes locales « rebaptisées » à dessein. Perun, le dieu de la lumière et du tonnerre, devint Elijah – également « responsable » des mêmes forces de la nature. Volos (ou Welles) devint saint Vlas. Bien d'autres idoles locales furent ainsi sanctifiées. Saint Nicolas, par exemple, était à la fois un saint national et un nom local.

De manière aussi insistante que prévisible, beaucoup, parmi cette multitude de saints (l'Église orthodoxe en compte près de trois cents), étaient censés servir les besoins particuliers d'une clientèle rurale; il y en avait pour tout le calendrier agricole. La plus infime tâche agricole avait droit à son saint patron : Vlas veillait au bétail; Frol et Lavr prenaient soin des chevaux; Elijah était responsable de la pluie et du tonnerre, pour ne donner que quelques exemples de saints nationaux. Localement, il y avait d'autres saints patrons : ainsi de Peter Polukorn (fourrage), Vasilii Kolesnik (cheval de derrière), Irina Rassadnitsa (planteur), Ermolai Zapryagal'nik (harnacheur); Muchenitsa (la martyre) Paraskeva était la patronne du lin et du fil et on l'appelait, à juste titre, « sainte de la femme » *(bab'ja svjataja)*. On pourrait poursuivre cette énumération encore longtemps.

L'orthodoxie du paysan était donc une version rurale très particulière du credo officiel, au même titre que l'équivalent de nos curés de paroisse *(pop)*, qui était lui-même issu de la paysannerie et qui, à la différence des prêtres catholiques, n'était guère respecté. La misère des popes était proverbiale, et leur ivresse notoire. D'où leur cupidité – conséquence directe de leur pauvreté et de la médiocrité de leur éducation.

Le paysan méprisait souvent le pope et négociait âprement le prix des services religieux, lesquels étaient la principale source de revenus du prêtre. Les paysans n'étaient pas plus généreux dans le domaine du sacré que dans celui des choses profanes. Le prêtre était souvent un objet de craintes superstitieuses (le rencontrer par hasard dans l'obscurité quand il n'était pas de service pouvait être de mauvais augure), mais il était le bienvenu dans les cabanes pour assurer différents *treby* (services) et administrer les sacrements aussi bien que pour participer à des processions autour du foyer, avec icônes et encens, afin de protéger le bétail et les champs contre les parasites et les épidémies.

Le pope, qui ne touchait aucune rémunération fixe, dépendait entièrement de ses ouailles. Quand il le pouvait, il les pressurait, et ses ouailles se défendaient du mieux qu'elles pouvaient. Mais tout cela ne diminuait pas nécessairement l'attachement à leur foi, alors même que le prêtre n'était pas toujours assez puissant pour résoudre tous les problèmes assaillant une communauté paysanne. Les nombreux saints y mettaient eux aussi du leur, mais disposaient sans doute également d'un pouvoir limité, si bien que l'on ne s'étonnait pas qu'une classe sociale vigoureuse et nécessiteuse cherchât ailleurs un supplément d'aide pour affronter tous ces aspects de la vie qui sortaient de la compétence de l'Église.

Sans pour autant outrepasser les limites de la foi officielle, suggère Pascal, le forum religieux du paysan ne se limitait pas à l'église rurale. Sa propre maison, son *isba* – le centre de sa vie et la base de l'unité familiale, productive et reproductive –, était fortement sacralisée et servait de terreau à toute une mythologie. C'est là qu'était placée l'icône, transformant l'isba en un mini-sanctuaire, plus puissant, et sans doute sur le même plan, que les *časovni*, ces autels que l'on trouvait souvent dans les campagnes à la croisée des chemins. Les principales cérémonies ayant trait à la naissance, au mariage et à la mort se déroulaient à l'intérieur de l'isba, et c'est là aussi que se pratiquait le culte (ou, dirons-nous, les nombreux vestiges de ce culte) des ancêtres, en partage, bien sûr, avec le cimetière local. Cet aspect des croyances paysannes n'était que partiellement repris par l'Église officielle, qui organisait des cérémonies en mémoire des morts *(pominki)* ou invoquait leur souvenir par d'autres manières (suivant le dogme orthodoxe, en effet, les morts appartenaient tous à la communauté ecclésiastique). Mais les paysans allaient bien au-delà de leur terrain commun avec l'Église : ils préservaient des cérémonies et des coutumes remontant à des temps immémoriaux. Cela se manifestait tout particulièrement lors des fêtes traditionnelles, où se révélait tout un trésor de vieux rites païens. Les paysans laissaient de la nourriture pour leurs parents défunts après les repas de cérémonie, ils les « conviaient » à venir s'asseoir à leur table, ils se rendaient au cimetière au temps de Pâques pour embrasser à trois reprises la tombe de leurs ancêtres *(hristosovat'sja)*, leur offraient des *bliny* (aliments rituels), échangeaient des idées et faisaient un brin de causette avec eux à côté de leur tombe. Les funérailles rurales, cérémonie solennelle envahie par d'antiques coutumes et marquée par les plaintes déchirantes des parents ou des pleureuses professionnelles *(plakal'ščicy)*, se terminaient généralement fort tard par de gigantesques fêtes organisées dans l'isba ou au cimetière – et l'on buvait beaucoup pour mieux se souvenir du défunt, avec plus de tendresse, et célébrer la vie.

Nous savons quelle est l'importance de la famille dans le village. Cette institution capitale menait beaucoup trop souvent une existence si précaire que sa survie et son bien-être n'auraient pu se passer de l'aide que cela pouvait apporter. Les ancêtres, en particulier les parents, passaient pour des esprits bienveillants sur lesquels on pouvait certainement compter. Et leur âme ne s'éloignait jamais beaucoup de leur foyer, dont elle aussi avait encore parfois le plus grand besoin. Ainsi la famille élargie était-elle en vérité bien plus élargie qu'on ne peut le voir à l'œil nu; elle comprenait les générations passées et tout un réseau de relations.

Naturellement, tout cela sortait déjà très largement du champ des doctrines officielles. Mais cette « déviance » n'est qu'un début. Car la visite occasionnelle d'un parent défunt donnait lieu à bien d'autres pratiques autour de l'isba. De fait, à l'intérieur comme aux alentours du foyer, vivait toute une population, qu'aucun recensement n'a jamais dénombrée, appartenant au royaume des « esprits » ou « forces du mal » – *nečistaja sila.*

LA DÉMONOLOGIE RURALE

« Le pope suit son chemin, le Diable le sien » *(pop svoe, čert svoe),* affirme un dicton courant parmi les paysans. Dans les campagnes, les deux mondes – l'Église et les démons – coexistaient, chacun avec son domaine propre et ses règles. Le paysan, qui croyait réellement aux deux et traitait donc avec les deux, évoluait ainsi entre ces deux pôles compliqués et antagonistes de son système socio-mythique. Il y avait cependant plus qu'une simple dualité dans cet univers religieux. Il n'y avait pas seulement le combat de l'Église contre le Diable, mais aussi celui de l'Église contre l'isba. L'Église ménageait une place au Diable (et l'acceptait), et les paysans, bien sûr, l'acceptaient eux aussi avec ses cohortes. Mais l'isba – nous l'avons déjà dit – sécrétait elle-même sa propre mythologie, qui ne coïncidait que très partiellement avec celle de l'Église. Dans cette mythologie paysanne, on dénombre une quarantaine de démons ou esprits malins ou pas si malins.

Là encore, un peu comme les saints, les démons sont rangés en catégories et par fonctions suivant les réalités de la vie rurale. Ainsi trouvons-nous d'abord les esprits domestiques et les esprits de la maison, qui résident dans l'isba aussi bien que dans les granges et autres dépendances de la ferme. Parmi eux se trouvent l'esprit du logis *(domovik)* et (probablement) son épouse, l'esprit de la ferme *(dvorovik),* l'esprit des bains *(bannik)* et celui du séchoir pour les céréales *(ovinnik).*

Puis viennent les esprits qui sont à l'origine des maladies (et les expliquent) : ainsi du *kikimora,* responsable de l'hystérie très répandue chez les femmes *(klikušestvo),* et des esprits qui provoquent différentes formes de fébrilité *(trjasuha, lihoradka).*

On trouve enfin les esprits des champs et du milieu naturel. Dans les champs vit la *poludnica,* esprit féminin « actif » dans les champs, apparaissant essentiellement à midi (d'où son nom) et très méchant s'il rencontre qui que ce soit. Il y a aussi le démon « spécialisé » des champs, le *polevik.* Les forêts sont le domaine du *lesovik*; les cours d'eau et les lacs hébergent le menaçant génie des eaux, le *vodjanoj.*

À la croisée des chemins, surtout dans les forêts, et en bien d'autres lieux où ils peuvent vous rencontrer seul et nuitamment, toute une théorie de démons à tout faire *(čerti)* se livrent à toute sorte de malices et fourvoient les passants, surtout les ivrognes, dont ils sont tout particulièrement friands. Ils apprécient aussi les femmes, et comme ils peuvent se métamorphoser en à peu près n'importe quoi, ils pénètrent dans les villages et rendent visite à toutes sortes de jeunes filles, de femmes de soldats ou de veuves. Ainsi se produisent bien des grossesses inexplicables, mais aussi divers troubles et surtout les maladies mentales. Vous aviez tout intérêt à placer deux morceaux de bois en forme de croix sur votre baquet et à faire un signe de croix sur votre bouche sitôt après un bâillement –, ils pénètrent partout, à la première occasion.

Naturellement, ces esprits sont invisibles et, pourtant, les paysans sont assez nombreux à les rencontrer d'une manière ou d'une autre. Les récits de telles rencontres sont légion, non seulement dans le folklore mais aussi dans la littérature et au théâtre, où ils excitent l'hilarité en même temps que la crainte. Les paysans entretiennent des relations compliquées avec cette population mythique, en particulier avec les *čerti.* Ces démons représentent à la fois un sujet de plaisanterie et une menace, mais ce paradoxe n'est qu'apparent. Le paysan réagissait à quelque chose de familier, à quelque chose en quoi il croyait et dont il s'inquiétait, mais aussi qu'il connaissait fort bien. De fait, il est possible de communiquer avec les démons, par le spiritualisme, certes, mais aussi de manières plus directes. Le Démon se laisse acheter; comme la plupart d'entre nous, il n'est pas infaillible; on peut l'apaiser, le convaincre, ou même l'effrayer.

Il existe tout un arsenal de moyens – chrétiens ou magiques – pour le mettre en fuite, et tout cela est formulé en d'étonnants détails pratiques, semblables à des recettes de cuisine ou à une ordonnance : prenez telles ou telles herbes, répétez trois fois certaine formule, mettez une croix sur votre dos, et ainsi de suite.

Que l'on puisse damer le pion au Diable est chose intéressante. Face à une créature aussi puissante et concrète, le paysan doit acquérir le sens du combat. Comme tout le monde, le moujik se fait une certaine image de lui-même. Il n'est pas instruit, mais il peut se montrer malin. Et lui seul (certainement pas les autres classes) est capable de flouer le Diable (aussi bien que les représentants de ces autres classes, tous plus puissants que lui).

Les « esprits malins » sont légion. Il y en a des essaims *(sonmy).*

Ils ont des serviteurs et des familles, des queues et des cornes, et ils sont capables de tous les comportements; ils peuvent se montrer plutôt amicaux ou meurtriers, en passant par toutes les nuances possibles et imaginables.

Il est aussi une catégorie intermédiaire sur laquelle nous ne saurions nous attarder ici, celle des hommes que des démons ou des sorciers ont transformés en loup ou en quelque autre créature, le mythique *oboroten'* russe, qui mène une existence tragique et terrifiante et se montre très dangereux.

Il est enfin certains jours de l'année où les démons sont libres de rôder où bon leur semble et se montrent très hargneux. Ils font leur proie des humains, et arrachent les nouveau-nés (et leur substituent un *čertenok*) aux mères qui, sous l'effet de la douleur, maudissent leur bébé.

Les descriptions de cette « population » sont si concrètes que le dicton sur le pope et le Démon prend tout son sens, de même que cette autre version du même dicton qui remplace le pope par Dieu. Les paysans, pour autant que je le sache, croient en Dieu mais ne le décrivent pas. Autrement dit, ils n'essaient même pas de l'imaginer – ils trouvent ailleurs bien assez de matériaux pour nourrir leur imagination.

À en juger par ces multiples preuves de la vitalité de la croyance en ces divers démons, il est clair que l'Église n'a jamais réussi à déraciner cette ancienne couche d'esprits, ou « démonologie inférieure », plus ou moins liés à d'anciens polythéismes, ni à les assimiler et donc à leur conférer quelque légitimité. L'eût-elle tenté qu'elle aurait dû condamner la croyance très répandue dans le « mauvais œil » *(porča)*, sans lequel le paysan ne pouvait expliquer toutes sortes d'ennuis quotidiens. Sans doute eût-il été antiproductif de lui affirmer que tout cela était le fruit de ses « péchés ».

LES « ÂMES RÉPROUVÉES »

Les *založnye*, ou « âmes réprouvées », forment une autre catégorie très intéressante de créatures mythologiques qui nous ramènent aux mânes des ancêtres. Une étude sérieuse publiée en 1916 par Zelenin, ethnographe et spécialiste des religions, a montré que dans la croyance populaire, les morts, ou plus exactement leurs mânes, se répartissaient en deux catégories, les « ancêtres » et ceux qui étaient morts prématurément de causes non naturelles. Parmi ces derniers figuraient les enfants morts avant d'avoir été baptisés, les noyés, et les suicidés (acte particulièrement répréhensible du point de vue rural). La « terre nourricière » était censée ne pas accepter les *založnye*; autrement dit, si elles étaient inhumées suivant les règles normales, elles ne se décomposaient pas et nuisaient aux cultures. Elles n'étaient donc pas enterrées à la manière habituelle mais « abandonnées » dans une crevasse ou un marais – en tout cas, certainement pas dans un lieu d'inhumation décent.

Le problème, c'est que ces âmes devenaient « mauvaises ». En d'autres termes, les « esprits malfaisants » *(nečist')* ou démons s'emparaient d'elles pour en faire leur esclave, leur courtisane, ou leur femme. Ces morts et ces âmes mortes (le corps et l'âme ne sont pas clairement dissociés dans les « témoignages » des paysans à ce sujet) portent aussi un autre nom : *mertvjaki* ou *upyri* – spectres, aussi pernicieux que des vampires.

Jusqu'ici, cette catégorie paraît plutôt sinistre. Et elle l'est. Ces morts doivent demeurer dans les limbes, quelque part aux alentours de leur déplaisante tombe aussi longtemps qu'il est nécessaire pour combler le décalage entre leur mort prématurée et ce qui aurait dû être l'heure normale de leur mort. Ce qui arrivait après est nébuleux. Les paysans n'en sont pas certains, pas plus d'ailleurs que l'Église orthodoxe, qui refuse la notion de purgatoire mais accepte l'idée d'une vie après la mort. Rares sont les cas mentionnés où des victimes de mort prématurée furent sauvées et ramenées au monde des vivants. On trouve parmi elles quelques enfants morts prématurément frappés par les malédictions inconscientes de leur propre mère. Ils hantent leur famille, se lamentent, supplient leur mère de les sauver. Si le Démon n'en a pas encore pris pleinement possession, il est peut-être possible de faire quelque chose pour eux. Sort particulièrement tragique que celui des enfants qui se lamentent.

Une sous-catégorie particulière et compliquée de *založnye* mérite un traitement à part : il s'agit de celle des femmes, vieilles ou jeunes, qui entrent dans cette catégorie des « mortes » irrégulièrement devenues *rusalki* – ces ondines qui vivent dans les fleuves ou sur les rivages. Bien qu'elles nous fassent penser aux sirènes, ce sont des créatures typiquement slaves, sur lesquelles nous avons quantité d'indications. Elles sont soit jeunes et d'une extrême beauté (surtout dans le sud de la Russie), soit vieilles et laides. Elles se promènent nues, bien sûr, et elles ont une poitrine plantureuse (la plupart des témoignages concordent);

elles sont très enjouées et aiment danser ou se pavaner et se servent des branches d'arbre pour se balancer. Leur voix belle et enchanteresse touche presque fatalement le passant, et elles aiment jouer avec les hommes... en les chatouillant jusqu'à ce que mort s'ensuive. Elles peuvent en faire autant avec les femmes. Lorsque l'on entend leur voix, il vaut mieux ne pas leur répondre. Si l'on tombe sur elles, il est prudent de prendre la croix que l'on porte autour du cou pour tracer autour de soi un cercle aussi grand que possible et de ne plus bouger, parce que les *rusalki* courroucées vont affluer autour du cercle et jeter des pierres sur l'intrus. Dans cette situation, le moindre mouvement pourrait être fatal.

Les descriptions de telles créatures recueillies au tournant de ce siècle (après elles ont commencé à disparaître) étaient si vivantes que des chercheurs risquèrent l'hypothèse que les *rusalki* étaient entrées assez récemment dans le monde de la mythologie (et finalement leur nièrent toute longévité). En même temps, il était clair que ces *rusalki* avaient le même comportement que les filles des campagnes (qui, toutefois, ne chatouillaient personne jusqu'à la mort). Elles étaient bien plus vives, et pourtant les hommes audacieux ou chanceux qui avaient pu s'en approcher et en étaient revenus avaient rapporté que leurs yeux étaient vitreux et fixes. Ces beautés étaient *mortes* – ce qui est probablement là l'un des traits caractéristiques de ces produits mythologiques doués d'une inexistence si vivante et détaillée.

Aux alentours des vacances de la Pentecôte *(trojca-semik)* se déroulait une fête aux très lointaines origines et baptisée *rusal'nica,* qui consistait à raccompagner les *rusalki* jusqu'à leurs cours d'eau après un intermède terrestre. Leur nom, soit dit en passant, ne vient pas de *rusyi* (rouge ou roux) mais du latin *rosalia,* le nom d'une fête romaine. Les *rusalki* avaient les cheveux rouges au sud, mais verts (avec des yeux verts) dans le nord de la Russie. Elles représentaient de toute évidence un exutoire pour les caprices sexuels des paysans – et, à ce titre, elles intéressaient aussi bien les filles que les garçons. Qu'elles aient pu attirer l'attention des écrivains est aussi parfaitement compréhensible et Gogol, entre autres, a décrit ces créatures enchanteresses comme l'incarnation de la tentation amoureuse et de la séduction féminine. De même, évoquant la mythologie rurale, certains ethnographes russes ne pouvaient manquer de citer ce vers de Pouchkine où des *rusalki* aux traits prononcés se balancent sur des branches d'arbre – leur passe-temps favori.

MAGIE ET SORCELLERIE

Nous avons examiné, suivant les termes d'un auteur compétent (Maximov, 1903), la force chrétienne *(krestnaja)* et la force du « mal » *(nečistaja)*. Reste, cependant, une troisième source de croyances et de production mythologique : la « force mystérieuse » *(nevedomaja sila)*. Celle-ci comprenait les vestiges d'anciens cultes fondés sur la vénération des forces de la nature (le soleil, l'eau, le vent, l'orage et la terre), qui occupaient une grande place, de même que les vestiges des cultes de la fécondité, dans les fêtes rurales, en particulier dans les fêtes ostensiblement païennes comme la *maslenica* (les jours gras, fin de l'hiver, début du printemps), ou *Ivan Kupala* (été), aussi bien que dans certaines fêtes chrétiennes officielles comme Pâques. Dans toutes ces festivités, les spécialistes discernent des vestiges étonnamment bien préservés d'anciens systèmes de croyances agricoles, avec leurs éléments dionysiaques, orgiaques et phalliques mélangés avec des symboles et des rites chrétiens plus tardifs.

Si la demeure familiale et le village sont si densément peuplés et entourés de créatures mythiques et pourtant familières causant des problèmes aux récoltes, au bétail et aux êtres humains (sécheresse, famines, incendies, maladies, en particulier maladies mentales, suicides), il faut de toute urgence prendre des mesures à leur égard. L'Église officielle et la composante strictement chrétienne du credo ne satisfaisaient vraisemblablement pas toutes les exigences de la vie et de l'imagination rurales. Avec de si nombreux esprits tapis un peu partout tentant de bloquer le flux régulier des saisons, troublant les chutes de pluie, intervenant dans la fécondité des femmes et de la terre, on pouvait trouver un certain nombre de remèdes à la même vieille source qui avait d'abord donné le jour aux démons. Il ne suffisait pas de labourer et de semer, ni de travailler avec acharnement. Il fallait en plus de la magie pour empêcher, précisément, que le cours normal des saisons ne fût troublé, pour assurer une bonne santé aux hommes et aux bestiaux, et surtout pour croître et multiplier et échapper aux ravages des épidémies.

Weber et d'autres ont reconnu dans le recours à la magie le trait par excellence des religions rurales. Nous avons déjà vu comment les paysans adaptèrent maints symboles et rites chrétiens à cette fin, en particulier l'icône, mais aussi les bougies, les processions et l'eau bénite. Ils avaient en outre à leur disposition un grand choix de prescriptions de leur cru et de divinations toujours présentes. À tous les multiples besoins d'un foyer paysan correspondaient des rites magiques, des formules, des potions, des herbes, tout ce qu'il fallait pour aider à retrouver le voleur et à récupérer les objets volés, à assurer une naissance sans problème (dont celle des animaux domestiques), à protéger les jeunes mariés (ou toute autre personne) du « mauvais œil », à préserver la famille des influences lourdes de menaces que pourrait exercer un cadavre entreposé dans la maison en attendant les funérailles. Toutes les étapes du cycle de la vie ou de la nature exigeaient une protection.

Il était impensable que les paysans pussent se livrer à une activité magique aussi intense sans l'aide de « professionnels ». Ils n'avaient d'autre solution que de faire appel, non sans répugnance ni sans crainte, au sorcier ou à la sorcière *(ved'ma)*, créatures effrayantes et misérables qui étaient les héritiers des anciens magiciens et chamans. Seul le mauvais œil jeté par l'un d'eux pouvait expliquer pourquoi le pis d'une vache s'asséchait soudainement, ou pourquoi une jeune fille commençait à dépérir, et seule une sorcière pouvait réparer le mal occasionné par l'une de ses congénères.

Le sorcier montrait sa force par son aptitude à pratiquer la magie, une aptitude que l'on ne pouvait posséder qu'à un prix : pour acquérir de tels pouvoirs, en effet, ils devaient vendre leur âme au Diable pour appartenir désormais au *nečist* (monde démoniaque). Et le prix qu'ils payaient était en vérité terrible : une agonie prolongée et douloureuse avant de mourir (décrite en grands détails par de nombreux informateurs); après leur mort, ils devenaient *založnye* (et par suite, ils n'avaient pas droit à des funérailles décentes, avec toutes les conséquences que cela comportait); il fallait aussi compter avec les nombreuses explosions de colère paysanne contre les sorciers (qui étaient grossièrement molestés en de telles occasions; à partir du xviiie siècle, l'Église – et l'État – assimila ce type de comportement à « un acte de superstition » et le punit comme un crime).

Mais plus souvent qu'ils ne les attaquaient, les paysans recouraient largement aux services du sorcier ou de la sorcière, aussi bien qu'à l'une ou l'autre de ces solutions plus bénignes que représentaient les guérisseurs *(znahari)*, les diseurs de bonne aventure *(vorožiki)*, et les devins *(gadalki)*. Ces praticiens, qui rivalisaient dans une certaine mesure avec l'Église, fourmillaient dans le monde rural, qui produisait aussi des figures religieuses et semi-religieuses d'un autre type. Les campagnes donnaient également le jour à une multitude de vagabonds *(stranniki)*, de saints ermites et vieillards (*starcy*, parfois reconnus, mais souvent ignorés par l'Église) et de très intrigants « fous de Dieu » *(jurodivyi)* – personnalités intéressantes et pittoresques de la vie nationale et religieuse russe, qui trouvèrent place dans son folklore, son art, son histoire et ses croyances. De surcroît, le monde des sectes engendra une pléthore de « Jésus » et de « Marie » ainsi que toutes sortes de prophètes et de chefs religieux – tous attestant d'un fait significatif : la vie religieuse de la paysannerie russe était plus riche et plus complexe qu'on ne le réalise parfois.

UN AMALGAME MAGICO-RELIGIEUX?

L'expression « double foi » *(dvoeverie)* risque, tout compte fait, d'induire en erreur. Étant donné la coexistence dans l'univers religieux de la Russie rurale de différents sous-systèmes, tous également intéressants et fort anciens, il vaudrait mieux parler d'un *système* d'antipodes, pas simplement du « païen contre le chrétien », mais aussi de l'« Église contre l'*isba* », du « miracle contre (ou complété par) la magie », de « l'orthodoxe contre le chrétien anti-orthodoxe », etc. Des influences venues de l'Asie, du monde classique, du Moyen Âge, du monde moderne, des vieilles croyances slaves, des manichéens, des cathares et d'autres anciennes hérésies ont convergé pour former cette religion rurale. La paysannerie les absorba et les préserva, les mit en pièces ou les « perdit », parfois seulement pour quelque temps, car elles ont toujours laissé des traces sur le trésor culturel populaire, musée vivant et laboratoire de synthèse et d'innovation culturelles et religieuses. Rappelons les principaux « sous-systèmes » décrits plus haut : le chrétien, fortement « ruralisé », nous l'avons vu; les versions orthodoxes et anti-orthodoxes, parfois même antichrétiennes; la démonologie élaborée, la *nečistaja sila*, en étroite conjonction avec les vestiges du culte des ancêtres, ainsi que la sous-catégorie des « âmes réprouvées » et les vestiges des cultes de la fertilité et d'autres forces de la nature – tous étant utilisés au mieux au service d'un miracle ou de quelque autre forme moins sanctifiée de magie.

Même si, parmi ces composantes, certaines étaient rudimentaires et déjà sur le déclin dans notre siècle, elles étaient présentes et, en force ou sur le déclin, elles faisaient partie du tissu de croyance encore vivant. Ce qui est moins clair, c'est s'il faut parler ici d'un « système religieux » ou de coexistence de structures fort différentes et d'éléments disjoints. Avons-nous ici affaire à un système foncièrement chrétien (orthodoxe), teinté par l'inévitable dose de « superstition »? Ou, peut-être, à un credo fondamentalement païen avec un vernis chrétien?

La première proposition compte de nombreux partisans, qui avancent parfois un argument supplémentaire : plus que l'Église catholique, l'Église orthodoxe est une religion populaire à part entière. De nombreux facteurs viennent étayer cette interprétation : le caractère « communautaire » *(sobornost')* de cette Église; le caractère rural de son clergé paroissial; la prévalence de la liturgie sur le dogme dans l'orthodoxie; la prépondérance de l'icône sur les textes écrits (ou, tout au moins, leur égale valeur). Ces spécialistes préfèrent ignorer la richesse de la démonologie et reléguer l'essentiel des éléments non chrétiens (nous pensons qu'ils étaient plus que des « éléments ») au domaine de la « superstition », expression qui appelle de vives critiques de la part d'autres chercheurs qui prétendent que, si on l'emploie, mieux vaut alors renoncer à étudier la religion.

Je m'abstiendrai provisoirement de prétendre me livrer à une « interprétation » des matériaux disponibles pour regrouper les religions populaires de la paysannerie russe en trois courants. Le premier est celui des sectes qui, au début des années 1920, comptaient des millions d'adhérents et qui sont ici fourrées dans un même « courant » malgré la diversité de leurs croyances, des protestants de diverses confessions aux « sabbataires » non chrétiens. Le deuxième courant n'est autre que l'Église chrétienne orthodoxe dans sa version ruralisée : de nombreux paysans adhéraient uniquement à cette approche que l'on peut considérer comme une religion populaire à part entière.

Le troisième courant, le plus répandu encore dans les premières décennies de ce siècle, est le *credo populaire,* qui nous intéresse ici : un édifice unifié, éprouvé et pratiqué par les paysans comme un système. En dépit des polarités apparemment contradictoires que peut discerner l'analyse, le *čert* et le *pope* (le Diable et le pope), l'église et l'isba, le miracle et la magie, la Sainte-Trinité et la multitude des esprits et des démons étaient étroitement soudés dans une synthèse culturelle et religieuse exprimant les traditions vénérables et les intérêts d'une communauté et d'une classe rurales. Une civilisation agricole changeante, mais encore distincte (laissée intacte par le développement industriel et urbain, tissait ces croyances à partir de toute une série de racines souvent très anciennes, profondément modifiées par le christianisme mais encore remodifiées par la vie et l'imagination paysannes.

Nous pouvons donc donner à cette religion le nom de « christianisme rural », lequel est, un peu comme l'islam rural, essentiellement un amalgame de symbolisme chrétien sur un soubassement de vieille civilisation agricole. Et le fait que cette civilisation ait pu résister aux crises et aux bouleversements est imputable, non pas à une institution particulière telle que l'Église (même si elle a joué un rôle), mais à divers facteurs inhérents à la réalité sociale du village, avec ses puissants mécanismes de résolution des conflits et de solidarité, ses réseaux de voisinage et ses réseaux familiaux, qui agissent comme des socialisateurs fort efficaces, et la famille proprement dite, soutenue par ses ancêtres et ses lares domestiques *(domovoïs)* – tous tentant de tenir tête, de donner satisfaction ou de damer le pion aux légions de *nečist* grouillant entre l'isba et l'église.

Un tel amalgame crée ce que d'aucuns, en Russie, nomment la « religion existentielle » *(bytovaja)*, c'est-à-dire la religion qui procède des fonctions cruciales de la vie quotidienne au point de se confondre avec elles, contribuant ainsi à expliquer sa longévité. J'ajouterais, pour abonder dans ce sens, que les paysannes, avec leur rôle bien particulier au sein et autour du foyer familial, ont été et restent le principal soutien (parfois le seul) de ce christianisme rural et assurent sa vitalité.

Dans ce contexte, cependant, il est possible de se passer de l'Église officielle, et les paysans peuvent se rabattre sur d'autres ressources quand ils trouvent que l'Église laisse à désirer ou qu'elle est persécutée, ou encore quand les églises sont fermées. Il en va ainsi avec les sociétés paysannes dans la plupart des domaines de la vie. Quand elles sont en crise ou en butte à des pressions, elles peuvent se replier dans leur coquille, sortir de la « société élargie » pour s'engoncer dans leur propre « monde » *(mir)* qui dispose d'une économie autonome, d'un système juridique et d'une religion. C'est avec de bonnes raisons que les dirigeants et les intellectuels ont toujours redouté cette capacité de la paysannerie traditionnelle. Les paysans peuvent se retirer de l'économie de marché moyennant une « naturalisation » de leurs besoins; fuir le monde officiel de la culture, des tribunaux et des percepteurs pour revenir à un stade plus primitif. Un tel choix pourrait bien être catastrophique, et être aussi bien la cause que le résultat de quelque cataclysme social.

En de telles circonstances, l'autel domestique, la magie et la mythologie suffisent à préserver l'intégrité religieuse présente sans, ou contre, l'Église officielle. Et cette religion peut offrir tout ce que les religions sont censées offrir : les ressources spirituelles qui compensent les insuffisances de la vie matérielle; consolation et soutien dans les temps de crise et de catastrophe quand l'effort de survie ranime les sentiments religieux; et enfin la force nécessaire pour faire face aux drames individuels de la vie. Saintes, mauvaises, ou les deux à la fois, les forces surnaturelles disponibles viendront jouer leur rôle et apporter des ressources symboliques supplémentaires quand il sera nécessaire de combattre l'État ou les forces alliées de l'Église et de l'État. Dans leur affrontement avec l'État, les paysans russes ont produit et utilisé de puissants éléments mythiques de mobilisation, et cela a laissé un souvenir indélébile dans la conscience de tous les maîtres de la Russie. L'exemple le plus évident est celui des vieux-croyants (XVIIe siècle), qui défièrent l'État et *son* Église comme des manifestations de l'Antéchrist, et l'empereur comme l'Antéchrist en personne.

Au moment d'évoquer un puissant symbole religieux employé par les dissidents pour mobiliser les croyants contre l'empereur, on songe aux aspects politiques des croyances religieuses populaires – à leur éventuel impact sur les événements politiques et, plus profondément, sur la culture politique de l'État. Il s'agit là, en vérité, d'un problème majeur et qui ne laisse pas d'intriguer, sur lequel nous ne cesserons de revenir, tout particulièrement dans les derniers chapitres de ce livre. Mais le chercheur audacieux n'est pas au bout de ses découvertes – et certains, plus jeunes, ont déjà entrepris d'explorer ce terrain embrouillé.

CHAPITRE III

Droit coutumier et société rurale après les réformes

C'est avant tout dans les institutions sociales et le tissu de la vie quotidienne qu'il faut chercher la réponse aux questions contrariantes concernant les pratiques juridiques des paysans russes – et même des questions de caractère étroitement juridique. Les systèmes juridiques possèdent certes leur dynamique propre, mais celle-ci demeure léthargique et diffuse tant que l'appareil judiciaire, les juristes et les théories juridiques n'ont pas acquis une autonomie largement reconnue. La paysannerie russe n'avait pas atteint ce stade avant la révolution, et il lui fallut attendre quelque temps encore. Comme leurs homologues d'autres pays qui se trouvaient à des stades historiques comparables, les paysans russes avaient des coutumes que l'on pourrait qualifier de « juridiques », mais ils ne raisonnaient pas en termes abstraits ni ne produisaient de traités à leur sujet; qui plus est, on ne les laissa jamais élaborer un système complet ni vivre suivant ses préceptes. Aussi est-ce par les pratiques de la vie quotidienne *(byt)* que nous devons chercher à comprendre le droit coutumier *(obyčnoe pravo)* ou le droit des petites gens *(narodnoe pravo)*.

Pour la période qui s'étend de l'abolition du servage à la collectivisation de l'agriculture, nous pouvons appliquer à la Russie la conception de Redfield, qui distingue la « petite communauté » et la « grande communauté » [1]. Paradoxalement, l'immense majorité de la population vivait dans la « petite commu-

1. Robert Redfield, *Peasant Society and Culture*, Chicago, University of Chicago Press, 1956, pp. 17-20, 40-45.

« Customary Law and Rural Society in the Postreform Era », *Russian Review*, 44, n° 1, janvier 1985. Version antérieure : National Seminar on Twentieth-Century Russian Society, Colloquium on Rural Society, Philadelphie, janvier 1982.

nauté », tandis que la « grande » embrassait une puissante minorité – les classes dirigeantes, les villes, et l'État. La distinction de Redfield nous rappelle que la société rurale est isolée et possède ses propres attributs, qui la mettent à part de la religion, de l'économie, de l'art et de la mentalité caractéristiques de l'État national et de la culture métropolitaine. Les codes moraux, les institutions et les coutumes employés pour résoudre les conflits dans les villages étaient aussi singuliers. Nous sommes donc fondés à voir dans la société rurale un système, une « nation-classe ».

Mais à aller trop loin en ce sens, on pourrait se fourvoyer, en se prêtant soit à une « idéalisation », soit à une négation globale, ou même à la haine (qui n'est jamais qu'une autre manière d'idéaliser). Ces deux formes d'illusion conduisent l'une et l'autre à des interprétations erronées des processus et facteurs de changement à l'œuvre dans la société rurale. Les villageois furent bombardés par des mouvements culturels, des modes, des tendances économiques, et toutes sortes de pression venant de l'État. Nombre de ces forces étaient des forces de dissolution, mais certaines suscitèrent une puissante opposition et contribuèrent à consolider la « petite communauté » qui, tant qu'elle conserve quelque vie, réagit en assimilant, en déformant, ou en rejetant les pressions de l'extérieur. C'est l'interaction du « petit » et du « grand », le degré de communication et d'intégration entre les deux, qui décide du sort de la société rurale aussi bien que du système politique et social dans son ensemble.

OBYČNOE PRAVO – OUI OU NON?

En 1861, le monde rural, quoique potentiellement menaçant, apparaissait aux observateurs informés comme un agglomérat passablement uniforme, primitif et obscur; une seule chose comptait : « émanciper », provoquer un changement bien maîtrisé. En pratique, cela voulait dire : 1) émanciper les paysans avant qu'ils ne s'émancipent eux-mêmes; 2) leur permettre de faire face au rachat et aux impôts; 3) éviter leur prolétarisation; et 4) les défendre du pouvoir encore écrasant des *pomeščiki* (propriétaires fonciers), qui risquaient de les réasservir *de facto*. Pour atteindre ces objectifs, il semblait nécessaire d'isoler les paysans des autres classes par un rempart d'institutions paysannes spéciales et d'institutions étatiques créées à leur intention.

Il s'agissait là d'un mélange d'intentions dont les résultats ne furent pas non plus sans mélange : un édifice juridique isolant les paysans dans un état distinct *(soslovie)*, mêlant la tutelle exercée par les autorités à l'auto-administration, et manifestant, à l'intérieur d'une structure coercitive, un évident respect des spécificités du mode de vie des paysans [1].

Sans entrer dans les détails de ce système complexe ou de son évolution, nous pouvons énumérer les quelques composantes les plus importantes de l'ordre rural après l'émancipation :

1. Le *nadel*, ou lot de terrain. Pris sur le domaine des propriétaires fonciers (ou de l'État, dans le cas des paysans qui appartenaient à l'État), il fut en même temps accordé et imposé aux paysans, afin de garantir leur subsistance et garantir certaines rentrées à l'État.

2. Un système d'auto-administration rural, au niveau du village et du canton *(volost')*, coiffé à partir de 1889 d'un élément supplémentaire de tutelle sous la forme de chefs ruraux *(zemskie načal'niki)*.

3. La communauté rurale *(sel'skoe obščestvo)*, le niveau le plus bas de l'auto-administration paysanne. Les limites de la communauté rurale correspondaient parfois à celles de la commune *(obščina)*; mais parfois aussi elles regroupaient plusieurs communes, ou parties de communes, suivant le régime de propriété foncière seigneuriale prévalant avant 1861 [2].

4. Des cours spéciales de village, dont les juges furent, dans un premier temps, élus par l'assemblée rurale *(shodka)*, puis désignés par le *načal'nik* [3].

5. Ces tribunaux, et certaines instances supérieures, étaient habilités par la loi ou par des décisions du Sénat à se conformer au droit coutumier *(obyčnoe pravo)* ou, suivant certains textes,

1. Les éléments de tutelle *(opeka)* ne cessèrent de s'affirmer, notamment dans les années 1880 et 1890, aux dépens de l'auto-administration. Sur le développement de cette tutelle, on trouvera de bons matériaux *in* A.A. Rittih, éd., *Krest'janskij pravoporjadok*, Saint-Pétersbourg, 1904, p. 293 sq.

2. Les détails juridiques de la communauté rurale et de la commune, ainsi que du *nadel* et du *tyaglo*, sont minutieusement analysés *in* D.A. Hauke, *Krest'janskoe zemel'noe pravo*, Moscou, 1914.

3. Peter Czap, Jr., « Peasant Class Courts and Peasant Customary Justice in Russia, 1861-1912 », *Journal of Social History*, vol. I, n° 2, 1967; un ouvrage plus ancien demeure l'une de nos principales sources : A.A. Leont'ev, *Volostnoi sud i juridičeskie obyčaj krest'jan*, Saint-Pétersbourg, 1985.

tout simplement la « coutume » *(obyčaj)*. La juridiction des tribunaux de canton *(volostnye sudi)* embrassait l'essentiel des conflits civils et des affaires criminelles dans la Russie rurale, à l'exclusion seulement des meurtres et de quelques autres crimes d'une particulière gravité [1].

6. Enfin, un réseau élaboré d'institutions informelles – aînés, voisins, familles – arbitraient et tranchaient la plupart des affaires humaines qui nécessitaient une telle intervention : problèmes d'héritage et de répartition de la terre, contrats, fautes de diverses natures, conflit intra- et inter-familiaux, et même transgressions morales [2].

Ainsi le monde rural était-il soumis à un double système de droit défini par la loi applicable aux seuls paysans *(krest'janskoe pravo)* et de droit coutumier, non écrit. Préoccupé des obligations des paysans à l'égard de l'État, le gouvernement ne cessa de multiplier les contrôles et d'imposer aux paysans de nouvelles contraintes, jusqu'au jour où les problèmes engendrés par ce système d'entraves entraînèrent son érosion puis, à partir de 1905, son démantèlement pièce par pièce. Cependant, en 1917, une bonne partie du système mis en place au moment de l'émancipation était encore en activité, notamment l'obligation du lot de terrain et l'*obščestvo*, institution d'auto-administration servant aussi d'agence gouvernementale chargée de collecter les impôts et les redevances ainsi que de contrôler les mouvements des paysans et l'usage de la terre. Avant les réformes de Stolypine, le lot de terrain ne pouvait être vendu à moins d'être préalablement racheté, et même un lot racheté ne pouvait être vendu à des non-paysans. L'affermage était aussi interdit, bien qu'en ce domaine les réalités fussent souvent plus fortes que les règles officielles. Par concomitance, les paysans ne pouvaient refuser le lot de terrain et ils ne pouvaient quitter le village sans l'autorisation de l'*obščestvo* – et, ensuite, sans l'approbation du chef du foyer. Les remboursements et les impôts collectés suivant le principe de la responsabilité mutuelle *(krugovaja poruka)*, l'attribution et le passeport sont autant d'éléments qui,

1. Voir A.A. Rittih, éd., *Trudy Redakcionnoj komissii po peresmotru zakonodatel'stva o krest'janah*, Saint-Pétersbourg, 1903, vol. I, p. 53.

2. On en trouvera une excellente description *in* A. Kozmin, « Obyčnye sudy v hutorah Donskoj oblasti », *Etnografičeskoe obozrenie*, n° 3, 1891 ; voir aussi V.V. Tenišev, *Pravosudie v russkom krest'janskom bytu*, Bryansk, 1907, pp. 49-63.

avec d'autres, formaient l'ensemble des contraintes qui remplacèrent l'asservissement aux *pomeščiki.* Sous Pierre le Grand, les paysans étaient *glebae adscripti*; sous Catherine II, ils devinrent *domino adscripti.* Après l'émancipation, ils furent encombrés d'un triple harnais : l'*obščestvo,* l'administration d'État, et les entraves attachées au système de la famille patriarcale. N'oublions pas que jusqu'en 1903 les paysans constituaient le seul ordre encore soumis au châtiment du fouet, et que la plupart des fonctionnaires ruraux, quoique élus en principe, étaient entièrement dépendants du *načal'nik,* ils lui étaient soumis. Un nombre croissant de lois élargit la sphère des droits des paysans, mais de nombreux traits de ce régime spécial, y compris bien des traits que les paysans eux-mêmes jugeaient discriminatoires, persistèrent jusqu'à la révolution de 1917.

DÉBATS ET ÉTUDES, 1880-1914

Dans le cadre de ce système compliqué de limites et de contraintes, les paysans pouvaient vivre suivant leur propre droit coutumier. Mais quel était ce droit coutumier ?

Si la Commission éditoriale élabora le projet de réforme de 1861, qui consacra officiellement le respect du droit coutumier, les membres de cette commission ne savaient pas en quoi consistait ce droit. Les recherches en ce domaine étaient extrêmement succinctes à cette époque. Par la suite, les recherches devaient donner d'impressionnants résultats. Pour l'instant, cependant, les législateurs donnèrent quelque chose aux paysans avec l'intention de découvrir ensuite en quoi cela consistait exactement.

Aleksandra Efimenko fraya le chemin aux recherches sur le droit coutumier [1]. Puis Kistjakovskij et Oršanskij lui emboîtèrent le pas. La commission Ljuboščinskij procéda à une grande enquête sur le fonctionnement des tribunaux de canton. Pahman, à son tour, s'appuya sur les travaux de cette commission pour rédiger son étude magistrale en deux volumes. Yakuškin publia quatre fascicules d'un guide bibliographique du droit coutumier accompagné de précieux commentaires. Des expéditions ethnographiques, notamment celles parrainées par le « bureau ethnographique » du comte Tenišev, permirent de développer les connaissances existantes. D'autres contributions furent le fait de

1. Aleksandra Efimenko, *Issledovanija narodnoj žizni*, vol. I, *Obyčnoe pravo*, Moscou, 1884. Voir aussi son *Južaja Rus'*, 2 vol., Saint-Pétersbourg, 1895.

juristes de talent comme Leont'ev, Hauke, Mejendorf et Družinin ainsi que d'auteurs qui, à l'instar de Kačorovskij, travaillèrent à partir des études lancées par le gouvernement, en particulier par les comités de la Commission Witte, avec leurs onze mille participants, dont un certain nombre de fonctionnaires, de propriétaires terriens, et même de paysans [1]. L'étude du droit coutumier était devenue une activité florissante.

Le résultat en fut un débat, à vrai dire l'une des grandes controverses de l'histoire politique et intellectuelle russe. Celle-ci s'inscrivit dans le cadre d'un débat plus large sur la « question paysanne », bien qu'elle soit moins connue en raison de ses aspects juridiques et techniques compliqués.

Leont'ev, auteur de deux excellents livres sur le sujet ainsi que d'une étude sur la controverse proprement dite, expliqua pourquoi ce problème avait tant d'importance. La majeure partie de la nation vivait sous l'empire de deux régimes juridiques pas toujours compatibles – celui du droit écrit, et celui des coutumes non écrites. À défaut d'une bonne intelligence de ces deux domaines et de leur interaction, on risquait de faire beaucoup de mal [2]. Kačorovskij se chargea de démontrer les dommages que risquait de faire, ou faisait, l'État, en promulguant des lois ignorant les intérêts et les points de vue des paysans. La conséquence la plus fréquente, c'est que les paysans ignoraient purement et simplement les lois en question (quand ils en connaissaient l'existence). Les lois et les règles régissant la division des foyers en offraient un excellent exemple : loi ou non, les paysans ne cessaient de diviser ou de subdiviser à leur convenance [3].

Les participants à ce débat qui reconnaissaient l'importance du droit coutumier devaient dépeindre en termes souvent éloquents et parfois majestueux l'impressionnant édifice du droit populaire, et ils insistèrent sur ses fondements éthiques dignes d'éloges. Kistjakovskij, par exemple, invita les Russes cultivés à apprendre auprès du *narod* certains traits présumés de sa pratique juridique : ainsi de son absence de formalité, de son attention aux menus détails de la vie et des activités humaines, et un sens omniprésent de la justice la plus fondamentale [4].

1. Komitety pri Osobom soveščanii o nuždah sel'sko-hozjajstvennoj promyšlennosti. Sur le travail de ces comités, voir RITTIH, *Krest'janskij pravoporjadok, op. cit.*

2. A.A. LEONT'EV, *Krest'janskoe pravo,* Saint-Pétersbourg, 1909, vol. I, p. 14.

3. K. KAČOROVSKIJ, *Narodnoe Pravo,* Saint-Pétersbourg, 1906, pp. 44, 64-67 et *passim.*

4. Kistjakovskij, cité par DRUŽININ, *Pravo i ličnost' krest'janina,* Jaroslavl, 1912,

Tout le monde ne se montra pas aussi chaleureux, mais de nombreux auteurs soutinrent que le droit populaire était profondément ancré dans le tissu de la société paysanne, et que ses institutions et ses coutumes spéciales n'avaient pas d'équivalent parmi les autres groupes sociaux ni souvent de contreparties dans les Codes civil et pénal officiels. La pratique du droit populaire reposait sur la perception d'un ordre juridique *(pravoporjadok)* spécifique qui s'exprimait dans la manière dont la commune et le foyer paysan réglaient les problèmes relatifs à la terre, à la division des fermes, aux conflits économiques et sociaux et aux relations intrafamiliales. Efimenko crut pouvoir discerner un principe premier à l'origine de ces décisions : le travail est la seule et unique source des droits à l'usage et à la jouissance de biens. Et Kačorovskij s'employa à tirer les conséquences de sa découverte [1]. Au *pravo truda*, ou droit du travail, il ajouta le *pravo na trud*, ou droit au travail. Ces deux principes étaient censés présider à maints aspects de la vie des paysans, mais ils compliquaient aussi leurs pratiques sociales et juridiques aussi bien que leurs vues politiques, car ces deux principes étaient certes complémentaires mais également contradictoires.

Maints auteurs s'accordaient à penser que quelque « principe de travail » régissait la vie paysanne et guidait ses pratiques juridiques coutumières [2], mais la construction de Kačorovskij était particulièrement intéressante. Le droit du travail postulait que la terre devait être entre les mains de la personne qui la cultivait, ce qui voulait dire que le propriétaire foncier *(pomeščik)* n'était pas le légitime propriétaire de sa terre. De surcroît, le même principe inspirait effectivement les décisions relatives à la cession de biens d'un foyer par héritage, division ou séparation ou encore concernant divers types de délits [3].

Le droit au travail était plus compliqué. De lui procédait le droit de chaque famille à exister et à subsister. Dans le village, cela ne pouvait vouloir dire qu'une seule chose : le droit à un lot de terrain comme moyen de subsistance. Quand la terre manquait, le droit au travail venait conforter l'offensive, lancée par le droit du travail, pour exproprier le *pomeščik*. Il était aussi,

pp. 238-239. Voir aussi B. KISTJAKOVSKIJ, « V zaščitu prava », *Vehi*, 2e éd., Moscou, 1909, p. 143.

1. KAČOROVSKIJ, *Narodnoe pravo, op. cit.*, pp. 134-137 et *passim*.

2. P. ex., E. JAKUŠKIN, *Obyčnoe pravo*, Jaroslavl, 1896, vol. II, pp. XXVIII-XXX.

3. Voir A.M. ANFIMOV et P.N. ZYRIANOV, « Elements of the Evolution of the Russian Commune in the Post-Reform Period (1861-1904) », in *Soviet Studies in History*, 21, n° 3, 1982-1983, p. 78.

cependant, la source du mécanisme de redistribution de la terre par la commune et de la persistance de la commune « répartitrice » avec son système d'assolement triennal à faible rendement.

Les contradictions entre les deux principes venaient de ce que le droit au travail inculquait à la paysannerie un esprit de solidarité et un certain penchant au collectivisme, tandis que le droit au travail, qui paraissait si menaçant et radical aux *poměšciki*, entretenait un esprit individualiste, presque capitaliste – ou, dans le meilleur des cas, une mentalité de propriété collective d'un petit groupe [1]. Ainsi, si le premier principe inspira l'utopie obstinément cultivée du « partage noir » (vision politique et sociale dont les socialistes-révolutionnaires firent la base de leur programme de « socialisation »), l'autre nourrit la tendance à la ferme familiale non communale *(hutor)*, sur laquelle le régime commença à fonder ses espoirs après 1905.

Quels que fussent les principes fondamentaux du droit populaire, un certain nombre d'auteurs demandèrent instamment qu'il fût préservé et mirent en garde contre l'imposition prématurée et artificielle de Codes par l'État. Leont'ev et d'autres proposèrent même d'améliorer le droit populaire en le codifiant, comme on l'avait fait avec d'autres systèmes juridiques aux premiers temps de leur développement.

Cependant, les adversaires de ceux qui idéalisaient le droit populaire avaient eux aussi beaucoup à dire [2]. Ils observèrent, par exemple, que les coutumes rurales étaient souvent purement et simplement barbares – lynchage des voleurs, femmes infidèles obligées de défiler nues à travers le village, et bien pis encore; qu'une véritable pagaille régnait dans les tribunaux cantonaux, que les juges étaient analphabètes, ivrognes et corrompus, et que leurs décisions ne s'inspiraient pas des us et des coutumes des paysans mais étaient dictées par le greffier *(pisar')*, qui inventait des « coutumes » au gré de sa fantaisie; que beaucoup de paysans affirmaient (et c'est vrai qu'ils le faisaient) *U nas obyčaev netu* (nous n'avons pas de coutumes) [3]; que s'il y avait la moindre

1. Kačorovskij, *Narodnoe pravo, op. cit.*, pp. 151-157.

2. Aux critiques discutés dans l'étude de Leont'ev, nous pouvons ajouter des auteurs du XXe siècle comme Rittih, Witte et Družinin. Voir, en particulier, Družinin, *Pravo i ličnost', op. cit.*

3. Il serait frivole de prendre à la lettre cette déclaration – « nous n'avons pas de coutumes » – sauf en périodes de troubles et de querelles, sous réserve que l'on n'oublie pas que bien des coutumes que l'on pouvait classer comme « juridiques » n'étaient pas nettement dissociables des vues éthiques et religieuses.

coutume, celle-ci n'allait jamais au-delà des limites d'un seul village. Bref, ces critiques reprochèrent aux admirateurs du prétendu système de justice et de droits populaires de rêver. Witte alla même jusqu'à prétendre que tout l'édifice du droit populaire avait été bâti par Pahman (puis emprunté par d'autres) sur la base fragile des enquêtes entreprises à la fin des années 1860 et au début des années 1870 par la Commission Ljubošickij et que ces recherches souffraient de faiblesses flagrantes [1].

Ainsi, affirmèrent ces critiques, il n'y avait absolument pas de droit coutumier. À vrai dire, comment un tel système aurait-il pu apparaître sous la servitude, quand les pratiques des paysans dépendaient de l'arbitraire *(projzvol)* du propriétaire foncier? Tous les modèles et les pratiques à l'honneur dans le village servile – y compris le sacro-saint principe de la redistribution de la terre – étaient le fait de l'État, soucieux de maintenir le *tjaglo* (l'unité d'imposition), ou des propriétaires fonciers. Et tout cela devait être maintenant aboli, en même temps que les vestiges du *soslovnost'*. Les paysans devaient relever du système juridique général, seul capable de leur assurer un ordre légal ainsi que l'égalité des droits avec les autres. Tant que cela ne serait pas fait, l'essentiel de la nation continuerait à vivre dans l'anarchie la plus totale, dans un désordre primitif où aucun droit ne pouvait être sûr, ni même compris. Et ce système avait un prix : il entravait l'individu, faisait obstacle à la productivité, et portait préjudice à la nation.

Toute cette critique était assez consistante pour provoquer un effet de surprise. Mais il y avait aussi des failles. Witte laissa paraître un signe d'hésitation. Si, affirma-t-il, il existe bel et bien des coutumes viables, nous n'en savons rien, et il nous faut entreprendre un grand effort de recherche pour découvrir ce qu'elles sont. Mais il avait le sentiment de savoir à l'avance ce que donnerait une telle entreprise. Družinin, pour sa part, reprocha aux « idéalistes » de tirer leurs conclusions, sans même le signaler, uniquement des régions où les paysans appartenant à l'État étaient majoritaires. Ces paysans n'avaient jamais été des serfs, expliqua-t-il, et il était donc tout à fait possible que des coutumes juridiques aient pu se développer parmi eux [2]. En

1. S.J. Witte, *Zapiski po krest'janskomu delu*, Saint-Pétersbourg, 1905, pp. 94-101.

2. Družinin, *Pravo i ličnost'*, *op. cit.*, pp. 88-92. L'historien soviétique Klibanov insiste sur les différences de mentalité entre les paysans d'État et les serfs : cf. A.I. Klibanov, *Religioznoe sektantsvo v prošlom i nastojaščem*, Moscou, 1973, pp. 98-99.

vérité, si les paysans d'État avaient été réellement « libres », c'est alors plus de la moitié de la population rurale qui a pu développer – et qui l'a fait – au moins quelques notions juridiques propres. Et Jakuškin d'affirmer que les serfs sur *obrok* (redevance, par opposition à la main-d'œuvre des terres domaniales) étaient très largement restés libres de vivre et de travailler comme ils l'entendaient, de sorte qu'ils avaient pu eux aussi cultiver des coutumes juridiques [1].

L'éminent juriste Hauke soutint que toute coutume paysanne est *eo ipso* particulariste – elle ne peut être que locale – et que les idéalistes comme leurs contradicteurs faisaient fausse route [2].

Leont'ev, l'un des avocats du droit populaire, était parfaitement conscient des insuffisances des règles de conduite des paysans. À son avis, les critiques avaient raison : il n'y avait point de droit coutumier paysan. Mais ils avaient aussi entièrement tort, parce qu'il y avait, et il devait y avoir, autre chose à la place. Les paysans ne comprenaient pas les normes abstraites et rigides, et les règles pratiquées parmi eux ne pouvaient avoir la moindre valeur à l'échelle nationale. (Les musulmans avaient assurément un système de ce genre, partagé à travers la répétition de centaines de formules juridiques que leurs juges connaissaient par cœur.) Ce que les paysans russes avaient, c'étaient en fait des points de vue juridiques *(juridičeskie vozzrenija)*. Ceux-ci exprimaient leurs conditions de vie, ils étaient très largement répandus et, dans leurs éléments de base, ils étaient tout à fait uniformes. Il convenait donc de les respecter, de les étudier et de les codifier avant qu'ils ne disparaissent [3].

Cette formulation est convaincante. En en faisant un point de départ, nous pourrions retrouver les traces de ces « points de vue » dans les institutions villageoises de base. Si ces institutions étaient réellement d'essence identique, ou n'admettaient que des variations limitées, alors leurs expressions juridiques, malgré d'innombrables variations de détail d'une localité à l'autre, seraient également cohérentes.

Pour approcher d'une meilleure intelligence le droit coutumier, il convient d'étudier et de passer au crible les institutions paysannes de base : d'abord la commune *(obščina*, par opposition à la communauté rurale, *sel'skoe obščestvo)*, objet de très vives

1. JAKUŠKIN, *Obyčnoe pravo*, *op. cit.*, pp. I-II.
2. HAUKE, *Krest'janskoe zemel'noe pravo*, *op. cit.*, p. 9.
3. LEONT'EV, *Volostnoj sud*, *op. cit.*, pp. 70-78; voir aussi son *Krest'janskoe pravo*, *op. cit.*, chap. VI et VII.

controverses; puis le foyer paysan *(dvor)*, sujet d'une grande complexité qui a surtout retenu l'attention des spécialistes; et, enfin, les relations familiales à l'intérieur du foyer et les pratiques de la succession et de l'héritage, en elles-mêmes déjà passablement compliquées.

LA COMMUNE RURALE ET LE SOCIALISME DES *LAPTI*

La réforme opérée par la législation de 1861 fit de la commune l'allocataire légale des lots de terrain [1] et la représentante des paysans dans des affaires de toutes sortes. La commune exerçait en conséquence des fonctions larges et variées : gestion des entreprises communes, distribution et redistribution des terres arables et des prairies, résolution des conflits, construction de ponts, et accomplissement de certaines fonctions de service public. Cette situation était encore compliquée par les fonctions administrative, fiscale et policière qu'imposait l'État. La commune était comptable des impôts et d'autres obligations, sous le régime de la responsabilité mutuelle – lourd fardeau et mainmise sur la commune et sur la liberté de ses membres.

Mais la plupart des chercheurs s'accordent à penser que la redistribution de la terre entre les feux était l'essence même de la commune. La commune ne cultivait ni ne semait ou ne récoltait; elle gérait le système d'exploitation de la terre. Mais la commune était-elle propriétaire de la terre ? La réponse est délicate. Différents régimes de propriété s'appliquaient aux différentes catégories de terre : un pour les lotissements, un autre pour les pâturages et autres terres communes, un troisième pour les terres achetées par la commune, et encore un autre pour l'*usad'ba*, le lopin du foyer [2].

Revenons sur la terre octroyée à la commune pour qu'elle la répartisse entre ses feux. Cette terre appartenait-elle à la commune ou au feu ? La commune n'avait aucun droit de priver un feu de son lotissement à moins d'importants arriérés d'impôts et de redevances. Et si le foyer rachetait son lotissement, il pouvait

1. Sauf dans les régions où c'était le foyer qui s'était fermement installé dans ce rôle.

2. Pour un examen très approfondi de ces catégories et du statut des différents types de terre, voir Hauke, *Krest'janskoe zemel'noe pravo, op. cit.*, en particulier pp. 75-77; mettre en parallèle avec Leont'ev, *Volostnye sudy, op. cit,*, pp. 110-117.

abandonner le régime communal pour un régime de tenure par le feu *(podvornoe vladenie)*. Aussi maintes autorités purent-elles soutenir que le foyer était le véritable propriétaire de la terre lotie. Mais il y avait des arguments en sens contraire. Même lorsque le village adoptait le système de tenure par le feu, la commune ne disparaissait pas pour autant. Qui plus est, c'est la commune qui recevait la terre – le foyer n'avait droit à aucune part définie des biens de la commune, comme cela eût été le cas avec de véritables propriétaires. La commune avait le droit d'empêcher le foyer de renoncer à son lopin de terre, et le foyer n'avait pas le droit de refuser la terre. Il pouvait seulement l'abandonner et partir, mais la terre demeurait alors entre les mains de la commune, sans indemnité. Et si elle le souhaitait, la commune pouvait imposer l'adoption générale du système de tenure par les foyers. Sur la base de ces considérations, d'aucuns en conclurent que la terre était le bien de la commune et que les droits du feu découlaient essentiellement de son appartenance à la commune.

Les chercheurs en discutèrent en long et en large [1]. Mais qu'en disaient les paysans ? Souvent, ils ne disaient rien mais agissaient *skopom* (en masse) et disaient qu'ainsi agissaient les paysans. Parfois, on pouvait les entendre dire, « *Zemlja mirskaja* » (La terre est à la commune), et ils restèrent accrochés à la commune jusqu'à ce que les tendances économiques et la politique du gouvernement finissent par miner les communes au point de provoquer une divergence d'intérêts et d'opinions parmi les paysans, comme cela se produirait parmi les meilleurs en des circonstances semblables. Il s'ensuivit un conflit, parfois âpre, entre le *mir* et le *hutor*, entre deux systèmes sociaux, économiques et juridiques différents – dont chacun reflétait des tendances historiques à l'œuvre à travers toutes les sociétés rurales.

La fonction cruciale de la commune était la redistribution de la terre. Celle-ci se faisait soit en fonction de la quantité de main-d'œuvre disponible au sein du foyer, soit en fonction du nombre de bouches à nourrir – *po edokam*. Les décisions étaient prises par l'assemblée du village, institution fort intéressante qui déconcerta les observateurs. L'assemblée se tenait au milieu d'un indescriptible vacarme, où tout le monde criait, jurait et hurlait. « Simulacre ! » prétendaient ses détracteurs. Et ses défen-

1. Voir Hauke, *Krest'janskoe zemel'noe pravo, op. cit.*, pp. 131-133 ; et A.F. Mejendorff, *Krestjanskii dvor*, Saint-Pétersbourg, 1909, pp. 35, 37-38.

seurs de rétorquer que les paysans ignorent les subtilités de procédure mais que les initiés savent le pourquoi de ces cris. Soudain, le brouhaha prenait fin, et la décision était adoptée. Le travail complexe que représentait cette redistribution allait maintenant se dérouler avec un haut degré de précision [1].

Pour comprendre la complexité de toute cette opération, il vaut la peine de dire quelques mots de cette distribution. L'assolement triennal repose sur le pâturage commun, le chaume, et la jachère. Par conséquent, les bandes cultivées par les différents foyers ne pouvaient être entourées d'une clôture, car les animaux et les hommes devaient pouvoir circuler librement. De même, tous les foyers devaient suivre le même régime agricole, semer les mêmes graines à la même date. La terre labourable était allouée en bandes étroites, si étroites qu'une herse ne pouvait parfois passer que d'un seul côté. Chaque foyer avait un certain nombre de bandes, parfois éloignées les unes des autres. Pourquoi ces bandes étaient-elles si dispersées, si nombreuses et si étroites? Quelle était la raison d'être de ce système exigu? C'était l'impératif d'une justice rigoureusement observée au cours de la redistribution de la terre. Les terres de la commune différaient par leur qualité, leur emplacement, leur forme, leur niveau, leur éloignement du village. Chacun des trois champs était subdivisé en blocs *(jarusy)* de qualité plus ou moins égale, et chaque bloc était à son tour subdivisé en « parts » *(doli)* – en autant de parts qu'il y avait de « bouches » dans le village. Ainsi, le foyer qui avait cinq « bouches » recevait cinq parts dans chaque bloc. À supposer qu'il y eût cinq blocs dans chacun des trois champs, un foyer recevait, dans un souci de justice, quinze bandes de terrain largement dispersées et, bien souvent, fort étroites. En pratique, il pouvait y avoir une quarantaine de bandes ou plus – que des chercheurs d'égalité mesuraient avec une verge si petite que, par dérision, des intellectuels parlèrent de socialisme des *lapti* pour en définir le résultat.

Quand la démographie entraînait des changements dans la composition de certains foyers, la commune procédait périodiquement à des réajustements partiels *(svalki i navalki)*, enlevant des bandes à certains pour les donner à d'autres en attendant une nouvelle redistribution générale, que la loi n'autorisait que

1. On trouvera des descriptions de telles assemblées, tirées de rapports locaux, *in* Rittih, *Trudy Redakcionnyh kommissii, op. cit.*, vol. I, p. 129 sq., et Družinin, *Pravo i ličnost', op. cit.*, pp. 117-120.

tous les douze ans – c'est-à-dire, dans le cadre de l'assolement triennal, une fois toutes les quatre rotations de cultures.

Ce système compliqué entravait le progrès de l'agriculture – qui prendrait le risque d'enrichir sa terre par des engrais ou d'autres moyens quand la menace d'une redistribution était suspendue au-dessus de sa tête? – et perpétuait le primitivisme. Telle était tout au moins l'opinion dominante parmi les agronomes. Certains observateurs bien informés ont soutenu que le problème ne venait pas de la commune mais d'autres facteurs comme la fiscalité, le prix de la terre, et l'insuffisance de la formation agronomique. Et de citer des cas où des communes introduisirent l'assolement quadriennal et semèrent des cultures fourragères. D'autres encore ont prétendu que la commune avait joué un rôle progressiste tant que l'assolement triennal était demeuré nécessaire, mais que l'un et l'autre étaient devenus obsolètes au tournant du siècle [1].

Suivant les réponses données à cette question, les opinions étaient partagées quant à l'attitude à adopter à l'égard de la commune : la préserver et la développer; la détruire; ou encore la laisser disparaître de sa mort naturelle sans pressions administratives, dans un souci de paix sociale avec les paysans. Telles étaient les options.

Après avoir obstinément défendu la commune pendant quarante-cinq ans, le gouvernement se résolut à sa destruction afin de réparer les torts imputés à cette institution, accusée de peser sur les paysans capables et entreprenants et d'inculquer le mépris des droits attachés à la propriété privée. Cette dernière objection était parfaitement fondée. La réforme de 1861 ne fit rien pour développer l'attachement à la propriété privée parmi les paysans, et les politiques suivies après l'abolition du servage ne firent guère plus [2]. Ce n'est qu'avec les réformes Stolypine que l'État

1. La commune, considérée comme une entrave, fait l'objet de vives critiques *in* RITTIH, *Krest'janskij pravoporjadok, op. cit.*, pp. 232-236, et *passim*, bien qu'un petit groupe de commissions régionales en aient présenté une défense solide et bien argumentée. Voir aussi V.P. DANILOV, « Obščina i kollektivizacija », in *Narody Afriki i Azii*, n° 3, 1973, p. 45; S.P. DUBROVSKIJ, « K voprosu ob obščine v Rossii v načale 20go veka », in *Ežegodnik po agrarnoj istorii vostočnoj Evropy : 1960 god*, Kiev, 1962, p. 523. Danilov et Dubrovskij ont peut-être été tous deux influencés par A. LOSICKIJ, « Obščina i Ukaz 8-go nojabrja », *in* I. ČERNYŠEV, A. LOSICKIJ, et P. MASLOV, *Krest'janskoe pravo i obščina pered Gosudarstvennoj dumoj*, Saint-Pétersbourg, 1907, pp. 52-55.

2. Il y avait certes une disposition envers les fermes familiales et la jouissance héréditaire de la terre dans les régions où les communes étaient peu nombreuses ou n'existaient pas et même dans certaines parties de provinces où prédominait la tenure communale.

tenta de créer une grande classe de fermiers privés et s'efforça d'inculquer à la paysannerie le respect et le goût de la propriété privée. Au sein du *mir*, même les paysans les plus riches avaient souvent partagé l'idée que la terre n'est la propriété de personne et appartient à ceux qui la cultivent et qu'il convient donc de la distribuer également entre les paysans. Cette façon de voir correspond très exactement au « droit du travail » et au « droit au travail » de Kačorovskij. Elle n'encourageait ni la vente ou l'achat de la « terre de personne » ou de « la terre de Dieu » ni l'embauche de travailleurs. Si tout cela était bien vrai, alors le gros de la paysannerie russe – n'en déplaise à Lénine qui s'alarmait de ce que les campagnes « produisaient le capitalisme chaque jour, chaque heure » – rejeta bel et bien le capitalisme, et peut-être par la même occasion le XXe siècle tout entier, aussi longtemps que les *pomeščiki* conservèrent leurs domaines.

Lorsque Stolypine lança sa « révolution par le haut », c'est entre 70 et 90 % des familles paysannes et de la terre (à l'exclusion des provinces occidentales) qui relevaient du régime de tenure communale. En 1916 ou en 1917, de 25 à 27 % s'accrochaient assez fermement à d'autres régimes fonciers, mais la commune avait survécu [1]. De toute évidence, la réforme arriva trop tard. Les chercheurs comme les autorités gouvernementales se laissèrent probablement abuser par « l'extinction » apparente de maintes communes. Lorsqu'une commune ne procédait pas à une redistribution pendant une longue période, les observateurs avaient tendance à penser que son esprit communal se dissipait, que le principe du droit au travail s'éteignait, et que la propriété revenait *de facto* aux chefs de famille. Mais d'autres observateurs mirent en garde contre la gratuité de telles conclusions. Il pouvait se tramer quelque chose, comme dans un volcan, à l'intérieur de nombreuses communes « éteintes », les riches s'opposant à une nouvelle redistribution que réclamaient les paysans pauvres. Après un temps de calme, la commune pouvait se réveiller; et de fait, il était fréquent qu'une commune se réveillât brusquement, telle une fourmilière, après l'une de ces tumultueuses réunions *(shody)*. En 1917-1918, on assista à un mouvement de ce genre sur une échelle nationale avec l'appa-

1. Ces chiffres prêtent encore à controverse; l'essentiel est ici tout simplement que la commune avait survécu, à des stades variables de vigueur ou de déclin, et en des proportions difficiles à préciser. Pour des statistiques et des évaluations significatives, voir DUBROVSKIJ, « K voprosu », *op. cit.*, pp. 29-30, et une étude approfondie de Dorothy ATKINSON, « The Statistics on the Russian Land Commune », in *Slavic Review*, 32, n° 4, décembre 1973, pp. 773-787.

rition soudaine d'une « supercommune », issue tout droit de la vieille utopie.

LE FOYER ET LA FAMILLE

Le foyer, ou feu *(dvor)*, était aussi compliqué que la commune, dont il reproduisait nombre des traits. C'était une unité de production, détentrice (à travers la commune) des lopins, vecteur de la propriété, et point focal de la vie familiale. Des chercheurs ont pu noter que suivant des conceptions issues du droit coutumier et partagées, non sans hésitation, par le Sénat :

1. Les biens du foyer étaient la « propriété commune de la famille ».
2. Plus précisément, ajoutent certains spécialistes, il s'agissait d'une propriété de type artel, pas très différente des possessions d'une société. En faisaient partie non seulement les parents par le sang, mais aussi d'autres ouvriers adoptés dans la famille, tandis que les membres de la famille qui avaient vécu très longtemps en d'autres lieux en étaient exclus. Un tel « artel » reposait autant sur le droit au travail que sur la parenté.
3. La succession par testament était inapplicable à ce type de propriété, et la situation était d'autant plus compliquée que les lopins du foyer appartenaient à la commune et faisaient l'objet d'une redistribution périodique.
4. Les outils agricoles et les bâtiments étaient « communs », cependant, et certains types de biens étaient privés et pouvaient donc être traités comme n'importe quelle autre propriété privée.
5. Le foyer était dirigé par un *bol'šak*, le plus souvent le père, mais celui-ci n'était pas pour autant le propriétaire du *dvor*. Il devait agir avec l'accord des copropriétaires, c'est-à-dire des autres adultes de la famille. Jusqu'à l'heure de la division *(razdel)*, qui se produisait le cas échéant à la mort du *bol'šak*, tous prenaient part à l'ensemble des activités sans privilège d'aucune sorte.

Toutes ces conceptions firent l'objet de débats animés. Beaucoup contestèrent la définition du feu comme une association familiale de type artel et soutinrent qu'il ne rimait à rien d'inventer des institutions d'apparence démocratique quand il était patent que le chef du foyer était le véritable patron (ce qu'il était incontestablement), mais aussi le véritable propriétaire (ce qu'il n'était pas). Comme on pouvait s'y attendre dans un système profondément patriarcal, le *bol'šak* exerçait d'extraordinaires pouvoirs et il était connu pour user et abuser de son droit de battre sans pitié sa femme ou n'importe quel autre membre du foyer. Dès lors, comment nier qu'il avait les droits de propriété ?

C'était de bonnes questions, mais il y avait certains faits qui allaient en sens contraire. Si la famille était en ébullition ou si le *bol'šak* se montrait particulièrement incompétent ou inactif, la commune pouvait le remplacer par un autre membre de la famille. Il ne pouvait léguer les biens du foyer. Il pouvait, s'il le souhaitait, rédiger son testament ou faire connaître ses vœux par oral, mais ses dernières volontés ne s'appliquaient qu'à ses biens personnels. Après sa mort, le feu demeurait entre les mains de la même famille sous l'autorité d'un nouveau chef – son fils, son frère ou, très rarement, sa veuve. Le moment venu, les biens du foyer étaient répartis entre ses membres. Ces modalités, qui relevaient du droit coutumier pur, n'étaient pas précisées dans le Code civil et admettaient des variations considérables d'un endroit à l'autre. Dans les petites familles, le père, en sa qualité de *bol'šak,* agissait en toutes choses comme un propriétaire, mais après sa mort il y avait un artel. Et au lieu d'une division, il pouvait y avoir une séparation *(vydel),* qui permettait à une personne ou à un couple de prendre sa part des biens du foyer et de suivre son propre chemin. Cela pouvait se produire quand l'aîné était encore en vie et avec son consentement – parfois peu enthousiaste – mais tout se passait exclusivement suivant les règles du droit coutumier [1].

Ainsi le problème de la localisation de la propriété au sein du foyer est-il analogue à la question de la propriété au sein de la commune, car le *dvor* faisait partie de l'*obščina* et partageait un peu avec elle son essence et quelques-unes de ses ambiguïtés. Ces ambiguïtés découlaient des fortes pressions extérieures qui s'exerçaient sur l'un et l'autre et du conflit opposant en leur sein les principes communaux et de type artel, d'une part, et les tendances à l'individualisme et à la propriété privée, de l'autre.

1. Sur la *razdel* et la *vydel* et leur rôle dans la formation familiale, voir E.I. Busygin *et al.*, *Obščestvennyi i semejny byt russkogo naselenija Srednego povolž'ja,* Kazan, 1973, pp. 109-121 ; L.A. Anohina et M.N. Šmeleva, *Kul'tura i byt kolkhoznikov Kalininskoi oblasti,* Kalinine, 1964, pp. 169-171. Les deux ouvrages traitent aussi du passage d'une famille élargie à une famille nucléaire dans le village.

LA FAMILLE

L'introduction de la famille rend le tableau encore plus passionnant. Les familles rurales connurent une profonde transformation pour passer de la grande famille complexe – presque une minicommune en elle-même – à une famille complexe plus restreinte (parents, enfants, et au moins un membre latéral, tel qu'un frère marié), prédominante au tournant du siècle, et enfin à la petite famille nucléaire qui prédomine aujourd'hui. En l'occurrence, ce sont surtout les formes complexes, grandes ou restreintes, qui dominèrent la vie rurale jusqu'à une période encore assez proche, qui nous intéressent.

Outre le pouvoir du *bol'šak*, mentionné plus haut, il nous faut dire un mot du pouvoir impressionnant de la belle-mère dans ces familles. Son pouvoir explique pourquoi les jeunes filles rurales qui souhaitaient se marier redoutaient aussi le mariage. Aux yeux des jeunes filles, en effet, servir sous les ordres de la redoutable *svekrov'* (belle-mère) confinait à l'esclavage. C'était tout particulièrement vrai dans les grandes familles où la *svekrov'* menait littéralement à la baguette ses nombreuses belles-filles *(nevestki)*, dans lesquelles elle percevait une menace pour sa position. La dispute autour de l'*uhvat* (sorte de fourche à retirer les pots du four) et de la pâte *(kvašnja)* était une véritable lutte pour le pouvoir, et la *svekrov'* était déterminée à garder le contrôle du fourneau et de la nourriture. Son mari, par ailleurs, gardait un œil vigilant sur la bourse *(košel')*, en particulier lorsque les fils et frères cadets avaient des revenus extérieurs et pouvaient être tentés de les dissimuler.

Cette lutte autour de l'*uhvat*, de la *kvašnja* et de la *kǒsel'* n'était pas une mince affaire [1]. Elle engendrait de terribles tensions, créait des clivages, des inimitiés, et incitait fortement les fils adultes et leurs femmes à vouloir se séparer du foyer. Outre les heurts entre père et fils et la lutte d'influence qui opposait la *svekrov'* à ses *nevestki*, il y avait aussi le problème des avances sexuelles du *bol'šak* à ses brus ou *snohačestvo* [2]. Tout cela pouvait

1. Pour une étude du *bol'šak* et des relations familiales, voir Anohina et Šmeleva, *Kul'tura i byt*, *op. cit.*, pp. 172-176, 196 et *passim*.

2. Pour des renseignements utiles sur ce sujet et d'autres problèmes du même ordre, voir Busygin, *Obščestvennyi i semejnyi byt*, *op. cit.*, en particulier pp. 98-100; in *Semja i vozzrenija russkogo naroda*, Voronej, 1981, pp. 41-47. A.I. Želobov a rassemblé des dictons populaires sur les relations entre belle-mère et bru (*svekrov'* et *snoha*).

rendre parfaitement intolérable la position des fils ou frères cadets, et surtout celle de leur femme.

Si nous projetons ces tensions intérieures sur la toile de fond plus large de la commune, nous pouvons percevoir des contradictions internes et externes dont les forces s'ajoutent pour accentuer les tendances centrifuges qui travaillaient la commune aussi bien que les familles qui en étaient membres. Il y avait des risques de conflits entre la commune et les chefs de foyer, lesquels étaient nombreux à réclamer plus d'indépendance par rapport à la commune et souhaitaient l'abandon de la tenure communale au profit des foyers. Cette tendance avait son parallèle à l'intérieur de la famille, où les *bol'šaki* voulaient se débarrasser de la propriété de type *artel'* pour faire du *dvor* tout entier leur propriété privée. Ces hommes ignoraient tout des conceptions romaines en matière de droits de propriété, ils se contentaient de réagir à la pression conjuguée des forces du marché et des tendances démographiques. Il fallut la révolution agraire des années 1917-1920 pour endiguer, pendant un temps, ces forces centrifuges.

L'examen de la position des femmes au sein du foyer éclairera davantage ces tendances complexes. Les femmes, y compris probablement la *bol'šuha* (ou *svekrov'*) elle-même, formaient une espèce de sous-classe – ce qui n'est pas une position confortable pour le membre d'une classe qui était déjà l'objet d'une discrimination. L'oppression des jeunes femmes était bien réelle et prenait une triple forme : par le mari, par le *svekor* (ou *bol'šak*), et par la *svekrov'*. Avant leur mariage, les filles étaient protégées par leur mère, même si au village on employait des méthodes assez rudes pour élever les enfants. La protection maternelle continuait souvent après le mariage de la famille, si la mère y parvenait, bien sûr.

Le passage à la famille nucléaire entraîna de profonds changements dans cet état de choses, mais ces changements devaient se faire attendre encore longtemps. En attendant, certaines vieilles habitudes s'éteignirent lentement. Au sein du *dvor*, les femmes n'avaient pas le droit d'hériter à la mort de leur père ou de leur mari, sauf si elles étaient veuves avec des enfants, et alors uniquement grâce à ces enfants. D'autres vieilles coutumes, cependant, leur donnaient naturellement quelques avantages. Une femme avait droit à son propre *korob'*, lequel se composait d'une dot (préparée par elle-même avant son mariage), de sa *kladka* (cadeaux de son fiancé et de sa mère), et de ses gains personnels, auxquels toutes les femmes avaient un droit exclusif dans la plupart des zones rurales (une partie du lin et des revenus du tissage et des autres travaux annexes). Ces menues ressources les mettaient un peu à l'abri en période de misère, et elles pouvaient léguer leur *korob'* à leurs filles. Mais nous n'avons pas affaire à des quantités économiquement significatives, sauf dans un cas : quand un jeune mari réussissait à cacher une partie de l'argent qu'il avait gagné au village en prenant un travail saisonnier *(othod)*. Ces sommes, avec le *korob'*, nourrissaient les ambitions des jeunes couples désirant quitter les parents du mari pour fonder leur propre foyer. La possibilité récemment découverte de gagner de l'argent, s'ajoutant au soutien de sa femme et à l'épuisement provoqué par les querelles de la grande famille, pouvait inciter un jeune homme à faire voler en éclats l'artel familial tout entier [1]. Les chefs de foyer et la législation de l'État tentèrent longtemps d'endiguer l'évolution vers cette forme d'indépendance, mais cette tendance s'avéra irrésistible.

Un aspect de la législation Stolypine a sa place ici. D'un coup de plume, Stolypine mit un point final à la controverse sur le véritable propriétaire des biens du foyer. La loi stipula désormais que sitôt que le foyer était sorti de la commune, les droits de propriété revenaient exclusivement au *bol'šak*. Cette législation entendait démêler le véritable écheveau des apports de propriété qui avaient prévalu jusqu'ici et inculquer un attachement sain aux droits de propriété privée et peut-être même une soif d'acquisition [2]. Certains observateurs pensaient que cette révolution légale – l'expropriation *de jure* des fils et des frères – pouvait avoir des conséquences sociales incalculables. Ils avaient probablement raison.

L'HISTOIRE PEUT-ELLE RÉPONDRE À SES PROPRES QUESTIONS?

La résolution des débats et des problèmes que soulève un examen du droit coutumier et du tissu social dans lequel il

1. Sur les femmes dans les familles paysannes, voir ANOHINA et ŠMELEVA, *Kul'tura i byt, op. cit.*, pp. 174-176; P.A. MATVEEV, *Očerki juridičeskogo byta Samarskoj gubernii*, Saint-Pétersbourg, 1877, pp. 15-24; V.A. ALEKSEEVA *et al.*, *Narody evropejskoj časti SSSR*, vol. I, Moscou, 1964, pp. 462-466. Sur les rapports entre époux dans les années 1870 et 1880, voir JAKUŠKIN, *Obyčnoe pravo, op. cit.*, vol. I, p. XX-XXII.
2. HAUKE, *Krest'janskoe zemel'noe pravo, op. cit.*, p. 197.

s'insérait demande des recherches plus poussées. La littérature est riche, et abonde en points d'interrogation. Un coup d'œil sur les événements d'après 1917 est de nature à montrer que les mêmes questions relatives à la commune et au *dvor* ont été éclairées par ce qui s'est passé au cours de la révolution agraire et sous la N.E.P., mais que cette clarification a souvent engendré une pléiade de questions nouvelles.

La commune était-elle une authentique institution des moujiks, ou fut-elle essentiellement imposée aux paysans par l'État? Les terres du *dvor* étaient-elles privées ou « communes » – du moins aux yeux des paysans eux-mêmes? Y avait-il un *obyčnoe pravo*? Pendant et après la révolution de 1917, les événements – disons plutôt, les paysans – répondirent par un « Oui » franc et massif à ces trois questions. Mais cette mémorable révolution agraire ne fit pas que « répondre » à ces questions.

En premier lieu, l'action des paysans eux-mêmes acheva l'essentiel du travail que les réformes de 1861 avaient laissé inaccompli, et notamment l'élimination des propriétés appartenant à la petite noblesse et de celle-ci en tant que classe. En second lieu, les réformes Stolypine, avec leurs multiples empiétements sur les terres communales et les enclaves de propriété privée qu'elles avaient encouragées, furent presque entièrement balayées (sauf dans les régions occidentales, où la tradition communale n'avait jamais été bien implantée). En troisième lieu, tout cela se produisit parce que, blessée mais toujours vigoureuse, la commune fit un retour en force et fut le principal instrument de la grande redistribution des terres des seigneurs et autres propriétaires privés lors des vagues successives de redistribution massive et fébrile. Cette frénésie redistributrice fut si forte que même les terres des koulaks furent emportées dans ce tourbillon; les fermes extra-communales les plus soudées *(hutora* et *otruba)* disparurent, et leurs propriétaires réintégrèrent le sein de la commune. De même, les feux réapparurent dans leur pureté d'antan dans un système de propriété collective ou de type artel dans le cadre de la structure foncière communautaire. La législation Stolypine octroyant les droits de propriété au chef de famille fut annulée, et le Code de la terre de 1922 rétablit officiellement les membres de la famille dans leurs droits antérieurs [1]. Non seulement la commune connut une résurrection

1. De toutes les études sur la réforme agraire et l'action des paysans qui annulèrent effectivement les mesures de Stolypine, nous ne citerons ici que

générale, avec 95 % des terres désormais soumises au régime foncier communal [1], mais elle devint alors une commune réellement libre. Sous la N.E.P., cette commune se libéra de toute pression administrative indue comme des corvées de l'État qui l'encombraient avant la révolution. La fiscalité et les autres fonctions officielles revinrent au soviet du village, la liberté de déplacement fut rétablie et les passeports supprimés, etc. En outre, l'instrument du pouvoir de l'État, le soviet, n'était qu'une institution faible et relativement peu influente dans les campagnes à l'époque de la N.E.P. ; c'est la commune et son assemblée qui géraient la terre et bien d'autres aspects de la vie rurale [2].

Qui plus est, la grande utopie paysanne – la « commune à l'échelle de la nation » – se trouva enfin réalisée, toute la terre étant désormais le patrimoine du peuple tout entier : autrement dit, ceux qui cultivaient la terre étaient ceux-là mêmes qui la géraient, la distribuaient, et la redistribuaient conformément à ce principe élémentaire qui veut que le travail aille de pair avec la consommation. Ce n'était plus une utopie. Ce rêve, dont les socialistes-révolutionnaires (les S.R.) avaient fait la base de leur programme, leur fut enlevé en 1917 (ou fut « nationalisé », si vous préférez) par ces mêmes bolcheviks qui avaient critiqué si âprement ce programme. En vertu du Code de la terre de 1922, la terre n'était plus une marchandise. Le recours à une main-d'œuvre salariée n'était autorisé qu'en cas de nécessité urgente, ou sur les fermes d'État. Le programme qui devait être mis en œuvre sous l'égide des bolcheviks fut à l'évidence un programme d'antinationalisation. Suivant la philosophie de la commune et une opinion répandue parmi les paysan, la terre appartenait « à personne » et l'État devait jouer essentiellement un rôle de surveillance, veillant à la bonne marche de la « commune nationale » et s'assurant que tout paysan recevait la part de terre qui lui était due [3].

V. Keller et I. Romanenko, *Pervye itogi agrarnoj reformy*, Voronej, 1922, et D.I. Rozenblyum, *Zemel'noe pravo RSFSR*, 2ᵉ éd., Moscou, 1929, source précieuse pour les types de problèmes qui se posèrent après la révolution, et que Hauke avait étudiés pour la période prérévolutionnaire, mais aussi pour les problèmes propres à la N.E.P. Sur le retour aux conceptions de la propriété familiale d'avant Stolypine, voir aussi *Spravočnik krest'janina*, 2ᵉ éd., Toula, 1928, et E. Dombrovskij, *Krest'janskii dvor i semejno-imuščestvennye razdely*, Moscou, 1926.

1. Ce chiffre concerne la R.S.F.S.R. ; V.P. Danilov, *Sovetskaja dokolhoznaja*, Moscou, 1977, p. 170.
2. *Ibid.*, p. 170 et *passim*.
3. Sur la « socialisation » ou « collectivisation » de la terre, par opposition à sa « nationalisation », voir P.I. Stučka, éd., *Enciklopedija gosudarstva i prava*,

Ces résultats – ou ces « réponses » – ne correspondaient manifestement pas au rêve des bolcheviks et n'allaient pas non plus dans le sens d'un accroissement de la production. Cette nouvelle formule perpétuait une agriculture retardataire et à petite échelle et condamnait les nouveaux dirigeants à présider à ce qu'ils tenaient pour une mesquine opération de *deležka*, ou partage. Mais les bolcheviks n'avaient pas le choix; ils devaient attendre leur heure.

Dans les années 1920, il y eut de nouveau un grand débat autour de tous les problèmes juridiques et sociaux concernant l'*obščina*, le *dvor*, et la nature des rapports de propriété et de leurs relations mutuelles. Ce débat fit souvent écho aux discussions antérieures. Le Code de la terre accordait aux deux institutions une reconnaissance des plus généreuses et des plus claires – mais le régime affichait aussi une attitude de neutralité envers les formes de propriété de la terre et laissait aux paysans la liberté de choisir. Ils pouvaient, s'ils le désiraient, choisir les *hutora* ou les fermes collectives [1]. L'écrasante majorité choisit la commune. Les nouveaux éléments de ces débats concernaient un autre dilemme : l'antédiluvienne commune peut-elle se transformer en ferme collective socialiste ? Suhanov, chroniqueur de la révolution et spécialiste des problèmes agraires, et Doubrovski, alors jeune et ardent bolchevik de droite, répondirent tous deux par l'affirmative. D'autres dirent non, et ce fut un « non » retentissant en 1930 [2].

Même si elle a laissé certaines traces qui attendent d'être redécouvertes par des chercheurs attentifs, la commune a disparu au cours de la campagne de collectivisation. L'autre institution rurale traditionnelle, le feu, a survécu presque intacte [3]. Après des années de silence, l'institution du feu fit de nouveau l'objet

Moscou, 1927, 3, pp. 711-714; et ROZENBLYUM, *Zemel'noe pravo*, *op. cit.*, chap. II. La plupart des auteurs soviétiques prétendent que les paysans souhaitaient depuis toujours une « nationalisation » mais n'ont jamais songé à l'utopique « socialisation » si chère aux S.R.

1. Pour de précieux commentaires sur le Code de la terre, cf. ROZENBLYUM, *Zemel'noe pravo*, *op. cit.*

2. Pour les idées de Suhanov sur la commune et d'autres problèmes agraires, voir *Na agrarnom fronte*, n° 11-12, 1926, p. 101.

3. Une étude détaillée de William Shinn en fait l'historique. Il note que, proscrite jusqu'en 1935, la notion de *« dvor »* réapparut par la suite – de toute évidence en conséquence de la reconnaissance officielle du lopin privé dans le statut des kolkhozes promulgué en 1935. W.T. SHINN, « The Law of the Russian Peasant Household », in *Slavic Review*, 20, n° 4, 1961, en particulier pp. 614-615.

d'une reconnaissance écrite vers 1940 [1] et retrouva une consécration juridique. Elle existe encore de nos jours. Si altérée qu'elle ait été par les développements modernes, elle conserve bien des traits antiques qui désolent les juristes mais ravissent les ethnographes.

1. G. Poljanskaja devait se livrer à une réhabilitation théorique et idéologique en règle du feu, tout en prenant acte de son enracinement historique dans le droit coutumier; voir son article, « Rol' obyčaja v imuščestvennyh otnošenijah krest'janskogo dvora », in *Sovetskoe gosudarstvo i pravo*, n° 1, 1940. Que le feu traditionnel ait survécu bien après la guerre, on peut s'en rendre compte en consultant, par exemple, V.A. Liskovec, *Imuščestvennye razdely i vydely v kolhoznom dvore*, Moscou, 1963, pp. 17-19.

II

COLLECTIVISATION OU AUTRE CHOSE ?

CHAPITRE IV

L'arrière-plan immédiat de la collectivisation soviétique

LA N.E.P. : LA POLITIQUE DU PARTI ET SES FAIBLESSES

Vers la fin de l'année 1927, la « nouvelle politique économique » entra dans une période de crise. Cette crise sonnait-elle nécessairement son glas ou était-il encore possible de préserver et de consolider cette structure socio-économique?

Cette question devait faire l'objet d'une discussion particulièrement âpre entre la majorité et la droite. Tout ce qu'il faut dire ici, c'est que le chef de la majorité stalinienne et, sans doute, certains de ses plus proches collaborateurs avaient déjà perdu confiance dans la N.E.P.; ne la considérant plus comme une politique viable, ils ne se souciaient plus de la sauver; l'unique effet de leurs actions fut, au contraire, de précipiter sa fin. Ainsi la N.E.P. allait-elle bientôt sombrer pour de bon, mais – et c'est là un point d'importance cruciale – *avant qu'ait pris forme, ne fût-ce que dans l'esprit des dirigeants, la moindre forme ou structure de remplacement.* Cela explique dans une grande mesure la gravité des problèmes que le régime allait devoir affronter dès l'hiver 1928, mais aussi le caractère exceptionnel des mesures adoptées pour le sortir de l'impasse.

Il faut donc dire un mot du problème de la crise de la N.E.P. et de la « crise des achats » qui se déclara au cours de l'hiver 1927-1928. Cette crise fut le résultat d'un certain nombre de facteurs indépendants. Pour l'opposition de gauche, la principale source d'ennuis venait de la faiblesse de la croissance industrielle, et notamment du *retard* pris dans la mise en œuvre des mesures

---

« The Immediate Background of Soviet Collectivization », *Soviet Studies*, 17, n° 2, 1965; et « Who Was the Soviet Kulak? », *Soviet Studies*, 18, n° 2, 1966.

d'industrialisation planifiée – retard dont la responsabilité incombait, à ses yeux, à la majorité qui détenait les rênes du pouvoir.

Cette interprétation était, dans l'ensemble, assez juste. Elle explique que le régime ait été incapable de fournir aux paysans des moyens techniques adéquats et des produits bon marché en quantité suffisante.

D'autres analystes, cependant, avaient plutôt tendance à insister sur les faiblesses inhérentes à l'agriculture, la division de la terre en exploitations extrêmement réduites, le faible niveau culturel des paysans et leur manque de connaissance en agronomie, etc. Dans ce contexte, on avait espéré que, bien avant que le pays eût développé une industrie lourde, il serait possible, pendant quelque temps au moins, de maintenir et de développer la production agricole à l'aide des « méthodes classiques de la N.E.P. ». Sous la N.E.P., en effet, Boukharine, mais aussi Staline et la grande majorité des dirigeants avaient placé de grands espoirs dans le développement de la coopération rurale. Par ce moyen, et grâce à d'autres mesures directement mises en œuvre par l'État pour aider les agriculteurs, la production agricole, espérait-on, continuerait à s'accroître [1].

On évoqua beaucoup, à cette époque, les possibilités ouvertes par la fourniture aux paysans d'un minimum fondamental de connaissances agronomiques (l'*« agrominimum »*) – sélection des semences, amélioration des outils et de la culture du sol, rotation multiple des cultures au lieu du traditionnel assolement triennal *(trehpolka)* et autres « améliorations mineures », notamment le remembrement des exploitations *(zemleustrojstvo)* qui étaient encore largement dispersées et morcelées en petites bandes. La seule élimination de ce grave défaut serait déjà, pensait-on, un progrès de taille.

Cette thèse n'avait rien non plus de déraisonnable. De fait, un assortiment de mesures de cette nature, s'ajoutant à des « stations d'instruments et de chevaux », à la diffusion de l'instruction par les écoles et les classes, et à la formation intensifiée d'agronomes et de techniciens, n'aurait pu que stimuler la production agricole.

Malheureusement, en dépit de tous ces pronostics optimistes et après plusieurs années d'indéniables progrès, la N.E.P.

1. Ces espoirs et cette conception s'expriment, *inter alia,* dans le décret du Comité central exécutif (TsIK) en date du 15 décembre 1928. Voir *Kollektivizacija sel'skogo hozjajstva* (recueil de documents), Moscou, 1957, doc. 19.

commença à donner des signes d'effondrement. La production agricole se mit à marquer le pas; l'élevage du bétail, qui avait même dépassé son niveau d'avant-guerre, perdit son dynamisme et commença bientôt à décliner, bien que ce fût déjà, en partie tout au moins, un effet de la politique des « mesures d'urgence ». La situation était particulièrement mauvaise en ce qui concerne les céréales alimentaires. Alors que la population avait augmenté de quatorze millions de personnes et continuait à s'accroître à un rythme annuel de 2 ou 3 %, la production était encore inférieure à son niveau d'avant-guerre [1].

La situation était en outre sérieusement aggravée par le fameux problème du *tovarnost'*, un terme qui ne se laisse pas facilement traduire, mais que l'on pourrait rendre par « commercialisation », ou « capacité de produire pour le marché ». Avant la guerre, les domaines et les koulaks assuraient la moitié de la production totale de céréales et fournissaient plus de 70 % des céréales commercialisables du pays. Désormais, toute la production céréalière était assurée par des paysans qui, à la suite de la révolution, avaient été soumis à un processus de nivellement *(oserednjačivanie)* et formaient maintenant un groupe socialement plus homogène. Mais au lieu d'écouler les céréales sur le marché, ils les consommaient eux-mêmes. Le *tovarnost'* représentait à peine la moitié de ce qu'il avait été avant la guerre : 13 % de la moisson contre 26 % auparavant. Ce qui veut dire, par exemple, qu'en 1927 l'État collecta seulement 630 millions de pouds, alors que la production commercialisée en 1913 avait été de 1 300 millions de pouds [2]. De surcroît, l'État soviétique n'avait aucune réserve contre la guerre ou la famine.

Telle était bien la racine du problème. La production céréalière était inférieure à ce qu'elle avait été avant la guerre; la

1. 81,6 millions de tonnes de céréales en 1913, 76,6 en 1926-1927, 73,3 en 1927-1928 et 71,7 en 1928-1929; cf. E. Zaleski, *Planification de la croissance et fluctuations économiques en U.R.S.S.*, Paris, S.E.D.E.S., 1962, vol. I, p. 350. Sur la stagnation du bétail à partir de 1927-1928, voir L. Kricman, *Na agrarnom fronte*, n° 6, 1930, p. 8; sur le déclin en termes absolus, Kurbatov, *Na agrarnom fronte*, n° 5, 1929. *Na agrarnom fronte* était la revue de l'institut agraire de l'Académie communiste.

2. Chiffres de V. S. Nemčinov cités par Staline, *Sočinenija*, 13 vol., Moscou, 1952-1955, vol. XI, pp. 82-83, 85; *Istorija narodnogo hozjajstva SSSR*, Moscou, 1960, p. 527. Précisons que ce chiffre de 13 % résulte d'une sous-estimation, dans la mesure où il prend les achats de l'État comme seul indicateur du *tovarnost'*. Des chercheurs soviétiques affirment aujourd'hui que le *tovarnost'* dépassait en fait les 20 %. Ce chiffre corrobore certainement la thèse avancée ici. Voir *Istorija sovetskogo krest'janstva i kolhoznogo stroitel'stva*, Moscou, 1963, p. 258.

commercialisation était moins importante alors que les besoins étaient bien plus grands.

En même temps, le rapport entre les prix industriels au détail et les prix agricoles pratiqués par l'État était beaucoup plus défavorable aux paysans qu'il ne l'avait été avant la guerre. Les produits industriels étaient chers, de médiocre qualité et, par-dessus le marché, rares. On parlait sans cesse d'une « disette de marchandises » *(tovarnyi golod)*. Les prix que payait l'État pour ses achats *(zagotovki)* de céréales étaient modiques et, souvent, ne couvraient même pas le coût de production [1]. Les prix des productions animales et des cultures industrielles étaient bien plus avantageux. Aussi les paysans préféraient-ils consacrer leurs efforts à produire et vendre celles-ci, tout en gardant leurs céréales en réserve pour eux-mêmes et leur bétail ou en s'y accrochant jusqu'à ce que s'offrît à eux une possibilité de les vendre à meilleur prix à des acheteurs privés qui s'empresseraient de les revendre, ou à d'autres paysans dont les réserves n'étaient pas aussi bonnes [2].

Certains paysans, en particulier les plus aisés, se trouvaient dans une position particulièrement bonne pour agir de la sorte parce qu'ils gagnaient assez d'argent avec leurs cultures industrielles et leurs productions animales pour payer leurs impôts, effectuer leurs achats, et attendre le printemps, où habituellement le prix des céréales augmentait.

Dans ces conditions, les prix des produits agricoles sur les marchés libres ne pouvaient qu'augmenter très vivement, et la divergence croissante entre ces prix et les prix payés par l'État n'incitait aucunement les paysans à vendre leur production aux pouvoirs publics.

Ainsi, après le succès de la campagne de *zagotovki* en octobre 1927, le mois de novembre enregistra une chute qui prit des proportions catastrophiques en décembre, et les autorités se trouvèrent prises au dépourvu par la « crise des céréales » [3].

Cette crise aurait-elle pu être évitée? De trop nombreuses erreurs furent commises, en matière de politique économique

1. D'après P. Ljaščenko in *Istorija narodnogo hozjajstva SSSR*, vol. II, *Socializm*, Moscou, 1956, pp. 243-244; G. S. Strumilin, *Planovoe hozjajstvo*, n° 3, 1929, p. 35.

2. Sur ces problèmes, voir Kricman, *Na agrarnom fronte*, n° 6, 1929, p. 8; A. Kurbatov, *Na agrarnom fronte*, n° 5, 1929, p. 82; L'vov, *Na agrarnom fronte*, n° 9, 1928, pp. 56-58; et V.P. Milutin (sur les achats), *Na agrarnom fronte*, n° 9, 1928.

3. Discours de A.I. Rykov, dans la *Pravda* du 11 mars 1928.

rurale notamment, qui nous obligent à répondre par la négative. La politique économique du gouvernement (à partir de 1925) ne fit qu'aggraver les faiblesses de la N.E.P. En particulier, mis à part les « ciseaux structurels », inévitables dans un pays retardataire en voie d'industrialisation, la politique des prix agricoles était incohérente. De nombreuses sources sont venues le confirmer [1]. Elle a freiné la production agricole [2] et rendu la commercialisation des céréales peu avantageuse.

La coopération – thème majeur de propagande – fit quelque progrès, mais les efforts consacrés à ce secteur vital furent extrêmement modestes. En vérité, absorbés par leurs problèmes de routine et leurs dissensions internes, les dirigeants avaient peu de temps libre pour s'intéresser à la coopération. Kalinin devait exprimer publiquement son regret. Quand cela apparaissait nécessaire, le régime était capable de mobiliser ses ressources et de consentir un effort appréciable au profit des secteurs d'importance vitale. Mais en dépit de l'importance déclarée de l'agriculture et des paysans en général, et en dépit du slogan sur le « plan coopératif » (attribué à Lénine), il est indéniable que le régime n'a pas déployé de forces suffisantes pour créer un secteur coopératif digne de ce nom dans les campagnes [3]. Il est patent que cette question ne fut jamais jugée prioritaire pendant la N.E.P.

Un autre fait est encore plus surprenant : la direction avait presque entièrement abandonné les secteurs étatiques et collectifs dans les campagnes. Les sovkhozes de cette époque étaient chroniquement et notoirement pauvres et retardataires, et souvent dans un état lamentable. Les kolkhozes existants – communes, artels, T.O.Z. (vagues coopératives de producteurs) et autres formes plus simples d'exploitation collective – représentaient plusieurs dizaines de milliers de familles mais étaient cependant négligés et menaient un combat désespéré pour survivre, paradoxalement, contre l'attitude obstructionniste des autorités. En fait, durant les dernières années de la N.E.P., non seulement le secteur éta-

1. V.M. Molotov, *15-tyj s'ezd... stenotčët*, Moscou et Leningrad, 1929, p. 1003. Il parle des « sottises colossales » commises dans la politique des prix. G. Kaminskij, *ibid.*, déclara : « La politique des prix exerça aussi une influence considérable sur l'instabilité du *tovarnost'*. »

2. Cf. Kricman, *Na agrarnom fronte*, n° 6, 1930, p. 8.

3. Lors du XVe congrès (*15-tyj s'ezd... stenotčët*, *op. cit.*, p. 1102), Kalinin déplora que le travail au village fût, en règle générale, négligé *(zabroš ennyj)* et ne fût pas considéré comme un travail socialiste. Sur le manque d'intérêt des autorités pour la coopération, cf. M.I. Kalinin, *16-tyj s'ezd... stenotčët*, Moscou et Leningrad, 1929, p. 134.

tique et collectif ne s'est pas développé mais il a, dans certains cas, décliné [1].

Quant aux fameuses « améliorations mineures », qui avaient fait l'objet d'un nombre considérable de décisions, elles demeuraient pour la plupart lettre morte [2].

Avec une politique des prix plus logique, un mouvement coopératif mieux développé, un secteur étatique et collectif mieux entretenu, et un effort résolu pour fournir une assistance agronomique aux paysans, comment pourrait-on se refuser à conclure que l'on aurait pu éviter ou tout au moins atténuer la « crise des céréales » de 1928 et bien des catastrophes qui s'ensuivirent?

Quoi qu'il en soit, voir dans la politique stalinienne des derniers stades de la N.E.P. l'expression directe d'une nécessité historique inéluctable, c'est faire abstraction du rôle joué par les erreurs subjectives et les insuffisances de la politique du parti. C'est donc une conception qui manque de fondements. Nous reviendrons sur ce problème dans notre conclusion. Au cours de la N.E.P., en particulier dans sa seconde phase (à partir de 1925), les dirigeants semblent avoir pensé que la N.E.P. marcherait « automatiquement » et compté sur une augmentation de la production agricole parmi les paysans aisés à la suite des importantes concessions qui leur avaient été faites en 1925; aussi ne songèrent-ils guère à préparer des politiques de remplacement ou des « positions stratégiques » dans les campagnes [3]. La responsabilité de cet aveuglement incombe à Staline, aussi bien qu'aux autres animateurs de la future droite. Qu'ils aient été absorbés par leur lutte contre la gauche ne saurait dissimuler que l'administration fut coupable d'un manque de prévision et de perspicacité.

1. Le fait que le secteur étatique et collectif n'ait pas progressé et qu'il ait même parfois décliné est attesté par KRICMAN, *Na agrarnom fronte*, n° 6, 1930, p. 13. Sur l'état d'abandon dans lequel se trouvaient les kolkhozes, les matériaux ne manquent pas; voir en particulier les nombreux articles parus in *Na agrarnom fronte* à partir de 1925. Les crédits affectés aux kolkhozes en 1927 – 13,7 millions de roubles dans la R.S.F.S.R. et 18 millions de roubles pour l'ensemble du pays – parlent d'eux-mêmes (ces chiffres sont tirés de la *Pravda* du 24 mai 1927).

2. Cf. A. GAJSTER et V. LEVIN, *Bol'ševik*, n° 9-10, 1928, p. 84; KURBATOV, *Na agrarnom fronte*, n° 5, 1928, p. 87. Jusqu'à la fin de l'année 1927, seuls 8,5 % des paysans procédèrent à des « améliorations mineures ». 8,3 % seulement de la superficie ensemencée pendant l'été 1929 était consacrée à des semences sélectionnées. Par manque d'argent, les paysans achetaient fort peu d'instruments plus ou moins modernes, alors que les dépôts de l'État en étaient encombrés.

3. De nombreuses voix s'élevèrent dès 1925 pour réclamer une promotion plus énergique du mouvement collectif et sa planification; voir, par exemple, LJAŠČENKO in *Na agrarnom fronte*, n° 1, 1925, p. 28; et les deux autres auteurs qui interviennent dans le même numéro, pp. 78-80.

Un exemple révélateur illustre cette impréparation de l'administration aux développements futurs qui allaient bientôt la surprendre. La décision de construire une usine de tracteurs à Stalingrad avait été prise dès 1924 mais, comme bien d'autres décisions, elle était restée lettre morte pour n'être mise en œuvre que cinq ou six ans plus tard, en une seule année, au prix d'immenses sacrifices et d'un considérable gaspillage, et beaucoup trop tard [1]. Rykov devait déclarer en 1928 que maintes mesures importantes que l'on mettait maintenant en œuvre avec une telle précipitation auraient pu et auraient dû être appliquées beaucoup plus tôt [2].

QUEL RÔLE JOUA LE QUINZIÈME CONGRÈS DU PARTI?

Le congrès eut lieu en décembre 1927. Les dirigeants étaient déjà au courant des mauvaises nouvelles venant du « front des collectes » mais ils n'en dirent presque rien aux délégués. Le congrès se préoccupa essentiellement du « rituel de liquidation » de la gauche, alors même que dans les faits, il y a belle lurette qu'elle était défaite. La part des débats consacrés à la discussion de la politique future ne fut pas très importante. De fait, la direction n'avait encore rien de neuf à suggérer, et l'on se contenta de débattre des grandes lignes de la politique à suivre et, de surcroît, celles-ci accusaient l'influence profonde du programme de la gauche défaite depuis peu.

Il ne fait cependant aucun doute que, sur le plan des intentions, tout au moins, la direction était consciente de la nécessité de formuler une nouvelle politique. Et cela était tout aussi vrai de Staline et de Molotov que de Rykov et de Boukharine. Mais, derrière ces aspirations communes, on pouvait déjà percevoir une différence d'accentuation entre les staliniens et ceux que l'on devait bientôt connaître sous le nom d'aile droite. Les déclarations de Staline et de Molotov au cours du congrès se distinguèrent par un ton nettement plus radical, notamment à propos de la ligne de classe à suivre, mais les résolutions adoptées par le congrès multiplièrent les appels à la prudence et à la modération, reflétant ainsi plutôt une attitude de droite.

À cette époque, Rykov avait très clairement adopté une ligne d'« industrialisation ». Il avait accepté non seulement la nécessité

1. Voir B.P. Šeboldaev, in *Bol'ševik*, n° 11-12, 1930, p. 61.
2. Discours de Rykov dans la *Pravda* du 15 juillet 1928.

d'une *perekačka* (« pompage » des ressources du secteur agricole au profit de l'industrie) [1] mais aussi le principe de la priorité à l'industrie lourde. Lui-même, Kalinin, et Boukharine, étaient disposés à limiter les activités des koulaks et à adopter des mesures plus énergiques en faveur de la collectivisation [2]. Mais en ce qui les concerne, ils n'avaient que des objectifs modérés, et toutes les mesures de cette nature devaient être empreintes d'une certaine prudence. Ils ne songeaient absolument pas à un programme d'urgence; ils soupçonnaient déjà que quelques-uns de leurs collègues souhaitaient que l'on avançât à toute allure, et telle est bien la raison pour laquelle les résolutions présentées au congrès attestent amplement de la nécessité d'un équilibre et d'une modération. Dans l'optique de Rykov, tout effort d'industrialisation qui ne serait pas poursuivi avec la prudence nécessaire ne pouvait que déboucher sur une crise généralisée [3].

Ainsi la *perekačka* devait-elle elle aussi rester modérée dans son application, sans excès; les activités des koulaks ne devaient être limitées que par des mesures économiques et la fiscalité. Il fallait préserver le cadre de la N.E.P. et ses méthodes; autrement dit, les nepmen, les paysans moyens et les koulaks subsisteraient. Qui plus est, cela était aussi inscrit implicitement dans le programme de gauche. Molotov, pour sa part, avait juré que la N.E.P. continuerait à exister aussi longtemps qu'existerait le fermier privé [4]. Mais dans son cas, la définition de la N.E.P. n'allait pas sans une certaine ambiguïté.

La différence entre Staline et Molotov, d'une part, et Rykov et Kalinin, de l'autre, se manifesta on ne peut plus clairement autour du problème des koulaks [5]. Staline et Molotov étaient nettement plus hostiles à cette couche sociale et parlèrent même de « liquidation ». Telle fut d'ailleurs l'origine des rumeurs qui circulèrent parmi les hauts responsables quant à une imminente dissolution de la N.E.P. [6]. Mais il est indubitable qu'à cette époque *aucun* dirigeant ne voyait aussi loin.

1. Rykov déclara : « Une telle *perekačka* est inévitable et admissible, mais cela uniquement à l'étape actuelle du développement, tant que l'industrie n'a pas connu une croissance suffisante », *15-tyj s'ezd... stenotčët, op. cit.*, p. 772.

2. Voir, par exemple, son discours final au XVe Congrès in *ibid.*, pp. 1040-1041.

3. *Ibid.*, pp. 771, 774-775.

4. Molotov, *ibid.*, p. 1058.

5. Pour le point de vue de Kalinin et de Boukharine, voir Kalinin, *ibid.*, p. 1098. Pour celui de Staline et de Molotov, voir *ibid.*, pp. 60, 1061-1062, et *passim.*

6. Cf. N. Valentinov (Volskii), *Socialističeskii vestnik*, avril 1961, p. 70.

Au cours de ce congrès, on devait faire un peu plus de bruit qu'auparavant autour du problème de la « collectivisation », mais sans plus. Une déclaration de dernière minute qui ne figurait pas dans la version initiale proposée par le Comité central fut même ajoutée aux résolutions (avant la clôture du Congrès) précisant que la « collectivisation serait désormais la tâche majeure du parti dans les campagnes ». Aucun des orateurs n'avait tenu de tels propos lors du congrès. Mais quels que soient les mobiles de l'insertion de cette clause dans les résolutions, aucun des courants qui se manifestaient à cette époque ne pouvait laisser prévoir autre chose qu'un processus progressif, fondé uniquement sur l'aptitude de l'État à fournir des moyens techniques adéquats. Le seul instant où Staline et Molotov durcirent le ton pour évoquer la collectivisation, ce fut en fait pour exprimer un objectif modéré : celui du *renforcement du poids spécifique* des éléments collectivistes dans les campagnes, un point c'est tout [1].

Ce fut Rykov qui, dans son discours de clôture, souligna les nouvelles perspectives de développement socialiste dans les campagnes telles qu'elles apparaissaient dans les résolutions, tandis que Molotov s'exclamait : « Pas de caprices [2]! » Quoi qu'il en soit, aucun des camps ne se souciait alors d'autre chose que d'objectifs généraux. Au-delà du souhait d'un changement de politique, il n'y avait encore aucun programme concret. Et en ce qui concerne l'agriculture, le congrès adopta un petit nombre de décisions pratiques ayant trait, essentiellement, à la création du *Sojuz Sojuzov* chargé d'administrer la coopération rurale et de « départements ruraux » auprès du Comité central (ainsi qu'aux échelons inférieurs de la pyramide du parti).

En matière de politique économique et sociale générale, il y eut quelques décisions pratiques à court terme. Comme nous le savons, le plan quinquennal ne devait être adopté qu'un an et demi plus tard. Dans leur majorité, semble-t-il, les délégués eurent même le sentiment que rien de neuf n'était sorti de ce congrès. Parmi les dirigeants, en revanche, prévalait l'impression que l'on avait atteint un tournant, bien que nul ne sût encore dans quelle direction on allait s'avancer [3].

1. Staline, *15-tyj s'ezd... stenotčët, op. cit.*, p. 56; et Molotov, *ibid.*, p. 1057.
2. Rykov, discours de clôture, *ibid.*, p. 1272; Molotov, *ibid.*, p. 1072, 1079.
3. Telle est la substance des propos tenus par G.M. Kržižanovskij, in *ibid.*, p. 792.

LE RÔLE DE LA « CRISE DES CÉRÉALES »

La crise des collectes prit le parti au dépourvu [1]. En octobre 1927, Staline avait encore publiquement assuré au pays que la politique poursuivie jusqu'ici avait été couronnée de succès et que tout allait bien. Il avait prétendu, notamment, que les rapports avec la paysannerie étaient excellents [2]. Il ne pouvait s'agir d'un simple cas d'« optimisme officiel » trompeur, car Staline n'aurait pu tenir des propos aussi imprudents s'il avait prévu ce qu'il devait présenter sous peu comme la « grève des paysans ».

Lorsque les livraisons atteignirent un niveau dangereusement bas et que l'attitude des moujiks menaça de provoquer une famine dans les villes, le Politburo dirigé par Staline décida de recourir à des mesures d'urgence. Quelles que fussent les menaces, les réactions des dirigeants étaient automatiquement conditionnées par leurs expériences de la guerre civile. Aussi procéda-t-on à une mobilisation générale des ressources du parti en dépêchant sur le terrain des plénipotentiaires investis de pouvoirs exceptionnels et des brigades d'ouvriers, en décidant de réprimer et d'épurer les autorités jugées inefficaces ou récalcitrantes, et en mettant sur pied des troïkas pour organiser la collecte des céréales, etc. L'opération prit un caractère militaire, comme à l'époque de la guerre civile, et la « ligne de classe » procéda de la même inspiration : les paysans pauvres se virent promettre 25 % des céréales confisquées avec leur aide aux paysans aisés. La clause 107 du code pénal entrée en vigueur en 1926 et visant les spéculateurs fut invoquée contre les paysans dissimulant des céréales.

Toutefois, en dépit de cette « attitude de classe » et des accusations portées contre les koulaks et les paysans aisés (à cette époque, on faisait peu de cas des différences qui pouvaient exister entre les deux catégories) – Staline présenta officiellement les événements comme « une grève des koulaks » – la véritable racine du problème était ailleurs. Staline le savait, et il le dit, dans un autre contexte; Mikojan s'en expliqua lui aussi dans l'organe du parti : la majeure partie des céréales qu'il fallait trouver n'était

1. Discours de Rykov, in *Pravda,* 11 mars 1928.
2. Voir le discours de Staline du 23 octobre 1927, in *Sočinenija,* vol. X, pp. 196-197.

pas entre les mains des koulaks, mais plutôt entre celle des *serednjaki* (les paysans moyens), et ceux-ci n'auraient aucun intérêt à vendre tant qu'ils n'auraient pas grand-chose à acheter avec leur argent [1]. Dès lors, comment pouvait-on les amener à vendre et, qui plus est, à vendre non pas sur le marché libre mais à l'État?

La méthode choisie fut la plus expéditive : fermeture des marchés, pressions administratives et épongeage des excédents monétaires. Pour ce faire, on ne pouvait s'en prendre aux seuls koulaks et c'est donc la grande majorité des paysans qui furent visés par ces très graves mesures; et ce fut assurément un temps de crise, particulièrement aux alentours de l'été, lors de la seconde vague de mesures exceptionnelles, introduites au lendemain du plénum d'avril qui avait en réalité promis d'y mettre fin.

Cette crise n'ayant pas été prévue, il est évident que ce « tournant à gauche » de la part de Staline ne fut pas une décision mûrement réfléchie, mais une suite de mesures dictées par les circonstances. C'est là un trait caractéristique de l'histoire du « bon en avant » soviétique et de la politique de Staline à cette époque.

Quoi qu'il en soit, dès que le régime recourut aux collectes obligatoires et à des mesures répressives, il ne put qu'aggraver la crise en déclenchant une chaîne de réactions imposant les mesures ultérieures et confirmant la politique suivie dans le sens de plus en plus radical qu'elle devait suivre jusqu'au dénouement de l'hiver 1929-1930.

Mais on aurait tort de penser que le grand bond en avant de la fin de l'année 1929 a été conçu tout d'une pièce au tout dernier moment. Car, en un sens, la décision de procéder à une collectivisation systématique tirait ses racines de la « crise des céréales » du début de l'année 1928. C'est en effet à l'époque critique de cette crise que ces idées germèrent dans l'esprit de Staline, du moins dans leur grande ligne, car *à ce stade il ne songeait encore qu'à une politique à court terme visant des objectifs modérés*; c'est l'amplification de la crise qui l'obligea constamment à élargir les objectifs qu'il avait fixés au début de l'année.

En vérité, la « crise des céréales » joua un rôle crucial dans le tour que les événements prirent par la suite – parce que, entre autres raisons, Staline en tira toute une série de nouvelles conclusions ainsi que les éléments d'un nouveau plan de cam-

1. Cf. A.I. MIKOJAN, *Pravda*, 10 février 1928.

pagne. À l'occasion de son voyage en Sibérie, où il était allé presser et obliger les responsables du parti de « prendre » sans ménagement les céréales, il avait eu le sentiment que, en plus des armes de l'obligation, il lui fallait proposer à ces cadres une politique à long terme et une perspective plus optimiste. Aucune de ses déclarations sibériennes ne fut publiée à l'époque, mais nous savons aujourd'hui en quels termes il parla [1].

C'est à cette période critique qu'il prit conscience de l'urgente nécessité de créer des « points forts » dans les campagnes, semblables à ceux que le régime avait édifiés dans les villes, et c'est alors que fut abandonnée la thèse, jusqu'ici acceptée, suivant laquelle la coopération pouvait assumer ce « rôle stratégique ». Cette thèse abandonnée, elle devait être remplacée par la découverte, nouvelle de la part de Staline, des kolkhozes et des sovkhozes – ces faibles organismes qui étaient demeurés jusqu'ici les parents pauvres du régime [2]. C'est à cette époque aussi qu'il formula l'idée que le régime soviétique « marchait sur deux jambes inégales » – le secteur socialiste dans les villes et le secteur privé dans les villages – et que cela ne pouvait durer indéfiniment [3]. On peut en déduire (et Staline l'admit explicitement la même année) qu'il ne croyait plus que la politique de la N.E.P. fût encore viable. Plus ses méthodes intensifièrent la crise, plus son scepticisme s'accrut.

Vers la fin mai, sa foi dans les vertus souveraines des kolkhozes et des sovkhozes se renforça encore. Il s'aperçut que ses organismes avaient un considérable potentiel de commercialisation, et on lui laissa entendre que celui-ci était quatre fois plus important que le potentiel des paysans privés. À cette époque, Staline se souciait aussi beaucoup d'un autre problème important; comment le régime allait-il s'assurer que les kolkhozes et les sovkhozes remettraient leurs céréales à l'État? En ce domaine, il alla directement au cœur du sujet [4]. Il pensait, à juste titre, que ce qui serait impossible avec les 25 millions de fermes existantes deviendrait plus praticable si on les fusionnait en un nombre plus réduit de grandes exploitations.

1. STALINE, *Sočinenija*, vol. XI, pp. 4-6.
2. *Ibid.*, p. 6. Staline ne s'intéressait pas aux kolkhozes avant sa « découverte ».
3. *Ibid.*
4. *Ibid.*, pp. 88-89, où il affirme la nécessité d'« instaurer un régime tel que les kolkhozes fournissent aux organismes étatiques et coopératifs tout leur blé commerçable, *sous peine d'être privés de subventions et de crédits de l'État* » (souligné par l'auteur).

La stratégie de Staline, telle qu'elle s'affirma à cette époque, revêtit la forme suivante : il y avait un besoin pressant d'une nouvelle politique, comprenant un effort renouvelé sur le front industriel et la mise en place d'un puissant secteur de kolkhozes et de sovkhozes. Le secteur privé subsisterait dans les campagnes et continuerait en fait à fonctionner comme un élément essentiel dans la production des céréales, même s'il n'était plus suffisant [1]. Dans l'optique de Staline, c'est l'objectif quantitatif qu'il avait lui-même fixé qui déterminerait l'échelle des activités socialistes dans les campagnes. Dans son esprit, il fallait organiser les choses de telle sorte que l'État fût absolument certain de disposer de quelque 250 millions de pouds de céréales (autrement dit, du tiers de la quantité nécessaire à la fin du plan quinquennal). Les sovkhozes, les kolkhozes et les contrats signés avec les associations de paysans produiraient cette quantité, et l'État serait donc en mesure d'approvisionner les secteurs clés de l'économie et l'armée, mais aussi d'intervenir sur les marchés nationaux (et internationaux), forçant ainsi les paysans à vendre leurs excédents à l'État en raison de la concurrence due aux réserves dont celui-ci disposerait. Staline aurait aimé atteindre cet objectif en l'espace de trois ou quatre ans [2]. Mais ses collègues étaient d'avis qu'il faudrait entre quatre et cinq ans.

Le régime était donc encore fort loin de toute espèce de « collectivisation totale », mais, comme nous le savons, il était déjà engagé sur cette voie, même s'il n'en était guère conscient à l'époque.

Les réflexions de Staline sur la situation s'étaient cristallisées au plénum de juillet et suivaient encore les mêmes grandes lignes, indépendamment des manœuvres liées à la lutte interne contre la droite que la « crise des céréales », alors au plus fort, avait portée au grand jour. Staline savait, et il le dit au Comité central dans un discours tenu secret à l'époque, que les paysans auraient à payer un tribut *(dan')* pour les besoins de l'industrialisation [3]. Il ne faisait ainsi que reprendre la théorie de Preobraženskij, mais sans les scrupules ni les réserves de ce dernier. Staline comprit que les ouvriers aussi devraient être mis à contribution, et que cela ne pourrait qu'amplifier les contradictions sociales. Dans ces conditions, comment allait-on tenir encore quatre ans, le temps que l'État et le secteur collectif

1. Lettre de Staline au Politburo du 20 juin 1928, in *Sočinenija*, vol. XI, p. 159.
2. *Ibid.*, pp. 6, 90-92.
3. Staline, discours au plénum de juillet, in *ibid.*, p. 159.

permissent une amélioration de la situation? Staline en avait pris son parti : en attendant, le régime prendrait des mesures exceptionnelles pour collecter les céréales. Il l'avait déjà fait dans le courant de l'année. Il le suggéra à nouveau au mois de juillet et, en avril 1929, le parti en fit sa politique officielle [1]. Boukharine exagérait à peine lorsqu'il confia à Kamenev : « Il devra noyer les soulèvements dans le sang [2] », – mais Staline y était prêt.

Cela se passait en juillet 1928. Mais n'oublions pas qu'à cette époque, ces programmes n'étaient encore qu'à l'état de projets. Staline paraissait plus soucieux de consolider sa position et de forger les armes de sa domination qui allaient désormais devenir des éléments à part entière de ce que l'on devait appeler le stalinisme. Le temps était venu de créer des mythes qui allaient servir à mobiliser et à discipliner les cadres du parti et la population et, en fait, à les mettre au pas. Ainsi eûmes-nous le mythe de la « conspiration étrangère », le mythe du « saboteur à la solde de l'étranger », la « menace koulak », ou encore le « danger venant de la droite » et des « conciliateurs de droite ». Nous ne chercherons pas ici à analyser ces thèmes, qui furent autant d'instruments délibérés de domination. Il ne s'agit pas non plus de discuter de l'existence de tels ou tels dangers, complots ou cas de sabotages. Il y en eut incontestablement, mais sous leur forme stalinienne ils sortirent de leurs véritables dimensions pour être transformés en mythes commodes exploitables pour garder sous surveillance un pays en pleine crise et expliquer toutes les difficultés en les rejetant sur le dos des saboteurs et des déviationnistes.

En décembre 1929 apparut un autre mythe qui devait couronner l'édifice mythologique : le mythe d'un Staline infaillible, objet d'un culte.

Vers la fin de l'année 1928, les programmes qui avaient été conçus en début d'année allaient enfin prendre forme tandis que le pays était explicitement appelé à accomplir un véritable bond en avant. Le plénum d'octobre allait lancer son fameux slogan, *Dognat' i peregnat'* (rattraper et dépasser), mais à cette époque on ne songeait encore qu'à un programme d'industrialisation. Dans le secteur rural, les objectifs étaient encore les mêmes : le but était de créer, en quatre ou cinq ans, un secteur étatique et

1. *Ibid.*; et le discours au plénum d'avril 1929, in *Bol'ševik*, n° 23-24, 1929, p. 34; ce discours figure aussi in *Sočinenija*, vol. XII.

2. N.I. Boukharine à L.B. Kamenev, in *Socialističeskii vestnik*, n° 9, 1929, p. 10.

collectif limité mais d'une supériorité évidente, faisant appel essentiellement aux paysans pauvres et bénéficiant d'une aide considérable de l'État.

ENTRE L'INTENTION ET LA RÉALISATION

Il est juste de souligner qu'en attendant, près d'un an et demi s'était écoulé (du début de l'année 1928 jusqu'au mois de juin 1929) sans que la moindre mesure significative ait été adoptée pour mettre en œuvre la nouvelle politique. L'année 1928 fut manifestement une année de flottement. Changer de cap demandait naturellement quelque temps, mais cette année sans boussole n'en fut pas moins un prix élevé que le pays dut payer du fait de l'imprévoyance des dirigeants au cours de la période précédente. Les chefs étaient absorbés par la lutte contre la droite, et il est certain que cela les empêcha d'agir. Cela explique aussi en partie la « saison creuse » à laquelle nous avons fait allusion. Mais abstraction faite d'un certain nombre de facteurs objectifs, la pure et simple perte de temps n'est pas la moindre des faiblesses dont on peut imputer la responsabilité aux dirigeants.

Le seul signe d'action énergique à signaler tient à la création de quelques sovkhozes et kolkhozes géants sur lesquels les travaux préparatoires étaient faits et les projets mis en chantier. À cette époque, les sovkhozes passaient pour le remède le plus efficace à court terme et, de surcroît, ce remède dépendait avant tout de l'action gouvernementale. Que cette solution particulière ait effectivement permis l'amélioration espérée est une tout autre question. Encore une fois, dans les années 1928 et 1929, lorsque les dirigeants se mirent fébrilement en quête de programmes, de méthodes ou de systèmes qui provoqueraient la transformation souhaitée dans les campagnes, ils placèrent tour à tour leurs espoirs dans la méthode des « contrats » *(kontraktacija)* ou dans les « kolkhozes géants » ou autres organisations de ce type, dans les « stations de tracteurs » de l'espèce proposée par Markevič sur le sovkhoze de Ševčenko (près d'Odessa) ou encore dans des stations de type coopératif. Sans nous aventurer à peser les mérites relatifs de ces différentes solutions (elles avaient toutes certains avantages, hormis les utopiques kolkhozes géants et les « combinats agro-industriels » encore plus utopiques), nous pouvons dire tout simplement que toutes ces méthodes de collectivisation, dans lesquelles on avait placé tant d'espoir, furent très tôt abandonnées, sans qu'on leur ait laissé le temps suffisant pour procéder aux ajustements et expérimentations nécessaires, et que le régime consacra finalement toutes ses énergies à l'artel, en partie dans le cadre d'un nouveau type de M.T.S. (station de machines et de tracteurs) qui différait à la fois du modèle de Ševčenko et des « colonnes de tracteurs » coopératives.

Il est intéressant de noter qu'à ce stade, les artels, aussi bien que les autres organismes kolkhoziens – communes, T.O.Z.s., et diverses associations – étaient tout aussi négligés que par le passé, et qu'ils l'étaient certainement plus que tout autre secteur. Dans le courant de l'hiver et du printemps 1938, des milliers de paysans pauvres répondirent à la propagande officielle, qui s'était fait l'écho des grandes lignes des décisions adoptées par le XVe Congrès, en rejoignant en masse toutes sortes d'associations collectives, dans l'espoir d'améliorer leur sort avec l'aide de l'État. La propagande n'avait pas lésiné sur les promesses.

Malheureusement, les autorités furent débordées par cette réponse plus ou moins spontanée, bien qu'elle fût d'une échelle assez modeste, et le gouvernement ne sut pas profiter de ce mouvement vers les *tovariščestva* [1]. Nous savons qu'à ce moment Staline songeait déjà à un puissant secteur collectif, mais, pour l'heure, le régime avait laissé passer l'occasion offerte par le mouvement massif des paysans au printemps. En 1928, on ne fit pas grand-chose pour encourager le mouvement d'une manière un tant soit peu sérieuse, et il n'y eut guère de signes de quelques préparatifs d'un mouvement à grande échelle. À titre d'exemple, on peut noter que, si limité que fût à cette époque le mouvement collectiviste, les autorités ne comptaient qu'un seul agronomiste pour cinquante kolkhozes et soixante autres associations [2]; aucun effort sérieux n'avait encore été fait pour commencer à préparer des cadres, soit pour les fermes collectives existantes, soit pour celles qui restaient encore à former. En d'autres circonstances, nous le savons, le régime soviétique se montra capable de former des cadres, imparfaitement peut-être, mais par centaines de milliers, lorsqu'il en ressentit un urgent besoin. Mais à ce stade, l'heure n'avait-elle pas déjà sonné de prendre de telles mesures?

1. En 1928, les kolkhozes se virent accorder soixante millions de tonnes; cf. *KPSS v rezoljucijah i rešenijah s'ezdov*, vol. II, Moscou, 1954, p. 496. Sur la situation des kolkhozes et le débordement des autorités, voir V.I. Kuzmin, *Pravda*, 10 avril 1928; Gajster, *Na agrarnom fronte*, n° 12, 1928; Kantor, *Pravda*, 10 mars 1928; *Na agrarnom fronte*, n° 11, 1928, p. 137; Kubjak, *Pravda*, 10 mars 1928.

2. E.F. Kulikov, *Na agrarnom fronte*, n° 12, 1928, p. 29.

En 1929, Kalinin put se plaindre qu'il n'y eût pas un seul institut de recherche pour étudier les problèmes de l'agriculture collective, alors que l'on comptait trente instituts dévoués à l'étude des problèmes industriels [1].

Tandis que, sur un plan pratique, on ne faisait pas grand-chose pour trouver au plus vite des solutions constructives – fait que Staline lui-même devait reconnaître à la fin de l'année 1928 [2] – le régime était déjà très activement engagé sur le terrain de la guerre des classes. Dans les villes fut lancée une offensive contre le secteur privé – industriels et intermédiaires, commerçants et artisans – tandis que dans les campagnes les paysans aisés durent subir des pressions croissantes et qu'une législation spéciale vint renforcer la « lutte contre les koulaks ». Du point du vue du calendrier, des méthodes et des résultats, la valeur de cette stratégie de classe est plus que douteuse. L'offensive lancée contre les entreprises privées, en particulier contre le commerce, perturba gravement le réseau commercial régulier, car rien n'avait été fait pour mettre en place un réseau, étatique ou autre, adéquat [3]. Dans un pays en proie aux pénuries, cela ne pouvait que se solder par un désordre plus grand encore, et ce d'autant plus que cette lutte poursuivie, entre autres raisons, au nom de l'abolition de la « pseudo-coopération » aboutit à la destruction du secteur artisanal et de la petite industrie – actes dont le régime supporte encore les conséquences aujourd'hui et qui contribuèrent à la dégradation du niveau de vie des masses.

Étant donné les conditions spécifiques du village sous la N.E.P., l'offensive officielle contre les koulaks, ou plus exactement contre les paysans aisés, toucha en fait la grande masse des paysans moyens *(serednjaki)*. Les collectes assorties de mesures exceptionnelles eurent inévitablement des effets pervers sur tous les paysans. Et l'un de leurs premiers effets fut une dangereuse diminution des emblavures. Pour combattre ce danger, les autorités se retrouvèrent contraintes et forcées de charger l'appareil de l'État (et du parti) de la difficile mission consistant à s'assurer que l'ensemencement était bien fait. Les autres tâches importantes de l'année agricole cessèrent bientôt d'être « automa-

1. Kalinin, *16-tyj s'ezd... stenotčët*, *op. cit.*, p. 143.
2. Staline, *Sočinenija*, vol. XI, p. 143.
3. L'expression « déserts commerciaux » *(torgovye pustyni)* était courante à l'époque pour traduire les effets de la persécution des commerçants privés et de la liquidation de leurs affaires. Voir in *Voprosy istorii*, n° 4, 1964, p. 15.

tiques », comme elles l'avaient été dans les siècles passés, et tout le poids en retomba lourdement sur les épaules des autorités.

Les forces qui avaient été déployées pour saisir les céréales, officiellement aux seuls koulaks et paysans aisés, frappèrent continuellement l'ensemble des paysans au point de les exaspérer et d'envenimer les relations entre le régime et la paysannerie. Les chefs du parti étaient bien conscients que le véritable problème ne venait pas du koulak mais du « paysan moyen », et ils adoptèrent en conséquence des mesures clairement dirigées contre les *serednjaki*, comme l'introduction forcée des *bednjaki* (paysans pauvres) ou des ouvriers dans les soviets des villages *(obednjačivanie)* [1] ou le droit désormais accordé à ces soviets d'annuler toute décision prise par les assemblées des communautés paysannes s'ils la jugeaient mauvaise [2]. Les rapports avec la paysannerie se dégradèrent, et les perspectives de l'agriculture privée s'assombrirent, tant du point de vue du paysan, qui ne savait plus où tout cela allait finir, que du point de vue des autorités, qui se trouvaient désormais dans une impasse en ce qui concerne la situation de l'agriculture et qui étaient plus ou moins tentées de chercher une solution radicale.

Autrement dit, ce qui était officiellement une manœuvre « purement antikoulak » s'était en pratique soldé par une brouille avec la couche moyenne de la paysannerie présentée comme une « alliée » du régime. Kaganovič le reconnut ouvertement à la fin de l'année [3].

Ce fut par conséquent une année infructueuse, et le manque de cohérence de la politique gouvernementale ne fit qu'empirer les choses. En particulier, l'offensive contre les « ennemis de classe », qui avait été lancée sans le moindre discernement et sans songer à la moindre solution de remplacement, s'avéra singulièrement nuisible et ne fit qu'aggraver la crise.

Vers la fin de l'année, nous l'avons dit, Staline fit une déclaration dramatique expliquant qu'il fallait à tout prix se lancer dans la course *« dognat' i peregnat' »* et que, par conséquent, la « réorganisation de l'agriculture sur de nouvelles bases tech-

1. Voir la *Pravda* du 25 décembre 1928; et KISELEV, *Pravda,* 5 mars 1929, protestant contre les *obednjačivanie* et les autres activités *antiserednjaki.* Voir aussi A. ANGAROV, *Klassovaja bor'ba v soveckoj derevne*, Moscou, 1929, p. 47.

2. *Kollektivizacija sel'skogo hozjajstva, op. cit.*, pp. 105-106.

3. L.M. KAGANOVIČ, *Bol'ševik,* n° 19, 1928, pp. 20-21. Il explique : « certaines difficultés dans les relations que nous avons avec le *serednjak* étaient inévitables ».

niques » était une tâche d'importance capitale si l'on voulait éviter la restauration du capitalisme [1].

Cette fois-ci, il avait plus que jamais raison sur l'urgence des problèmes à résoudre, même si son avertissement quant à la restauration du capitalisme s'est sans doute heurté à un certain scepticisme de la part de son auditoire. Mais en dépit de l'évidente urgence du problème, il fallut attendre l'été 1929 pour que prît forme sur le front rural quelque politique résolue et même modérément cohérente.

L'AILE DROITE

Les différences entre la droite et les staliniens peuvent se résumer en une controverse autour d'un seul et unique problème : « l'industrialisation et la transformation des campagnes devaient-elles se faire essentiellement par des méthodes politico-économiques ou, au contraire, en recourant à des mesures exceptionnelles », en d'autres termes à la contrainte? Le régime devait-il opter pour un immense réseau de coercition ou pour une autre approche plus souple [2]? Dans ce dilemme, c'est l'avenir de la Russie soviétique tout entière qui était en jeu.

La droite penchait naturellement vers l'approche souple, et sa foi reposait sur la possibilité de progresser « par les méthodes de la N.E.P. » ainsi que sur son analyse de la crise qui différait de celle des staliniens. D'après la droite, en effet, la crise tirait ses origines d'un certain nombre d'erreurs : planification défectueuse, lacunes de la politique des prix, inapplication de toute une série de mesures relatives à l'aide de la production agricole [3]. En opposition à cette explication, le point de vue de la majorité du Politburo avait tendance à insister bien davantage sur les facteurs objectifs, tels que la petite taille des exploitations paysannes et la prédominance de la culture en bandes.

Suivant l'analyse de la droite, la crise aurait pu être évitée, et il était encore temps d'éviter une rechute si les autorités consentaient à battre en retraite pour faire certaines concessions aux paysans (réouverture des marchés, meilleurs prix versés aux

1. STALINE, *Sočinenija*, vol. XI, p. 248.

2. Sur l'opposition de Rykov à un système de coercition, voir Robert V. DANIELS, *The Conscience of the Revolution*, Cambridge, Mass., Harvard University Press, 1960, pp. 329-330.

3. Voir N.I. BOUKHARINE, discours au plénum de juillet 1928, cité par DANIELS, *Conscience, op. cit.*, pp. 331, 335; *KPSS v rezoljucijah, op. cit.*, vol. II, p. 559.

producteurs, aide au secteur privé et, si nécessaire, importation de céréales, etc. [1]) car, comme Boukharine devait le faire valoir, mieux valait importer des céréales que de recourir à des mesures exceptionnelles [2]. On pourrait songer à des mesures à plus long terme quand l'atmosphère se serait un peu apaisée.

La droite prônait donc un retour aux mesures économiques et budgétaires comme principale méthode pour influencer le marché. Elle parlait relativement peu des sovkhozes, dans lesquels elle voyait uniquement une mesure d'exception; et si elle était plus favorable aux kolkhozes, elle recommandait la plus extrême prudence sur ce terrain : il ne fallait créer de nouveaux kolkhozes que dans la mesure où ceux-ci étaient manifestement supérieurs aux exploitations privées et plus viables.

Plus tard, en avril 1929, la droite réclama un plan biennal *(dvuhletka)* dans le cadre du plan quinquennal – un plan qui serait expressément conçu pour améliorer l'état de l'agriculture et la sortir de son arriération [3]. La droite pensait qu'il y avait encore des progrès à attendre du secteur privé, et elle souhaitait préserver la N.E.P., avec ses nepmen, ses koulaks, etc. Elle voulait bien modérer le pouvoir et l'essor des koulaks, mais uniquement par des mesures fiscales. Et si, à ce stade, la droite reconnaissait largement la nécessité d'une industrialisation, elle était hostile à l'idée d'une marche forcée à toute allure qui séduisait Staline [4]. D'après ses porte-parole, le pays avait déjà atteint à la fin de l'année 1928 la limite de ses possibilités d'investissement, et il fallait maintenant se préoccuper de constituer des réserves et s'assurer que les projets de construction qui avaient été mis en chantier étaient compatibles avec les matériaux de construction disponibles. Comme on l'a déjà dit, la droite admettait aussi la nécessité d'une *perekačka,* mais seulement dans des limites qui laisseraient aux paysans la liberté de constituer quelques réserves.

Selon Boukharine, les difficultés auxquelles se heurtait le pays

1. Les propositions des « droitistes » peuvent être reconstituées à partir des sources officielles (entre autres) : STALINE, *Sočinenija,* vol. XI, pp. 218-325; vol. XII, p. 92; *Bol'ševik,* n° 23, 24, 1929, pp. 30-35, 46; *16-tyj s'ezd... stenotčët,* éd. de 1962, n. 56, 133, 135, 215, 266.

2. *16-tyj s'ezd... stenotčët,* éd. de 1962, n. 135.

3. *Ibid.,* n. 56 (matériaux tirés des archives du parti); discours de RYKOV au Sovnarkom, *Pravda,* 6 avril 1928.

4. Cf. *KPSS v rezoljucijah, op. cit.,* vol. II, p. 558; Y.E. RUDZUTAK, *16-tyj s'ezd... stenotčët, op. cit.,* p. 201; BOUKHARINE désavoua toute « marche en avant à bride abattue » *(skoropalitel'nye tempy)* dans son « Testament politique de Lénine » *(« Političeskoe zaveščanie Lenina »)* in *Pravda,* 24 janvier 1929.

provenaient, entre autres choses, d'une « relative anarchie » et d'une « planification ainsi que d'une coordination intersectorielle défectueuses » constamment aggravées par des rythmes de croissance d'une rapidité injustifiable. Ses « Notes d'un économiste » et d'autres écrits se présentent comme un plaidoyer pour une administration économique scientifique [1] – chose qui, nous le savons, n'a jamais été vraiment le point fort de l'industrialisation soviétique, que ce soit au cours du premier plan quinquennal ou à une époque plus récente.

En opposition à la thèse stalinienne de la lutte des classes, qui allait en s'amplifiant avec les progrès du socialisme, le mot d'ordre de Boukharine était : « Pas de troisième révolution ! » Dans son esprit, le temps n'était pas encore venu d'introduire le communisme dans les campagnes [2]. L'alliance avec la paysannerie *(smyčka)* devait avant tout être maintenue sur la base du mouvement coopératif.

Le résumé qui précède n'est qu'une rapide esquisse des positions de la droite. Une partie de leurs idées nous sont parvenues de sources staliniennes, et nous ne disposons d'aucun recueil complet de leurs propositions ou de leurs discussions. Mais l'essentiel de leurs convictions est bien là, et l'on ne saurait les écarter à la légère. Quelques-unes de leurs analyses étaient manifestement erronées : ainsi de la confiance excessive placée dans le mécanisme des prix et les mesures budgétaires dans un pays engagé dans une formidable entreprise d'industrialisation, de leur trop grande insistance sur les potentialités du secteur privé dans l'agriculture et de leur manque d'insistance sur l'urgente nécessité de développer de nouvelles formes d'organisation. D'autres paraissent avoir été entièrement justifiées : ainsi de leur objection à des taux de croissance exagérément élevés, à une exploitation excessive de la paysannerie, à l'absence de méthode scientifique dans la planification et la mise en œuvre du processus, et à l'accent exclusif placé sur la contrainte.

1. N.I. Boukharine, « Zametki ekonomista », *Pravda,* 30 septembre 1928 ; et « Političeskoe zaveščanie Lenina », où il dit : « Nous vaincrons grâce à une gestion économique scientifique ou nous ne vaincrons pas du tout. »
2. Boukharine, « Političeskoe zaveščanie ».

LE PLAN QUINQUENNAL ET L'ATTITUDE DE STALINE

Dans leur conception, les objectifs sociaux de la partie agricole du plan quinquennal n'étaient pas très éloignés des idées de la droite. De l'avis des planificateurs, le secteur privé devait rester dominant et, en dépit de l'existence de certaines mesures restrictives, il n'était pas question de quoi que ce soit approchant une « liquidation des koulaks ». Tout le but du plan était, très raisonnablement, la création d'un secteur étatique et collectif d'ampleur limitée, mais de qualité supérieure, qui ferait contrepoids face aux fournisseurs aisés et les obligerait, par la concurrence économique, à vendre leurs excédents [1]. La majeure partie des fournitures et des crédits devaient être canalisés au profit du secteur privé par l'intermédiaire du mouvement coopératif qui, suivant le plan, devait jouer un rôle de toute première importance. Les planificateurs comptaient dans une très large mesure sur le système de contrats (entre les organisations coopératives et les associations de paysans formées à cette fin) [2]. La communauté agraire (le *mir*) devait prendre une part importante dans ce processus de coopération, avec le développement progressif de formes simples de coopératives de production [3]. Dans le secteur des kolkhozes, que le plan se proposait de mettre sur pied, l'organisation essentielle serait le T.O.Z. et non pas l'artel [4], tandis que la socialisation des biens ne devait toucher que les terres arables et certains types d'équipement (essentiellement l'équipement lourd), mais fort peu le cheptel.

Il faut ajouter que les « stations » du type Shevchenko et les

1. Sur le plan agricole, voir les articles de N.M. Vol'f in *Planovoe hozjajstvo,* n° 2, 1929, et *Na agrarnom fronte,* n° 4, 1929; les résolutions du XVIe Congrès in *KPSS v rezoljutsijah, op. cit.,* 2, pp. 570-573; et les résolutions du Ve Congrès des Soviets, in *Kollektivizacija sel'skogo hozjajstva, op. cit.,* n° 41.

2. Vol'f, *Planovoe Hozjajstvo,* n° 2, 1929, p. 116; R.E. Veisberg, *Planovoe Hozjajstvo,* n° 3, 1929, p. 106.

3. Vol'f, *Planovoe Hozjajstvo,* n° 2, 1929, p. 116-117.

4. M.A. Kraev, dans sa critique du « plan quinquennal de coopération », in *Na agrarnom fronte,* n° 6, 1929. T.O.Z. est un acronyme russe pour « association d'exploitation agricole en commun ». Ces associations étaient une forme de coopérative de producteurs; les paysans les préféraient aux autres formes plus ambitieuses de la collectivisation, et elles furent de beaucoup les plus répandues tant que les paysans conservèrent la liberté de choisir. Seules les terres de labours devaient être exploitées en commun; tout le reste demeurait privé, et la récolte était partagée au prorata de la superficie que chaque paysan avait mis à la disposition du champ commun du T.O.Z.

« colonnes de tracteurs » coopératives, dont on discuta tant à cette époque devaient permettre d'établir des rapports très prometteurs avec la paysannerie en collectivisant les tâches les plus ingrates, qui étaient aussi les plus importantes dans les régions productrices de céréales, mais sans pour autant abolir la propriété privée des paysans et sans toucher à leur bétail [1].

Le plan quinquennal n'apportait aucune réponse convaincante permettant d'aplanir les difficultés d'approvisionnement en attendant que le plan portât ses fruits. En tout état de cause, il fut décidé de suspendre toute exportation de céréales jusqu'à la fin du plan [2].

Nul n'avait encore songé à une collectivisation massive comme à un moyen rapide et efficace de résoudre en même temps les problèmes courants et à long terme. Le plan fut ratifié par le Congrès des Soviets en mai 1929. Dans sa grande majorité, la *direction du parti* ne prévoyait pas alors, pas plus qu'à l'automne, les décisions qui allaient être prises quelque six mois plus tard [3]. À cette date, tout le monde y allait de ses avertissements sur les dangers d'une action par trop précipitée pour réorganiser les campagnes. Le parti était convaincu, comme Kalinin et Rykov l'affirmèrent à l'époque [4], que l'échelle de la collectivisation devait être liée et adaptée aux capacités réelles de l'État de fournir des machines et des spécialistes. Tous croyaient sincèrement que l'opération reposerait exclusivement sur le principe des adhésions volontaires.

Or c'est précisément à cette date, alors que le plan, avec ses objectifs relativement modérés et réalistes pour le secteur agricole, venait d'être lancé, que Staline arriva à des conclusions très différentes. Au plénum d'avril 1929, il laissa enfin trans-

1. Sur les « stations » du type Ševčenko, voir E.F. Kulikov, *Na agrarnom fronte*, n° 5, 1929; sur le contrat modèle entre la « station » et les paysans, voir l'appendice à *16-tyj s'ezd... stenotčët;* les discours de Kalinin in *ibid.*, p. 140 sqq., et Ve Congrès des Soviets, *Stenotčët*, bull. 19, pp. 3-4.

2. Vol'f, *Na agrarnom fronte*, n° 4, 1929, pp. 6, 8.

3. Karl Bauman, secrétaire du parti pour Moscou et chef du département rural au Comité central, déclara en juin (*Pravda*, 16 juin 1929) que l'Oblast de Moscou envisageait de collectiviser 25 % de ses paysans en cinq ans et que, de surcroît, une collectivisation totale exigerait une vingtaine d'années.

4. Kalinin (Ve Congrès des Soviets, *Stenotčët*, bull. 15, p. 39) déclara ainsi : « Quiconque pense que l'on peut mettre en place ces bonnes entreprises agricoles en sous-main, de manière primitive, sans mécaniciens et spécialistes hautement qualifiés, quiconque pense ceci n'est ni un marxiste ni un communiste mais un homme de mentalité petite-bourgeoise, un homme aveuglé par l'étroitesse paysanne » (!) Rykov (*ibid.*, bull. 7, p. 6) se prononça contre la mise en place de kolkhozes sur la base de la *soha* (charrue de bois); Staline dit la même chose en avril 1929, in *Bol'ševik*, n° 23-24, 1929, p. 34.

paraître son peu de foi dans le secteur agricole privé et dans la N.E.P. [1]. À peu près à la même époque une nouvelle campagne de réquisition avait été lancée, non sans immenses difficultés, mais avait rapporté *moins de céréales que l'année précédente,* en dépit du recours à tout un arsenal de mesures coercitives, plus ou moins appliquées dans l'ensemble du pays, mais surtout en Oural et en Sibérie.

Il était clair que Staline s'apprêtait déjà à lancer une opération de très grande envergure. Il « informa » le comité central que les koulaks et d'autres forces hostiles se « préparaient à miner » le régime soviétique – un type d'affirmation qui, nous le savons aujourd'hui, était le signe qu'il se préparait à passer à l'attaque ou à pousser son attaque jusqu'au bout. Il expliqua en effet au Comité central (il ne faut pas perdre de vue que son discours était secret à l'époque) que « les jours des capitalistes et des koulaks sont comptés » [2]. Et pourtant le XVIe Congrès du parti, qui eut lieu juste après la réunion du Comité central, ne songea aucunement à compter les jours de quiconque, tout au moins pas ceux des koulaks. La discussion autour des koulaks, qui fut en fait très animée, ne tourna pas autour de quelque proposition visant à les éliminer; il s'agissait tout simplement de savoir si on allait les admettre dans les grands kolkhozes.

On vit apparaître à cette époque une divergence aisément repérable entre les façons de penser et les intentions de Staline (et, sans doute, d'un ou deux de ses plus proches lieutenants) et les opinions de la majorité du Comité central stalinien. Tant que Staline se contenta de généralités, si extrême que fût parfois son ton, sans esquisser la moindre proposition concrète (de tels projets n'avaient guère pris forme à cette date), le parti et le Comité central ne perçurent pas cette divergence malgré les observations critiques des dirigeants de l'aile droite.

Lors de la réunion d'avril 1929, Staline expliqua que l'arriération du secteur agricole risquait de créer une brèche entre les villes et la campagne. C'est une crainte similaire qui avait conduit Rykov à formuler sa proposition de *dvukhletka* agricole. Mais à la différence de Rykov, Staline en conclut qu'il fallait réorganiser l'agriculture, et rapidement, afin qu'elle pût suivre le rythme de la croissance industrielle.

1. Staline in *Bol'ševik,* n° 23-24, 1929, p. 32. Le redressement de l'agriculture privée arrive en dernier dans la liste des tâches fixées par la XVIe Conférence (*KPSS v rezoljucijah, op. cit.,* 2, p. 580).
2. Staline in *Bol'ševik,* n° 23-24, 1929, pp. 16, 27.

L'U.R.S.S. n'a jamais jusqu'ici accompli un tel exploit, mais il semble que Staline commençait déjà à en envisager sérieusement la possibilité, et que cela renforça d'autant plus sa résolution que la situation critique et les dangers qui menaçaient sur le front paysan allaient empirant de jour en jour. C'est pourquoi Staline soumit la question au gouvernement et à la campagne sous la forme d'un choix on ne peut plus clair : les koulaks ou les kolkhozes [1]. *Tertium non datur.*

Dès lors que le problème était formulé en ces termes, il était inévitable que la politique suivie en pratique choisît l'un ou l'autre terme de l'alternative.

De fait, il y avait déjà une certaine tendance dans cette direction (outre la campagne contre le Nepman de l'année précédente) : une purge avait commencé au sein du parti mais aussi dans l'appareil d'État et les organisations syndicales. Dans la pratique, la droite était déjà défaite. Le plan quinquennal, à peine ratifié, fut soumis à une interminable série de révisions à la hausse sur ordre du Politburo qui, suivant la formule de Jasny, transforma le plan en « façade » destinée à masquer une opération très différente de la lettre comme de l'esprit du texte élaboré par les planificateurs. L'essence même de l'opération étant la vitesse, comme Staline l'expliqua clairement lors de cette même réunion d'avril [2], ce n'est pas la planification qui comptait mais la *course contre le temps,* car le chef et ses plus proches collaborateurs estimaient que le temps pressait et que cette course pouvait être gagnée, apportant ainsi une solution rapide à leurs difficultés. Cela explique, en partie, pourquoi la conduite des opérations prit les proportions d'une attaque qui gagna peu à peu de l'ampleur jusqu'à se transformer en offensive tous azimuts menée simultanément sur tous les fronts – bien plus nombreux, en vérité, qu'on ne l'avait jamais imaginé. L'autre partie de l'explication tient à des facteurs que les dirigeants eux-mêmes n'avaient pas prévus.

Pourquoi la direction était-elle si sûre qu'il n'y avait pas de temps à perdre? Y avait-il un danger imminent d'intervention étrangère? Il n'existait alors aucun danger de cette nature, et il n'y eut d'ailleurs aucun dirigeant pour prétendre le contraire à l'époque. La menace d'ingérence extérieure joua certes un rôle important dans les événements dont

1. *KPSS v rezoljucijah, op. cit.,* 2, pp. 576-577.
2. Staline in *Bol'ševik,* n° 23-24, 1929, p. 28.

nous parlons ici, mais seulement comme une éventualité encore mal définie, et certainement pas en tant que possibilité immédiate.

Le caractère violent et impétueux des décisions adoptées se laisse plus facilement expliquer par un certain nombre de facteurs internes. Staline déclara expressément en avril [1] qu'il comptait sur des mesures d'urgence pour résoudre la crise des céréales. Il était bien conscient qu'une telle politique ne pourrait durer longtemps sans déboucher sur un affrontement désastreux avec la paysannerie. Telle fut bien la raison de son attaque contre les nepmen et les spécialistes industriels dans les villes ou les paysans aisés dans les campagnes, car il fallait prendre bien soin d'affaiblir tous les éléments qui risquaient de rallier, au bout du compte, une paysannerie révoltée. Le même motif inspira les décisions suivantes (vers la fin de l'année 1929). Une fois encore, abstraction faite de leur rôle dans les campagnes de réquisition de céréales, les mesures antikoulaks furent une manœuvre destinée à l'encerclement social des paysans moyens, conçue pour les diviser et leur interdire toute échappatoire, bref ne leur laisser qu'une solution.

On reconnaît ici la main de Staline, ce maître tacticien. En fait, ses « tactiques » politiques et sociales étaient bien supérieures à sa « stratégie », car celle-ci requiert une plus grande capacité d'analyse théorique, qu'il ne possédait pas. Quoi qu'il en soit, pouvait-on dire en avril-mai 1929, lorsqu'il avait déjà exposé clairement ses intentions, que le programme pratique concrétisant ses idées sur l'ampleur des réformes à mettre en œuvre et les méthodes à employer pour y parvenir avait été pris en considération, préparé, ou ratifié par quelque organisation que ce soit?

De mon point de vue, Staline ne savait pas encore où ses actions allaient le mener six mois plus tard. Il semblerait que ses objectifs, et ceux de ses plus proches collaborateurs, étaient toujours en accord avec les dispositions du plan quinquennal, même si, à certains égards, ils allaient au-delà. Il devait s'écouler encore plusieurs mois avant que, fin septembre, les résultats économiques de l'année ne fussent connus et qu'*une fois de plus* Staline et le Politburo se décidassent à *réviser* les plans existants et à prendre des décisions d'une portée sans précédent.

1. *Ibid.*

LE BILAN DE L'ANNÉE 1928-1929

Les résultats économiques de l'année 1928-1929 furent bien pires qu'on ne l'avait prévu. Mikojan en convint [1]. Les paysans aisés avaient réduit leurs emblavures, et les autorités s'efforcèrent de compenser les pertes en augmentant les superficies ensemencées par le reste des paysans. Mais les résultats ainsi obtenus ne furent pas encourageants [2]. Pis encore, le cheptel commença à diminuer car les paysans étaient à court de fourrage et d'aliments. Les villes manquaient aussi de vivres. Des cartes de rationnement furent introduites en février 1929 [3], tandis que dans les usines l'encadrement soumit les ouvriers à des pressions de plus en plus intenses pour accélérer la production. Les ouvriers répliquèrent par des défections massives d'une usine à l'autre et par une immense vague de *brak* (production défectueuse), dont on ne pouvait, bien sûr, les tenir pour entièrement responsables. La hausse des prix des céréales panifiables et d'autres produits agricoles provoqua une flambée des prix à travers l'économie tout entière [4]. La spéculation se déchaîna; le pain eut tendance à disparaître des villes pour se perdre dans les régions qui n'en avaient pas, en particulier dans celles qui ne produisaient pas de céréales panifiables, ou dans les villes provinciales que les autorités ne ravitaillaient pas. Les niveaux de vie chutèrent, tandis que les pressions administratives et la tyrannie de l'État ne cessèrent de s'amplifier. Les collectes de céréales, nous le savons, avaient été très insuffisantes, tandis que les intermédiaires privés, cette année-là, avaient réussi à acheter plus que les années précédentes aux paysans [5].

Ainsi, les bouleversements intervenus dans l'agriculture avaient manifestement des répercussions sur l'économie nationale. Et dans l'esprit de la majorité du Politburo, la situation déplorable

1. A.I. Mikojan, *Pravda*, 13 juin 1929; voir aussi A. Mendel'son, *Planovoe hozjajstvo*, n° 5, 1929, p. 55.
2. A.I. Mikojan, *Bol'ševik*, n° 15, 1929, p. 20; A. Mendel'son, *Planovoe hozjajstvo*, n° 8, 1929, p. 14.
3. *Pravda*, 21 février 1929.
4. Mendel'son, *Planovoe hozjajstvo*, n° 8, 1929, p. 65.
5. Ljaščenko, in *Istorija*, p. 244, indique que les négociants privés s'assurèrent 23 % du blé commercialisé par les paysans en 1928-1929, contre 14 % seulement l'année précédente.

de l'agriculture était entièrement responsable de la crise.

Cependant, outre la part jouée par une politique économique laissant à désirer, l'immense effort consenti au profit de l'industrialisation contribua très largement aux tensions et fut en grande partie responsable de la crise parce que, comme Boukharine l'expliqua, cet effort était excessif. Et pourtant, les dirigeants étaient convaincus que leur seul et unique espoir résidait précisément dans une nouvelle accélération de la croissance industrielle. Qui plus est, ils furent confirmés dans leur conviction par le fait que, selon toute apparence, le plan industriel annuel de 1928-1929, officiellement présenté comme la première année du plan quinquennal, marchait bien. Or ce succès n'était qu'apparent : c'est là un point d'importance cruciale pour comprendre le changement de politique qui intervint en fin d'année.

Les statistiques que présentèrent en septembre les instituts d'études de marché *(konjunktura)* exercèrent une profonde influence sur les dirigeants du parti : quantitativement, le taux général de la croissance était satisfaisant. L'accroissement en pourcentage de la production industrielle était impressionnant. Néanmoins, on ne pouvait prétendre que le plan avait été mis en œuvre avec succès. En premier lieu, tous les indices qualitatifs – productivité du travail, coûts de production, qualité des produits, organisation du travail – avaient enregistré une évolution négative. C'est tout naturellement dans ces indices tributaires du facteur humain, de l'enthousiasme ou de la conscience professionnelle, que l'échec fut apparent. Le processus d'industrialisation, tel que le concevaient les autorités soviétiques, n'allait pas sans un immense gaspillage en ressources humaines et matérielles. Cela se solda inévitablement par une chute des niveaux de vie et ne fit qu'accroître les tensions dans une situation déjà critique. L'incapacité du plan à améliorer la productivité du travail et à réduire les coûts déboucha sur une demande accrue de main-d'œuvre excédant de beaucoup les ressources du plan. La ponction imprévue sur le fond des salaires compromit le plan financier. Et le gouvernement dut augmenter les impôts et faire tourner la planche à billets [1].

Sur le front agricole, le plan essuya un échec total. La production agricole, cultures industrielles comprises, amorça un

1. Sur la progression des plans, voir les deux études de MENDEL'SON in *Planovoe hozjajstvo*, n°s 5 et 8, 1929.

déclin [1]. Les industries alimentaires régressèrent elles aussi, et les plans pour l'industrie chimique et les machines agricoles ne furent pas remplis. Il faut rappeler que les circuits commerciaux avaient été gravement désorganisés par l'offensive lancée contre les commerçants privés.

On comprend sans mal que dans une telle situation les dirigeants aient eu le sentiment d'avoir le dos au mur, et que le régime allait devoir déployer tous les pouvoirs de coercition de sa dictature.

Dans l'optique des dirigeants du parti, le secteur rural était le seul et unique responsable du déséquilibre. Ce secteur avait en effet récemment ouvert un second front « contre le régime », désormais engagé dans une « offensive du cheptel », à la suite de l'« offensive des céréales » qui avait déjà pris des proportions imposantes au début de l'année 1928.

Le rythme de l'industrialisation ne fut pas jugé excessif; le Politburo estima au contraire qu'il était tout à la fois souhaitable et possible de relever les taux de croissance, et le Comité central prit une décision en ce sens en novembre 1929. Les autorités espéraient ainsi sortir le pays de ses difficultés pour l'entraîner au plus vite dans des eaux plus calmes. Dans l'esprit des dirigeants, la situation de l'agriculture était le plus gros obstacle à leurs objectifs.

Les résultats économiques de l'année furent connus dès septembre 1929, et c'est alors, semble-t-il, qu'après avoir fait le tour de la situation la petite équipe stalinienne se décida : si, au cours des mois suivants, qui étaient les seuls durant lesquels l'État pouvait lancer une campagne dans les régions rurales (avant le début des semailles), aucun changement en profondeur n'intervenait sur le front rural, l'effort d'industrialisation aurait sans aucun doute perdu son élan dès 1931, sinon plus tôt [2].

C'est cette analyse qui, à ce moment précis, dicta le changement de politique que Staline décida à la fin de l'année 1929 – au vu, notamment, des résultats de la collectivisation forcée qui avait commencé durant l'été et qui semblait autoriser un certain optimisme.

1. E. Zaleski, *La Planification*, pp. 85-87; M.S. Golendo, *Na agranom fronte*, n° 10, 1929, p. 11.
2. Cf. Golendo, *Na agrarnom fronte*, n° 10, 1929, p. 11.

À L'ATTAQUE

Il fallut attendre le mois de juin 1929 pour que se manifestât dans les campagnes la moindre tentative significative et ambitieuse de mettre en œuvre la nouvelle politique, même si la nature exacte et l'ampleur des mesures à appliquer n'avaient pas encore pris une forme définitive. Le développement du nouveau programme, ou plus exactement de la nouvelle ligne d'action (car il n'y avait pas encore de nouveau programme au sens ordinaire du terme), se caractérisa, semble-t-il, par un processus continuel de « glissement » vers les objectifs en question – ceux-ci étant eux-mêmes perpétuellement révisés à la hausse. Ce curieux processus dura du début de l'année 1928 à la fin de l'année 1929, avec une période d'extrême accélération au cours de l'été 1929. Les incessants changements des plans agricoles nous permettront d'illustrer ce processus de « glissement » [1].

Le Politburo modifia sans cesse ses directives parce qu'il n'avait pas de système défini d'objectifs. Ce sont donc les événements, certains de caractère négatif, d'autres en apparence positifs et encourageants, qui incitèrent les dirigeants à l'action. Ainsi, à partir de l'été, toute une série de mesures allaient montrer que le centre avait commencé à agir pour de bon, et en grande hâte.

Il y eut une grande réorganisation de la coopération rurale, qui fut profondément remaniée et dont la principale tâche fut désormais l'organisation de fermes collectives. Rappelons qu'à ce stade on pensait encore essentiellement à des associations assez libres, dans lesquelles l'ampleur de la socialisation était moindre que dans l'artel, pour ne rien dire des communes. Pour y parvenir, tous les moyens permettant d'exercer quelque pression dans les campagnes – machines, outils agricoles, semences

1. Le plan quinquennal prévoyait la collectivisation de 5 millions de foyers d'ici la fin du quinquennat, couvrant une superficie de 21 à 22 millions d'hectares. En juin 1929, le Kolhozcentr annonça un objectif de 8 millions de foyers avec 7 ou 8 millions d'âmes pour la seule année 1930, et la moitié de la population rurale (et trois fois la superficie envisagée dans le plan initial) d'ici 1933. Au mois d'août, Mikojan parla de 10 millions de foyers pour 1930. En septembre, le Gosplan fixa, toujours pour 1929-1930, un objectif de 13 millions de foyers, avec 10 % de la population totale regroupée dans les kolkhozes. En octobre et en novembre, les « chiffres de contrôle » pour 1929-1930 furent portés à 15,2 millions de foyers avec 12 % de la population. En décembre, le Sovnarkom fit savoir qu'il souhaitait collectiviser 30 millions de foyers – et ce n'était pas fini. (Ces chiffres proviennent de nombreuses sources citées dans mon étude, *La Paysannerie et le pouvoir soviétique, 1928-1930*, Paris, La Haye, Mouton, 1966.)

– furent concentrés entre les mains de l'administration coopérative. Les associations canalisèrent dorénavant l'essentiel des crédits, tandis que l'aide aux cultivateurs privés fut très fortement réduite.

La confiance que l'on avait placée dans la coopération, et dans sa réorganisation, se révéla totalement infondée. Cette réorganisation, conçue précipitamment, eut pour effet de créer un appareil compliqué, lourd et inefficace qui ne fut d'aucune utilité dans la collectivisation. Sans que la coopération elle-même y fût pour quoi que ce soit, la collectivisation se fit au contraire en dehors du mouvement coopératif et, en fait, sur les ruines de ce dernier. Peu après cette première réorganisation, il fallut entreprendre une nouvelle réorganisation [1].

En attendant, on révisa aussi la « méthode des contrats » sur laquelle les autorités avaient également fondé de grands espoirs. Cette méthode devait bientôt être transformée en campagne obligatoire organisée par l'État et se solder par un échec [2].

Il faut encore mentionner un autre espoir déçu et un autre faux mouvement qui eut lieu au cours de cette période d'activité intense mais confuse : jusqu'au fameux volte-face de mars 1930, la création de kolkhozes privilégia la création des « kolkhozes géants » et de « combinats agro-industriels ». Il nous est impossible d'étudier ici en profondeur cet intéressant problème – il y a un parallèle très étroit entre cette phase d'« utopisme agraire » soviétique et le mouvement des communes populaires en Chine des décennies plus tard – mais là encore ce fut très vite un échec total [3].

1. Sur la réforme de la coopération, voir la décision du Comité central en date du 27 juin 1929, in *Kollektivizacija sel'skogo hozjajstva, op. cit.*, doc. 46. Le Comité central reconnut dans sa lettre publiée en mai 1928 que la coopération agricole était « encore très faible » (doc. 6, p. 53). Kaminskij, chef du Kolhozcentr et membre du Comité central, attribua les insuffisances de la production agricole aux faiblesses de la coopération agricole. À cette occasion, il laissa entendre qu'une partie du réseau coopératif était plus formelle que réelle (*Pravda*, 11 janvier 1929). Sur la destruction du réseau coopératif agricole, voir les articles de F.A. Cilko, in *Na agrarnom fronte*, n° 6, 1930, et de L'vov dans la *Pravda* du 13 juin 1930 (matériaux de discussion supplémentaires pour le XVIe Congrès).

2. Voir la décision du Comité central à propos des contrats in *Kollektivizacija sel'skogo hozjajstva, op. cit.*, doc. 52, et celle du Sovnarkom in *ibid.*, doc. 57. Sur les faiblesses et les déceptions sur ce terrain, voir L'vov, *Na agrarnom fronte*, n° 7, 1929; Kalinin, Ve Congrès des Soviets, *Stenotčët*, bull. 15, pp. 25-26. Sur le frein mis à la pratique dite de la « contraction » au cours des semailles au printemps 1930, cf. Mendel'son, *Planovoe hozjajstvo*, n° 5, 1930, p. 216.

3. C'est le plénum de novembre 1929 qui autorisa ces *agrarnoindustrijal'nye kombinaty* (*KPSS v rezoljucijah, op. cit.*, vol. II, p. 651); en février 1929, le Comité central lança un appel à des expériences de *sovhoznokolhoznye ob'edinenija* (*Pravda*,

La presse soviétique fit état d'une nouvelle phase, celle de la « collectivisation de masse », dès l'été 1929. Des milliers d'agitateurs et activistes de toutes sortes se chargèrent de mobiliser les campagnes. Les communistes ruraux, sous la menace de mesures disciplinaires pour la première fois, reçurent l'ordre de rejoindre les kolkhozes afin de donner l'exemple [1].

Le kolhozcentr reçut des pouvoirs accrus et commença à étendre son réseau au niveau de l'*oblast'*, de l'*okrug* et du *rajon*, tandis qu'une autre organisation, le Traktorcentr, fut chargée d'administrer les M.T.S. et de créer le plus rapidement possible un très grand nombre de stations de tracteurs [2].

Pour la première fois, les syndicats reçurent le mandat impératif d'aider à la collectivisation des campagnes – tâche peu familière pour laquelle ils n'étaient absolument pas équipés [3]. De fait, à cette époque, c'est la quasi-totalité des organisations de l'État qui furent appelées à collectiviser et à diriger le processus de collectivisation. Dans sa hâte fébrile, le Politburo délégua sa responsabilité à de si nombreuses organisations qu'il y eut bientôt un véritable embouteillage administratif, dont les résultats se révélèrent extrêmement nuisibles.

De surcroît, le parti et les services spécialisés passèrent cette année à préparer, avec un degré d'énergie et d'efficacité rarement atteint en d'autres domaines, la prochaine campagne de collectes, qui devait en fait connaître plus de succès que jamais en raison de l'ampleur sans précédent des ressources mobilisées à cette fin. Une fois achevée la campagne des collectes, les immenses forces qui avaient été concentrées dans les campagnes furent redéployées et chargées de s'occuper de la collectivisation. Après les collectes, c'est donc l'essentiel de ces forces qui se retrouva disponible à partir du mois de janvier 1930. Le processus concret d'organisation des kolkhozes commença alors à se développer suivant un certain nombre de voies intéressantes. Il y eut de très nets progrès. Le Kolhozcentr décida de doubler (entre juin

19 février 1929). La création de kolkhozes géants commença dès la fin de l'année 1928.

1. Voir l'éditorial de la *Pravda* du 7 août 1929, ainsi que la décision du Comité central à propos de l'Ukraine in *KPSS v rezoljucijah, op. cit.*, vol. II, p. 662. Mais les décisions aux échelons locaux, obligeant les membres des cellules rurales du parti à rejoindre les kolkhozes, avaient été prises avant l'intervention du Comité central ; voir I. Varejkis, *Na agranom fronte*, n° 8, 1929, pp. 67-70.

2. Décret du Tsik et du Sovnarkom sur le « système kolkhozien » in *Kollektivizacija sel'skogo hozjajstva, op. cit.*, doc. 45 ; sur la création du Traktorcentr in *ibid.*, doc. 21 et 44.

3. Voir *ibid.*, doc. 42, pp. 173-174.

et octobre) la surface couverte par les « kolkhozes géants », et au cours de cette période, le mouvement kolkhozien passa de 3,9 à 7,6 % des exploitations collectivisées [1]. À ce stade, le mouvement concernait essentiellement les paysans pauvres qui avaient été influencés par la propagande et alléchés par les promesses très irréalistes que l'on avait multipliées à leur égard, ainsi que par l'aide de l'État canalisée au profit du secteur des kolkhozes. Il aurait fallu commencer par consolider cette réussite avant d'essayer d'aller un peu plus loin, mais ce succès ne fit qu'encourager les dirigeants à accélérer la campagne et à intensifier les pressions.

Même s'il ne fut pas à rigoureusement parler spontané, ce mouvement ne fut pas pour autant, dans ses premières phases, le fruit de la coercition, malgré certains éléments de pression administrative en évidence dès le début de l'année 1928. Suivant des déclarations récentes de sources soviétiques [2], la contrainte commença à jouer un rôle croissant au début de l'automne 1929, et l'on pourrait ajouter qu'au début de l'hiver elle était déjà devenue la principale arme du régime.

Le Politburo encouragea par diverses méthodes les organisations locales du parti à faire tout leur possible et à battre tous les records dans la campagne de collectivisation. Au cours de l'été, on vit apparaître dans certaines régions productrices de céréales des *rajony* où de 10 à 19 % des foyers étaient collectivisés (moyennant, déjà, certaines pressions administratives dont il est malaisé d'apprécier l'ampleur). Cette évolution paraissait indiquer une issue que le centre devait avoir de plus en plus tendance à choisir. L'expression de *rajon* (ou *okrug*) *splošnoj kollektivizacii* devint d'usage courant, et les responsables locaux du parti, pressés de développer la collectivisation comme une véritable campagne d'État, avec toutes les caractéristiques habituelles d'une telle campagne – pressions du haut pour obtenir des résultats, rivalités entre les diverses régions du pays, perspectives de promotion ou de rétrogradation pour les responsables concernés – commencèrent à rivaliser d'ardeur.

Sur décision de certains organes locaux du parti plus zélés que d'autres, certaines régions se proclamèrent bientôt *splošnaja*

1. Sur la décision de doubler la surface couverte par les « kolkhozes géants », voir G. Kaminskij, *16-tyj s'ezd... stenotčët, op. cit.*, p. 187. Sur le pourcentage général de la collectivisation, voir V.P. Danilov, éd., *Očerki istorii kollektivizacii sel'skogo hozjajstva v sojuznyh respublikah,* Moscou, 1963, pp. 32-33.

2. Voir B.A. Abramov, *in* Danilov, *Očerki, op. cit.*, pp. 96-97; N.A. Ivnickij, *Voprosy istorii KPSS,* n° 4, 1962, p. 71.

– ce qui voulait dire qu'elles s'engageaient à atteindre un chiffre de 50 % ou plus de foyers collectivisés dans les délais les plus brefs. De telles décisions reposaient non pas sur une appréciation de l'état d'esprit de la population et de son désir de rejoindre les kolkhozes, mais plutôt que la détermination de l'organisation du parti résolue à remporter la victoire [1]. Ainsi les pressions sur les paysans allèrent-elles en s'amplifiant, tandis que le centre fut inondé de rapports lui donnant les informations qu'il souhaitait le plus entendre. Le Politburo avait beau être au courant des méthodes employées, il attachait plus de prix aux résultats. Encouragés par ceux-ci et d'autres considérations que nous avons déjà esquissées, le centre lança une campagne tous azimuts à laquelle aucune limite ne fut assignée et qui demandait tout simplement un maximum de résultats.

Il faut signaler que la diminution du cheptel se faisait de plus en plus évidente et que cette évolution paraissait extrêmement dangereuse. La solution à laquelle on aboutit fut une fois encore la même – davantage de collectivisation, davantage de troupeaux collectifs dans les kolkhozes [2]. Les résultats de cette politique ne sont que trop bien connus.

Bien que l'on manque encore de preuves pour étayer cette thèse, il semble que ce soit au cours du mois d'octobre que le Politburo prît des décisions plus spécifiques quant au « grand tournant » de la collectivisation. Quoi qu'il en soit, peu de temps auparavant, encore aucune décision n'avait été adoptée.

Vers la fin du mois d'octobre, la *Pravda* posa enfin le problème en des termes sans équivoque : il faut lancer dans la collectivisation toutes les forces qui avaient été amassées pour la campagne des collectes [3]. Étant donné ce que l'on sait des méthodes employées durant la campagne des collectes, cet ordre n'est pas dépourvu de signification. De fait, à compter de ce jour, la presse multiplia les dénonciations des koulaks et les appels à la collectivisation en masse. L'encouragement à des méthodes vio-

1. Voir Abramov, *in* Danilov, *Očerki*, *op. cit.* Cf. aussi *Materialy po istorii SSSR*, vol. VII, Moscou, 1959, p. 234 (rapport soumis au Politburo par le Kolhozcentr. À propos du fameux *okrug* de Hopërsk, qui fut déclaré premier *okrug splošnoj kollektivizacii*, le rapport constate : « Il est essentiel de noter que l'*okrug* de Hopërsk ne se distingue pas particulièrement par le rythme de la collectivisation ni par son importance économique. La valeur de sa manifestation vient de ce qu'il est le premier à poser le problème d'une planification de la collectivisation totale *(splošnaja)* de l'*okrug* au cours du quinquennat. »

2. Cf. la *Pravda* du 8 octobre 1929; *Bol'ševik*, n° 21, 1929, pp. 64-65; *Na agrarnom fronte*, n° 10, 1929, p. 19.

3. *Pravda*, éditorial, 31 octobre 1929.

lentes fut à peine voilé, même si l'on ne donna aucune indication précise quant à la nature ou à l'ampleur de ces méthodes, ni sur leur application. Ce n'était pas un hasard. Les dirigeants avaient désormais choisi : la révolution, et non pas des réformes [1].

Le 7 novembre, Staline publia son fameux article sur « Le grand tournant », dans lequel la quasi-totalité de ses éléments d'appréciation étaient faux. Il y affirmait, notamment, que « le paysan moyen s'était tourné vers les kolkhozes », ce qui n'était pas du tout le cas à en juger par les sources soviétiques actuelles. Suivant ces mêmes sources, Staline entendait pousser le Comité central, lors de sa prochaine session de novembre, à adopter les décisions qu'il souhaitait en présentant à ses membres une vision de la réalité conforme à ses intentions [2].

La session de novembre obtempéra, non sans certaines réserves qu'attestent les sources actuelles [3]. Le plénum adopta un plan irréaliste de croissance industrielle, demanda une collectivisation plus rapide et souhaita une évolution vers des « associations combinées sovkhozo-kolkhoziennes » – organisations mythiques qui ne devaient jamais voir le jour. C'est lors de cette réunion que furent décidées la création d'un nouveau commissariat à l'agriculture coiffant l'ensemble de l'Union ainsi que la mise en chantier de deux nouvelles usines de tracteurs et de deux autres usines de moissonneuses-batteuses, etc. [4].

Molotov, qui présenta le principal rapport sur le problème de la collectivisation, suggéra une « dékoulakisation » sans le dire explicitement (et en vérité, il y eut plusieurs cas de mesures antikoulaks confuses en un certain nombre de régions fort peu de temps après son discours); il dénigra les plans quinquennaux pour l'agriculture, puisque, dans son esprit, c'était « les mois, les semaines et les jours à venir qui comptaient ». Il déclara enfin que les *okrugi* mais aussi les républiques seraient sous peu entièrement collectivisées, et qu'à son avis une telle entreprise prendrait très exactement cinq mois [5].

Les dirigeants se montrèrent fort réticents à imposer les

1. Cf. A.G. Šlihter, « Kak perestroit' pjatiletku », *Pravda*, 1er novembre 1929.
2. Voir Danilov, *Očerki, op. cit.*, pp. 95-97; et B.A. Abramov, *Voprosy istorii KPSS*, n° 1, 1964, pp. 32-33.
3. Sur ces réserves, voir Abramov, *Voprosy istorii KPSS*, n° 1, 1964, pp. 32-33.
4. Les décisions du plénum de novembre 1929 se trouvent in *KPSS v rezoljucijah, op. cit.*, vol. II, pp. 642-644, 645, et 651.
5. On trouve une version abrégée du discours de Molotov in *Bol'ševik*, n° 22, 1929, pp. 10-23. Voir en particulier les pages 13 et 14, ainsi que les passages de son discours cités d'après les archives du parti *in* Danilov, *Očerki, op. cit.*, p. 97.

moindres conditions ou limites aux activités des fonctionnaires. Quelques membres du Comité central réclamèrent la formation d'une commission au sein du Politburo chargée de diriger la collectivisation et de s'assurer que toute l'opération, et en particulier la dékoulakisation, fût menée en bon ordre. Nous ne pouvons que spéculer sur les raisons qui firent que le Politburo mit trois semaines à constituer cette commission, qui réunit les représentants les plus expérimentés des autorités des *oblasti* et des spécialistes des départements centraux.

Deux semaines plus tard, la commission présenta un projet de résolution ainsi qu'un plan d'action détaillé, mais Staline modifia ses propositions pour leur donner un caractère d'urgence plus prononcé et un champ élargi, sa principale préoccupation étant visiblement de donner le moins d'excuse possible à d'éventuels retards et le plus de liberté possible à l'action [1].

La sous-commission responsable de l'avant-projet de dékoulakisation fut même dissoute et remplacée par une autre en janvier 1930. Sans attendre ses conclusions, Staline donna publiquement, le 27 décembre, le feu vert à la « liquidation des koulaks en tant que classe », sans mettre en avant, à cette date, la moindre suggestion ou orientation sur la manière d'accomplir cette terrible opération.

Quelques semaines plus tôt, à l'occasion de son cinquantième anniversaire, Staline avait été salué pour la première fois comme le plus grand marxiste-léniniste et le plus grand stratège de tous les temps. À compter de ce jour, il fut le chef infaillible, l'objet d'un culte.

Y AVAIT-IL LE MOINDRE CHOIX?

L'historien demeure souvent perplexe quand on lui pose la question : y avait-il un autre moyen de s'en sortir? Et pourtant, ce n'est pas une question que l'on peut facilement éviter, à moins d'être convaincu qu'il n'existait en vérité aucune autre solution. En ce qui concerne le problème qui nous retient ici, le raisonnement suivant suggère un certain nombre de réponses.

La collectivisation obligatoire fut lancée sous la pression d'une

1. Pour une présentation plus fouillée de cette commission, voir B.A. Abramov, « O rabote komissii Politbjuro TsK-a VKP(b) » in *Voprosy istorii KPSS*, n° 1, 1964. Sur les modifications opérées par Staline, voir *ibid.*, pp. 40-41; sur la dissolution de la sous-commission, voir Ivnickij, *ibid.*, n° 4, 1962, pp. 68-69.

crise qui menaçait non seulement l'effort d'industrialisation du pays, mais aussi la stabilité du régime. On peut avancer quelques réserves quant à la vérité de cette allégation, mais le fait est que la situation apparut ainsi aux dirigeants du parti à l'époque.

Il est vrai que les faiblesses inhérentes à la structure de l'agriculture eurent des effets perturbateurs sur l'économie nationale, qu'elles menacèrent de réduire le pays à la famine et servirent de terre nourricière à un certain nombre d'éléments sociaux hostiles, etc. Mais il est tout aussi incontestable que l'agriculture ne fut pas la seule et unique responsable de la crise.

L'ampleur de l'industrialisation déjà en cours à l'époque représentait un énorme fardeau, dont la taille était largement le résultat du taux excessif de l'investissement. Or un taux ou un rythme de croissance n'est jamais exclusivement dicté par la pression des besoins objectifs (dans le cas de la Russie, on peut accepter comme une nécessité objective l'industrialisation rapide) ; *il est aussi le résultat d'un choix, d'une appréciation, d'un certain niveau de planification politique et économique et de capacité administrative.* Il existe en ce domaine une immense marge d'erreur dans la prise de décision et la conduite des affaires. Dans ce contexte particulier, nous sommes d'avis que les dirigeants ont bel et bien commis des erreurs sur toute une série de questions et que leur administration fut de qualité médiocre, et parfois catastrophique. Le rythme de la croissance industrielle, notamment, a été excessif, et les décisions adoptées par les dirigeants furent souvent parfaitement arbitraires, puisque les dirigeants eux-mêmes étaient peu enclins à écouter les suggestions des experts ou des modérés. Boukharine avait raison (et Trotsky dit plus tard son accord avec lui) de dire qu'il était absurde de se lancer dans un programme de construction quand on savait à l'avance que les matériaux indispensables manqueraient [1].

En vérité, le rythme excessif de la croissance et le manque de compétences administratives dans la gestion des affaires étaient tels qu'en premier lieu la progression de l'industrialisation durant le premier plan quinquennal ne fut pas le résultat du « plan quinquennal » ni d'ailleurs de quelque autre plan cohérent que ce soit. La confusion présidant à l'administration du plan quinquennal prit une telle ampleur qu'elle aboutit, entre autres choses, à la fameuse méthode des « projets prioritaires (chocs) » *(udarnye stroiki)* consistant à tout sacrifier à une poignée d'objectifs consi-

1. Voir Boukharine, « Zametki ekonomista ».

dérés comme d'importance cruciale. La méthode était sans nul doute salutaire dans la situation en question, mais, entourée de confusion, elle donna lieu à des gaspillages excessifs. Il ne s'agissait de planification en aucun sens de ce terme.

En second lieu, les taux de croissance excessifs qui ruinèrent le plan quinquennal en tant qu'opération planifiée et soigneusement organisée favorisèrent aussi le gaspillage des ressources qui en résulta. Il est impossible de dire ce que fut exactement le coût *excessif* du plan quinquennal, mais le fait est que dans un pays à cours de ressources, les ressources humaines et matérielles disponibles furent trop souvent aveuglément dilapidées et ne furent par conséquent d'aucun avantage. Peut-être les économistes sont-ils en mesure de calculer l'ampleur du gaspillage occasionné par l'industrialisation soviétique (un trait qui devait demeurer longtemps encore caractéristique), mais il est une conclusion incontournable : on ne saurait dire que ce rythme excessif, les méthodes de choc, ou le gaspillage des ressources étaient inévitables ou constituaient la seule solution possible. Il est donc raisonnable de supposer que si l'industrialisation avait été accomplie à une allure plus modérée (il y a d'autres si, mais dans le contexte présent, nous nous cantonnerons aux plus importants), le processus aurait englouti moins de ressources, les tensions sociales qui en résultèrent eussent été moins fortes, et la crise engendrée par toute cette opération eût été beaucoup moins grave. Pour continuer un peu dans cet ordre d'idées, on pourrait très légitimement se demander si les résultats eussent été un tant soit peu moins impressionnants dans cette éventualité.

Ce contexte appelle une considération supplémentaire. Dans le jeu constant des influences entre un secteur agricole arriéré, qui freinait l'industrialisation, et un secteur industriel connaissant une croissance trop rapide, qui affaiblissait l'agriculture, l'industrie aurait pu jouer un rôle nettement moins déformant, même sans apporter le moindre changement au cadre structurel, si le pouvoir avait été aux mains d'un autre groupe de dirigeants.

Une analyse du deuxième facteur essentiel de la crise, c'est-à-dire de l'état de l'agriculture, fait apparaître un certain nombre de fléaux que l'on aurait pu éviter ou atténuer en prenant des mesures à temps.

Premièrement, durant les années de la N.E.P., en particulier à partir de 1925, les dirigeants péchèrent par excès de confiance en croyant que la N.E.P. pourrait fonctionner « automatiquement » et, de ce fait, ils ne perçurent pas ou négligèrent un certain nombre de facteurs qui allaient par la suite leur créer d'immenses difficultés; à cet égard, la future droite porte incontestablement une grande part de responsabilité. Dès cette époque, l'opposition de gauche n'avait pas entièrement tort de prétendre que l'on aurait pu commencer beaucoup plus tôt un effort plus sérieux d'industrialisation. Nous avons évoqué plus haut le cas exemplaire de l'usine de tracteurs de Stalingrad [1]. Quelles qu'aient pu être les considérations pratiques qui entraînèrent l'échec de ce projet en 1924, elles accusent la médiocrité du gouvernement.

De surcroît, nous avons déjà fait état de la politique des prix agricoles sous la N.E.P. – politique que Molotov présenta comme une série de « colossales stupidités ». Si l'on avait évité ces « colossales » stupidités, peut-on affirmer que les événements ultérieurs, en particulier la « crise des céréales » de l'hiver 1928, n'auraient pas forcément pris un tour aussi dramatique?

La négligence totale du mouvement collectif dans les campagnes fut une erreur flagrante et impardonnable. On peut en dire autant des kolkhozes, qui étaient dans un état notoirement retardataire. Nous avons déjà mentionné les vues de Rykov lorsqu'il demanda, en 1928, pourquoi l'on ne s'y était pas pris plus tôt pour lancer une grande campagne sur les sovkhozes. Il avait à l'esprit un certain nombre d'autres mesures qui auraient pu encourager le progrès de l'agriculture mais qui ne devaient jamais voir le jour.

L'idée d'un puissant secteur étatique et collectif, d'ampleur limitée mais bien organisé, aurait pu jouer un rôle d'une extrême importance. On ne saurait affirmer non plus que les bolcheviks étaient incapables de concevoir une telle idée avant 1928. Le fait est pourtant que cette « découverte » n'eut lieu qu'en 1929 et que c'est alors seulement que l'on prit des mesures énergiques pour édifier ce secteur. Comment cela se fit-il, dans quelles conditions, et avec quels résultats – tout cela est bien connu. Incapable de poursuivre une politique raisonnable, le régime se vit contraint de se rabattre sur la solution désastreuse de la collectivisation de masse.

Avant 1928, et quelque temps encore après cette date, la structure sociale de la vie villageoise comportait un certain nombre d'éléments qui auraient pu être d'une extrême importance en servant de point de départ à des développements pro-

1. Šeboldaev, *Bol'ševik*, n° 11-12, 1930, p. 61.

metteurs dans le domaine collectif et coopératif. Suivant une suggestion du Gosplan avancée en 1929, on aurait même pu se servir de l'institution du *mir* pour former l'une des nombreuses variantes d'association de producteurs *(tovariščestvo)*. Mais cette voie fut d'abord négligée puis totalement abandonnée.

Il ne manque pas, dans les campagnes, d'exemples de mouvements coopératifs spontanés : ainsi, notamment des « simples associations de producteurs » *(prostiye projzvodstvenniye tovariščestva)*. Nous ne saurions nous y attarder ici, mais il s'agissait bel et bien d'associations spontanées, qui ne devaient rien à l'initiative ni au soutien des autorités. Dans la plupart des cas, elles n'appartenaient même pas au mouvement coopératif officiel (il en va de même pour une bonne partie des kolkhozes), et on les qualifiait en conséquence de « sauvages », ou de marginales. Mais tel n'était pas nécessairement le cas [1].

La manière dont les autorités traitèrent le mouvement coopératif, tant avant qu'après la « crise des céréales », laissa beaucoup à désirer. Derrière les chiffres enregistrant les résultats quantitatifs, on pouvait discerner un mouvement étouffé sous l'emprise de la bureaucratie qui ne laissa aux masses paysannes aucun champ d'initiative véritable ni, par conséquent, d'éducation constructive. Le rêve coopératif de Lénine n'avait rien d'utopique. Qui plus est, la « domination des koulaks » sur le mouvement coopératif n'était ni aussi réelle ni aussi inévitable qu'on voulut bien le faire croire dans les interprétations officielles ultérieures. Le parti n'a jamais déployé les moindres forces appréciables en ce domaine, pas plus en termes de quantité que de qualité, et il n'a pas non plus beaucoup réfléchi au problème. Et c'est bien pourquoi, si curieux et paradoxal que cela puisse paraître, le processus de collectivisation s'est développé ensuite sur les ruines du mouvement coopératif.

Jusqu'à la fin de l'année 1929, le mouvement kolkhozien fut essentiellement formé de T.O.Z., une forme d'organisation assez peu collectivisée qui avait les préférences des paysans mais aussi de la majorité des activistes du parti concernés par ce problème. La directive ordonnant l'abolition de ces organisations et l'imposition de l'artel, le fait d'*avoir rendu obligatoire une seule et unique forme d'organisation* dans un pays qui avait un large

1. Lors du XVe Congrès, *15-tyj s'ezd... stenotčët*, p. 1074, *op. cit.*, Molotov affirma que ces « associations simples » rassemblaient un million de foyers (chiffre probablement exagéré) mais que 6 % seulement relevaient de la coopération, le reste étant « sauvage ».

éventail de structures de ce type et de n'avoir laissé place à aucune expérimentation d'autres types possibles d'organisation – tous ces faits s'ajoutent pour former une politique qu'il est impossible d'approuver comme inévitable. Nous conclurons sans hésitation qu'il s'agit d'erreurs fatales.

Quelles qu'aient pu être les circonstances qui amenèrent le groupe stalinien à interpréter la « crise des céréales » comme le signe que la N.E.P. était condamnée et qui les firent s'engager sur la voie de la collectivisation de masse, toutes leurs décisions et appréciations prêtent le flanc à la critique et à la discussion.

On peut admettre que la « crise des céréales » de l'hiver 1928 appelait une série de mesures administratives, même s'il se trouva à l'époque certains experts du parti pour le contester avec l'opposition de droite. Ce qui est discutable, en revanche, c'est le recours exclusif à la contrainte, qui se fit dès lors de plus en plus violente et aggrava davantage encore les difficultés existantes. Si certaines pressions étaient nécessaires, on aurait pu les assortir de certaines mesures sociales et économiques que proposait la (future) droite. Quelques importations de céréales, le relèvement des prix des collectes, des importations de produits manufacturés – toutes ces mesures auraient permis de modérer la nature et l'ampleur des pressions et auraient peut-être amoindri les effets de la crise et laissé quelque chance d'améliorer les rapports avec la paysannerie. Mais ces mesures furent repoussées, ou pis encore, elles furent d'abord écartées puis (partiellement) adoptées plus tard, en fait *trop tard.*

La décision, prise fin 1929, de collectiviser le plus grand nombre possible de paysans et d'exproprier et de déporter les paysans aisés – décision que certains observateurs jugent inévitable – est tout aussi critiquable, du moins quant à son ampleur et à son calendrier. Il est vrai qu'à ce stade, du fait des échecs passés (dont quelques-uns ont déjà été évoqués), il ne manque pas de données indiquant très nettement que les dirigeants se sentirent contraints de prendre des mesures exceptionnelles et très dangereuses. Mais il est significatif qu'un certain nombre de chercheurs soviétiques expriment aujourd'hui quelques doutes non seulement sur la cadence et la nature excessivement administrative de la collectivisation, mais aussi sur le calendrier des mesures de dékoulakisation mises en œuvre à cette époque. La grande masse des paysans, et en particulier les paysans moyens, assurent-ils, n'étaient pas encore préparés à une collectivisation aussi massive ni, par conséquent, à la liquidation des koulaks [1]. Tenir de tels propos, c'est remettre en question tout le changement spectaculaire de politique opéré à la fin de l'année 1929.

Notre présente analyse ne s'intéresse pas tant au « changement soudain » qu'à la longue période qui y conduisit, et nous avons donc tenté d'attirer l'attention sur certains facteurs de cette période que les responsables politiques ont eu tendance à négliger, ou certaines erreurs qui paraissent particulièrement flagrantes. Il ne s'agit pas de spéculer sur les autres cours qu'aurait pu emprunter l'histoire, et cet essai ne prétend pas réécrire l'histoire avec des si. Il s'efforce tout simplement d'isoler un assez grand nombre de facteurs concrets qui auraient pu justifier un autre ensemble de mesures ou, en d'autres termes, une politique différente, tout en restant à l'intérieur du même cadre institutionnel. Cela pourrait en soi suffire pour répondre à cette question : Y avait-il une autre solution? Concluons, cependant, par quelques observations générales.

La situation dans laquelle se trouvait la Russie soviétique était telle qu'une vigoureuse campagne d'industrialisation devint une question de toute première nécessité, et que cette industrialisation ne pouvait se faire sans prélever un « tribut » sur les paysans, les ouvriers et, à vrai dire, la population tout entière. Comme Preobraženskij l'avait fort justement prévu, tout cela ne pouvait que déboucher sur une période de tensions sociales, en particulier durant les premières phases de l'effort industriel. On peut ajouter que la réussite de cette entreprise exigeait un régime « fort », une dictature déterminée.

Ce préalable n'exclut pas, cependant, un certain élément de choix dans la conduite de ce régime et la politique poursuivie. En admettant que le « tribut » était inévitable, son ampleur était encore une question de choix et il ne s'agissait aucunement d'une quantité fixe rigidement dictée par quelque immuable loi de l'histoire; en admettant aussi que la situation rendait nécessaire une forme ou une autre de dictature, on ne doit pas oublier que la dictature, comme la démocratie, peut revêtir diverses formes. Dans cette situation, il semblerait que la dictature ait été une nécessité logique, mais pas nécessairement sous les apparences autocratiques, terroristes et génératrices d'un culte que nous lui avons connues; en admettant enfin la nécessité de l'industria-

1. Voir Abramov *in* Danilov, *Očerki*, *op. cit.*, pp. 96-97; Ivnickij, *Voprosy istorii KPSS*, n° 4, 1962, p. 71.

lisation, il restait encore à décider de son ampleur et de ses modalités. S'il est certain que l'industrialisation ne pouvait qu'entraîner des changements en profondeur dans les campagnes, on aurait tort, de notre point de vue, d'imaginer que ces changements n'auraient pu se faire autrement que par la collectivisation telle que la Russie en a fait l'expérience. Pourquoi avoir fait du kolkhoze la seule et unique forme d'exploitation collective, quand les structures villageoises suggéraient d'autres solutions ? Y a-t-il quelque raison de reconnaître aux délais fixés par le Politburo la valeur de lois historiques immuables ? Et qu'en est-il de la condamnation sans appel de tout secteur privé ?

Aussi nécessaires qu'ils aient été, les changements apportés aux structures de la vie rurale n'étaient pas condamnés à suivre un modèle uniforme; ils auraient pu se faire par la création de différents secteurs, dont le noyau existait déjà sous la N.E.P., et qui auraient pu être des sovkhozes, des kolkhozes (il en existait de plusieurs types) ou d'autres formes encore de coopérative ou d'association se caractérisant par des degrés variables de socialisation et d'intégration des fermes et des biens privés, avec (pourquoi pas ?) un secteur privé.

Si nous convenons que la route que devait suivre la Russie soviétique laissait si peu de marge de manœuvre au régime qu'il avait à choisir entre sa propre destruction et la voie qu'il a prise, il serait alors logique de voir dans la politique de Staline l'expression directe de la nécessité historique et de reconnaître que toutes les méthodes employées étaient justifiées, en se contentant de faire des réserves sur quelques erreurs ou excès; dans ce cas, on pourrait logiquement prétendre que les résultats obtenus ne pouvaient l'être que par une dictature de l'espèce la plus despotique, et par un seul individu – Staline. Telle est la conclusion logique des opinions développées par le Dr. Schlesinger [1]. Sa théorie, suivant laquelle l'élimination, d'abord de la gauche, puis de la droite était indispensable à la survie du régime et à la réussite de son œuvre d'industrialisation, s'inscrit très logiquement dans ce modèle.

De notre point de vue, cette argumentation souffre de certaines faiblesses. Comme la présente étude l'a montré, il existait toute une série de facteurs que l'on aurait pu combiner pour définir une alternative. Encore une fois, il est incontestable que Staline

1. Voir R. Schlesinger, « Notes on the Context of Early Soviet Planning », in *Soviet Studies*, juillet 1964.

n'avait aucune prescience du grand « bond en avant » qu'il allait accomplir, ni d'ailleurs de toutes ses conséquences, et que telles n'étaient pas ses ambitions, surtout en 1926 et 1927, lorsqu'il se préoccupa de liquider la gauche. Certes, comme le suggère le Dr. Schlesinger, il était déjà un « industrialisateur »[1], mais pas plus que ses associés de l'époque, pas plus que Rykov par exemple (l'intensification de l'effort d'industrialisation en 1926 a-t-elle été décidée contre les vœux d'un Rykov ou d'un Boukharine?). Les généralisations quant à l'industrialisation de la Russie, que tout le monde acceptait à l'époque, importent moins que les mesures pratiques. Sur un plan pratique, en effet, Staline fut à la fois un partisan de l'industrialisation et de la N.E.P. (il se montra seulement plus prudent dans ses déclarations qu'un responsable politique aussi maladroit que Boukharine), et c'est donc avec prudence et modération qu'il s'avança en ce domaine. Pour toutes ces raisons, prétendre que la liquidation de la gauche, adepte enthousiaste de l'industrialisation et de la politique anti-koulak, était une condition préalable capitale de l'industrialisation future et que cette liquidation devait être le fait d'un Staline qui, à cette époque, n'avait encore guère réfléchi à ce que devait être sa politique future, c'est soutenir une théorie bien étrange. On ne peut l'accepter qu'en souscrivant à une autre théorie tout aussi bizarre consistant à présenter Staline comme une sorte de *deus ex machina*, comme le seul homme, au sein du parti, capable de transformer la Russie en un pays industriel. Si tel était le cas, force nous serait alors d'accepter que l'élimination de la gauche était nécessaire, non pas en raison de son « appel sectaire » aux ouvriers[2] (il n'y a aucune raison de penser que la gauche était incapable de demander des sacrifices au prolétariat), mais parce que, pour le bien de la cause, il fallait sacrifier tout ce qui pouvait faire obstacle « au seul homme qui fût capable d'agir ».

De même, si l'on entend démontrer que l'élimination de la droite était elle aussi indispensable, on devrait prouver, pour commencer, que toutes leurs propositions étaient foncièrement mauvaises tandis que tout ce que proposa Staline était foncièrement bon. Or c'est loin d'être le cas. L'enchaînement des événements après 1928, et les résultats de la politique stalinienne, donnent à penser que ce dont l'administration stali-

1. *Ibid.*, pp. 29, 30.
2. *Ibid.*, p. 29.

nienne avait le plus grand besoin (mis à part l'éventuel besoin de sa propre disparition), c'était précisément de cette influence modératrice que la droite aurait pu exercer. Ce qu'il fallait, ce n'était donc pas du tout éliminer la droite, mais tout au plus limiter ses responsabilités dans le cadre de ses droits de minorité. Les méthodes employées par les dirigeants de droite dans leur lutte contre Staline montrent que ces mêmes hommes étaient parfaitement capables de rester dans les limites qu'imposait la discipline et de s'abstenir de porter leur controverse sur la place publique, ou même devant l'ensemble du parti, dès lors qu'ils avaient l'assurance que leurs propositions ne seraient pas balayées d'un revers de main et qu'on leur laisserait quelque possibilité d'exercer une influence modératrice.

Ainsi les événements ont-ils suivi leur cours. Les historiens et les autres analystes consignent ces événements par écrit et tentent de les interpréter. Mais la condition préalable de toute analyse, c'est d'une part d'être capable d'identifier les besoins sociaux urgents dictés par les circonstances et, d'autre part, de juger les solutions pratiques apportées à ces problèmes qui furent le résultat d'un choix subjectif de la part des dirigeants. En opérant cette distinction, nous sommes en mesure d'apprécier les actes des personnages historiques et de juger de la qualité des dirigeants.

CHAPITRE V

Qui était le koulak soviétique?

Cet essai ne tente pas d'apporter une réponse à la question posée dans le titre. Bien des études seront nécessaires – et elles ne font que commencer en U.R.S.S. – pour obtenir un résultat plus satisfaisant. Il serait souhaitable, si la chose était possible, de mettre sur pied une équipe de chercheurs. Mais le sujet mérite d'être traité, même si ce n'est que pour inviter à l'étude et à la discussion.

Les pièges en ce domaine sont légion : l'état des informations statistiques, nombreuses mais incomplètes et contradictoires; le manque de documents et d'autres témoignages; la confusion des idées et des concepts – tous ces facteurs rendent l'étude de ce problème ardue mais on ne peut plus tentante. Le grand chambardement connu sous le nom de dékoulakisation donne le sentiment d'un épisode sinistre qui remonte très loin dans l'histoire alors qu'il existe encore quantité de témoins et de survivants et que les conséquences de cette opération sur le corps social soviétique sont loin d'avoir disparu.

Cependant, malgré l'importance et la notoriété de la dékoulakisation, il n'existe encore aucun ouvrage sur les koulaks raisonnablement acceptable au regard des exigences de la recherche. Les chercheurs soviétiques en sont bien conscients et on peut sans doute attendre de l'U.R.S.S. de nouveaux travaux (certains semblent déjà en cours).

Le problème fondamental, celui de la différenciation au sein de la paysannerie, dont le problème des koulaks n'est qu'un aspect, avait déjà fait l'objet de vives discussions lors de la controverse entre populistes et marxistes sur le capitalisme en Russie. Cette discussion se développa après les réformes de Stolypine qui cherchaient à démanteler la commune paysanne en accélérant le processus de différenciation en son sein et en créant une couche de paysans « forts » appelés à devenir des producteurs efficaces et des soutiens de l'ordre établi.

Le mot « koulak » apparaît avec une fréquence croissante au cours de cette période. Toutefois, il fut d'abord employé pour désigner, non pas les nouveaux paysans prospères, mais plutôt une catégorie d'extorqueurs de village, les « écorcheurs à vif » qui « épuisent les provisions de la commune » *(živodery, miroedy)*, des hommes particulièrement rapaces dont toute la fortune venait de l'usure ou du négoce plutôt que de l'agriculture. C'est en ce sens que dans son étude sur le développement du capitalisme en Russie Lénine employa ce terme pour désigner ces éléments familiers des campagnes précapitalistes, tandis que les paysans aisés – qui sont, à ses yeux, les fourriers du capitalisme rural – sont des « paysans entrepreneurs [1] ».

Mon propos étant dans cet article d'étudier le koulak soviétique jusqu'aux années 1927-1929, avant son élimination, j'éviterai une trop longue enquête historique. Il suffit de dire ici que des notions comme celles de « capitalisme rural », de « koulak », ou de « capitaliste rural » n'ont jamais fait l'objet d'une définition communément acceptée – et ce, pas plus avant qu'après la révolution. Les divergences sur le nombre des koulaks avant la révolution mettent en évidence la souplesse de cette notion : ils représentaient 13,3 % des foyers, si l'on en croit Lénine, mais seulement 9 % selon le Bureau central des statistiques (T.S.U.) que cite Larin [2].

Quelle que soit l'analyse, le phénomène concerné était bien plus en évidence avant la révolution que celui que nous connaissons sous la période soviétique. Avant la révolution, les koulaks possédaient 80 millions d'hectares de terre; Nemtchinov leur attribue 38 % de la production céréalière du pays, une part de la production vendue sur le marché *(tovarnost')* équivalant à 34 %, et une place de choix pour la commercialisation du blé – 50 % des moissons commercialisées du pays [3]. On ne dénombrait pas moins de 600 000 exploitations de 50 *desjatins* ou plus (55 hectares) [4]. Ces paysans, qui produisaient beaucoup pour le

1. V.I. LÉNINE, *Sočinenija*, 4e éd., 36 vol., Moscou, 1941, vol. III, pp. 333-334. Mais il sait que les campagnes sont précapitalistes et le dit.

2. *Ibid.*, vol. XXVIII, p. 39. LARIN, *Sovetskaja derevenja*, Moscou et Leningrad, 1928, p. 173.

3. Chiffres cités par V. JAKOVCEVSKIJ, *Agrarnye otnošenija v SSSR v period stroitel'stva socializma*, Moscou, 1954, p. 156.

4. Léon TROTSKY, *Histoire de la révolution russe*, Paris, Éd. du Seuil, 1950, vol. II, p. 355.

marché national et international, se laissent peut-être plus facilement définir d'un point de vue social. Mais cette couche a été balayée par la révolution, ou plutôt par ce qui s'est passé entre la période des *kombedy* et la fin de la guerre civile, au cours de laquelle de nombreux producteurs forts au sens de Stolypine se rangèrent dans le camp des Blancs.

Vers 1921, au début de la N.E.P., les campagnes étaient, en apparence tout au moins, nivelées et uniformisées conformément aux rêves chers aux socialistes-révolutionnaires, tandis que le nombre des paysans isolés dans des *hutora* (fermes n'appartenant pas à la communauté agraire) et des *otruba* (petites exploitations remembrées) avait fortement diminué en raison d'une résurrection spectaculaire des communes ou, plus exactement, des communautés villageoises *(obščiny)* [1]. Qu'étaient devenus les paysans riches d'autrefois, koulaks ou autres? Comment avaient-ils disparu, et où? Par manque d'informations, il est difficile de répondre à ces questions. Deux faits sont toutefois incontestables : la grande exploitation paysanne de jadis avait disparu, mais les termes « koulak » ou « bourgeois de village » appartenaient toujours au vocabulaire du parti.

Quelques années plus tard, en 1925, on vit se dessiner une nouvelle différenciation avec ses polarités sociales et ses dangers politiques. Cette différenciation était déjà en germe dans la paysannerie « nivelée ». Il suffisait de peu de chose pour que des différences de bien-être apparaissent au sein d'une paysannerie primitive et accablée par la pauvreté : plus la misère était profonde, plus ces différences étaient prises en mauvaise part. Or, après le « communisme de guerre », un fait nourrit tout particulièrement les inégalités sociales dans les campagnes : la répartition inégale du bétail, des animaux et des outils agricoles entre les paysans [2].

Le paysan privé des moyens de cultiver son lopin avait le choix entre partir en ville, travailler pour un voisin plus heureux, abandonner une partie de sa terre, ou encore louer une charrue et un cheval à un voisin. On voit sans mal comment

1. *Postroenie fundamenta socialističeskoj ekonomiki v SSSR, 1926-1932,* Moscou, 1960, estime qu'en 1927, 95,5 % de la terre était propriété communale tandis que les *otruba* représentaient 2,6 % de la superficie et les *hutora* 0,9 %.

2. En 1926, 30,5 % des paysans de R.S.F.S.R. ne possédaient aucun animal de trait. Dans les régions céréalières – basse et moyenne Volga, Nord-Caucase – ce pourcentage allait jusqu'à 40 % ou plus. Cf. V.P. Danilov, *Očerki istorii kollektivizacii sel'skogo hozjajstva v sojuznyk respublikah,* Moscou, 1963, pp. 75-76. De nombreux foyers n'avaient pas de charrue.

une telle situation favorise la prospérité de certains tout en pérennisant ou en aggravant la misère des autres. Les quelques réserves de grains ou, surtout, d'argent que les anciens « forts » avaient pu garder à l'abri des tourmentes de la révolution intensifièrent cette évolution, tandis que bien d'autres facteurs travaillèrent dans le même sens. Mais le facteur le plus important tient sans doute à la politique économique (la N.E.P.), qui était devenue vers 1925 une espèce de « néo-N.E.P. » octroyant de nouvelles concessions profitant, avant tout, aux paysans aisés.

Quand cette polarisation sociale, que l'on avait pensée disparue, fit de nouveau sentir ses effets, le parti eut recours, non sans hésitation de la part de certains militants, à la vieille terminologie qui avait été forgée au cours des discussions avec les populistes sur le capitalisme et à la vieille appellation de « koulak ». Les inégalités économiques dans les campagnes provoquèrent une sorte de réflexe chez les bolcheviks, comme chez d'autres marxistes, qui, derrière ces inégalités, se mirent en quête d'un capitalisme rural et des classes caractéristiques de ce capitalisme. C'est ainsi que la nouvelle couche de paysans aisés des campagnes soviétiques eut droit au nom de « koulaks » et, dans le même esprit, fut identifiée tantôt avec la « bourgeoisie rurale », tantôt avec les « capitalistes de village ».

Par ce processus quasi « spontané » ou même, en un sens, inconscient, ces appellations furent transposées d'une structure sociale historique à une autre, et ce sans études préparatoires ni effort de clarification. Qui plus est, les bolcheviks eux-mêmes ne réussirent jamais à s'entendre sur le sens de la notion de koulak.

Dans une brochure publiée en 1926, le commissaire à l'agriculture de la R.S.F.S.R., A. P. Smirnov, distingua deux catégories de paysans aisés. La première catégorie était celle du koulak exploiteur et « dévoreur du *mir* », qui ne possédait pas « rien qu'un peu » de terre, embauchait des *batraki* (travailleurs agricoles), faisait du commerce et prêtait de l'argent. C'était un « écorcheur à vif » qui avait tendance à mettre la main sur tous ceux qui l'entouraient. Mais, ajoutait Smirnov, ce type a pratiquement disparu des campagnes soviétiques, et mérite d'être vigoureusement combattu si jamais il réapparaît. La seconde catégorie, sur laquelle le commissaire ne tarit pas d'éloges, était celle de la ferme dite « forte » (la *krepkoe trudovoe hozjajstvo*) fondée sur la main-d'œuvre familiale et tournée essentiellement vers l'agriculture [1]. On peut comparer cette classification à celle de Boukharine qui, à cette même époque, distingua lui aussi deux catégories, l'une réunissant « l'aubergiste aisé, l'usurier villageois, et le koulak », l'autre étant celle du « fermier fort qui embauche quelques *batraki* » – et cela dans un ouvrage théorique qui fit autorité en son temps [2].

Nous percevons dans ces notions une double divergence par rapport aux théories qui devaient devenir prédominantes un peu plus tard et persister jusqu'à nos jours. Le koulak n'est pas ici rangé dans la même classe que le paysan aisé de la N.E.P., et celui-ci n'est pas assimilé au capitaliste villageois.

Ces vues des dirigeants communistes rejoignent certaines idées répandues par certains observateurs extérieurs au parti. Bazarov, par exemple, assimilait le koulak à « l'usurier du capital » qui précède l'accumulation du capital, tandis que pour Suhanov, le koulak devait plutôt se définir par rapport au « capital commercial » [3].

Prenant le contre-pied de ces auteurs, Larin, « koulakophobe » de réputation, devait ranger tous les koulaks dans la catégorie des « entrepreneurs » tout en distinguant plusieurs types parmi eux : le koulak-employeur, le koulak-négociant, le koulak-spéculateur, et le koulak-usurier [4]. Un décret gouvernemental officiel établit encore une autre distinction en parlant d'un « koulak-entrepreneur », catégorie qui semblait englober tous les types définis par Larin, et un koulak « d'espèce paysanne » *(krest'janskij)* qui se consacrait sans doute essentiellement à l'agriculture [5].

Cela n'épuise aucunement la profusion des termes et des définitions des koulaks. Trifonov parle de la « classe réactionnaire des koulaks » mais se contredit lui-même à la même page en employant l'expression d'« éléments capitalistes » [6]. *Voprosy isto-*

1. Cette brochure de A.P. Smirnov est citée in *Na agrarnom fronte*, n° 9, 1930, pp. 20-21.

2. Boukharine (Buharin), *Put' k socializmu i raboče-krest'janskij blok*, Moscou et Leningrad, 1926, p. 13.

3. Article de Bazarov in *Planovoe hozjajstvo*, n° 2, 1928, p. 42; le point de vue de Suhanov est implicite dans sa déclaration devant l'Académie communiste, *Na agrarnom fronte*, n° 6-7, 1928, p. 184.

4. Cité par E.H. Carr, *Socialism in One Country, 1924-1926*, vol. I, New York, Macmillan, 1958, pp. 236-237.

5. Décret du Ts.I.K.-S.N.K., in *Kollektivizacija sel'skogo hozjajstva*, Moscou, 1957, doc. 59.

6. Y. Trifonov, *Očerki klassovoj bor'by SSSR v gody Nepa*, Moscou, 1960, p. 189.

rii parla récemment d'une « classe d'exploiteurs ruraux »; pour Ljaščenko, les koulaks étaient des « petits producteurs capitalistes de marchandises », tandis que Danilov employa l'expression « capitalisme primitif » pour désigner les paysans moyens – « petits-bourgeois », à ses yeux – le koulak étant tout simplement pour lui un capitaliste villageois sans autres complications [1]. Il semble que l'académicien Strumilin, qui traita en 1929 de la différenciation paysanne, n'ait pas accepté, à l'époque tout au moins, l'assimilation courante du koulak et du capitaliste; dans son essai de calcul de l'éventail des couches sociales au sein de la paysannerie, il ne parle en effet que de « paysans aisés », tandis que la notion de koulak, comme un autre auteur l'a souligné, « échappa » à sa classification [2].

L'indétermination terminologique trahissait un manque de clarté conceptuelle en même temps que l'ignorance des faits. C'est encore Strumilin qui avoue franchement : « Même la question fondamentale du critère d'après lequel l'on doit distinguer un koulak d'un *serednjak* et un *serednjak* d'un *bednjak* n'a pas encore reçu de solution qui ferait autorité [3]. »

Milutin, autre spécialiste des problèmes agraires au sein du parti, devait affirmer au cours du XVe Congrès : « Qu'est-ce qu'un koulak? Jusqu'ici, au fond, on n'a pas donné de définition claire ni exacte du koulak dans cette différenciation qui se produit actuellement [4]. »

Nous devons ajouter à ces propos contemporains un constat récent de l'un des meilleurs spécialistes soviétiques de l'histoire agraire : « Dans les ouvrages concernant la lutte des classes dans les campagnes, il est impossible de trouver logiquement une caractérisation scientifique des forces sociales dans les campagnes et de leur agencement [5]. »

Il est significatif de lire aujourd'hui, après la « liquidation en tant que classe » d'une large couche de la paysannerie, qu'il n'existait pas de critères précis pour la distinguer. La question est d'autant plus compliquée que, dans les conditions rurales de la N.E.P., les organismes qui devaient déterminer les catégories particulières « sur le terrain » à des fins d'imposition ou de dépossession étaient souvent en difficulté bien qu'on leur ait

1. Discours de V.P. Danilov, in *Istorija Sovetskogo Krest'janstva i Kolhoznogo stroitel'stva v SSSR*, Moscou, 1965, p. 63.
2. Voir S.G. Strumilin, *Planovoe hozjajstvo*, n° 8, 1929, pp. 49 sq.
3. *Ibid.*, p. 49.
4. V. Milutin, in *15-Yj s'ezd... stenotčët*, *op. cit.*, Moscou, 1929, p. 1191.
5. Danilov, *Istorija*, *op. cit.*, p. 51.

fourni des critères théoriques plus ou moins définis. Un chercheur a bien résumé cette situation dans une discussion à l'Académie communiste en 1928. Quiconque connaît les campagnes, affirma-t-il, « sait parfaitement que l'on ne saurait trouver le koulak directement, on ne peut mettre le grappin sur lui, on ne peut établir par des méthodes directes qu'il est en réalité un capitaliste [1] ».

Les services statistiques et les instituts de recherche ont effectué de nombreuses tentatives afin de délimiter les couches sociales dans les campagnes. J'ai décrit ailleurs une série d'études de ce type et les méthodes employées [2]. Nous devons ici nous limiter aux données sur les koulaks, en laissant de côté le problème plus général de la différenciation de tous les groupes paysans.

Le critère le plus développé hérité des statisticiens des zemstvos était celui de la superficie ensemencée. C'est sur ce critère, par exemple, que Larin a établi ses premières classifications pour la période prérévolutionnaire et les lendemains de la révolution pour définir comme koulaks ceux qui ensemençaient plus de huit desjatins. Le Bureau central des statistiques (Ts.S.U.) a longtemps continué à employer le même critère, jusqu'à ce que celui-ci fût dénoncé par le commissariat de l'Inspection (R.K.I.). Cet indicateur fut alors attaqué de toutes parts et jugé inacceptable. Une grande famille de paysans possédait souvent plus de terre qu'un véritable entrepreneur rural. Les indicateurs fondés sur le nombre de chevaux ou de vaches, facilement utilisés par diverses agences, n'étaient pas plus efficaces pour mesurer l'échelle d'un éventuel capitalisme rural.

Puisque tel était bien ce que l'on cherchait si obstinément, le plus simple était de s'intéresser essentiellement à la quantité de main-d'œuvre embauchée. Mais tout le monde savait que dans la Russie de la N.E.P. on risquait fort ainsi de ne pas découvrir grand-chose. L'embauche, dans les campagnes, était souvent camouflée de diverses manières, par l'adoption, par exemple, ou par « l'aide » d'un parent; souvent le contrat d'embauche n'était même pas déclaré; mais, de surcroît, l'emploi salarié était relativement peu pratiqué dans les campagnes soviétiques.

C'est pourquoi certains chercheurs, Kricman, de l'Académie communiste en tête, virent le principal indicateur du capitalisme rural et son domaine d'activité privilégié dans la location de

1. K. Naumov, *Na agrarnom fronte*, n° 6-7, 1928, p. 184.
2. Moshe Lewin, *Cahiers du monde russe et soviétique*, Paris, janvier-mars 1965.

moyens de travail (instruments, machines, animaux de trait). Mais cette méthode fut violemment prise à partie, par Suhanov, notamment, le chroniqueur de la révolution, et par un membre du parti, Dubrovskij, qui jugea même nécessaire de recourir aux colonnes de la *Pravda* pour dénoncer la façon de procéder de Kricman [1].

Pour Suhanov, il n'existe point d'autre capitalisme que celui des grandes fermes employant et exploitant des *batraki.* La location d'outils agricoles et d'animaux de trait n'était rien de plus que du « capital commercial » et elle était de surcroît bien trop éphémère pour servir d'indicateur; il suffisait au paysan en question d'obtenir un prêt d'État à la coopérative pour acquérir la charrue et le cheval dont il manquait, ou de les louer à une « station » d'État pour que prît fin l'exploitation par la location. Il s'agit donc tout simplement, selon Suhanov, d'un « rapport antagoniste » (tel qu'il existe entre vendeurs et acheteurs), qu'il ne faut pas confondre avec un rapport de *classes.*

D'après Dubrovskij, la location de moyens de production pourrait être un indicateur valable à condition qu'elle soit le fait d'un koulak déjà classé comme tel pour d'autres raisons (l'exploitation d'ouvriers embauchés), puisque la location d'instruments et de bêtes était une pratique si répandue parmi les paysans que l'on risquait – en assimilant ces outils agricoles à du capital et les emprunteurs à des prolétaires exploités – de découvrir une dose extraordinaire de capitalisme dans les miséreuses campagnes de la Russie.

Nemčinov tenta de résoudre la difficulté en proposant d'utiliser la valeur des moyens de production que possédait une ferme. Devait être considéré comme koulak tout paysan dont la valeur des instruments de travail dépassait les 1 600 roubles [2]. En se servant de cet indice, Ljaščenko dénombra 3,24 % de « petits capitalistes ». Mais d'autres chercheurs ne furent jamais à court d'arguments pour dénier à ce critère la valeur d'indice fondamental.

Il ne restait aux chercheurs et aux statisticiens qu'une procédure : il s'agissait de cerner la couche la plus aisée de la

1. N.N. Suhanov, *Na agrarnom fronte,* n° 6-7, 1928, p. 178 sq.; S.M. Dubrovskij, *Pravda,* 10 février 1928.

2. Voir Ljaščenko, *Istorija narodnogo hozjajstva SSSR,* vol. III, 1956, p. 238; Danilov, *Istorija, op. cit.,* p. 58. Jusqu'à 200 roubles de moyens de production, on avait affaire à un demi-prolétaire *(bednjak);* entre 200 et 800 roubles, il s'agissait d'un *serednjak,* et entre 800 et 1 600 roubles d'un *serednjak* aisé *(zažitočnyj).*

paysannerie par une série statistique combinant divers indicateurs élaborés conformément aux concepts des auteurs concernés, suivant des procédures souvent ingénieuses mais toujours laborieuses.

Mais le temps pressait, et les responsables politiques ne voulaient pas attendre la découverte des instruments d'analyse les plus parfaits. En 1929 fut institué un « impôt individuel » destiné à frapper les seuls koulaks. Les autorités financières, dans un premier temps, puis les autres un peu plus tard, se virent donc obligées de trancher sous forme de décrets pour que les fonctionnaires dépêchés sur le terrain sachent que faire.

Nous approchons ici d'un premier élément de réponse à la question : Qui était koulak? Avant tout, celui qui était déclaré tel par les autorités.

Le Narkomfin (le commissariat du peuple aux Finances) fut probablement le premier à faire usage de l'autorité officielle, et c'est cet organisme qui fut à l'origine de la commission réunie en mai 1927 par le Sovnarkom (Conseil des commissaires du peuple) pour étudier l'incidence des impôts sur la population [1]. Cette commission, composée de Larin et Kricman (Académie communiste), Strumilin (Gosplan) et Paškovskij (Ts.S.U.), devait fixer, pour la première fois, « la méthodologie pour la définition de la structure sociale en U.R.S.S. ». En ce qui concerne le problème des koulaks, la commission se borna à évaluer le nombre de feux qui embauchaient des travailleurs pendant un certain temps (*srokovye*, à partir de cinquante jours par an) et à laisser à une autre commission le soin de discerner parmi eux « le groupe des koulaks ». C'est Nemčinov, Dubrovskij, et Larin qui « trièrent » *(otobrali)* les koulaks [2]. « Suivant les principes des experts », comme Dubrovskij devait le dire quelque trente-cinq ans plus tard, furent donc reconnus comme koulaks tous les paysans auxquels pouvait s'appliquer « ne fût-ce qu'un seul » (!) des indicateurs suivants :

1. L'embauche de deux *srokovye batraki*, même si l'un des deux était employé pour moins de six mois;
2. La possession d'au moins trois animaux de trait (quatre au Kazakhstan);

1. On trouvera de plus amples détails sur la commission et ses travaux *in* Larin, *Agrarnaja struktura SSSR i sud'bij agrarnogo perenaselenija,* Moscou et Leningrad, 1928, p. 23.
2. *Ibid.*

3. Une superficie ensemencée supérieure à 10 (12, 14, ou 16 suivant les régions) desjatins;

4. La propriété d'une entreprise de transformation même si elle n'embauchait qu'un seul ouvrier ou si elle n'avait aucun salarié dès lors qu'une section de la ferme employait un salarié;

5. La possession d'un commerce, même sans aide extérieure;

6. La propriété (privée, ou en étroite association) d'une machine agricole complexe et coûteuse (tracteur, ou batteuse) ou d'une quantité considérable d'outils agricoles de bonne qualité.

Et la commission de découvrir 3,9 % de « koulaks » de cette espèce au sein de la paysannerie. Rappelons que Strumilin, lui-même membre de la commission, ne reconnut pas à ses conclusions un « caractère d'autorité ». Cette décision n'en devait pas moins devenir le modèle des réglementations ultérieures.

Dans ses instructions relatives à l'imposition des koulaks [1], le Narkomfin adopta une partie de ces critères mais y ajouta l'usure, l'achat et la vente, ainsi que la location de moyens de production, tout en laissant tomber les indices « agricoles » – c'est-à-dire le nombre d'animaux et la surface ensemencée. Et en mars 1929, le Sovnarkom ratifia l'instruction du Narkomfin en y ajoutant quelques détails [2].

Cette législation allait être bientôt couronnée par une pièce maîtresse du Sovnarkom intitulée : « Indices des fermes de koulaks auxquelles doit s'appliquer le Code du travail. » Pour repérer une ferme koulak, le *Sovnarkom* mit en avant les critères suivants (un seul était suffisant) :

1. Une ferme qui embauche constamment des salariés pour les travaux agricoles ou dans les industries artisanales.

2. Une ferme qui possède une « entreprise industrielle » : moulin, beurrerie, moulin à perler et à monder, arçonnerie, râperie, sécheuse de pommes de terre, de fruits ou de légumes – mais à condition que ces entreprises soient pourvues d'un moteur ou même d'un moulin à vent ou à eau.

3. Une ferme qui donne à louage, de façon permanente, des machines agricoles complexes équipées d'un moteur.

4. Une ferme qui donne à louage, de façon permanente ou

1. Résumé *in* Lifšic, *Bol'ševik*, n° 2, 1929, p. 63.
2. *Sobranie zakonov i rasporjaženij*, n° 12, mars 1929, art. 103.

pour une saison, un local équipé pour être habité ou servir à une entreprise.

5. Une ferme dont les membres font du commerce, de l'usure ou possèdent d'autres sources de revenus ne provenant pas du travail. Cette catégorie comprend les ministres du culte [1].

Un seul de ces critères suffit pour qu'une famille soit classée parmi les koulaks. La loi ne précise pas combien d'ouvriers il fallait employer pour être un koulak; il était clair qu'un seul suffisait. Certains indicateurs sont d'un vague troublant, en particulier le « commerce », l'« usure », et surtout la clause sur les autres sources de revenus « qui ne proviennent pas du travail ». Il faut aussi remarquer la taille de ces « entreprises industrielles » ou « ateliers artisanaux » : il suffisait d'un ou deux salariés pour que leurs propriétaires fussent rangés parmi les « ennemis de classe » du régime.

Nous nous sommes attardé sur ces décrets, en particulier sur le dernier, parce qu'ils donnent une idée exacte de ce que les autorités entendaient par « capitalisme rural ». Qui plus est, c'est ce dernier décret qui servit de document de base pour orienter les responsables locaux chargés de la dékoulakisation. Il fut aussi à l'origine d'immenses abus. Déjà pour « l'impôt individuel » sur les koulaks – opération quasi idyllique en comparaison de la dékoulakisation – la presse avait signalé des cas d'imposition frappant des vendeurs de graines de tournesol ou de bouteilles de lait à une gare de chemins de fer (« commerce »?) [2], ou des gens qui louaient une chambre de leur maison (« autre source de revenus qui ne proviennent pas du travail »?). Plus tard, dans l'atmosphère chaotique de l'assaut de la dékoulakisation, sous la pression d'une propagande effrénée contre les ennemis de classe, quelle valeur restrictive pouvait-il y avoir dans un document assez flou pour permettre l'inclusion de presque n'importe quel paysan sur la liste fatidique, en particulier s'il jouissait d'une relative prospérité?

Dans les faits, la politique de dékoulakisation frappa et détruisit pratiquement la couche la plus aisée de la paysannerie à laquelle s'appliquait l'appellation générale de *zažitočnye*. Dans une période plus sereine, un chercheur (Gajster) se permit de conclure que ce mot « n'a pas de contenu de classe », c'est-à-dire

1. *Kollektivizatsija sel'skogo hozjajstva, op. cit.*, doc. 38, pp. 163-164; et *Sobranie zakonov i rasporjaženii*, n° 34, juin 1929, art. 301.

2. Voir, p. ex., Lifšic, *Bol'ševik*, n° 2, 1929.

qu'un *zažitočnij* n'était ni plus ni moins qu'un *serednjak* un peu plus aisé que les autres. Mais dans les déclarations officielles, surtout avec la montée des tensions, on ne cessa d'utiliser indifféremment les deux termes – « koulak » ou *« zažitočnij »* – pour désigner l'ennemi.

Ce type d'identification compromet toute prétention du parti au sérieux de son analyse en termes de classes. L'invention délibérée du terme *podkulačnik*, pour désigner quiconque s'opposait à la collectivisation, indépendamment de son rang social, est un exemple plus révélateur encore de l'usage de ces termes à des fins politiques, au mépris de possibles analyses sociologiques marxistes.

Le professeur Carr a justement observé qu'à partir d'un certain stade de la N.E.P. « il n'est plus vrai que l'analyse en termes de classes ait déterminé la politique. C'est la politique qui détermina quelle forme d'analyse de classes était appropriée à la situation donnée [1] ».

Maintenant que nous savons quelles catégories de paysans furent rangées parmi les koulaks, une deuxième question se pose : Quel était le potentiel économique de cette section et le poids d'un représentant moyen? Aucune réponse précise n'est possible en raison de l'état des statistiques et, surtout, des critères présentés plus haut. Le seul problème du nombre des koulaks pose déjà bien des problèmes aux chercheurs.

Le nombre des koulaks a fait l'objet d'évaluations divergentes dans les enquêtes entreprises par divers organismes d'État et instituts de recherche. Suivant la commission réunie en 1927 par le Sovnarkom, les koulaks devaient représenter 3,9 % des 20 millions de foyers; 4,2 %, indiqua le Narkomzem un peu plus tard, tandis qu'à la même époque (1928) Staline trancha : 5 % [2]! Nous ignorons d'où il tira ce chiffre, car au début de l'année 1929 le Gosplan avança le chiffre de 3,9 % tandis qu'à la fin de la N.E.P., Danilov indiqua même 3,2 % [3]. La différence entre l'évaluation de Danilov et celle de Staline est de l'ordre d'un tiers et porte sur 400 000 foyers, soit au moins 2,5 millions d'âmes.

1. Carr, *Socialism in One Country, op. cit.*, p. 99.
2. Pour l'évaluation du Narkomzem, voir *Bol'ševik*, n° 2, 1929, p. 7 ; Staline, au plénum de novembre 1929, in *Sočinenija*, vol. XI, p. 265.
3. *Planovoe hozjajstvo*, n° 2, 1929, pp. 100-101 ; et Danilov, *Istorija, op. cit.*, p. 61.

Le Sovnarkom, déjà cité, estima la population des koulaks à 4,9 millions d'âmes répartis en 782 000 foyers mais, deux ans plus tard, Molotov avança un chiffre de 1,2 ou 1,3 million de foyers. À la même époque, une sous-commission du Politburo, chargée en décembre 1929 de la dékoulakisation, estima à 5 ou 6 millions d'âmes les familles de koulaks [1].

C'est donc officiellement contre 1,2 ou 1,3 million de foyers que fut lancée la campagne de dékoulakisation, sans compter la masse beaucoup plus nombreuse des *zažitočnye* et celle, incalculable, des *podkulačniki*.

Examinons ces quelque 1,2 ou 1,3 million de foyers, qui devraient correspondre à l'un des indicateurs du décret de mai 1929.

Quelle superficie ensemençaient-ils? Nous avons sur ce point la même profusion d'estimations, mais nous n'en citerons que quelques-unes : 15 millions d'hectares en 1928, selon une source; 11 % de la superficie nationale ensemencée (Strumilin), ou à peine 6 % (Gajster) ou encore 13 % (Konjuhov); 9,4 desjatins en moyenne par exploitation (Ljaščenko) avec 0,8 % seulement des fermes dépassant 18 desjatins, dont à peu près 12 seraient en culture. Si l'on se souvient que le Sovnarkom avait rangé parmi les koulaks toutes les fermes de plus de 10 (12, 14 ou 16 suivant les régions) desjatins, nous pouvons établir l'ordre de grandeur de l'indicateur voulu [2]. Les koulaks prenaient en location d'autres terres, mais plusieurs sources s'accordent pour dire que ce faisant ils augmentaient au plus de 20 % leur superficie ensemencée.

En ce qui concerne le cheptel et les animaux de trait, seule une petite minorité de foyers aurait possédé plus de trois ou quatre vaches et deux ou trois chevaux (sauf dans les régions de nomades avec leurs troupeaux).

La puissance relativement considérable des koulaks venait de ce qu'ils possédaient une partie assez importante des moyens de production et, surtout, des machines agricoles les plus modernes. La concentration des moyens de production entre les mains des plus riches était la plus forte dans les régions de différenciation plus marquée qu'ailleurs, c'est-à-dire en Sibérie, dans l'Oural et le Nord-Caucase. Suivant une estimation concernant cette der-

1. Le chiffre de la commission est cité par Larin, *Agrarnaja struktura,* p. 45; le chiffre de la commission de 1929 figure in *Voprosy Istorii KPSS,* n° 4, 1962, p. 68.

2. Je prends sur moi d'omettre ici les sources précises de tous les chiffres cités.

nière région, 5,9 % des foyers possédaient 30 % des moyens de production de la région. En Ukraine, les koulaks en possédaient 18,7 % (ou 20 % selon une autre source). À l'échelle du pays tout entier, ils possédaient 16,1 des moyens de production agricole (ou 20 %) et, en particulier, 21,7 % des machines agricoles en 1927 – la dernière année de croissance de la classe des koulaks. La même source estime à 3,2 % de la population rurale les foyers possédant des moyens de production d'une valeur de plus de 1 600 roubles – la moyenne par exploitation étant de quelque 2 623,3 roubles [1].

D'après Nemčinov, ils engrangeaient 13 % des moissons du pays; Gajster avançait 8 % et Trifonov pas moins de 15 %; autrement dit, en prenant le chiffre de Nemčinov, on obtient un total de 617 millions de pouds, soit 10 millions de tonnes. De même, Nemčinov estima à 20 % le pourcentage de la production de chaque foyer écoulée sur le marché et à 20 % également la part globale des céréales commerciales du pays, si bien que les koulaks auraient vendu (en 1926) quelque 126 millions de pouds (contre 600 millions avant la guerre). C'est en se fondant sur le fameux tableau de Nemčinov que Staline devait juger la situation « sur le front des céréales [2] ». Si l'on part du chiffre de 800 000 koulaks pour cette année, une ferme koulak moyenne aurait récolté quelque 750 pouds (12 tonnes) pour en vendre 150 – ce qui représente un niveau de production et de revenu assez bas pour un koulak.

Prenons quelques chiffres relatifs aux revenus du koulak. En 1927, Molotov expliqua que suivant un calcul des autorités fiscales, un paysan employant des travailleurs *(srokovye)* gagnait en moyenne 166 roubles de revenus imposables. Deux ans plus tard, Strumilin évalua leurs revenus à 400 roubles, soit cinq fois plus que le revenu d'un *bednjak,* mais le koulak payait vingt fois plus d'impôt. Une autre source estime que les koulaks percevaient 10 % du revenu monétaire des paysans [3]. Kricman expliqua à l'Académie communiste qu'un ouvrier qualifié gagnait parfois plus qu'un koulak mineur [4]. Mais ces « koulaks mineurs » ne formaient-ils pas la majorité de cette couche sociale?

En 1928-1929, lorsque s'amplifia la campagne contre les pay-

1. Ljaščenko, *Istorija, op. cit.,* p. 238.
2. Le fameux tableau de Nemčinov est cité *in* Jakovcevskij, *Agrarnye otnosenija, op. cit.,* p. 156.
3. Pour le discours de Molotov, cf. *15-tyj s'ezd... stenotčët, op. cit.,* p. 1091; Strumilin, *Planovoe hozjajstvo,* n° 8, 1929, p. 57.
4. Kricman, *Na agrarnom fronte,* n° 4, 1928, p. 120.

sans aisés, le Narkomfin, moins indulgent que les années précédentes, prétendit que 890 000 foyers gagnaient un revenu supérieur à 700 roubles par an. Trifonov avance encore un autre chiffre : « l'accumulation nette » des koulaks aurait été de 150 millions de roubles par an [1]. Nous ne savons pas entre combien de foyers il convient de répartir cette somme – les 1,3 million de Molotov ou les 890 000 du Narkomfin. Divisons-le par un million. Nous obtenons alors une accumulation nette de 150 roubles par foyer de six ou sept personnes, par an et par « exploiteur ». Une telle somme, si elle est exacte, était loin d'être négligeable dans les conditions rurales soviétiques. Mais nous devons aussi prendre garde ici de ne pas employer des termes qui ne conviennent qu'à une échelle économique bien plus grande.

Un problème entouré de mystère fut celui des stocks de céréales que les koulaks étaient censés avoir accumulés. Au cours des collectes forcées, durant la « crise des céréales » au début de l'année 1928, Staline exhorta les militants de Sibérie à aller de l'avant et leur demanda de s'emparer des réserves des koulaks, qu'il jugeait fabuleuses. Nous ignorons qui lui avait préparé ses calculs. Lors du XVe Congrès du parti, Sokol'nikov estima que les stocks de la paysannerie tout entière approchaient les un milliard de pouds en 1928, soit assez pour nourrir le pays pendant trois mois. Il s'agit là d'un chiffre fort modeste, qu'une autre source réduit encore de 100 millions de pouds [2]. La plate-forme de l'opposition de gauche, encline à cette époque à exagérer le danger koulak, estimait à 400 ou 500 pouds par famille les stocks des koulaks. On est bien loin des chiffres de Gajster, qui estima qu'en 1927, dans les régions de différenciation maximale, les stocks des paysans représentaient dans l'Oural 18,4 % répartis entre 9,3 % des foyers, contre 12,8 % répartis entre plus de 5 % des foyers en Ukraine comme dans le Caucase du Nord [3]. Si pour l'ensemble du pays nous estimons à 10 % la part des stocks aux mains des koulaks, cela donnerait 100 pouds seulement par foyer de koulaks, contre 400 à 500 pouds d'après le chiffrage de l'op-

1. Trifonov, *Očerki, op. cit.*, p. 37.

2. Pour le discours de Sokol'nikov, voir *15-tyj s'ezd... stenotčët, op. cit.*, p. 1011; on trouve le chiffre de 900 millions de pouds in *Na agrarnom fronte*, n° 2, 1928, p. 6.

3. Voir A. Gajster, *Na agrarnom fronte*, n° 11-12, 1927, pour une étude détaillée des couches sociales; pour les réserves, cf. *ibid.*, n° 1, 1930, p. 96, où il explique que les « réserves des koulaks chutèrent de 10 % en 1927-1928, de 20 % l'année suivante, et de 22,5 % en 1929-1930 », mais il n'avance aucun chiffre concernant le montant total de ces réserves.

position. Même si nous multiplions ce chiffre par deux, 200 pouds (3,5 tonnes) de stocks par foyer reste une quantité très modeste. Nous ne devons pas perdre de vue qu'un foyer paysan devait garder en réserve de quoi nourrir ses membres et ses bêtes jusqu'à la moisson suivante. Il devait aussi, quand les conditions le permettaient, garder une réserve exceptionnelle en cas de famine. Seule la quantité de grain excédant ces réserves, indispensables au fonctionnement normal d'un foyer villageois, aurait dû être considérée comme des réserves commerciales indiquant la force économique et la capacité d'accumulation. À la lumière de nos calculs, nous sommes enclin à donner raison à Boukharine, qui dans ses « Notes d'un économiste » (*Pravda,* 30 septembre 1928), quand il était encore membre du Politburo, écrivit que les légendes relatives aux stocks des paysans s'étaient révélées dénuées de fondements. En outre, quelles qu'aient pu être ces réserves, elles avaient très fortement diminué au cours des collectes forcées des années 1928 et 1929.

Il nous faut maintenant passer en revue les trois facteurs qui servirent – et qui servent encore – d'« indicateurs sociaux directs » à différents auteurs et nous permettent d'observer la formation d'une classe distincte de koulaks. Il s'agit de l'affermage de terres, de la location d'outils de travail, et de l'emploi d'ouvriers. Mais au-delà de cette simple énumération, les avis sont partagés quant à savoir si ces facteurs relèvent tous trois de la catégorie des « indicateurs sociaux directs ». Pour certains, seule l'embauche d'ouvriers serait dans ce cas; pour d'autres (Jakovcevskij), il faut y ajouter l'affermage de terres; ou pour d'autres encore, cette catégorie inclut l'emploi de travailleurs et la location d'outils de travail ou, avant tout, ce dernier indice (Kricman) ou tous les trois (Danilov) [1].

Pour commencer, il faut dire que l'affermage de la terre n'était pas un phénomène très répandu sous la N.E.P. Le commissariat de l'Inspection, qui relevait généralement les chiffres du T.S.U. pour tenir compte de possibles affaires illégales, estima en 1926 que 17,6 % des exploitations avaient recours à l'affermage et que la superficie totale des terres données en location avoisinait les 11 millions d'hectares – alors que dans les années 1890, les

1. Jakovcevskij, *Agrarnye otnošenija, op. cit.*, p. 247 ; pour l'emploi par Danilov de ces trois indices, voir Danilov, *Očerki, op. cit.*, p. 62, mais il met ici au premier rang la location de moyens de production. La prépondérance de la location de moyens de production comme principal facteur est le propre de l'école de Kricman, qui la défendit devant l'Académie communiste. Voir *Na agrarnom fronte*, n° 4, 1928, pp. 114-140, et la discussion.

paysans louaient déjà cinq fois cette superficie, 50 millions de desjatins [1]. Jakovcevskij affirme que la majorité des fermiers étaient des koulaks, mais ses propres chiffres démentent son allégation : c'est le paysan moyen qui en profitait le plus, avec 7,8 millions d'hectares sur 11,2, une autre partie allant aux *bednjaki*. Danilov avait donc raison de dire que « les *serednjaki* ont commencé à jouer un rôle de premier plan en qualité de locataires de la terre [2] ». Mais ces deux auteurs modernes sont d'accord sur le fait que l'affermage de la terre « était mêlé dans les fermes koulaks à l'exploitation de la main-d'œuvre et avait un caractère d'entreprise *(predprinimatel'skii)* [3] ».

Cette allégation mérite examen. Les chiffres indiquent en premier lieu que moins de la moitié des koulaks louaient des terres supplémentaires [4]. Selon une source, ils contrôlaient quelque 18,7 % de toutes les terres prises en location, ce qui leur aurait donné 20 % de terres en plus que leur part. Une autre source donne précisément le chiffre de 7,5 hectares de terre supplémentaire par koulak locataire. Mais, s'opposant aux auteurs cités plus haut, Ljaščenko soutint que dans les régions où la location était la plus répandue on embauchait peu de travailleurs et inversement. En 1961, au cours d'une discussion à l'Académie des sciences, un chercheur sibérien du nom de Kas'jan devait démontrer on ne peut plus vivement la fausseté de la thèse de Jakovcevskij et Danilov [5].

Il reste encore une catégorie, celle des paysans qui ensemençaient de grandes superficies, qu'il faut examiner séparément. Selon Danilov, ceux qui ensemençaient entre 16 et 25 hectares prenaient en location la moitié de leur terre. Ceux qui ensemençaient plus de 25 hectares louaient en moyenne 19,3 hectares par ferme. Les premiers, ajoute Danilov, devaient employer des travailleurs rémunérés [6]. L'auteur ne nous donne pas, hélas, d'estimation du nombre de paysans ensemençant de grandes superficies ni de celui des *batraki* qu'ils pouvaient employer. Ils ne formaient, semble-t-il, qu'une petite minorité parmi les kou-

1. Jakovcevskij, *Agrarnye otnošenija, op. cit.*, p. 245.
2. Danilov, *Očerki, op. cit.*, p. 61.
3. Jakovcevskij, *Agrarnye otnošenija, op. cit.*, p. 247 ; et Danilov, *Očerki, op. cit.*, p. 61.
4. *Postroenie fundamenta*, p. 272 ; Ljaščenko, *Istorija, op. cit.*, p. 238. Selon la première source, 41,6 % des koulaks étaient dans cette situation tandis que Ljaščenko avance le chiffre de 39,2 %.
5. Kas'jan, in *Istorija Sovetskogo krest'janstva, op. cit.*, p. 148.
6. Danilov, *Očerki, op. cit.*, p. 61.

laks. Par ailleurs, une grande famille paysanne pouvait parfaitement cultiver une grande superficie sans recourir à une main-d'œuvre rémunérée, sauf en pleine saison. Peut-on établir une distinction entre une famille de ce genre et un foyer koulak?

La location d'outils de travail était une pratique plus répandue que la location de terres puisqu'un grand nombre de paysans pauvres – d'après les estimations officielles, 35 % des paysans étaient des *bednjaki* – ainsi que bon nombre de paysans faibles *(malomoščnye)* n'avaient pas de charrue, ni de machines agricoles ou de chevaux pour cultiver leur terre. Quelque 40 % des paysans louaient des outils de travail et c'est entre 16 et 20 % des paysans qui leur rendaient ces services [1].

Les *bednjaki* louaient essentiellement des outils rudimentaires et des animaux de trait, mais pas de machines. Ce sont les koulaks eux-mêmes et une partie des *serednjaki* qui louaient des outils et des machines agricoles plus sophistiqués. De nombreux *serednjaki,* peut-être un quart du total, louaient des outils de travail. Il est clair qu'ils étaient majoritaires parmi les paysans qui recouraient à la location. Le coût de celle-ci pour l'emprunteur devait être passablement élevé : la location d'un outil élémentaire (charrue, faucheuse, semoir) pouvait coûter 19 ou 20 % de la récolte effectuée sur la terre ainsi travaillée. Si le matériel était loué avec un cheval, le prix demandé pouvait aller jusqu'à 52 % de la récolte – ce qui équivaut à un degré de *živoderstvo* (« écorchement à vif ») pour le moins élevé. Le loueur – *serednjak* ou *koulak* – pouvait aussi demander à être payé en espèces ou en services. Cependant, l'auteur de qui nous tenons ces renseignements prétend – contrairement à Danilov – que la location d'outils de travail comme les gains salariaux « n'étaient pas décisifs et n'étaient pas la règle générale » dans les campagnes soviétiques [2]. Et ceci, bien que ses chiffres indiquent que 45 % des koulaks ainsi que de nombreux autres paysans louaient des outils de travail [3]. Le fait que l'auteur minimise le rôle de ce louage vient peut-être de ce qu'il était conscient que la fonction en question se résumait le plus souvent à un simple service entre voisins – service qui était rendu un peu par tout le monde et qui constituait très rarement une activité régulière dans un but lucratif. L'interpréter comme un signe majeur, ou tout simple-

1. *Ibid.,* p. 59; et JAKOVCEVSKIJ, *Istorija, op. cit.,* p. 252. Leurs chiffres sont souvent repris des archives.
2. JAKOVCEVSKIJ, *Istorija, op. cit.,* p. 259.
3. LJAŠČENKO, *Istorija, op. cit.,* dit 37,4 % seulement.

ment important, de capitalisme serait vider de toute signification la notion même de capitalisme. Tel est le sens du passage de Dubrovskij cité plus haut.

Nous arrivons maintenant aux gains salariaux, qui devraient être le principal critère d'une analyse des classes et de l'identification du capitalisme rural. Mais on n'a pas encore trouvé la clé du problème, pas même dans l'indicateur des gains salariaux, car cet indicateur n'est pas mieux loti que les précédents. En premier lieu, l'emploi de salariés à l'intérieur des villages ou par des fermes paysannes n'était pas une pratique répandue ; en second lieu, dans la mesure où il était pratiqué, c'était une pratique commune à toutes les classes, y compris à certains *bednjaki* qui *employaient* des salariés et à des koulaks qui *prenaient du travail;* et enfin, ce n'était même pas une pratique répandue parmi les koulaks.

Suivant un calcul effectué pour 1927, plus de la moitié des *bednjaki* et un tiers des *serednjaki* fournissaient de la main-d'œuvre. Il s'agissait le plus souvent de brèves périodes d'embauche de journaliers quand l'activité battait son plein, et c'était donc un gagne-pain complémentaire et non pas permanent. Ce sont les travailleurs agricoles salariés, les *batraki,* qui prenaient un emploi à durée déterminée, pour au moins cinquante jours par an.

Il n'y eut jamais le moindre recensement digne de ce nom des différentes catégories de gains salariaux, et les chiffres ne varient pas moins – s'ils ne varient pas davantage – que ceux des autres phénomènes que nous étudions. Il y aurait eu 2 310 900 *srokovye* en 1928, dont 1 492 200 employés par des paysans privés [1]. Certains auteurs s'empressent d'affirmer que ceux-ci étaient pour l'essentiel employés par des koulaks, mais les chiffres dont on dispose ne sont pas aussi catégoriques. Il faudrait ajouter aux chiffres cités celui des journaliers qui prenaient un emploi de manière sporadique et qui sont estimés à 2 millions. Une source estime qu'à la même époque 1,4 million de fermes employaient des salariés réguliers. Si nous comptabilisons aussi l'embauche temporaire de journaliers, la proportion de fermes qui avaient recours à des salariés est estimée à 18 % en 1927 et à 20,1 % en 1929 [2].

Un intéressant tableau publié par Danilov [3] montre que le

1. Jakovcevskij, *Istorija, op. cit.*, p. 252.
2. *Ibid.*, p. 256.
3. Danilov, *Očerki, op. cit.*, p. 51.

nombre total de jours de travail rémunéré se répartissait comme suit :

21,1 %, *bednjaki*, employaient 5,7 % du total
26,3 %, paysans « faibles », employaient 11,9 % du total
30,8 %, *serednjaki*, employaient 30,5 % du total
13,6 %, *serednjaki* aisés, employaient 31 % du total
3,2 %, koulaks, employaient 20,9 % du total

Outre qu'il donne un nouvel exemple de la répartition des classes sociales, ce tableau met en évidence un fait frappant : tous embauchent des travailleurs, mais le principal employeur est le *serednjak* et non le koulak. En 1961, Kas'jan affirma devant l'Académie des sciences [1] que c'était le *serednjak* qui employait le plus grand nombre de salariés et que c'est essentiellement lui qui louait des outils de travail et de la terre. D'autres auteurs ajoutent que le *serednjak* était aussi le premier producteur et vendeur de céréales et le principal propriétaire du bétail et des moyens de production [2]. Ces conclusions sont banales pour quiconque a connu le village – et l'économie – à l'époque de la N.E.P. Mais elles sont d'une grande importance pour notre sujet parce que, lues aujourd'hui sous la plume de certains chercheurs soviétiques, elles sont le signe d'une réévaluation latente de l'ensemble du problème des koulaks.

Tout bien considéré, quelle ampleur avait prise l'emploi de travailleurs par les koulaks? En premier lieu : un point important est sûr : à peine la moitié des koulaks embauchaient des *batraki* [3], et près de 50 % de ceux-là n'employaient qu'un seul batrak, l'autre moitié en employant plus d'un [4]. À ceci il faut ajouter un certain nombre de journaliers, qu'il est difficile d'estimer – mais cela ne modifie pas de fond en comble le tableau général : l'emploi de travailleurs n'était pas très répandu; l'employeur koulak moyen cultivait surtout sa ferme avec l'aide des membres de sa propre famille, n'employant des salariés que pour combler un vide, et la moitié des koulaks se passaient totalement de salariés.

Ce rapide tour d'horizon indique que les fermes des koulaks

1. Kas'jan, in *Istorija sovetskogo krest'janstva, op. cit.*, p. 148.
2. Voir les déclarations de M.L. Bogdenko et I.E. Zelenin in *ibid.*, p. 219.
3. Plus exactement 51,1 %, si l'on en croit Ljaščenko, *Istorija, op. cit.*, p. 238.
4. C'est Kricman qui affirma devant l'Académie communiste qu'à peine 1 % des foyers engageait plus d'un travailleur salarié. Voir *Na agrarnom fronte*, n° 4, 1929, p. 117.

étaient de taille modeste, quelle qu'ait pu être leur puissance économique en comparaison des autres catégories de paysans. Il ne s'agit pas de nier le moins du monde l'existence d'une différenciation au sein de la paysannerie ni l'importance de ce phénomène dans la vie du village et du pays. Certes, la différenciation existait, quoique à un degré infiniment moindre qu'avant la révolution. Il ne s'agit pas non plus de nier l'influence et le rôle social des paysans aisés – nous le verrons plus loin – à condition que l'on n'exagère pas ce rôle, comme on le fait souvent dans un souci de justifier à tout prix la politique du passé. Ce que nous rejetons, ce sont certaines affirmations quant au caractère social de la catégorie dite des koulaks et, avant tout, la thèse suivant laquelle ils formaient une classe distincte et, de surcroît, capitaliste.

Certains chercheurs ont assorti ces allégations d'importantes réserves. Ainsi de Kricman qui déclara : « Nous avons affaire à un capitalisme qui non seulement n'est pas très répandu mais qui est aussi extrêmement fragmenté [1], et qui n'existe qu'à l'état « embryonnaire ». Mais ces réserves, ainsi que toute une série de « diminutifs » tels que « petits capitalistes » ou « semi-capitalistes » employés par certains auteurs, n'affaiblissent aucunement nos objections.

Le koulak, mieux pourvu que les autres paysans, ne vendait que 20 % de ses céréales. Même si ce chiffre officiel est sous-estimé, le koulak vit encore dans une large mesure, comme les autres paysans, dans une économie naturelle relativement fermée; sa ferme n'est pas très spécialisée et repose essentiellement sur le travail de sa propre famille. À supposer même que certains d'entre eux, dans des circonstances favorables qui n'existaient pas nécessairement alors, fussent capables de consolider leur position et de se hisser au rang d'entrepreneurs, ou de fermiers de type américain, l'emploi de l'expression « embryon » de futur fermier, ou de futur capitaliste, n'est toujours pas justifié parce qu'elle induit en erreur et empêche le chercheur de saisir la véritable situation.

Le koulak ne se distinguait pas assez de la couche des paysans aisés dans son ensemble, estimée à 10 ou 15 % de la paysannerie, pour constituer une classe séparée. Au contraire, il se distingue par son incontestable appartenance sociale à la paysannerie tout entière. Les éléments, baptisés « entrepreneurs » et possédant des

1. *Ibid.*, p. 111.

« entreprises » du type décrit dans le décret du Sovnarkom, n'auraient pu représenter plus de 0,9 % des foyers ni être assez importants, dans la plupart des cas, pour affecter la nature sociale de la ferme [1]. Les koulaks, classés comme *krest'janskie* par le Narkomfin, formaient la majorité. L'expression employée par le sociologue polonais Gałęski, « production familiale élargie », serait la plus appropriée ici.

Nous devons, cependant, attirer l'attention sur une autre catégorie également taxée de « koulak » dans la terminologie officielle mais qui, semble-t-il, avait franchi le seuil quantitatif et formait un groupe différent. Certaines sources, et notamment Larin, parlent de l'existence de fermiers qui étaient importants en un sens différent [2]. Il s'agissait de véritables entrepreneurs employant plusieurs travailleurs en permanence et quantité de journaliers. La population les appelait les « nouveaux *pomeščiki* ». On trouve aussi mention des vastes étendues de terre qu'ils prenaient en location, surtout à l'État, et de l'importance de leur cheptel, etc. Ces entrepreneurs déployaient essentiellement leurs activités dans un certain nombre de branches telles que le tabac et les cultures maraîchères à proximité des grandes villes.

Quelle ampleur a bien pu prendre un tel phénomène? Il n'y a pas de statistiques ni d'études particulières à ce sujet. Il y eut, cependant, de rares cas qui tenaient davantage de la corruption locale que d'un phénomène général. Quels qu'aient pu être le nombre et la nature de ces entrepreneurs, « notre » koulak, les millions de foyers que nous avons examinés, n'appartient pas à la catégorie des « nouveaux *pomeščiki* », et l'usage du même mot « koulak » dans les deux cas est inadmissible. La masse des paysans qui furent taxés de koulaks et soumis à la dékoulakisation, avec tout ce que cela impliquait, *comprenait le pôle possédant de l'échelle sociale paysanne,* dont on peut légitimement parler dans la Russie de la N.E.P., le pôle opposé étant celui des *bednjaki* et des *batraki.* Une partie de ces derniers était employée par des koulaks mais surtout par des paysans moyens. Dans des circonstances différentes, cette différenciation aurait pu revêtir des formes différentes, et se manifester notamment au bout du compte par l'apparition parmi les koulaks d'une classe de paysans capi-

1. Cité par A.I. Rykov, *Bol'ševik,* n° 2, 1929, p. 74.

2. Larin, *Na agrarnom fronte,* n° 4, 1927. Le phénomène est aussi mentionné par Trifonov, *Očerki, op. cit.,* p. 183, et apparaît implicitement dans l'article de Koševev, « Krest'janskie zabastovki », *Na agrarnom fronte,* n° 10, 1929, pp. 84-86 et *passim.*

talistes. Mais cela ne se produisit pas dans la société rurale soviétique, de sorte qu'il convient d'analyser le koulak comme un paysan. La hâte de voir à tout prix dans la paysannerie l'équivalent, plus ou moins formé, apparu du jour au lendemain, des classes possédantes dans une société capitaliste a faussé l'analyse théorique et a eu de graves conséquences sur le plan politique.

La position sociale du koulak dans le village soviétique n'est pas faite simplement de l'exploitation de ses voisins. Comme le confirma Kalinin, qui connaissait à n'en point douter la vie rurale, il y joua certainement un rôle important et positif. Et Kalinin d'expliquer qu'en dépit de sa croissance assez insignifiante, l'influence politique du koulak venait de ce qu'il « remplissait certaines fonctions positives dans l'économie paysanne [1] ». Le paysan pauvre, ajoute-t-il, sait que le pouvoir ne fait jamais que promettre de l'aide, tandis que « Tihon Ivanovič le tirera d'affaire dans un moment de détresse » en lui accordant un prêt ou en lui proposant des semences, une charrue ou un cheval. Il savait aussi que si le koulak tuait une vache, le *bednjak* pourrait acheter une livre de viande. Cette attitude du paysan pauvre, observa Kalinin, existait bien qu'il sût que « Tihon Ivanovič » demanderait plus tard à être payé généreusement de ses services.

Ce fait important montre la nature unilatérale des allégations officielles quant à la haine des masses paysannes pour le koulak. On nous assure qu'ici ou là les *batraki* ou d'autres paysans se laissèrent aller à des manifestations de haine mais, d'une manière générale, la vie villageoise sous la N.E.P. ne fut jamais placée sous le signe d'une lutte sociale contre le koulak. Et même si maints *bednjaki* raisonnaient comme l'assure Kalinin, non seulement le *serednjak* ne haïssait pas le koulak, mais il le respectait comme un bon fermier *(hozjain)* qui lui servait souvent de modèle. La convoitise ou la jalousie qui pouvaient s'y mêler ne se manifestaient pas par une haine sociale généralisée. En dépit de la propagande officielle, le *serednjak* méprisait au contraire ses voisins pauvres car il était enclin à imputer leur pauvreté à l'oisiveté.

Qu'il y ait eu des explosions sporadiques de haine de la part de paysans pauvres pressurés par un voisin, koulak ou autre, est

1. *Pravda*, 14 décembre 1928.

indéniable. C'est là un phénomène rural récurrent. Des souvenirs de la guerre civile entraient parfois en jeu, notamment dans le nord du Caucase et en Ukraine, lorsque le *batrak* ou le *bednjak* avait rallié les « Rouges » tandis que le koulak s'était battu du côté des « Blancs ». Mais ces faits appartenaient déjà à l'histoire. Le koulak n'était plus aussi répandu, et souvent ce n'était plus la même personne; l'ancien *bednjak* pouvait fort bien avoir changé de place, lui aussi, sur l'échelle sociale du village et être devenu un *serednjak* et, qui sait, surtout s'il était membre du parti, peut-être encore plus aisé que cela. Bref, dans le village de la N.E.P., il n'y aurait longtemps eu aucune action importante contre les koulaks sans l'intervention plus directe des autorités.

Pour autant que l'on puisse consulter des sources solides, l'étude de l'attitude politique du koulak montre qu'il ne se considérait plus, ou pas encore, comme coupé de la masse des *hozjaeva* de son village. Nous pouvons nous reporter à l'étude d'Angarov fondée sur des matériaux accumulés à l'Académie communiste [1]. L'auteur assure que « le koulak a pris en considération son manque d'organisation et le voilà maintenant qui tente de passer à l'attaque en tant que force politique organisée ». Cela revient à reconnaître que les koulaks ne formaient pas une force organisée avant 1929. Quant à l'attaque en « tant que force politique organisée », cette expression paraît être une simple concession formelle aux impératifs politiques du moment, car l'auteur prend lui-même le temps de corriger son jugement en précisant qu'il ne fallait pas voir dans le cours des choses essentiellement « une attaque de la part des koulaks », car le « koulak n'attaque qu'en certains endroits, alors qu'en règle générale c'est lui qui est attaqué [2] ».

Ce dernier constat correspond plus précisément à la réalité politique existant à la veille de la collectivisation. Le koulak fut soumis à de fortes pressions lors des collectes de céréales. Attaqué de toutes parts comme un ennemi du régime, il pressentit que l'on s'apprêtait à l'éliminer du village. Cela le poussa à se défendre, mais sa défense, si féroce qu'elle ait pu être, trahit très clairement un manque de conscience politique, même légèrement développée [3]. Dans leurs propos comme dans leurs conversations

1. A. Angarov, *Klassovaja bor'ba v sovetskoj derevne*, Moscou, 1929, pp. 30-41.

2. *Ibid.*, p. 31, notes; on trouve le même propos chez Karpinskij, *Bol'ševik*, n° 11, 1929, p. 31.

3. *Dokumenty po istorii sovetskogo obščestva*, vol. VII, Moscou, 1959, fait appa-

avant la collectivisation, « ils » ne manifestèrent jamais la capacité ni le désir de formuler des mots d'ordre politiques qui leur eussent convenu. Jamais les koulaks ne scandèrent des slogans contre les villes et l'on n'entendit pas non plus dans leurs rangs évoquer « l'alliance des paysans » ou une « opposition générale » contre les ouvriers. Dans le meilleur des cas, les préoccupations des koulaks sortaient rarement des limites de leur *rajon*, et l'on ne trouve chez eux pas la moindre trace de programme politique ni d'organisation propre. Car, si l'on en croit Angarov, « le koulak s'occupe surtout de ses problèmes au village [1] », ce qui revient à dire qu'il ne se considère pas lui-même comme un membre d'une classe sociale ou politique distincte et qu'il n'a aucune vision politique spécifique. Ce verdict se trouve confirmé par Syrcov, le futur chef de gouvernement de la R.S.F.S.R., qui fit part à la conférence du parti d'« une certaine cristallisation, d'un essor de leur conscience de classe, parmi les koulaks ». Cet essor de la conscience, affirma-t-il, s'était produit « récemment ». Néanmoins, le koulak ne se distingue pas lui-même de la masse des paysans mais attend patiemment que les autorités au pouvoir s'en prennent aux intérêts de la paysannerie moyenne [2].

Cette explication confirme aussi que la conscience de classe des paysans les plus riches commence tout juste à se manifester, tandis que le fait même que le koulak ne se distinguait pas de la masse, présenté comme un choix tactique délibéré, tenait plutôt du constat pur et simple. Cependant, quand ils se virent attaqués comme une entité, ce qu'ils n'étaient pas, ces éléments tentèrent de se dissoudre dans la masse. Ils n'étaient rien sans le gros des *serednjaki*, et à défaut d'être défendus par cette masse, ils n'avaient aucun moyen de défense ou d'action propre autre que des actes de désespoir individuels. Fort de son expérience en Sibérie, où la tension sociale provoquée par les collectes obligatoires fut particulièrement aiguë, Syrcov nous informe que le koulak commençait à avoir envie de quitter les structures soviétiques en place mais qu'« il lui manque une capacité d'organisation suffisante, une organisation à l'échelle du pays, il lui manque des mots d'ordre légaux qui auraient pu légitimer son

raître une recrudescence de l'activité défensive des koulaks du jour où ils apprirent l'existence de la décision de les repousser à la lisière des villages. Cela se produisit à la fin de l'été 1929 et, pour l'heure, il s'agissait encore moins d'une expropriation que d'un « isolement ».

1. *Klassovaja bor'ba*, p. 31.
2. S.I. Syrcov, discours à la 16e conférence d'avril 1929, *Stenografičeskii otčët*, Moscou, 1962, p. 322.

mouvement en tant que mouvement à l'échelle de l'Union, il ne possède pas de personnalités ayant de l'autorité, sur lesquelles il pourrait s'appuyer dans cette affaire [1] ».

Autrement dit, même lorsqu'il se vit forcé de former une classe et d'agir en conséquence, le koulak n'en fut pas capable. Lorsque l'assaut des autorités au pouvoir contre le koulak se confirma et s'amplifia, son arme principale fut la diffusion de bruits discréditant les kolkhozes [2]. Le dos au mur, et effrayé par les perspectives lugubres qui le menaçaient, il tenta d'échapper aux coups en fuyant vers les villes, en se réfugiant dans d'autres villages ou même dans des kolkhozes si on voulait bien l'admettre. Enfin, certains, poussés par le désespoir ou la haine, contre-attaquèrent par des actes individuels de terreur : des attaques au fusil ou à la hachette, ou plus simplement au bâton ou avec le poing. Mais cela ne fit que sceller leur sort. Cette ultime forme désespérée de défense ne s'était évidemment pas manifestée sous la N.E.P., mais seulement à la veille de la collectivisation. Les autorités avaient alors mis les koulaks dans une situation d'où il n'y avait aucune échappatoire, et c'est celle-ci qui provoqua des explosions de haine. Elles devinrent de plus en plus fréquentes au cours de la collectivisation forcée et de la dékoulakisation, mais elles ne prirent jamais de véritable ampleur parmi ces hommes pourchassés qu'étaient les koulaks [3]. Un article violemment antikoulak paru dans *Bol'ševik* en octobre 1929 admet que la tactique des koulaks consistait plutôt à se présenter comme des citoyens loyaux envers le pouvoir soviétique, et c'est pourquoi ils ne voyaient aucune raison de prendre leur fusil et de tirer [4].

L'attitude du parti envers le koulak, et la question du sort qui devait lui être réservé au cours des transformations qui se préparaient, est marquée par des hésitations qui trahissent une incertitude et un manque de clarté quant à la véritable nature

1. *Ibid.*

2. *Dokumenty po istorii, op. cit.*, vol. VII, pp. 240 sq.; article de KARAVAEV, *Na agrarnom fronte*, n° 10, 1929; *Bol'ševik*, n° 19, 1929, en particulier p. 60.

3. Les documents officiels attachent une grande importance aux activités terroristes des koulaks, mais les chiffres publiés ne sont que partiels et portent sur certaines périodes et quelques régions; ils ne nous donnent jamais un tableau complet de la situation. Il n'est pas expliqué clairement de quelle espèce d'activité terroriste il s'agissait, d'assassinats, de blessures ou tout simplement de raclées. En outre, les rixes de village, si répandues dans les campagnes, sont souvent assimilées à des actes terroristes si l'une des personnes impliquées est soupçonnée d'être koulak. La véritable ampleur de ce terrorisme reste à établir.

4. *Bol'ševik*, n° 10, 1929, p. 60.

sociale des koulaks. Certes, tout le monde était en principe hostile à la couche la plus aisée de la paysannerie, mais même durant la crise des années 1928 et 1929 – jusqu'à la fin de l'automne 1929 – personne ne songea à les exproprier. On admettait généralement dans le parti qu'une « dékoulakisation » n'aurait aucun sens, du moins selon certains membres [1].

S'appuyant sur la plate-forme officielle du parti, Kalinin tourna en ridicule ceux qui voulaient les « dépouiller » *(razdet')*, ce qui serait excessivement facile mais guère constructif. Dans son esprit, c'est par une concurrence économique efficace des organisations étatiques et coopératives qu'il fallait combattre les koulaks [2].

Durant cette période, les koulaks continuèrent à participer officiellement au mouvement coopératif, sans pour autant avoir le droit de figurer aux comités de gestion. Au moins jusqu'à l'automne 1929, ils furent aussi admis dans les kolkhozes en vertu d'une série d'autorisations explicites accordées par les comités du parti de plusieurs grandes régions et même d'une décision du Comité central concernant les problèmes du nord du Caucase. Le célèbre sovkhoze de Ševčenko ne voyait aucune objection à passer des contrats avec des koulaks pour cultiver leur terre – moyennant certaines restrictions – ce qui était conforme à une pratique plus ou moins courante ailleurs [3].

En 1929, le problème de l'admission des koulaks dans les grands kolkhozes fit l'objet d'un large débat dans la presse et fut assez âprement discuté lors du XVIe Congrès du parti en avril. Dans la presse, Karpinskij s'attacha surtout à dénoncer comme anti-léninistes les extrémistes qui s'opposaient à l'admission des koulaks dans les grands kolkhozes [4]. Au XVIe Congrès du parti, cette position fut défendue par Kalinin, membre du Politburo, qui tourna en ridicule la plate-forme des « révolutionnaires » comme Šackin et Lominadze qui réclamaient l'exclusion des koulaks des kolkhozes et une forme ou une autre d'installation de ces koulaks en dehors des terres du kolkhoze. Il est significatif que cette conférence ne fût pas en mesure de trancher le litige, pas plus d'ailleurs que la commission spéciale composée de personnalités de premier plan (Staline, Molotov, Kalinin, Ordžonikidze, Syrcov) désignée par la conférence pour

1. Karpinskij, « O kolhozah i kulake », *Bol'ševik*, n° 11, 1929, p. 34.
2. M.I. Kalinin, *Pravda*, 14 décembre 1928.
3. Voir *Bol'ševik*, n° 20, 1929, pp. 66-67.
4. Dans la région centrale des Terres noires, en moyenne et basse Volga, dans le nord du Caucase et en Ukraine, leur nombre tomba de 381 000 à 256 800.

définir la ligne du parti en ce domaine. Il fut finalement décidé de laisser la question au Politburo [1].

Ce dernier arrêta sa décision quelque six mois plus tard : « liquidation des koulaks en tant que classe ». Durant les journées dramatiques de décembre 1929, alors qu'en pratique la dékoulakisation avait déjà commencé, une autre commission nommée par le Politburo pour étudier les méthodes de collectivisation put encore proposer que la grande majorité des koulaks expropriés fussent admis dans les kolkhozes [2]. Mais le groupe de travail qui fit ces propositions fut dissous et remplacé en janvier 1930 par une autre commission chargée de poursuivre la dékoulakisation.

Nous voyons donc que jusqu'au dernier moment, lorsque les mesures extrêmes durent être adoptées, le parti hésita entre l'une des deux solutions suivantes : ou admettre les koulaks dans de grands kolkhozes, ou les en exclure pour leur louer des terres à la lisière des villages collectivisés. Aucune voix autorisée ne s'éleva pour recommander des mesures plus radicales. La première proposition, en un sens la plus modérée, aurait conduit en pratique à la disparition de cette couche spécifique dans la mesure, bien sûr, où les koulaks auraient accepté d'adhérer : la proposition antikoulak eut paradoxalement pour effet de perpétuer l'existence de cette couche. À l'époque, les antikoulaks ne s'alarmèrent pas excessivement de cette situation. Le plan quinquennal n'envisageait-il pas lui aussi non seulement l'existence des koulaks à la fin des cinq ans, mais aussi la croissance de leur nombre et de leurs revenus [3]?

On peut voir que, pour autant qu'on lui ait demandé son avis, le parti bolchevik n'a jamais songé à des mesures extrémistes contre les koulaks, pas même à la veille de l'application de telles mesures. Le comment et le pourquoi d'une telle volte-face ne relèvent pas de notre sujet. Ce qui nous intéresse, c'est que le parti, tant ses théoriciens que la grande majorité de ses militants, hésita et ne proposa pas d'aller très loin parce que la nature sociale du koulak, son « caractère de classe », sur lequel on insistait si lourdement dans les milieux officiels, ne leur paraissait ni clair ni certain. Assistera-t-on un jour à une espèce d'autocritique en la matière et à une « réhabilitation » des dékoulakisés?

1. Voir les détails in *Voprosy istorii KPSS,* n° 4, 1958, p. 77.
2. Pour des détails, cf. M.L. Bogdenko, *Voprosy istorii,* n° 5, 1965, p. 31.
3. S.G. Strumilin, *Planovoe hozjajstvo,* n° 3, 1929, p. 34.

Alors que personne ne prévoyait encore la destinée des koulaks, les réalités de la lutte pour les céréales menée d'une façon arbitraire par le gouvernement contre les paysans, les persécutions des possesseurs de céréales, et la propagande antikoulak durant les collectes se soldèrent – suivant de nombreuses sources – par la contraction de cette couche et son affaiblissement économique. Effrayés par la perspective d'être chassés à la périphérie des villages et d'être rudoyés par les collecteurs de céréales avec leurs exigences, les koulaks se mirent à réduire leurs activités, à rêver de trouver refuge ailleurs, et parfois même se précipitèrent vers les kolkhozes, cédant leurs biens de la même façon que les autres afin de trouver un refuge [1]. Durant les années 1927-1929, les fermes koulaks furent considérablement affaiblies. Leurs stocks commencèrent à s'épuiser; elles réduisirent leurs ensemencements de quelque 40 % sinon plus, leur cheptel diminua, et elles renvoyèrent de nombreux *batraki*, créant du chômage dans leurs rangs [2]. En 1927, dans huit régions productrices de céréales, celles qui ensemençaient plus de 17 hectares fournissaient plus d'un quart des céréales mises sur le marché dans ces régions; en 1929, elles n'en fournissaient plus que 14 %. On peut imaginer qu'elles cessèrent souvent de donner des terres en louage – en Ukraine, leurs louages diminuèrent de 63 % – et l'on discuta beaucoup [3] de leur « autodékoulakisation », de « la réduction de leurs fermes », de leur « transformation en *serednjaki* » *(oserednjačivanie)* [4].

Nous observons ici un processus d'affaiblissement et de réduction du nombre des koulaks [5] sous l'effet de mesures législatives et administratives. Dans un sens contraire, nous devons noter,

1. Voir, par exemple, *Dokumenty po istorii, op. cit.*, pp. 241-243.

2. N.M. Ancelovič, *16-taja konferencija VKP(b)... stenotčët*, Moscou, 1962, p. 428.

3. En particulier in *Bol'ševik*, n° 12, 1929, pp. 41, 49.

4. On trouvera des renseignements sur l'affaiblissement des koulaks *in*, entre autres : Gajster, *Na agrarnom fronte*, n° 1, 1930, pp. 96-97 ; G. Konjuhov, *KPSS v bor'be s hlebnymi zatrudnenijami v strane 1928-1929*, Moscou, 1960, p. 201; Danilov, *Očerki, op. cit.*, pp. 88-89, 172; *Postroenie fundamenta*, p. 272.

5. À cette époque, les fermes collectives étaient en général très petites, et ne comptaient parfois guère plus d'une douzaine de familles. Les autorités envisageaient alors l'organisation de très grandes fermes collectives autour des stations d'État et des colonnes coopératives de machines et de tracteurs, suivant l'exemple donné par le sovkhoze de Ševčenko. Des contrats signés entre les grandes stations de tracteurs et des villages entiers devaient consacrer la naissance de ces grandes fermes collectives. Mais les développements ultérieurs n'allèrent pas dans cette direction.

à la suite d'un chercheur soviétique compétent [1], que la vente de leur cheptel et de leur inventaire leur rapporta des sommes considérables, mais sa principale conclusion est la suivante : ces processus de réduction, aussi bien que le comportement du koulak, n'ont pas été bien étudiés et sont par conséquent peu connus.

Nous insistons sur les données relatives à la réduction des koulaks parce que, en premier lieu, ces faits contredisent les allégations quant au renforcement et à la ténacité des koulaks ou au danger général qu'ils représentaient et, en second lieu, parce qu'ils montrent clairement qu'au bout du compte il ne fallait pas grand-chose pour que, socialement et économiquement, le koulak retrouvât la situation d'un paysan moyen. Il lui suffisait de vendre sa machine agricole, de renvoyer son *batrak* ou de fermer son « entreprise » (sa dépouilleuse d'orge, par exemple), pour qu'il ne lui restât rien du koulak tel que le définissait la loi.

Était-il aussi facile et simple de passer « d'une classe à une autre »? Comment serait alors traité ce paysan sans son *batrak* ou sans sa batteuse? Comme un *serednjak* ou un ex-koulak? Son attitude à l'égard de la politique de collectivisation forcée allait-elle changer dès lors que, suivant les indicateurs, il n'était plus koulak? Ces questions sont d'une nature plus politique et ne sauraient être traitées dans le cadre de cette étude.

1. Bogdenko, *Voprosy istorii KPSS,* n° 5, 1965, pp. 147-148.

CHAPITRE VI

« *Prendre les céréales* » : *la politique soviétique des collectes agricoles avant la guerre*

Durant l'époque dite des plans quinquennaux, et à vrai dire tout au long du règne de Staline, les céréales (et les moyens de s'en procurer) jouèrent un rôle crucial dans le système soviétique. Il s'agit d'une matière première d'importance stratégique indispensable dans la gestion de l'État et son industrialisation. Le terme « stratégique », avec ses connotations militaires est parfaitement approprié ici; les céréales, comme les dirigeants devaient sans cesse le rappeler à leurs administrations, « ne viendraient pas d'elles-mêmes »; il fallait donc littéralement les arracher. Mais cet arrachement des céréales aux paysans ne pouvait guère se dérouler comme une activité économique ordinaire. Aussi la direction eut-elle le sentiment que, pour réussir, il fallait proclamer un état de mobilisation pour la durée de la campagne – les cellules du parti et les administrations de choc spécialement créées à cet effet étant puissamment secondées par les organes punitifs de l'État.

L'opération tout entière ayant pris la tournure d'une campagne de réquisition quasi militaire, il ne faut pas s'étonner qu'elle ait contribué à faire de l'économie soviétique une « économie de guerre *sui generis* » [1]. Les *zagotovki* – le mot russe, que nous emploierons ici, pour les collectes de produits agricoles – furent probablement un élément essentiel de cette économie de guerre puisque, dans ces années, elles exigèrent plus que toute autre activité de l'État, une coercition à grande échelle. Année

1. Cette expression est d'Oscar Lange : voir son « The Role of Planning in Socialist Economics », *in* Morris Bornstein, éd., *Comparative Economic Systems*, Homewood, Ill., Irwin, 1965, p. 200.

« " Taking Grain " : Soviet Policies of Agricultural Procurements Before the War », in *Essays in Honour of E.H. Carr*, éd. par C. Abramsky, New York, Macmillan Ltd, 1974.

après année, la campagne de *zagotovki* fut une affaire difficile mobilisant les énergies de nombreux organismes, y compris du Politburo lui-même, qui suivait de près toutes les étapes de la campagne et y intervenait sans cesse. Pendant un bon quart de siècle, l'arrachement des céréales aux paysans déboucha sur un état de guerre permanent contre ces derniers, et c'est bien ainsi que l'on vit les choses de part et d'autre. Pour les paysans, les *zagotovki* devinrent un symbole d'arbitraire et d'injustice, et ils employèrent contre cette exaction tous les moyens possibles de résistance passive et même de sabotage. L'État réagit en imaginant des contre-mesures pour déjouer tous les subterfuges et obstruer toutes les soupapes d'échappement que pouvaient emprunter les paysans – pour ne rien dire des châtiments les plus rudes qu'il n'hésita pas à employer chaque fois que cela lui parut nécessaire.

Une campagne de cette ampleur et de cette nature devint assez naturellement l'activité centrale de l'État dans les campagnes et donna forme aux rapports de l'État avec les paysans. Tout le reste se trouva subordonné à ce qui devint l'axe essentiel de la politique du parti dans les campagnes. En ce sens, cette manière singulière et simple de « prendre les céréales » [1] façonna l'agriculture soviétique, le système des kolkhozes et, à bien des égards, la nature même du régime politique.

Il vaut donc la peine de prendre le temps d'esquisser, brièvement, les principales étapes de la campagne de *zagotovki*, ses méthodes et ses caractéristiques. La réquisition de céréales étant au cœur du problème, c'est à elle que nous consacrerons l'essentiel de notre attention; la réquisition d'autres produits agricoles, tels que la viande ou le lait, ne saurait être traitée, malgré son importance, que superficiellement, car c'est au front des céréales que furent empruntées les méthodes appliquées en ce domaine [2].

1. L'expression soviétique est en fait *vzjat'hleb* (prendre le pain), et c'est sur un air de triomphe que les dirigeants proclamaient que cette année « nous avons pris » telle ou telle quantité de céréales. L'expression traduisait la réalité de la procédure.

2. Les campagnes de collectes commençaient presque en même temps que les moissons et se prolongeaient jusqu'à une date avancée du printemps de l'année suivante. Mais toute la campagne était incluse dans « l'année économique », par exemple 1928-1929 (débutant le 1er octobre 1928 pour s'achever le 30 septembre 1929). Ainsi, « la campagne de collectes de l'année 1928-1929 » porte sur la moisson des céréales qui ont poussé en 1928. L'« année économique » fut supprimée à compter du 1er janvier 1931, si bien que la planification et les autres activités économiques se déroulèrent désormais dans le cadre des années offi-

VERS UN NOUVEAU MODÈLE, 1928-1930

Sous la N.E.P., *grosso modo* à partir de 1924, lorsque l'impôt en nature fut remplacé par un simple impôt en espèces, et jusqu'en 1928, l'État se procura des céréales par l'intermédiaire de ses agences commerciales et de coopératives contrôlées par l'État. Mais il s'agissait alors essentiellement d'une opération commerciale consistant à acheter des céréales aux paysans au prix du marché. Certes, au fil des ans, furent introduits certains changements progressifs privilégiant les agences officielles au détriment des négociants privés, privant ceux-ci de crédits bancaires, par exemple, ou entravant leurs dispositifs d'expédition. Dès 1925, le gouvernement fixa des prix limites, que les agents de l'État étaient censés ne pas dépasser. Mais les négociants privés ne furent pas éliminés; il n'y avait donc pas de monopole de l'État sur les céréales, et les ventes à l'État n'étaient pas obligatoires. De surcroît, les nombreuses agences étatiques et coopératives qui effectuaient ces achats traitaient leurs affaires avec les paysans comme le ferait n'importe quel négociant sur le marché; elles se livraient concurrence, ne tenaient aucun compte des prix limites, faisaient de la surenchère sur les prix et collaboraient avec d'habiles négociants privés, soit en leur achetant du grain, soit en leur demandant de servir d'intermédiaires pour leurs achats. Il ne faut pas non plus oublier que vers la fin de la N.E.P. les achats de l'État représentaient entre 12 et 14 % de la moisson brute et quelque 56 ou 57 % des céréales commercialisables que les paysans étaient disposés à céder. Ces chiffres prendront tout leur sens au fil des pages suivantes [1]. Mais cette quasi-idylle des nepmen prit fin brutalement au cours de l'hiver et du printemps 1927-1928, lorsque ces méthodes de collecte des céréales achoppèrent et débouchèrent sur la « crise des collectes de céréales » – les paysans préférant vendre des productions animales et des cultures techniques à meilleur prix plutôt que des céréales relativement sous-payées, et qu'il était plus rentable d'employer pour nourrir le bétail, pour sa consommation personnelle, ou pour constituer des stocks.

cielles. La campagne de collectes de 1933 par exemple, concerne donc les céréales cultivées en 1933. Dans les années qui suivirent la N.E.P., elle s'achevait pratiquement à la fin de la même année.

1. Ces chiffres sont tirés de A.A. Barsov, in *Istorija SSSR*, n° 6, 1968, p. 71.

Alarmé par la diminution des collectes et la perspective d'une famine provoquée par le comportement égoïste des paysans, le gouvernement eut recours à des mesures extraordinaires consistant à confisquer les céréales tout en continuant à payer un prix voisin de celui du marché et allant même jusqu'à le relever très fortement au cours de la campagne suivante [1]. Ces mesures furent présentées comme temporaires et, au début, cela était sincère. En réalité, les collectes normales sur le marché ne furent jamais rétablies, et « l'extraordinaire » devint bientôt la règle, quoique non sans bouleversements dramatiques [2].

1928-1929 fut encore une année de transition dans l'histoire des campagnes de *zagotovki.* Soumis à de fortes pressions et écartés des marchés, de nombreux négociants privés poursuivirent leurs activités et bénéficièrent manifestement de la préférence des paysans auxquels ils étaient disposés à payer un prix bien plus fort que l'État. Les nombreuses agences officielles continuaient à se livrer concurrence et, dans l'ensemble, s'acquittaient bien mal de leur tâche. Les mesures extraordinaires qui furent, comme promis, assouplies au début de la campagne, devaient être bientôt rétablies; mais le bilan général n'en fut pas moins inférieur à celui de la campagne 1927-1928, qui avait été déjà une année de crise : les collectes ne rapportèrent que 10,7 millions de tonnes de céréales contre 11 millions lors de la précédente campagne (mais dans ce dernier total, la part des céréales alimentaires par rapport au fourrage était nettement plus élevée).

Ces faits décidèrent définitivement les autorités à remanier entièrement leurs rapports avec la paysannerie. Le premier plan quinquennal, avec ses objectifs ambitieux et ses insatiables demandes de ressources toujours plus grandes pour les inves-

1. Il est plus que douteux que les paysans se soient réellement livrés à cette époque à quelque sabotage délibéré. Beaucoup de hauts responsables pensaient alors que la « crise » n'avait rien d'inéluctable et que des mesures appropriées auraient permis de l'éviter ou de l'atténuer. Tel était le point de vue non seulement des chefs de la « droite » (Boukharine, Rykov, Tomski) mais aussi de partisans de Staline comme Mikojan. Des documents d'archives montrent qu'en 1928 il pensait que les difficultés de la « crise des céréales » résultaient très largement d'erreurs politiques et que ces erreurs auraient pu être évitées. Cité *in* E.I. Turčaninova, *Podgotovka i provedenie splošoi kollektivizacii sel'skogo hozynajstva v Stavropolskom krae,* Dušanbe, 1963, pp. 106-107.

2. Les épisodes de la « crise des céréales » sont décrits *in* E.H. Carr et R.W. Davies, *Foundations of a Planned Economy, 1926-1929,* vol. I, Londres, Macmillan, 1969, chap. II et III; ainsi que dans mon étude sur *La Paysannerie et le pouvoir soviétique, 1928-1930,* Paris, La Haye, Mouton, 1966; 2e éd., 1976, chap. IX, « La crise des collectes ».

tissements, venait d'être lancé et devait donner lieu à un immense effort national sur une échelle sans précédent. Si elles n'étaient pas correctement contrôlées et surveillées, les campagnes risquaient de faire échouer toute l'entreprise : telle fut à l'évidence la conclusion qu'un certain nombre de hauts responsables tirèrent de la « crise des céréales » et des difficultés constantes qui s'ensuivirent. Les deux campagnes menées avec des méthodes extraordinaires en 1927-1928 et 1928-1929 donnèrent l'expérience nécessaire, et l'on s'apprêta donc à relever le prochain défi en 1929-1930 suivant des lignes toutes nouvelles. Deux innovations majeures furent introduites au cours de l'automne 1929 : le lancement de la campagne de collectivisation et l'abolition, *de facto*, de toutes les structures de la N.E.P. Le seul facteur aisément discernable qui déclencha ces deux changements interdépendants fut la transformation des *zagotovki* en prélèvement obligatoire de l'État et, plus particulièrement, la série de moyens employés pour imposer cette nouvelle politique aux paysans. Les adversaires du gouvernement reprochèrent d'un ton méprisant à cette politique d'avoir « dégénéré en collectivisation forcée dans le sillage des *zagotovki* forcées » – et, sur le fond, cette analyse était juste [1]. Nous verrons plus loin le rapport entre les méthodes de collecte des céréales et les moyens employés pour obliger les paysans à adhérer aux kolkhozes et diriger le système des kolkhozes. Mais auparavant, commençons par évoquer à grands traits les principales étapes qu'a traversées le système avant de se stabiliser.

La campagne de l'année 1929-1930 mérite de retenir notre attention dans la mesure où elle vit apparaître bien des traits du cadre qui devait prendre une forme définitive à la fin de l'année 1933. Les organismes qui jusqu'alors se livraient concurrence furent unifiés, considérablement simplifiés et organisés en un puissant appareil dirigé du centre par des corps spécialement désignés [2]. Les nombreuses organisations – à l'échelle du centre

1. S. Kossior, le secrétaire du parti en Ukraine, reconnut dans la *Pravda* du 26 avril 1930 que le « pire aspect des *zagotovki* de céréales – la méthode des pressions – fut appliqué automatiquement à la collectivisation »; c'est exactement ce que les critiques avaient dit auparavant. Mais ce que Kossior constatait ici pour le déplorer allait bientôt devenir la pratique commune, y compris de la part de Kossior.

2. Ce sont les secrétaires du parti aux échelons administratifs qui furent chargés d'organiser la campagne, de la lancer et de la superviser. L'appareil technique chargé d'effectuer concrètement le travail de collecte était fourni par la coopération agricole, le *Hlebocentr*, et ses branches locales, mais les céréales devaient être remises à un organisme étatique, le *Sojuzhleb*, créé en 1928 sous

ou des républiques comme au niveau local – furent réduites à un petit nombre afin d'assurer l'unité de la politique, mais aussi la direction et le contrôle de la campagne tout entière.

À la veille de l'année suivante avait été introduite dans le domaine des céréales une méthode de contrats *(kontraktacija)* empruntée au secteur des cultures techniques. Cette méthode consistait à demander aux paysans, aux communautés ou aux kolkhozes de s'engager avant même les semailles à livrer à l'État une partie de leur production. Il devait s'agir d'un contrat bilatéral, librement consenti, et comportant des obligations pour les deux parties – bref, d'un accord assorti d'avantages réciproques. L'État se chargeait de verser des avances, de fournir des biens et des moyens de production, ainsi qu'une aide agronomique si nécessaire. Le paysan, pour sa part, acceptait de livrer une quantité minimale, assez mal définie, de céréales, et touchait des primes spéciales pour ses ventes dépassant le minimum fixé. Au départ, ni la signature du contrat ni la cession des excédents en sus des quantités stipulées n'étaient obligatoires.

Le gouvernement mettait de grands espoirs dans cette méthode – et il s'accrocha à cette pratique jusqu'à la fin de l'année 1932. Il espérait en faire un nouvel outil puissant de planification de la production agricole qui introduirait une certaine prévisibilité dans l'épineux système des livraisons et assurerait la stabilité et la sécurité des approvisionnements alimentaires du pays.

L'idée était sans doute intéressante, et bien des années plus tard le gouvernement polonais devant l'appliquer avec bonheur après la suppression des kolkhozes en 1957. Mais dans le cas soviétique, cette idée fut tuée dans l'œuf avant même d'avoir été sérieusement mise à l'épreuve. L'ennui fut que dès l'automne 1929, la signature des contrats devint obligatoire, et que les prix versés aux producteurs – obligatoires eux aussi –

les auspices du commissariat du Commerce extérieur et intérieur (et placé à partir de 1931 sous l'autorité du commissariat des Approvisionnements, désormais séparé du commissariat du Commerce extérieur); le *Sojuzhleb*, par l'intermédiaire de ses agences locales, devait aussi collecter directement les céréales des sovkhozes et percevoir l'impôt sur le moulage du grain *(garnec)*. La planification centrale de la campagne fut confiée à Mikoyan, le chef du commissariat, en coordination avec d'autres organismes, et notamment avec le commissariat à l'Agriculture (dirigé par Yakovlev). Un organisme rassemblant les représentants de tous les autres commissariats ou agences concernés, le Conseil spécial des *zagotovki* de céréales fut créé au sein du *Narkomtorg*. On trouvera les décrets relatifs à cette organisation in *Sobranie zakonov i rasporjaženii rabočе -krest'janskogo pravitelstva* (1928-1929); pour une bonne description détaillée du fonctionnement du système, cf. M.A. Černov, éd., *Spravočnik po hlebnomu delu*, Moscou, 1932.

devaient désormais accuser un sérieux retard sur les prix du marché. Qui plus est, les autorités commencèrent à se soustraire à leurs obligations contractuelles. Les avances devaient bientôt être supprimées, et les promesses de fournitures ne furent pas tenues. Il va de soi qu'en de telles conditions, ces contrats perdirent tout intérêt pour les deux partis même si, comme on l'a dit, le gouvernement s'accrocha à cette procédure et rendit obligatoire la signature d'un tel contrat, en particulier pour les kolkhozes. Mais quelle que fût la teneur de ces contrats, les quantités réelles de céréales qui devaient être livrées furent désormais fixées par des quotas de livraison planifiés fixés par le gouvernement et appliqués à chaque village par les fonctionnaires locaux. Les kolkhozes apprirent alors, par un décret spécial d'avril 1930 qui leur fut notifié, qu'ils allaient devoir livrer entre le quart et le tiers de leur moisson dans les régions productrices de céréales, et un huitième dans les autres régions. De surcroît, la livraison devait s'accompagner d'une bruyante campagne enjoignant les kolkhozes aussi bien que les fermiers privés de renoncer non seulement à ces quotas et autres quantités légalement prescrites, mais à « tout excédent » – la notion d'excédent devenant dangereusement extensible, en bonne partie à la discrétion des autorités locales.

Pour les paysans aisés et les koulaks fut mise au point une procédure particulière : ils ne furent point autorisés à passer des contrats, mais se virent imposer des quotas *(tverdye)* indépendamment de leurs emblavures et de leur production. Par cet hommage symbolique à l'extensibilité de catégories comme celle des « koulaks » et surtout des paysans « aisés » *(zažitočnye)*, de nombreux paysans furent dépouillés au cours de cette campagne – comme lors des deux précédentes – de toutes les réserves de céréales qu'ils avaient pu accumuler dans les années passées [1]. Pour les producteurs les plus importants des campagnes soviétiques, la perte des réserves marqua le début de leur fin en tant que fermiers. De fait, au cours de l'automne et de l'hiver 1929-1930, les *zagotovki* finirent par se transformer en véritable « dékoulakisation » des paysans aisés, tandis que des millions d'autres paysans se virent contraints et forcés d'adhérer aux kolkhozes.

1. Les normes figurent in *Kollektivizacija sel'skogo hozjajstva : Važnejšie postanovlenija*, Moscou, 1957, pp. 534-544. Sur l'enlèvement de ces réserves aux paysans, voir Y.A. Moškov, *Zernovaja problema v gody splošnoj kollektivizacii*, Moscou, 1966. C'est un excellent livre que nous utiliserons très souvent.

Malheureusement, les kolkhozes de création récente se trouvèrent dès leur naissance handicapés par ces mêmes *zagotovki*, en partie du fait des quotas de livraison trop élevés et en partie aussi en raison de la manière extrêmement désordonnée dont ces quotas furent répartis. La méthode des plans centraux venant du haut sous la forme d'un ordre impératif, puis divisés en quotas locaux par des échelons administratifs intermédiaires, et finalement décomposés en objectifs précis assignés aux kolkhozes, aux villages et aux fermes privées par le *rajon* et le *sel'sovet*, présentait tous les inévitables aspects « mécaniques » qui ont toujours caractérisé la planification soviétique depuis lors. Dans le cas de l'agriculture, avec son infinie diversité de conditions locales, une telle méthode était particulièrement pernicieuse. Les objectifs venant du haut s'accompagnaient de très fortes pressions sur les échelons inférieurs pour que ces objectifs fussent atteints « à tout prix » – expression très courante dans les ordres administratifs; de plus, celles-ci étaient associées à un rappel des paragraphes du Code criminel concernant les traînards. Ces pressions ne laissaient pas beaucoup de latitude aux responsables locaux pour adapter les quotas définitifs aux conditions et aux possibilités des kolkhozes et des autres fermiers. Il en résultait une répartition mécanique des quotas, qui n'avait de sens que pour s'assurer de la somme totale exigée par les autorités supérieures, alors même que maints experts appelaient de leurs vœux une approche plus sensée [1].

Pour que les quotas de livraison deviennent une proposition économique, ou tout au moins ne ruinent pas l'unité de production, ils devaient être calculés sur la base de balances des céréales et du fourrage *(hlebofuražnyi balans)* soigneusement établies et prenant en considération les besoins et les possibilités de chaque kolkhoze séparément, et de tous les *rajony*. Par leur nature même, ces balances ne pouvaient être qu'une affaire essentiellement locale, avec des données venant de la base et, dans une large mesure, tributaire des estimations fournies par les producteurs eux-mêmes. Ceux-ci allaient à l'évidence profiter de ces balances pour défendre leurs intérêts – et telle fut bien la raison qui détermina l'attitude du gouvernement sur tout ce problème. Il devait bientôt s'en prendre très vivement à tous ceux qui entendaient faire des balances la base des évaluations

1. Sur la mauvaise répartition des quotas, voir l'article de VINOGRADSKIJ, in *Ekonomičeskaja gazeta*, 16 juin 1930. Ce type de planification par objectif fut aussi appliqué à d'autres activités agricoles, et pas seulement aux *zagotovki*.

pour les *zagotovki*, présentant de telles exigences comme un subterfuge pour défendre les paysans et saboter les intérêts de l'État [1].

L'évaluation « mécanique » ayant prévalu durant la campagne 1929-1930, son influence dommageable sur l'économie des kolkhozes se fit immédiatement sentir; et dans les années suivantes, nous le verrons, le travail de sape des capacités de production des campagnes résultant de cette façon de faire devait prendre des proportions catastrophiques. Mais on peut mentionner ici un exemple d'effet de sape sur lequel certains observateurs attirèrent l'attention dès 1930 : les « mesures extraordinaires » ayant entièrement épuisé les réserves des paysans aisés et les quotas de livraison devenant plus exigeants, les *zagotovki* réduisirent bientôt puis tarirent presque complètement les quantités de céréales qui circulaient autrefois sur les marchés entre villages ou districts [2]. Ce commerce intervillageois jouait un rôle d'appoint important en cas de déficit agricole local ou dans certains projets d'amélioration modeste de la ferme, mais les ponctions opérées dans cette ressource pour la voracité des *zagotovki* contribuèrent à rendre les campagnes extrêmement vulnérables au moindre aléa climatique [3].

Le gouvernement parut récompensé et satisfait du résultat des *zagotovki* : vers la fin de l'année 1929, plus tôt que dans n'importe quelle autre campagne, le plan fut rempli tandis que l'on avait engrangé des quantités sans précédent : 16 millions de tonnes. Mais à la même époque, il fallut rationner la consommation de pain dans les villes, et en 1930 le rationnement fut étendu à toutes les denrées alimentaires. Le gouvernement avait à peine commencé à constituer quelques réserves d'État, mais

1. Cf. *ibid.* L'auteur recommande l'élaboration de telles balances et conseille de s'en servir comme base de l'imposition afin d'éviter de saper les capacités de production des campagnes. De telles demandes allaient bientôt être dénoncées comme des actes « anti-État », et l'élaboration de telles balances fut même parfois interdite.

2. Voir *ibid.*, et Moškov, *Zernovaja problema, op. cit.*, p. 163. Le lecteur trouvera des indications sur la circulation « intervillageoise » des céréales *in* R.W. Davies, « A Note on Grain Statistics », *Soviet Studies*, 21, n° 3, janvier 1971, commentant l'article de Jerzy Karcz paru dans *Soviet Studies*, 18, n° 4, avril 1967. Ces deux articles initieront le lecteur aux problèmes des « céréales commerciales ».

3. Une autre mesure mérite d'être mentionnée ici, qui contribua elle aussi à affaiblir les ressources des campagnes : à partir de 1928, l'impôt sur le moulage *(garnec)* dut être versé exclusivement à l'État. Pour le rendre effectif, tous les moulins furent nationalisés. Cet impôt rapporta quelque deux millions de tonnes de rentrées supplémentaires à l'État. Voir Černov, *Spravočnik po hlebnomu delu*, p. 25.

il fallait des quantités bien plus importantes qu'autrefois pour ravitailler des villes en plein essor, approvisionner les producteurs de cultures industrielles et les régions non productrices de céréales, tandis que les autorités étaient aussi impatientes de reprendre sur une grande échelle leurs exportations de denrées agricoles afin d'obtenir les devises nécessaires à l'achat de machines agricoles. Mais comme à la même époque la collectivisation fut imposée par la force à des paysans récalcitrants, une nouvelle calamité s'abattit sur le pays – résultat parfaitement prévisible de la politique suivie par le gouvernement durant l'hiver et le printemps 1930 : les paysans se voyant contre leur volonté privés de leurs chevaux et de leurs vaches rassemblés en troupeau dans des enceintes collectivisées, ils préférèrent abattre leur bétail pour le vendre ou le manger avant d'adhérer aux kolkhozes. Le coup que ce phénomène porta à l'économie nationale fut pire encore que les dommages infligés onze ans plus tard à l'élevage soviétique par l'invasion allemande. Cet abattage devait se poursuivre un certain temps, mais même lorsqu'il prit fin, le nombre d'animaux de trait et de bestiaux continua à diminuer faute de soins suffisants et de méthodes d'élevage satisfaisantes. La reprise qui s'amorça dans cette branche à partir de 1935 ne devait pas être assez forte pour combler les pertes avant la guerre.

Quoi qu'il en soit, ce qui nous intéresse ici, c'est qu'en 1930 l'abattage du bétail provoqua d'abord une abondance transitoire de viande, qui devait bientôt laisser place à une grave pénurie de productions animales aggravant une situation alimentaire déjà tendue.

Les autorités tentèrent fébrilement d'arrêter les dégâts en suspendant temporairement la campagne de collectivisation à la fin du printemps et en autorisant les paysans à quitter les kolkhozes; et les kolkhozes qui survécurent furent désormais autorisés à laisser leurs membres conserver une vache familiale et un petit lopin privé – deux mesures que les dirigeants avaient jusqu'ici refusées. Une autre mesure fut adoptée, consistant à transformer les *zagotovki* de productions animales, qui étaient jusqu'alors une opération commerciale, en opération obligatoire sur le modèle des collectes de céréales [1].

Ainsi, lorsque arriva l'heure de préparer la prochaine campagne de 1930-1931 – c'est-à-dire la campagne qui devait se

1. Cf. A.I. Mikojan, in *Bol'ševik*, n°1, 1931, pp. 12-14, 16.

dérouler essentiellement après la moisson du deuxième semestre 1930 – les autorités décidèrent qu'elle devait être fondée sur deux piliers : en premier lieu, la campagne serait axée sur un plan précis de livraison préalablement établi et transmis à chaque village bien avant la moisson; et, en second lieu, la campagne revêtirait un caractère d'urgence et tout le parti serait mobilisé pour cette tâche qui serait son activité centrale durant la saison des *zagotovki* [1].

Mikojan, commissaire au commerce intérieur et extérieur, fut nommé planificateur en chef de l'opération. Sitôt les objectifs centraux approuvés – ou imposés – par le Politburo, ses services durent préparer les objectifs pour les grandes régions nationales, tandis que les organes locaux du commissariat (dans les républiques et les oblasts) se chargeraient de ventiler les chiffres généraux en normes plus différenciées (tant de quintaux par hectare de telle ou telle culture) pour les régions placées sous leur responsabilité. Sur la base de ces normes, des comités spécialement formés dans les *rajispolkomy* achevèrent le travail de planification et d'allocation en calculant les quantités de céréales à imposer à chaque kolkhoze et (avec le concours des *sel'sovety*) à chaque fermier privé. Les mêmes comités furent aussi chargés de la tâche difficile d'évaluer les perspectives de récoltes futures dans leur district – tâche dont ils devaient, bien sûr, s'acquitter avant la répartition des quotas.

Suivant les décrets existants, on l'a déjà vu, les quantités demandées à chaque kolkhoze pouvaient aller du quart au tiers de leur moisson (un huitième dans les régions non productrices de céréales) – prélèvement vraiment très lourd; mais ce n'était pas encore le dernier mot, car la propagande s'appliqua à marteler dans les kolkhozes que tout poud de céréales vendu à un autre acheteur que l'État revenait à aider des ennemis de classe et équivalait à ce titre à une action criminelle contre l'État. Autrement dit, il ne s'agissait pas de prendre trop au sérieux les limites officielles, car le véritable objectif était de collecter « tout l'excédent ». Mais ce critère ne pouvait non plus servir de guide. Il ne fut jamais défini, et il était presque indéfinissable. Par suite, la planification laborieuse des agences de Mikojan, leurs normes et leurs quotas ne fixaient que des limites inférieures : la propagande et les actions de Mikojan (et du parti)

1. ČERNOV, *Spravočnik po hlebnomu delu, op. cit.*, pp. 27-28.

contre toute vente de céréales sur le marché devaient le montrer de manière on ne peut plus claire.

Durant la campagne de 1930-1931, les koulaks passablement maltraités se virent réclamer, comme auparavant, des quantités fixes de céréales, tandis que les autres paysans non collectivisés – qui formaient encore à cette époque la majorité de la population rurale – furent obligés par la loi de livrer des quantités fixées en fonction de la superficie de leurs emblavures; mais en aucun cas, la quantité à livrer par hectare ne pouvait être inférieure à celle demandée aux kolkhozes [1].

On promit aux kolkhozes comme aux paysans privés que les livraisons exactes ou les dépassements de contingents seraient récompensés par des primes en produits industriels, mais trop souvent ces promesses ne furent pas tenues. L'approvisionnement des campagnes souffrait d'une très mauvaise organisation et, en tout état de cause, la quantité de produits assignés aux régions rurales chuta vers la fin de l'année 1930, en comparaison de son niveau des années précédentes [2]. Mais quelles que soient les quantités de produits industriels, leur distribution fut désormais étroitement liée à la campagne de *zagotovki* : ceux à qui on avait fait des promesses n'étaient pas forcément approvisionnés, mais ceux qui ne livraient pas les contingents voulus étaient punis en se voyant privés de marchandises indispensables.

La récolte de 1930 fut un don du ciel. Malgré les désordres et les excès du printemps, elle atteignit l'excellent chiffre de 83,5 millions de tonnes – le plus fort depuis la récolte de 1913 (suivant certaines estimations, elle aurait même dépassé celle de 1913). C'est en prévision d'une telle abondance que les plans des *zagotovki* furent conçus pour atteindre de nouveaux records

1. Pour plus de détails, voir *ibid.* Certains paysans indépendants devaient signer, d'autres non, mais ces derniers devaient se soumettre à des auto-impositions qui étaient, en réalité, prescrites par les autorités. Pour éviter d'inutiles complications, nous n'entrerons pas dans de tels détails au cours de ce chapitre. Quoi qu'il en soit, l'opposition aux livraisons de céréales était passible de poursuites judiciaires en vertu du paragraphe 61 du Code pénal – les peines allant d'une amende pouvant représenter jusqu'à cinq fois la valeur des arriérés (aux prix du marché) à deux ans de prison, assortis ou non d'une déportation. Suivant les explications de la Cour suprême, il convenait d'éviter les clauses pénales en ce qui concerne les non-koulaks, qui devaient être châtiés par des amendes et des privations de différents services et allocations – sauf s'ils persistaient dans leur refus; en ce cas, il fallait leur appliquer la loi dans toute sa rigueur. Voir le *Code pénal de la R.S.F.S.R.*, Paris, Librairie générale de droit et de jurisprudence, 1935, pp. 53, 288-289; et *Sbornik raz'jasnenii verhovnogo suda R.S.F.S.R.*, Moscou, 1932, pp. 293-294.

2. Moškov, *Zernovaja problema, op. cit.*, p. 152.

dans la collecte des céréales. Et la collecte donna effectivement un résultat sans précédent : 22,1 millions de tonnes contre 16 l'année précédente.

Une telle moisson et d'aussi abondantes collectes auraient dû permettre d'atténuer les pénuries alimentaires et de normaliser les approvisionnements. Paradoxalement, tel ne fut pas le cas. Il devait y avoir au contraire une nouvelle aggravation de la situation du pays. L'une des raisons en est que l'on exagéra alors les chiffres de la moisson, et que les chiffres réels, certes respectables, étaient néanmoins bien plus modestes : 77,1 millions de tonnes d'après une source [1]. Ce qui signifie que les *zagotovki* devaient absorber en fait près de 30 % de la moisson, contre 14 % en 1928 (voir plus haut). Nous indiquerons plus loin d'autres raisons de cette aggravation continue.

La réaction des paysans à ce type de campagne était prévisible : ils prirent l'habitude de recourir à tous les stratagèmes, subterfuges ou panneaux de secours possibles pour alléger ce fardeau, n'hésitant pas, le cas échéant, à faire du véritable sabotage. Ainsi les paysans déployèrent-ils toutes les ressources de leur ruse, dissimulant les données sur la superficie réelle des emblavures, sur les moissons et le blé réellement battu se contentant délibérément de médiocres moissons ou d'un battage insuffisant de manière à pouvoir revenir ensuite et terminer le travail à leur profit, chapardant et dissimulant tous les grains sur lesquels ils pouvaient mettre la main. Un peu plus tard, durant la famine des années 1931-1934, beaucoup devaient aller aux champs pour couper des épis avant la moisson; cette pratique leur valut dans la presse le sobriquet de « coiffeurs » *(parikmahery)* [2].

Les autorités s'aperçurent très vite qu'il n'y avait aucune différence entre les paysans encore non collectivisés et les *kolhozniki* quand il s'agissait pour eux d'essayer de défendre leur pain. Les kolkhoziens réclamaient les céréales au cri de « d'abord pour nous » – revendication que la presse devait naturellement dénoncer comme des « slogans koulaks ». Beaucoup de paysans dissimulaient des céréales dans des trous avec la complicité, trop fréquente, des autorités kolkhoziennes. Et, comble de l'ironie, les soi-disant sovkhozes prolétariens, « les hommes en veste de

1. N.I. Nemakov, *Kompartija – organizator massavogo kolhoznogo dviženija*, Moscou, 1966, p. 258.

2. Les sources relatives aux moyens d'échapper aux collectes sont nombreuses, en particulier dans la revue du Komzag (Comité des collectes), *Na fronte sel'skohozjajstvennyh zagotovok*; voir, par exemple, le n° 14, 1933, pp. 3-6, qui traite, entre autres phénomènes, des « coiffeurs ».

cuir » comme les appela Mikojan dans un moment d'euphorie, qui allaient dans les steppes et y bâtissaient de nouvelles usines céréalières, devaient bientôt adopter un comportement identique à celui des autres producteurs.

Ainsi, en dépit de la bonne moisson, la campagne de l'automne 1930 rencontra d'immenses difficultés. L'Ukraine, par exemple, manifesta une telle résistance qu'à un certain moment elle mit le plan tout entier en péril. Les autorités locales et les agents des *zagotovki* harassés préférèrent se concentrer sur les kolkhozes plus faciles à contrôler et relâchèrent leur attention à l'égard des paysans privés. Ceux-ci purent donc vendre certaines quantités sur le marché noir et gagner de l'argent tandis que, soumis à une surveillance stricte, les *kolhozniki* s'en sortirent beaucoup plus mal que les paysans non affiliés. Ce n'était pas un léger revers idéologique, puisqu'il eut pour effet de rendre les kolkhozes encore plus désagréables et de décourager les nouveaux adhérents potentiels.

Pour remettre les choses en ordre, rendre convaincante aux yeux des cultivateurs privés la « supériorité économique des kolkhozes » et sauver les *zagotovki*, les autorités redoublèrent d'efforts : elles décrétèrent la mobilisation spéciale des ouvriers et des cadres du parti pour les envoyer dans les campagnes; déversèrent sur les paysans récalcitrants un déluge d'amendes tout en relevant, à titre punitif, leurs impôts et leurs contingents de livraison; organisèrent des enquêtes à grande échelle pour retrouver les céréales dissimulées et, pour couronner l'opération, procédèrent à des arrestations en masse et engagèrent de nombreuses poursuites contre les fraudeurs [1].

Il va sans dire que les dirigeants s'associèrent à cette bataille en termes de guerre contre les ennemis de classe – les paysans aisés (dékoulakisés, déportés ou, en tout cas, appauvris) tenant le rôle du vilain. Le problème avec ces slogans, c'est que les *zagotovki* se heurtaient à une opposition générale et réellement massive. Par suite, le terme de « koulak » en vint à désigner tout paysan qui cherchait à frauder les *zagotovki*. C'est un fait que le parti devait reconnaître comme par inadvertance, tandis que ses propagandistes mirent en circulation de nouvelles épithètes telles que *podkulačniki* (suppôts des koulaks) ou l'encore plus vague *kulackie podpevaly* (chantres des koulaks) – expressions

1. Moškov, *Zernovaja problema, op. cit.*, pp. 155-156 et *passim*; voir aussi *Soveckaja justicija*, n° 11, 1931, p. 18, pour des exemples de procès.

qui renonçaient à toute prétention sociologique mais qui répondaient à une intention politique claire : s'en prendre à tout paysan ou fonctionnaire désobéissant [1].

Ainsi les *zagotovki* de la campagne 1930-1931 se firent-elles de plus en plus violentes et, comme l'année précédente, elles donnèrent lieu à une nouvelle vague de déportations ainsi qu'à un regain des pressions – temporairement apaisées depuis le printemps 1930 – pour amener davantage de paysans à rejoindre les kolkhozes. Cet enchaînement était devenu un modèle classique : une campagne de *zagotovki* à l'automne, avec des représailles gouvernementales croissantes devant la résistance opiniâtre des paysans; puis une nouvelle vague massive d'arrestations et de déportations faisant office de traitement de choc pour préparer la prochaine étape, et enfin, dans un dernier temps, des pressions pour rallier aux kolkhozes plusieurs millions de paysans.

Le même enchaînement devait se répéter sur une grande échelle au cours des deux années suivantes, puis sur une échelle un peu plus modeste et avec quelques modifications par la suite. De toute évidence, il fallait encore porter des coups plus écrasants aux paysans pour qu'apparût un système kolkhozien un peu plus régulier amenant les paysans à accepter comme une réalité inévitable, jusqu'à un certain point tout au moins, les kolkhozes et les *zagotovki*. Les événements des deux ou trois années suivantes jouèrent précisément ce rôle « éducatif » auprès des paysans et leur firent accepter l'ordre nouveau.

LES *ZAGOTOVKI* ET LA FAMINE, 1931-1933

Bien que certains événements des années suivantes puissent apparaître comme une simple répétition du modèle que l'on vient d'évoquer, ils devaient prendre les proportions d'une catastrophe nationale majeure par leur ampleur et leur caractère dramatique toujours plus grands.

Les *zagotovki* semblèrent se dérouler sans accrocs au début de la campagne de 1931, mais vers la fin de l'été, les céréales « cessèrent » subitement de rentrer. Les autorités décidèrent alors de dépêcher immédiatement 50 000 émissaires pour épauler les fonctionnaires locaux. Devant les médiocres moissons des régions

1. Voir le chapitre V.

orientales (dans l'Oural et en Sibérie), le gouvernement accepta, à contrecœur, de réduire les contingents de livraison de ces régions, mais se montra encore plus exigeant envers les autres pour atteindre son objectif global. L'Ukraine et d'autres régions se virent demander des contingents plus importants de sorte que, malgré la médiocrité de ses moissons, l'Ukraine se retrouva finalement contrainte de céder plus de céréales que lors des précédentes années d'abondance. Encore une fois, les paysans ne livrèrent pas leurs grains spontanément. La paysannerie continuant à résister et de nombreuses administrations locales affirmant que les objectifs étaient bien trop ambitieux, les autorités centrales réagirent en se radicalisant : rétrogradations d'administrations locales, dispersion de kolkhozes entiers, arrestations en masse, et nombreuses expulsions du parti [1]. Le gouvernement savait que les paysans ne se montreraient pas plus conciliants, en particulier parce qu'il n'avait pas l'intention de tenir ses propres promesses, ou qu'il ne le pouvait pas. Le plan d'approvisionnement des zones rurales ne fut donc rempli qu'à moitié, et la pénurie de biens dans les campagnes vint dissuader encore un peu plus les paysans de céder leurs grains. En fait, suivant une source autorisée, de nombreuses régions rurales « furent entièrement privées de produits manufacturés » [2]. C'était un reflet de la crise économique générale que traversait le pays, aggravée par l'insuffisance et l'incapacité des réseaux commerciaux de l'État. Créés hâtivement pour remplacer les anciens circuits privés et coopératifs de la N.E.P., ces réseaux ne se montrèrent guère à la hauteur de leurs tâches.

Le trait caractéristique de la précédente campagne – l'incapacité à répartir les contingents en fonction des possibilités réelles des districts et des kolkhozes – devint alors un véritable fléau pour les campagnes. Certains kolkhozes et villages se virent surimposés, au point que l'on ne pouvait plus rien leur prendre, quelle que fût l'ampleur des répressions. Pour s'en sortir, les nombreux « plénipotentiaires » (*upolnomočennye* – figure familière des méthodes exceptionnelles de ces années-là) professionnels et volontaires, appuyés par une législation répressive et des détachements de la G.P.U., revenaient avec de nouvelles exi-

1. On trouvera d'autres renseignements sur la répression *in* M.A. Černov, in *Bol'ševik*, n° 21, 1931, p. 49, ainsi que dans un article de I.F. Ganža, *in* V.P. Danilov, éd., *Očerki po istorii kollektivizacii sel'skogo hozjajstva v sojuznyh respublikah*, Moscou, 1963, pp. 199-200.

2. Černov, in *Bol'ševik*, n° 21, 1931, pp. 50, 52.

gences auprès de ceux qui avaient déjà rempli leurs contingents. Par cette double imposition, le régime bafouait ses promesses en même temps que la légalité, apportant ainsi une confirmation à ce que la « propagande koulak » avait imaginé de pire; et, ces pratiques aidant, les campagnes finirent par s'épuiser, en particulier les nombreuses régions dans lesquelles la récolte de l'année avait été très mauvaise. Les kolkhozes en souffrirent probablement davantage que les autres fermiers. Maints kolkhozes se virent ainsi privés de tout leur fourrage et d'une bonne partie de leurs semences – les autorités ne cessant de revenir, parfois trois ou quatre fois, pour exiger toujours plus, au nom de plans supplémentaires *(vstrečnye)* [1]. Dès lors, il n'est pas étonnant que la résistance passive ait donné lieu à des troubles politiques sérieux en Ukraine, dans le Caucase du Nord, et au Kazakhstan [2], où l'on put voir des « manifestations antisoviétiques » – expression désignant différentes formes d'émeutes, de protestations et d'attaques contre des fonctionnaires.

Néanmoins, les quantités planifiées de grains ne se firent pas attendre – et elles furent plus importantes que dans les précédentes campagnes – mais les autorités centrales finirent par s'inquiéter des effets de cette débauche de violences contre les paysans. Elles lancèrent alors une opération de refroidissement, annonçant une campagne contre les excès et les traitements illégaux infligés aux paysans commis – prétendait le centre – en infraction à la « ligne » du gouvernement. Ces coups d'arrêt temporaires aux excès de zèle des exécutants locaux n'étaient pas nouveaux. Ils résultaient sans doute de quelque pression interne et des critiques exprimées dans les hautes sphères et revenaient au fond à reprocher aux fonctionnaires locaux leurs répressions « illégales ». Trouver les véritables coupables ne posait guère de problème : il suffisait de lire la presse centrale et les nombreux décrets de cette époque, avec leurs appels criards à trouver des grains et à supprimer toute discussion « koulak », ou encore les attaques contre les « tendances réductionnistes » criminelles (*skidočnye nastroenija*, demandes de réduction de contingents irréalisables), pour les trouver. Mais subitement, alors que le plus gros des céréales attendues se trouvait déjà dans les entrepôts

1. *Na agrarnom fronte*, n° 1, 1932, pp. 23, 27; *Socialističeskoe zemledelie*, 14 novembre 1931; *ibid.*, n° 1-2, 28 janvier 1932, p. 14.

2. Sur les difficultés politiques, voir Danilov, *Očerki*, *op. cit.*, *passim;* Moškov, *Zernovaja problema*, *op. cit.*, p. 194; I.E. Zelenin, *Istoričeskie zapiski*, n° 76, 1965, p. 44.

du gouvernement, la direction se montra libérale et se soucia de légalité. À cette occasion, le Comité central ukrainien jugea bon de révéler que maintes administrations locales s'étaient livrées à des actes équivalant à des « abus provocateurs inspirés par les koulaks » contre les paysans [1].

Le même C.C. ukrainien devait reconnaître un peu plus tard que les attaques désordonnées des *zagotoviteli* (responsables des collectes) au cours de la campagne de 1931 avaient créé des difficultés lors des semailles en automne et au printemps suivant, ce qui voulait dire que les paysans n'avaient plus de semences ni même assez d'énergie pour semer. Dans un mouvement de sincérité, ce C.C. déclara que les « excès » des *zagotovki* s'étaient soldés par une désorganisation complète de nombreux kolkhozes. On imagine sans peine que ces organisations malmenées et harcelées n'étaient plus en mesure de faire face à une activité aussi routinière pour les paysans que les semailles.

Mais derrière tout cela s'annonçait quelque chose de plus grave encore. L'Ukraine et les autres régions productrices de céréales (ailleurs aussi, comme nous l'apprennent des sources modernes) allaient être le théâtre de troubles de plus en plus graves : le terrible spectre de la famine fit son apparition. Le C.C. ukrainien parla de nombreuses régions, en particulier celles de Vinnica et de Kiev, dans lesquelles « beaucoup de kolkhozes se sont trouvés confrontés à une situation alimentaire critique » – euphémisme employé à la place de famine par ce Comité central puis par les auteurs soviétiques modernes. Il en résulta une situation affligeante : la famine commença à gagner les régions céréalières où, quoique médiocre, la situation n'avait rien de catastrophique et, normalement, n'aurait pas dû produire une telle calamité. Le gouvernement (ukrainien, en l'occurrence) reprocha aux responsables locaux de n'avoir pas voulu voir les signes de troubles croissants quand il en était encore temps [2], et le lecteur aura compris maintenant pourquoi Moscou lança une opération de bouc émissaire « contre les excès » après la fin, pour l'essentiel, de la campagne de *zagotovki*. Moscou ne voulait pas reconnaître la moindre responsabilité dans cette catastrophe.

Mais il était impossible au gouvernement de prétendre que seuls les responsables locaux s'étaient mis un bandeau sur les yeux juste après la campagne acharnée menée contre quelques-

1. *Kompartija Ukrainy y rezoljuciah s'ezdov i konferencii, 1918-1957*, Kiev, 1958, p. 569.
2. *Ibid.*, pp. 569-570.

uns de ces mêmes responsables locaux qui s'étaient élevés contre d'excessives *zagotovki* et avaient averti les autorités des difficultés imminentes qui les attendaient. Mikojan ne prévoyait sans doute pas le moindre problème quand, à la fin de l'année 1931, il fixa pour la prochaine campagne le fabuleux objectif de 29,5 millions de tonnes; mais plus tard, vers le début de la campagne de 1932, la situation dans les campagnes prit une tournure de plus en plus alarmante [1], et il dut réduire son objectif à 18 millions de tonnes pour les céréales et diminuer de moitié ses exigences en ce qui concerne les productions animales.

Mais ces réductions intervinrent plus tard. En attendant, Mikojan se prépara à mener une campagne avec des moyens plus draconiens que jamais. Le C.C. ukrainien, qui avait récemment fulminé contre les « abus », dut une nouvelle fois livrer bataille contre les éventuels « ennemis » qui s'apprêtaient à saboter la prochaine campagne en prétextant que les objectifs étaient trop ambitieux. Ainsi les Ukrainiens allaient-ils provoquer une nouvelle vague inévitable d'« excès » *(peregiby)* et, ce faisant, imiter la manœuvre habituelle du Politburo moscovite consistant à alterner les pressions préjudiciables et les accusations imputant les dommages infligés aux responsables locaux [2].

Lorsque la nouvelle campagne fut lancée, les agences locales souffraient encore d'une relative torpeur due aux toutes récentes punitions infligées à quelques-unes d'entre elles pour ces excès, et il fallut quelque temps pour mobiliser leurs énergies dans une nouvelle vague de collectes – et ce d'autant plus que maints responsables locaux étaient conscients de la situation désespérée des paysans; beaucoup étaient déjà affamés et, dans le meilleur des cas, la nouvelle moisson s'annonçait très médiocre. De surcroît, les conditions climatiques défavorables, le travail bâclé par des kolkhozes désorientés et démoralisés ne pouvaient promettre rien de mieux.

Qu'ils fussent membres de kolkhozes ou encore indépendants, les paysans, après avoir enduré les rigueurs de l'hiver et du printemps 1931-1932 et étant parfaitement conscients des perspectives sinistres qui les attendaient, se préparèrent avec l'énergie du désespoir à employer toutes les techniques possibles pour conserver une partie de leurs céréales.

Tous ces facteurs aidant, les *zagotovki* prirent un départ extrê-

1. Moškov, *Zernovaja problema, op. cit.*, p. 202.
2. Pour les appels lancés par le C.C. ukrainien à l'occasion de sa réunion du 9 juillet 1932, voir *Kompartija Ukrainy v rezoljucijah*, p. 576.

mement lent en 1932. Dès que l'on commença à battre la nouvelle moisson, les *kolhozniki* tentèrent, avec la complicité sinon même sous l'autorité directe de leurs encadrements, de se partager le plus de grains frais possible. On se servit alors du grain pour nourrir les paysans travaillant aux champs, pour créer toutes sortes de fonds de semences et de réserves, faire des avances sur les *trudodni* gagnées par les membres – toutes actions qui ne devaient normalement intervenir qu'après que l'État eut pris sa part. Et non pas avant, comme devait le préciser une circulaire du commissariat de la Justice qui assimila « la consommation de denrées alimentaires et de fourrage en sus des normes établies » et « la consommation de céréales et de fourrage dépassant les plans établis par les autorités compétentes » au « pillage » et à « la dilapidation des biens de la nation ».

Dans les campagnes désormais terriblement affamées, cette nouvelle série de *zagotovki* progressa naturellement beaucoup plus lentement et difficilement que celle de l'automne précédent, en 1931. Mais, pour le Politburo, il n'était pas question de relâcher sa vigilance. Une nouvelle offensive fut lancée, comportant, avant toutes choses, une vague terroriste contre les agences et les autorités locales qui répugnaient encore à se livrer à de nouveaux excès. Grâce à de puissants « stimulants », la répression antipaysanne devait battre de nouveaux records [1]. Les autorités locales n'avaient d'autre solution que de répercuter les pressions sur leur base. Auparavant attaquées pour leur rudesse, elles se virent alors reprocher leur « libéralisme pourri » à l'égard des traînards, en particulier dans les trois principaux greniers : l'Ukraine, le Caucase du Nord et la basse Volga (assurant près de 60 % de l'ensemble des *zagotovki*). Les responsables comprenaient parfaitement le sens des appels qui leur étaient adressés de livrer « une lutte réellement bolchevique pour les céréales », de « porter des coups » contre le gaspillage de grains (c'est-à-dire contre les distributions illicites aux paysans qui travaillaient aux champs et aux fonds de réserve) et, enfin, de se procurer du grain « à n'importe quel prix » *(vo čto by to ni stalo)* – autre exemple de ces directives assez vagues mais dont le sens est clair, et que les autorités peuvent facilement désavouer si elles le jugent nécessaire.

Aiguillonnées par une avalanche d'ordres et de pressions, les

1. Pour plus de détails, voir V.N. Klejner, in *Planovoe hozjajstvo*, n° 4, 1933, pp. 17, 19, 27. La circulaire publiée en 1931 par le commissariat de la Justice se trouve in *Code pénal*, p. 227.

autorités locales se départirent alors très nettement de leur soi-disant « libéralisme pourri » pour se livrer, comme le précise notre source, à une nouvelle série de « sévères mesures de répression » [1]. Bien que les limites physiques d'une campagne épuisée et les mauvaises récoltes aient obligé le gouvernement à réduire ses exigences en de nombreuses régions (l'Ukraine et le Caucase du Nord virent leurs contingents réduits quatre fois consécutives [2]), il n'en fallut pas moins mener une grande bataille pour s'emparer du reste. L'Ukraine, le Caucase du Nord, les deux régions de la Volga, et les autres régions céréalières, si l'on en croit des documents d'archives que cite un auteur moderne, « échappèrent à l'influence organisée du parti et du gouvernement » [3], si bien que ce dernier réagit en transformant ces zones en un immense théâtre d'une opération de répression sans précédent. Staline, qui prit personnellement le commandement et conçut cette politique, expliqua qu'il fallait porter « un coup écrasant » contre les *kolhozniki* parce que des « bataillons entiers », à ses yeux, « s'étaient retournés contre l'État soviétique » [4]. Une réunion spéciale du Comité central fut organisée en janvier 1933 pour confirmer certaines mesures anciennes et en adopter de nouvelles plus sévères afin de garder le contrôle des campagnes.

On peut mentionner ici quelques-unes des actions décidées avant et après ce plénum. Un grand nombre (indéterminé) de paysans furent arrêtés, et souvent, en particulier dans le district de Kouban (Caucase du Nord), furent privés de leurs biens avant d'être déportés vers le nord. De nombreux membres du parti, coupables d'avoir « défendu les koulaks » et de s'être livrés à des activités « antiétatiques de sabotage des *zagotovki* », furent victimes d'arrestations et de purges massives ou révoqués. En bien des endroits, les bataillons de *zagotoviteli* devinrent fous furieux (avec la bénédiction évidente des instances supérieures : Kaganovič, Molotov, et d'autres hauts dignitaires descendirent sur le terrain) et enlevèrent aux villages récalcitrants tous les grains sur lesquels ils purent mettre la main, y compris sur les grains que les paysans avaient légitimement gagnés ou qu'on leur avait

1. Klejner, in *Planovoe hozjajstvo*, n° 4, 1933, p. 29. Klejner était vice-président du Komzag. Le président, Černov, tint personnellement des propos identiques in *Na fronte sel'skohozjajstvennyh zagotovok*, n° 11, 1933, pp. 1-2. Il dénonça le laxisme de la période précédente, qui avait rendu ensuite la répression indispensable.

2. Moškov, *Zernovaja problema*, *op. cit.*, p. 211.

3. *Ibid.*, p. 214.

4. Staline, in *Bol'ševik*, n° 1-2, 1933, p. 19.

versés pour leur *trudodni* [1]. Cela équivalait de toute évidence à une condamnation à mort par inanition, même s'il y eut probablement aussi un nombre inconnu d'exécutions.

À la suite de ces événements, les régions productrices de céréales se retrouvèrent, au cours de l'hiver et du printemps 1932-1933, plongées dans les affres d'une terrible famine. Le gouvernement soviétique ne voulut jamais le reconnaître officiellement, mais la formule générale employée par le C.C. ukrainien (« la situation alimentaire critique en de nombreux kolkhozes ») n'était pas très loin de la réalité. Les publications de la période post-stalinienne, en particulier les belles-lettres, devaient en dire beaucoup plus long sans, toutefois, donner des estimations de l'ampleur du désastre [2].

De nombreux facteurs contribuèrent à cette famine. Mais cette fois, les caprices du climat et des récoltes ne furent pas la cause centrale. Les moissons de 1931 et de 1932 avaient été certes médiocres, mais pas catastrophiques. La collectivisation, qui infligea de grands dommages à la production agricole, fut bien plus qu'un facteur. L'abattage du bétail porta un coup écrasant à l'agriculture soviétique, et le remède qu'essaya le gouvernement en autorisant les *kolhozniki* à cultiver un lopin privé et à garder une vache familiale vint trop tard pour éviter les dégâts. Quant au reste des troupeaux, les kolkhozes nouvellement créés et organisés à la hâte ne savaient pas s'en occuper, et l'hémorragie se poursuivit encore un certain temps.

Mais la ponction opérée sur l'économie rurale par les *zagotovki* fut vraisemblablement le facteur essentiel; le prélèvement de 32 % de la récolte de 1931 (et même plus dans les kolkhozes) fut une véritable saignée. Et ce n'était qu'une moyenne nationale. Dans certaines régions – dans le district de Kiev, par exemple – on ne laissa pas plus d'un cinquième de la récolte aux *kolhozniki* [3]. Face au dépérissement du bétail et à l'épuisement des

1. Sur les événements survenus dans le Caucase du Nord, voir le discours de N.S. Khrouchtchev, in *Pravda* du 10 mars 1963, citant l'échange de lettres entre Cholokhov et Staline; Moškov, *Zernovaja Problema*, p. 217; Zelenin, in *Istoričeskie zapiski*, n° 76, 1965, pp. 43-44.

2. Sur la famine, voir Dana G. Dalrymple, in *Soviet Studies*, n° 3, 1964; Zelenin, in *Istoričeskie zapiski*, n° 76, 1965, p. 47; Roy Medvedev, *Let History Judge*, Londres, Macmillan, 1972, pp. 94-96, cite diverses sources [trad. franç., *Le Stalinisme, origines, histoires, conséquences*, préface de Georges Haupt, Paris, Éd. du Seuil, 1972, pp. 140-144]; W.H. Chamberlain, in *Russian Iron Age*, publié en 1935, donne un récit détaillé fondé sur des observations personnelles; *reprint*, Salem, N.H., Ayer, 1970.

3. Moškov, *Zernovaja problema*, *op. cit.*, p. 186.

céréales, les kolkhozes nouvellement organisés, pris dans les griffes des *zagotovki*, manquaient à la fois d'expérience et d'intérêt pour faire du bon travail afin d'assurer la prochaine récolte.

De surcroît, comme si la coupe n'était pas encore assez pleine, le gouvernement, fasciné par les objectifs qu'il avait lui-même assignés à l'industrie lourde, se lança dans une politique ambitieuse d'exportation de céréales. Si au cours de la N.E.P. le pays n'avait exporté que des quantités relativement modestes, les expéditions à l'étranger se firent massives en 1930 et en 1931 avec respectivement 4,8 et 5,2 millions de tonnes. C'était une véritable folie. Au printemps 1932, la situation des campagnes fut si mauvaise que le gouvernement dut même importer des céréales, mais en très petites quantités qui ne pouvaient guère améliorer la situation. Ce sont sans doute des considérations de prestige qui interdirent d'importer davantage pour secourir les affamés.

Les économistes peuvent sans mal estimer dans quelle mesure ces 10 millions de tonnes de céréales exportées en deux ans ont favorisé l'industrialisation, moyennant des pertes en vies humaines et aux dépens du potentiel économique de l'agriculture [1]. Quoi qu'il en soit, ces exportations furent bientôt interrompues, et le caractère aventureux de cette politique reconnu en actes, sinon en paroles.

« PÉDALE FORTE », « PÉDALE DOUCE »? 1933-1934

Dans ce contexte de batailles très délicates autour des céréales dans une campagne en proie à la famine (ses répercussions étaient encore bien sensibles et visibles en 1934), le gouvernement procéda à une révision générale de sa politique et de ses moyens de collecte, afin d'attaquer la campagne de l'automne 1933 en position de force et introduire quelque stabilité dans une économie rurale fortement ébranlée. Les ingrédients essentiels de la nouvelle stratégie furent les suivants : à la fin de l'année 1932 fut créée une nouvelle administration centralisée, le Comité des collectes (Komzag) placé sous les auspices d'un organisme interministériel de coordination pour la main-d'œuvre et la défense

1. Pour des chiffres sur les exportations de céréales, voir *Istorija SSSR*, n° 5, 1964; sur les importations de céréales au cours du printemps 1932, voir *ibid.*, n° 4, 1962, p. 104, qui précise qu'il fallut même réduire les modestes rations alimentaires des citadins et dans certaines régions, procéder à de nouvelles *zagotovki* de céréales.

(S.T.O.). Mais la puissance centralisée dont cet organisme fut investi devait être un peu plus tard renforcée par son rattachement direct au Conseil des commissaires du peuple (Sovnarkom). À tous les échelons administratifs du pays, jusque dans chaque *rajon* furent créés des corps spéciaux (des *komzagi* locaux). Kujbyšev, ancien chef du Gosplan, fut placé à la tête du Komzag, avant d'être bientôt remplacé par M.A. Černov [1].

Le principal objectif de la création de cet organisme était d'assurer l'unité de commandement et de doter le pays d'une structure disposant d'assez de pouvoirs pour s'acquitter de la formidable responsabilité des *zagotovki* et rendre ses agents indépendants des pressions locales pour ne se dévouer qu'à leur seule administration. La pratique consistant à créer ainsi des organismes spéciaux, dotés de pouvoirs exceptionnels, afin d'imposer la volonté de l'État jusque dans le village le plus reculé et de mettre ses agents, avec bon espoir, à l'abri des influences délétères des masses et des influences locales, devint désormais une composante classique du « style bolchevik d'organisation ». La guerre civile constitue de toute évidence la source d'inspiration de telles méthodes.

En second lieu, une autre administration de choc fut mise sur pied et dépêchée dans les *rajony* pour servir de départements politiques dans les stations de machines et de tracteurs. Uniquement responsable devant sa propre hiérarchie dirigée du centre, cette administration vint coiffer les instances locales régulières du parti et des soviets et, chose significative, elle comptait dans chaque station un délégué spécial de la G.P.U. (lui-même assez indépendant du reste de l'administration dans la mesure où il avait sa propre hiérarchie) sans oublier les vingt-trois mille cadres expérimentés, qui pouvaient se prévaloir d'une très ancienne affiliation au parti et déjà de longues carrières administratives et, souvent, militaires, qui furent désignés pour former le personnel de ces corps *(politotdely)* responsables de la gestion des kolkhozes, de l'économie rurale, et de bien d'autres à-côtés [2].

Enfin, une série de lois vint définir les principes des livraisons

1. Pour les principaux décrets relatifs à la création du Komzag, voir *Sobranie zakonov*, n° 10, 1932, paragr. 53; et *ibid.*, n° 11, 1933, p. 58.

2. Les départements politiques *(politotdely)* furent institués par une décision du plénum du Comité central de janvier 1933. Voir *KPSS v rezoljucijah i rešenijah s'ezdov*, 7ᵉ éd., vol. II, Moscou, 1957, pp. 187-198. Pour un bon ouvrage sur les M.T.S. et un chapitre sur les *politotdely*, voir Robert F. Miller, *One Hundred Thousand Tractors*, Cambridge, Mass., Harvard University Press, 1970.

de céréales et les présenta comme une nouvelle politique à long terme; le principal élément de cette législation fut le décret du gouvernement et du parti du 19 janvier 1933 [1].

Cette mesure était le fruit de la reconnaissance tacite par le gouvernement – bientôt rendue explicite par les commentaires de la presse – que les pratiques existantes de répartition des objectifs et de prélèvement des grains laissaient à désirer. Elles étaient désordonnées à l'extrême et entravaient la production agricole. Les plans de livraison étant en réalité imprévisibles et changeants de manière capricieuse, ils introduisaient un élément d'instabilité dans les kolkhozes qui ne pouvaient, dans ces conditions, être assurés de leurs possibilités de production et de leurs revenus futurs. Même les recettes de l'État, auxquelles s'intéressait surtout le gouvernement, étaient instables et imprévisibles – l'expérience l'avait montré – et leur rentrée ne pouvait être assurée qu'au prix d'immenses efforts.

L'innovation consista à déclarer que les *zagotovki* étaient désormais un impôt obligatoire prélevé par l'État. Obligatoires, elles l'étaient, nous le savons déjà, mais transformées en impôt, elles étaient censées devenir une norme régulière et prévisible, bien qu'il s'agît d'une norme exigeante, élevée et indépendante de l'importance des récoltes – comme le décret devait le préciser. De même, cet impôt ne pouvait être modifié que par le gouvernement central; il était interdit aux autorités locales, sous peine de poursuites – la loi en faisait la solennelle promesse – de modifier les plans et de se livrer à ses fatidiques réimpositions répétées que les paysans avaient en horreur et que l'économie ne pouvait supporter.

Le gouvernement entendait à présent créer les conditions d'un renforcement de l'intérêt des paysans pour le développement de la production kolkhozienne en promettant formellement que les kolkhozes seraient informés plusieurs années à l'avance des quantités de céréales qu'ils auraient à fournir par hectare et que les excédents, en sus des contingents, seraient à la libre disposition des kolkhozes qui pourraient les conserver à leur usage propre ou les vendre sur le marché kolkhozien.

Ces marchés avaient déjà été légalisés au cours de l'été 1932 – probablement l'année la plus noire de la crise du plan quin-

1. Le décret de base se trouve in *Sobranie zakonov*, n° 4, 1933, paragr. 25; les instructions détaillées sur la manière de préparer et de mener la campagne jusqu'au bout se trouvent in *ibid.*, n° 16, 1933, paragr. 95, et l'instruction qui suit ce paragraphe.

quennal – dans l'espoir d'améliorer la situation alimentaire catastrophique du pays mais aussi de donner quelques encouragements aux *kolhozniki.* Les kolkhozes et leurs membres furent donc également autorisés à vendre leurs excédents sur ces marchés à des prix librement déterminés par le jeu de l'offre et de la demande. Il s'agissait donc d'un retour en arrière, au profit de quelque version affadie de la N.E.P., et au départ celle-ci n'améliora guère la situation; au contraire. Cette initiative ayant fait naître l'espoir parmi les paysans et certains responsables que les livraisons obligatoires allaient être supprimées, les collectes essuyèrent de nouveaux revers. Mais l'erreur allait être bientôt corrigée; obligation fut faite au kolkhoze de cesser tout commerce dès que commençaient les *zagotovki,* et les marchés ne pourraient rouvrir, par décret spécial, que dans les seuls districts qui auraient rempli leurs contingents. Et les contrevenants seraient poursuivis comme spéculateurs. Le décret de 1933 sur les *zagotovki* désormais transformées en impôt obligatoire mit donc un accent particulier sur le droit de vendre sur les marchés kolkhoziens tous les excédents restant après les livraisons. Il se trouva au moins quelques responsables gouvernementaux sincèrement soucieux de mettre un terme aux réimpositions dévastatrices et d'introduire quelque certitude aussi bien dans les recettes de l'État que dans le processus de production. Aussi convenait-il d'assurer au système kolkhozien des conditions minimales lui permettant de faire son travail.

Nous verrons plus loin si ces espoirs allaient se matérialiser. Pour l'instant, nous voudrions attirer l'attention sur un élément, au moins, de la stratégie d'ensemble, qui compromit dès le départ la prévisibilité promise des obligations de l'État. Le nouvel arsenal législatif fit obligation aux kolkhozes de payer en nature les services des M.T.S. (stations de machines et de tracteurs). Jusqu'ici, les M.T.S. touchaient un prix fixe par hectare de labourage ou de moisson. Le paiement étant indépendant des résultats de leur travail (des récoltes et des rendements), les M.T.S. – comme devait s'en plaindre amèrement le commissaire à l'Agriculture Jakovlev – avaient donc tout intérêt à surestimer dans leurs rapports la surface travaillée avec leurs machines, et peu leur importait de savoir si elles semaient ou récoltaient des grains ou des mauvaises herbes [1]. Aux termes de la nouvelle loi, ce

1. A.J. Jakovlev, *Voprosy organizacii socialističeskogo sel'skogo hozjajstva,* Moscou, 1933, p. 119.

paiement prit le nom de *naturplata* (paiement en nature, par opposition à l'impôt en nature, les *postavki*).

Par voie de conséquence, tous les bavardages sur la fixité des paiements ne valaient que pour la part des livraisons considérées comme *postavki*, tandis que la catégorie nouvellement introduite – celle de la *naturplata* – devait être payée en pourcentage de la récolte et n'était donc que relativement fixée. La quantité réelle ne serait connue qu'à la fin de la récolte. La formulation des décrets sur les *naturplaty* prit un tour nettement hostile aux paysans. Ils accordèrent aux M.T.S. un rôle décisif dans l'évaluation des quantités dues par les kolkhozes ainsi que le droit de les collecter dans les kolkhozes « sans hésitation » *(bezogovoročno)* [1].

Au début de l'année 1933, lorsque furent promulgués ces décrets, beaucoup ne comprirent sans doute pas tout ce qu'impliquaient les *naturplaty*. Or le gouvernement devait s'en remettre de plus en plus aux M.T.S., dont il fit l'organe central chargé de veiller au développement de la production agricole et de contrôler l'agriculture. Nous avons déjà fait état de l'importante administration spéciale *(politotdely)* créée pour donner des armes à ces M.T.S. promus au rang de nouveaux leviers stratégiques. La M.T.S., seule agence de l'État réellement présente sur les champs des kolkhozes, paraissait bien adaptée pour devenir aussi un important collecteur de *zagotovki*. De fait, en l'espace de quelques années, les *naturplaty* allaient devenir la principale composante des collectes de grains par l'État [2], mais cette part, nous le savons, n'était pas un chiffre fixe, mais un prorata. La quantité réelle de grains que devaient fournir les kolkhozes devint une fois de plus, par ce biais, incertaine – en contradiction flagrante avec la lettre de la législation qui avait introduit ce système.

Cette incertitude se trouva encore aggravée par un système tout à fait extraordinaire officiellement introduit au cours de la même année de révision générale : l'État prit le contrôle total

1. Décret du 25 juin 1933, in *Sobranie zakonov*, n° 39, 1933, paragr. 234.

2. En 1937, les paiements en nature aux M.T.S. assuraient près de 50 % des rentrées de l'État en céréales (contre 15,7 % en 1933). La part de l'impôt en nature, *i.e.*, des *zagotovki* de base *(hlebopostavki)*, tomba aux alentours de 35 %. Le reste était collecté sous la forme d'achats *(zakupki)* décrits plus loin. Il va sans dire que pour le gouvernement comme pour les paysans toutes ces catégories n'étaient que des *zagotovki*, et les statistiques officielles rassemblaient toutes ces catégories (y compris, souvent, les recettes de la taxe sur le moulage) sous la rubrique des *hlebozagotovki*.

de l'évaluation non seulement des perspectives de rendements et de récoltes, mais aussi des chiffres finals. Une nouvelle administration spéciale fut créée à cette fin, dirigée du centre comme toutes les autres, et avec la même structure d'agences locales directement dépendantes du centre. Il y eut quelques frictions entre le commissaire à l'Agriculture et le Sovnarkom; le premier voulait que les kolkhozes aient leur mot à dire dans l'évaluation de leurs récoltes, tandis que le second repoussait cette approche [1]. L'évaluation finale, qui était cruciale pour la fixation des contingents de livraison, et surtout celle des versements aux M.T.S., était du ressort du seul gouvernement à l'exclusion des producteurs eux-mêmes [2]. Il n'est pas difficile d'imaginer en quoi cette méthode allait influencer la part du gouvernement dans la production agricole réelle.

Outre l'évaluation de la récolte, l'autre chiffre clé pour le calcul des livraisons obligatoires était celui de la superficie ensemencée. Les nouveaux décrets vinrent légaliser une pratique qui s'était imposée depuis quelque temps déjà : les semailles devaient être faites suivant les objectifs gouvernementaux envoyés du centre à chaque village et, comme bien d'autres choses, elles étaient obligatoires et ne pouvaient faire l'objet d'aucune réduction. De telles réductions furent explicitement interdites [3] (alors que tel n'était pas le cas, on le devine, des relèvements d'objectifs). Les *zagotovki* obligatoires seraient donc calculées sur la base des objectifs d'ensemencement planifiés, et les paysans ou les kolkhozes allaient au-devant d'interminables problèmes s'ils n'ensemençaient pas réellement la superficie et les variétés prescrites.

De la sorte, les principaux critères permettant au gouvernement de calculer son imposition lui ménageaient une grande place pour travestir la réalité suivant ses désirs. Une fois les

1. Sur cette suggestion, voir *Planovoe hozjajstvo*, n° 4, 1933, p. 25.

2. La Commission centrale pour l'évaluation des rendements et des récoltes (Ts.G.K.) fut constituée en décembre 1932 sous la responsabilité de V.V. Osinskij et rattachée au Sovnarkom. Les instructions relatives à sa composition et à son organisation se trouvent in *Sobranie zakonov*, n° 3, 1933, paragr. 46; n° 44, paragr. 279; n° 17, paragr. 97a. Il y eut d'autres décrets et une activité des plus fébriles se développa autour de ces commissions – Staline et Molotov signant eux-mêmes les textes législatifs les plus importants. Mais *Istorija SSSR*, n° 5, 1964, p. 13, devait critiquer toute cette entreprise comme une perte de temps et affirmer que l'objectif de la Ts.G.K. était de gonfler artificiellement les « excédents commerciaux » des kolkhozes en avançant des évaluations de récoltes exagérées.

3. M.A. Černov, in *Na fronte sel'sko-hozjajstvennyh zagotovok*, n° 11, 1933, p. 4; *Sel'skoe hozjajstvo RSFSR*, n° 22, 1er août 1931, pp. 10-11.

objectifs fixés, cependant, la collecte des grains auprès des paysans exigeait un levier supplémentaire, puisqu'il fallait encore surveiller le battage. Un décret vint donc stipuler formellement (avec des clauses pénales appropriées citées dans le texte même du décret pour mettre en garde les fraudeurs) que 90 % du produit du battage devait aller aux *zagotovki*, tandis que 10 % seulement en serait distribué aux paysans au titre d'avances sur leur travail, tant que les contingents ne seraient pas entièrement remplis. Il est clair que l'on attendait une farouche opposition des paysans à cette pratique à une époque où eux-mêmes avaient le plus grand besoin de grains alors que la saison agricole battait son plein, et où les réserves alimentaires de la précédente récolte seraient épuisées depuis longtemps. Pour s'assurer que l'opération décisive du battage répondît aux besoins des *zagotovki*, le décret fit obligation aux kolkhozes de vendre aux M.T.S. toutes leurs grandes machines de battage; s'ils devaient faire le travail avec des machines plus petites, le travail devait se faire sur des aires spéciales aménagées et supervisées par les M.T.S. [1]. De cette manière, les autorités remirent aux M.T.S. les clés de l'opération et espérèrent avoir ainsi verrouillé une autre issue par laquelle les grains auraient pu échapper à l'État.

Du milieu de l'année 1933 jusqu'à la mort de Kirov en décembre 1934, une relative accalmie parut s'imposer en de nombreux domaines de la politique soviétique. On pouvait observer un ensemble de mesures plus libérales, à commencer par des objectifs plus modestes de croissance industrielle et la promesse d'accorder plus d'attention aux besoins des consommateurs au cours du prochain plan quinquennal. Enfin, les méthodes les plus brutales de la répression de masse, les exécutions et les déportations furent considérablement réduites. Dans les coulisses, au sein de la haute direction, d'aucuns réclamaient un changement de cours et l'adoption de stratégies différentes pour diriger le pays. Certains responsables critiquèrent sans doute la politique de Staline et envisagèrent même sa mise à l'écart. Certains observateurs rattachent toutes ces pressions et ces doutes à l'apparition d'une faction ou d'un courant Kirov – bien que l'existence de ce courant, si plausible qu'elle fût, n'ait encore jamais été démontrée de façon probante [2].

1. *Planovoe hozjajstvo*, n° 44, 1933, p. 25.
2. Le tout dernier récit concernant Kirov, son rôle et son assassinat se trouve

On ne saurait traiter ici de ce problème de manière systématique, mais en ce qui concerne notre thème central – les *zagotovki* – on peut avancer quelques preuves confirmant l'existence de pressions en vue d'une refonte de la politique agricole. Alors que l'économie rurale, désormais largement collectivisée, demeurait une affaire coûteuse et particulièrement décevante, il était naturel qu'un courant se manifestât afin de tenter de faire bouger les choses dans l'agriculture. Mais cela n'était guère possible sans essayer d'améliorer les rapports de l'État avec la masse des paysans amers, frustrés, et hostiles. La presse parla librement du fait que les paysans se méfiaient de toutes les promesses ou des engagements pris par le gouvernement; et l'on est en droit de supposer, comme nous venons de le faire, que des sentiments plus forts que la simple méfiance devaient être assez répandus.

C'est en fait dans un discours public de Kirov – mais pas, à ma connaissance, dans les discours publiés de quelque autre responsable de premier plan – que transparut un signe très net de la déception provoquée par les résultats de la politique suivie jusqu'ici. Dans ce discours, en effet, après un hommage rituel au « caractère sacré » des *zagotovki,* Kirov s'en prit à ce qui était en vérité, pour reprendre son propre terme, une « extorsion » *(vykolačivanie)* – un mot qui définit très bien l'ensemble de la procédure. Kirov savait alors parfaitement, et il le dit, que cette *vykolačivanie* risquait fort de compromettre le développement de l'agriculture et de freiner « tout nouveau développement des kolkhozes et des sovkhozes » [1]. Des recherches plus poussées sont nécessaires pour découvrir quels changements concrets proposaient Kirov ou d'autres, mais la thèse centrale sur laquelle fonder ces changements et leur justification apparaît sans doute possible dans ce discours.

Si l'on en croit de nombreuses sources, une certaine opposition se manifestait aussi, sous différentes formes, dans les plus bas échelons de l'administration contre la politique à l'égard de l'agriculture et en particulier contre cette même *vykolačivanie* critiquée par Kirov. Certes, les traditionnels partisans de la manière forte ne cessèrent de réclamer que l'on traitât durement

in Medvedev, *Let History Judge, op. cit.,* chap. v; trad. franç., *Le Stalinisme,* « L'assassinat de Kirov », *op. cit.,* pp. 201-239. Pour des sources antérieures que Medvedev ne connaissait probablement pas, voir B.I. Nicolaevsky, *Power and the Soviet Elite,* New York, Praeger, 1965.

1. S.M. Kirov, in *Pravda,* 19 juillet 1934.

les paysans, et la législation officielle, nous le verrons, leur emboîta le pas, démontrant qu'ils avaient encore le dessus. Les durs menèrent bataille au cri de « sabotage » – et les appels à traiter les paysans récalcitrants comme des saboteurs équivalaient de toute évidence à recourir à la terreur contre eux. Ainsi, par exemple, la revue militante du Komzag présenta la situation dans les termes suivants : « À longueur de journée, la presse centrale ne cesse de rassembler une multitude de faits trahissant beaucoup trop souvent l'existence d'une opposition organisée aux livraisons de céréales [1]. » La revue faisait ici allusion aux nombreuses informations relatives aux paysans et à la direction des kolkhozes coupables de dissimuler du grain, de falsifier des rapports sur l'ensemencement, de préparer des balances de céréales et de fourrage artificiellement gonflées, et de recourir à une pléiade d'autres subterfuges. Et le procureur général, de sa plume sévère, d'appeler les tribunaux et les autres organismes compétents à traiter comme il convenait de tels actes.

Mais la même revue et d'autres sources nous permettent de déduire que les paysans jouissaient à cette époque d'un certain appui de la part de diverses sections des administrations étatiques locales, et que les accusations de sabotage ne visaient pas moins ces dernières que les paysans. Maints responsables locaux s'obstinaient, semble-t-il, à réclamer un abaissement des contingents de livraison. Les durs, quant à eux, devaient dénoncer dans un tel comportement le fruit de « tendances réductionnistes », ou d'« orientations à la réduction » (des contingents de livraison), bien que la traduction de l'expression russe *skidočnye nastroenija* ne rende pas toute la saveur de cette formule. Que les durs percevaient sous un jour des plus sinistres ces « orientations », on peut en juger à leurs accusations portées contre ces responsables qui ont tendance à « faire passer les intérêts des kolkhozes avant les intérêts de l'État » – charge qui, dans les conditions de l'époque, se laissait facilement reformuler en accusation de sabotage [2].

Tout cela était grave aux yeux de la direction. Au plénum du Comité central de juillet 1934, des hommes comme Varejkis, Kossior et Postyšev devaient dénoncer vivement les tendances

1. Premier article in *Na fronte sel'sko-hozjajstvennyh zagotovok*, n° 19, 1934.
2. *Ibid.*, n° 27-28, 1934, pp. 2-3, par exemple. De telles sources sont nombreuses. Rappelons que cette revue est un organe du Komzag, lequel était rattaché au cabinet de Molotov et lui servait de toute évidence de porte-parole.

« réductionnistes »[1], mais aucune source n'indique clairement que quelque haut dirigeant ait tenté de couvrir les humeurs de la base. De fait, même en ces temps de relatif relâchement de la terreur, de nombreux cadres payèrent de leur poste ou de leur carte du parti, et parfois même furent poursuivis devant les tribunaux, leur indulgence à l'égard des paysans. Il y eut parmi eux de très nombreux directeurs de sovkhozes et de M.T.S. ou secrétaires des commissions du parti au niveau du *rajon* – soit qu'ils eussent pris la défense des kolkhozes contre d'impossibles exactions, soit qu'ils eussent tenté de démontrer la viabilité économique de leurs propres organisations agricoles[2].

Il est particulièrement significatif que de nombreux cadres des départements politiques des M.T.S. – cette unité d'administrateurs d'élite envoyée au début de l'année 1933 dans les campagnes pour y faire régner l'ordre – se livrèrent eux aussi à de telles activités, critiquant les plans irréalistes, prenant souvent la défense de la direction des kolkhozes contre les accusations de détournement, et refusant de s'associer aux poursuites judiciaires engagées contre elle[3]. Un auteur moderne leur donne franchement raison : ces hommes, affirme-t-il, savaient bien que les chiffres des récoltes étaient exagérés et, par conséquent, que les contingents de livraison fondés sur ces indications n'étaient pas justifiés[4].

En conclusion, et malgré la rareté des informations, il est clair que ce que les durs du Komzag appelaient le « sabotage organisé des *zagotovki* », pour reprendre une formule citée plus haut, était une affaire des plus sérieuses; maintes administrations locales, y compris les départements politiques, arrivaient, sur l'état de l'agriculture et la ligne à suivre, à des conclusions qui différaient profondément de la tendance prévalant à Moscou. La réaction irritée du Politburo est là pour le prouver. Les départements politiques furent alors reconnus coupables de « s'être identifiés *(sroslis')* avec la population locale » et, ce faisant, d'avoir perdu toute leur utilité pour Moscou. Et à la fin de l'année 1934, ces départements furent dissous[5].

1. Zelenin, in *Istoričeskie zapiski*, n° 76, 1965, pp. 77-78.
2. *Na fronte sel'sko-hozjajstvennyh zagotovok*, n° 17-18, 1934, fait état de nombreuses correspondances venant des districts et signalant des mesures de répression de cette nature contre des fonctionnaires.
3. Zelenin, in *Istoričeskie zapiski*, n° 76, 1965, pp. 76-77 ; voir aussi *Na fronte sel'sko-hozjajstvennyh zagotovok*, n° 17-18, 1934.
4. Zelenin, in *Istoričeskie zapiski*, n° 76, 1965, p. 57.
5. Les départements politiques des M.T.S. furent dissous en novembre 1934

Nonobstant les pressions de la base ainsi que le débat et les hésitations du centre, certains aspects de la législation touchant aux *zagotovki* et à la politique menée dans les campagnes laissent apparaître une tendance persistante à poursuivre le type de politique de *vykolačivanie* que Kirov eût aimé atténuer. Contre une concession accordée aux paysans – annulation des arriérés de livraisons pour 1933 et étalement sur trois ans des remboursements des prêts de semences [1] – plusieurs mesures furent annoncées qui dépassaient en acharnement antipaysan bien des textes de loi antérieurs. En premier lieu, les *kolhozniki* qui faisaient pousser des céréales sur leurs lopins virent leurs normes de livraison portées au niveau jusqu'ici appliqué aux seuls paysans privés – 10 % de plus que les kolkhozes ne payaient dans les zones non desservies par les M.T.S. [2]. Ce qui voulait dire qu'un traitement réservé exclusivement à une catégorie ouvertement défavorisée allait maintenant s'étendre à l'ensemble des *kolhozniki*. La même tendance se retrouve dans une autre décision, suivant laquelle les livraisons obligatoires de viande, de lait et d'œufs par les paysans privés et les *kolhozniki* ne devaient pas être liées à leur situation économique : ils devaient fournir ces produits même s'ils n'avaient pas d'animaux à eux [3]. À une époque où le cheptel diminuait et où des millions de familles paysannes n'avaient pas de bétail, il semblait particulièrement sinistre de leur imposer des livraisons de denrées alimentaires d'origine animale. Ou était-ce une mesure destinée à inciter les paysans à acquérir du bétail? Si tel était bien le cas, le gouvernement en arriva bientôt à la conclusion que mieux valait aider les paysans à acquérir des vaches privées. La pauvreté était une incitation suffisante pour qu'une famille paysanne désirât acheter une vache, mais les moyens lui manquaient. Le « manque de vache » était une véritable catastrophe, et Molotov promit solen-

(voir *KPSS v rezoljuciah*, pp. 260-265), mais ils continuèrent à fonctionner dans les sovkhozes jusqu'en 1940.

1. Décret signé par MOLOTOV et STALINE, *Pravda*, 28 février 1934.

2. Décret du 3 avril 1934, in *Sobranie zakonov*, n° 18, 1934, paragr. 139. Ce décret, comme bien d'autres que nous citons, était signé par MOLOTOV et STALINE, ce qui signifiait qu'il s'agissait d'une décision commune au gouvernement et au parti – pratique fréquente en ces années. À cette époque, un peu moins de la moitié des kolkhozes (mais plus de la moitié de la superficie ensemencée) étaient desservis par les M.T.S. Les kolkhozes qui pouvaient éviter de passer un contrat avec les M.T.S. étaient soulagés parce que les M.T.S. faisaient mal leur travail et coûtaient beaucoup de céréales. Pour récompenser les kolkhozes qui étaient desservis par les stations, les normes de livraison les concernant étaient très nettement inférieures à celles des autres.

3. Ce décret se trouve in *Sobranie zakonov*, n° 46, 1934, paragr. 362.

nellement que le problème allait être réglé en deux ans à peine [1], mais il fallut en réalité plus de deux ans pour doter tous les *kolhozniki* de ce soutien vital.

Les événements qui se déroulèrent au cours du second semestre 1934, et qui touchèrent les cinq derniers millions de familles paysannes qui avaient réussi à demeurer en dehors des fermes collectives, permettent d'illustrer le lien entre les *zagotovki* et la campagne de collectivisation – les contingents de *zagotovki* servant de « fouet » pour pousser les paysans à rejoindre les kolkhozes. Ces cinq millions de familles formaient encore une masse considérable – quelque 20 % de l'ensemble des foyers paysans – mais leur part dans la production agricole du pays était déjà très modeste. Cela n'était pas, comme on le prétendait officiellement, un résultat de la « supériorité des kolkhozes », mais plutôt l'effet de contingents de livraisons oppressifs, d'une fiscalité spéciale, et d'autres mesures vexatoires, qui leur rendirent la vie insupportable de manière à pousser les paysans à rejoindre les kolkhozes et à assurer ainsi la « supériorité » de ces derniers.

En 1931, on exigea de ces petits cultivateurs des contingents de livraisons supérieurs à ceux versés par les kolkhozes. Ces contingents étaient évalués en fonction des plans d'ensemencement qui leur étaient imposés et, bien souvent, on leur demanda des comptes sans prendre la peine de vérifier s'ils avaient bien semé autant, ou même s'ils avaient effectué les moindres semailles. Par ailleurs, leurs semences pouvaient leur être tout simplement enlevées – et bien souvent elles le furent; leurs chevaux pouvaient être réquisitionnés au profit des kolkhozes, et l'on a signalé des cas où des familles entières furent mobilisées pour travailler au service des kolkhozes, bien que cette pratique ait été, en certaines occasions, condamnée par la direction comme une « déviation par rapport à la ligne du parti » [2].

D'une manière ou d'une autre, et en dépit d'un harassement permanent, la masse des paysans encore non enrôlés bénéficia d'un certain répit en 1933; fortement pressés d'obtenir des résultats en matière de collectes, les responsables locaux préférèrent en effet se concentrer sur les kolkhozes, car il était plus facile d'obtenir d'eux des quantités considérables que de donner la

1. Molotov, in *Pravda* du 8 juillet 1934.
2. P.P. Ljubčenko, in *Bol'ševik*, n° 11, 1934, pp. 21-22.

chasse aux nombreux petits cultivateurs qui se dérobaient. Parmi ces responsables, d'aucuns pensaient manifestement que de toute façon il ne restait plus grand-chose à prendre au menu fretin. Par conséquent, même si l'on exigea d'eux leurs contingents de livraisons, la répression se fit moins forte contre les paysans indépendants au cours de cette période et, surtout, on relâcha les pressions pour les amener à rejoindre les kolkhozes.

En ce sens, les responsables avaient raison. La gestion des kolkhozes dans leur état présent posait déjà assez de problèmes, et bien des kolkhoziens et des directeurs de kolkhozes ne voyaient pas grand intérêt à accepter de nouvelles personnes qui, de toute façon, se débarrasseraient de leur cheval ou de leur vache avant d'adhérer, si tant est qu'ils en eussent encore. Il se peut même que certaines autorités locales aient formellement interdit l'acceptation de nouvelles recrues.

Mais dans le courant de l'été 1934, le Comité central trouva cette situation fâcheuse et se décida à intervenir en force. L'existence de cinq millions de « spéculateurs » fut jugée indésirable. Le plénum de juillet lança donc une nouvelle campagne de collectivisation complète afin d'embrigader les millions de familles encore sur la touche. On ne parla plus cette fois de dékoulakisations ni de répression violente pour y parvenir. Comme Staline le conseilla à une assemblée de secrétaires en juillet 1934, la méthode devait consister à « renforcer la pression fiscale »; les mesures adoptées par le gouvernement pour rendre cette « pression » efficace permettent de savoir ce qu'il entendait par là. En octobre fut décrété un prélèvement extraordinaire en espèces frappant les paysans privés – et le décret ne prit même pas la peine d'en justifier la nécessité [1]. Un autre décret, promulgué sitôt après le plénum, fut encore plus dur : les contingents de livraisons exigés des petits cultivateurs, qui étaient déjà de 10 % supérieurs aux contingents des kolkhozes (mais pas dans les M.T.S.), furent maintenant portés à 50 %. Toutes les tolérances qui avaient permis jusqu'ici de semer davantage que ne le prévoyaient les plans furent supprimées, et une nouvelle loi spéciale fut adoptée autorisant la confiscation de tous les biens personnels, hormis un petit nombre d'objets spécifiés, des petits cultivateurs qui ne livreraient pas les contingents voulus [2].

1. Le décret sur ce prélèvement se trouve in *Sobranie zakonov,* n° 49, 1934, paragr. 380. Staline est cité d'après les archives in *Istorija SSSR,* n° 5, 1964, p. 24.

2. *Sobranie zakonov,* n° 48, 1934, paragr. 370, et n° 49, 1934, paragr. 380.

Une telle imposition en espèces et en céréales dépassait le seuil de solvabilité des petits cultivateurs. Le gouvernement recherchait leur « mise à mort ». Pour ceux qui ne pouvaient pas se réfugier en ville, il restait deux solutions : ou adhérer aux kolkhozes, ou devenir travailleurs salariés dans les sovkhozes, s'il y en avait dans les environs. En s'engageant dans un sovkhoze, le paysan se libérait des *zagotovki*. Le rôle de « fouet » des *zagotovki* pour pousser les paysans à rejoindre les kolkhozes trouve donc ici une nouvelle illustration.

Avant de terminer cette section, il serait éclairant de prendre connaissance d'une explication franche d'un dirigeant précisant le pourquoi de ce renouveau de la campagne de collectivisation. Cette explication nous vient, une fois de plus, de Kirov, dans l'un de ses discours. Les kolkhozes, expliqua-t-il, étaient souvent des producteurs extrêmement faibles, et leur niveau de vie accusait un très net retard sur celui des paysans indépendants. Les *kolhozniki* – et les autres – ne voyaient donc aucun avantage au kolkhoze; ils étaient moins bien lotis dans les kolkhozes que les paysans privés qui pouvaient encore trouver quelques soupapes d'échappement (en vendant sur les marchés noirs, par exemple), qui n'étaient pas ouvertes aux *kolhozniki*. Et Kirov de conclure que la coexistence des kolkhozes et des petits cultivateurs indépendants était donc devenue une anomalie à laquelle il convenait de mettre un terme [1].

Il ne semble pas utile d'en dire beaucoup plus. C'était reconnaître franchement et non sans amertume que les kolkhozes ne pouvaient supporter la concurrence, ni la comparaison avec les petits cultivateurs, même appauvris, de cette époque.

ZAGOTOVKI EN HAUSSE, PRODUCTION EN BAISSE, 1928-1941

Il nous faut maintenant jeter un regard sur les chiffres de production de l'agriculture soviétique au cours des plans quinquennaux, en gros entre 1928 et 1941, pour être mieux à même d'évaluer quelques-uns des résultats de la politique des collectes (et, de fait, de la collectivisation). Avant même 1958, on reconnut officiellement que la production agricole avait souffert au cours du premier plan quinquennal, tout en présentant cette situation comme un coût inévitable de l'entreprise

1. S.M. Kirov, in *Stat'i i reči*, Moscou, 1934, pp. 130-132.

complexe qu'était la création d'une organisation entièrement nouvelle de l'agriculture. Le marasme ne pouvait être que transitoire et, prétendait-on, les choses allèrent en s'améliorant allégrement après 1932.

Mais un recueil de statistiques publié en 1959 a montré que la réalité était bien différente et que la situation des campagnes d'avant-guerre était bien plus lugubre que ne le suggéraient même les chiffres calculés par Naum Jasny. La même année 1959, un expert soviétique donna la première description détaillée des pratiques d'évaluation des moissons après 1932 [1]. Il s'agit d'une recension fort compliquée des différentes méthodes pour y parvenir – de la notion de « récolte engrangée optimale », qui fut la première appliquée, jusqu'à celle de « cultures biologiques » ou de « cultures sur pied » *(na kornju)* employée à partir de 1939, en passant par quelque solution intermédiaire. Quoi qu'il en soit, les résultats de ces évaluations n'étaient pas publiés, et durant le deuxième plan quinquennal, les statistiques des cultures en unités physiques devinrent un secret d'État. Seul le chiffre de l'abondante moisson de 1937 fut divulgué [2].

Une administration spéciale à laquelle nous avons déjà fait allusion – la Commission centrale d'évaluation des rendements et des récoltes (T.s.G.K.) – fut chargée de ce travail et, fait caractéristique, ne chercha pas le moins du monde à découvrir quelles quantités de céréales aboutissaient effectivement dans les granges des paysans. Elle préférait calculer une variante ou une autre de « rendements biologiques », c'est-à-dire estimer les « cultures sur pied » avant la récolte, sans tenir compte de manière réaliste des pertes enregistrées avant que les grains ne soient engrangés. Or les normes de livraison étaient fondées sur ces hypothétiques évaluations et les paysans étaient donc eux-mêmes imposés, dans une large mesure, sur un revenu inexistant parce que la base d'évaluation, artificiellement gonflée, dépassait de quelque 30 % le rendement effectif. Ce fut là l'une des raisons fondamentales des « tendances réductionnistes » évoquées plus haut parmi certains administrateurs locaux, qui s'efforcèrent de défendre les paysans contre cette forme de fraude particulière au gouvernement.

Comme dans le cas de la taxation des produits de vaches

1. *Narodnoe hozjajstvo SSSR v 1958 godu,* Moscou, 1959, pp. 350-352; M.A. Vylcan, *Ukreplenie material'no-tehničeskoj bazy kolhoznogo stroja,* Moscou, 1959.
2. Vylcan, *Ukreplenie, op. cit.,* p. 125.

inexistantes, la surimposition par ce système des « récoltes biologiques » répondait peut-être à quelque stratégie visant à pousser les paysans à améliorer la qualité de leur travail et à réduire les pertes de céréales intervenant pendant ou après la moisson. Ces pertes étaient renversantes, et les dirigeants prirent conscience de leur gravité au milieu de l'année 1934. Kirov, notamment, parut profondément déçu par cet état de choses. Il cita des estimations montrant que dans certaines régions agricoles importantes 40 % des récoltes étaient perdues par négligence, et il ne put qu'évoquer avec regret la grande amélioration qui s'ensuivrait si seulement l'on parvenait à réduire ces pertes [1].

I : RÉCOLTES DE CÉRÉALES ET COLLECTES DE L'ÉTAT, 1928-1940

Année	*Collectes de céréales* (en millions de t)		*Part des collectes en % des récoltes*	*Part des collectes en % des récoltes des kolkhozes*
1928	73,3	10,7	14,7	–
1929	71,7	16,8	22,4	55,7
1930	77,1	22,1	26,5	27,5
1931	69,4	22,8	32,9	37,8
1932	69,8	19,0	26,9	27,5
1933	68,4	23,6	34,1	35,5
1934	67,6	26,9	38,1	35,3
1935	62,4	28,3	37,8	39,1
1936	–	–	–	–
1937	87,0	31,9	–	–
1938	67,0	–	–	–
1939	67,3	32,1 *	–	–
1940	95,6 **	36,6 **	38,0	–

* Moyenne annuelle pour l'ensemble de la période 1938-1940.

** Ce chiffre inclut probablement les céréales des territoires incorporés après le 17 septembre 1939. Il faut donc les réduire avant de les comparer aux chiffres précédents, mais cela reste pour moi un point obscur.

Sources : Y.A. Moškov, *Zernovaja problema v gody pervoj pjatiletki*, Moscou, 1966, p. 225, ainsi que sa contribution à *Istorija sovetskogo krest'janstva i kolkhoznogo stroitel'stva v SSSR*, Moscou, 1963, p. 270 ; I.E. Zelenin, in *Istorija SSSR*, n° 5, 1964, p. 18 ; M.A. Vylcan, *Ukreplenie material'no-tehničeskoj koj bazy v gody vtoroj pjatiletki*, Moscou, 1959 ; I.A. Gladkov, éd., *Socialističeskoe narodnoe hozjajstvo SSSR, 1933-1940*, Moscou, 1963.

1. Kirov, in *Stat'i i reči*, *op. cit.*, pp. 106-107. Sans doute s'appuyait-il sur l'estimation de la Commission d'évaluation des rendements et des récoltes, présentée par Bryuhanov dans la *Pravda* du 20 juillet 1934. Des sondages effectués

II : PRODUCTION ET COLLECTES DE CÉRÉALES DANS LA RUSSIE TSARISTE ET EN U.R.S.S., PENDANT LES PLANS QUINQUENNAUX
(moyennes annuelles, en millions de tonnes)

Années	*Récolte*	*Rendement* (quintaux par hectare)	*Collectes*
1909-1913	72,5	6,9	–
1928-1932	73,6	7,5	18,1
1933-1937	72,9	7,1	27,5
1938-1940	77,9	7,7	32,1

Sources : *Narodnoe hozjajstvo SSSR v 1958 godu*, p. 352. Selon une source, la récolte fut de 69,3 millions de tonnes par an de 1924 à 1928, c'est-à-dire avant le premier plan quinquennal. Ce n'est pas rien. Un autre auteur avance le chiffre de 73 millions de tonnes par an entre 1925 et 1929 pour un rendement de 7,9 quintaux par hectare. Cf. M.A. VYLCAN « Sovetskaja derevnja », in *Ukreplenie material'no-tehničeskoj bazy v gody vtoroj pjatiletki*, Moscou, 1963, p. 41 ; et V.P. DANILOV, *Sozdanie material'no-tehničeskih predposylok kollektivizacii sel'skogo hozjajstva v SSSR*, Moscou, 1957, pp. 94-95.

III : INDICE DES PRODUCTIONS ANIMALES, 1928-1940 (1913 = 100)

Année	*Productions animales*
1928	137
1929	129
1930	100
1931	93
1932	75
1933	65
1934	72
1935	86
1936	96
1937	109
1938	120
1939	108
1940	114

Source : *Narodnoe hozjajstvo SSSR v 1958 godu*, p. 350.

Ce thème fut certainement l'un des sujets de débat au sein des instances dirigeantes – d'aucuns étant enclins à présenter ces

dans les différentes régions productrices de céréales laissaient invariablement apparaître un écart de 30 à 40 % entre les estimations des cultures *na kornju* (sur pied) et les récoltes effectivement moissonnées.

pertes comme le fruit de la politique du gouvernement, tandis que les durs, Staline et Molotov notamment, préféraient expliquer les choses en termes de « propagande koulak » ou de « mentalité petite-bourgeoise » et imputer les pertes au gaspillage des paysans. Il appartenait aux paysans – c'est du moins ce que paraissait impliquer cette position – d'arrêter ce gâchis; et la méthode que recommandaient ces dirigeants pour apprendre aux paysans à suivre le droit chemin consistait à se montrer implacable sur les objectifs de *zagotovki*.

La mentalité y était évidemment pour quelque chose, mais il ne faut pas oublier non plus la mentalité des dirigeants. Il ne sembla pas que les *zagotovki* aient eu un effet d'« incitation ». Les chiffres publiés après la mort de Staline font apparaître un déclin de la production agricole, non seulement dans les années 1928-1932, mais aussi jusqu'en 1937. Les quelques progrès réalisés par la suite avant la guerre ne purent réparer les dégâts ni permettre une amélioration significative par rapport aux chiffres d'avant la collectivisation ou même des années prérévolutionnaires. Les tableaux I à IV illustreront notre propos. Comme nous ne disposons pas de données définitives et autorisées sur l'ensemble de la période, nos données sont tirées de différentes sources soviétiques sans vérification ni nouveaux calculs; ces chiffres ne sont donc pas entièrement cohérents, en parti-

IV : PRODUCTION DE DENRÉES ALIMENTAIRES (D'ORIGINE ANIMALE), 1913, 1928 et 1940

Année	*Viande et lard* (poids vif, millions de t)	*Dont collectes* (millions de t)	*Lait* (millions de t)	*Œufs* (milliards d'unités)	*Laine* (milliers de t)
1913	5,0	1,8	29,4	11,9	192
1928	4,9	1,6	31,1	10,8	182
1940	4,7	1,7	33,6	12,2	161
Dans les seuls kolkhozes *	0,9	0,2	5,6	0,5	78

* Production des exploitations agricoles collectives à l'exception des denrées produites sur les lopins familiaux des membres de kolkhozes.

Source : I.A. GLADKOV, éd., *Socialističeskoe narodnoe hozjajstvo SSSR, 1933-1940*, Moscou, 1963, p. 360.

culier les pourcentages qui se rapportent aux récoltes estimées différemment suivant les sources, et il convient par conséquent d'y voir une illustration plutôt qu'un calcul définitif. Au tableau I, les chiffres annuels pour les dernières années m'ont fait défaut, sauf pour 1937, avec la récolte assez peu probable de 97,4 millions de tonnes pour 31,8 millions de tonnes de collectes; nous devrons donc nous reporter aux moyennes annuelles officielles disponibles pour compléter le tableau (voir tableau II).

Si on les regardait d'un peu plus près, certains de ces chiffres seraient eux aussi contestables – ainsi des chiffres des rendements dans la Russie tsariste, par exemple. Quoi qu'il en soit, pour avoir une idée plus claire de la situation générale, certains chiffres supplémentaires nous seraient utiles [1], en particulier pour les productions animales.

Ces chiffres sont suffisamment éloquents, cependant, même s'ils embellissent encore quelque peu la situation. En l'espèce, les estimations en valeur sont moins fiables que les données en unités physiques qui sont présentées au tableau IV pour certains articles, choisis mais importants, de productions animales.

Il vaut la peine de rappeler que l'élevage du bétail n'a amorcé une lente reprise qu'à partir de 1935 [2], mais celle-ci ne put améliorer sensiblement la situation avant 1940. Le pays ne put retrouver le niveau de 1913 ni en nombre de têtes, ni en production de denrées alimentaires d'origine animale. Trait caractéristique, le rôle des kolkhozes en ce domaine sensible demeura insignifiant. Le gros des denrées alimentaires d'origine animale était produit par les *kolhozniki* sur leurs lopins privés et avec du bétail privé.

Ainsi, le tableau général de la production agricole, tant pour les céréales que pour l'élevage, fait d'abord apparaître un déclin absolu, suivi d'une légère amélioration dans les trois dernières années précédant la guerre, mais sans la moindre percée signi-

1. Les chiffres pour les trois années 1925-1927 indiquent une moyenne de 73,3 millions de tonnes de grains par an. Pour les cinq années précédant la collectivisation, les estimations varient entre 73 et 74 millions de tonnes par an, soit des chiffres *grosso modo* identiques à ceux du quinquennat suivant, mais avec de meilleurs rendements à l'hectare, puisque la superficie emblavée augmenta considérablement au cours du premier plan quinquennal. Cf. V.P. Danilov, éd., *Sozdanie kolhoznogo stroja i material'no-tehničeskih predposylok kollektivizacii sel'skogo hozjajstva v SSSR*, Moscou, 1957, pp. 94-95.

2. La chute catastrophique du nombre de têtes de bétail s'arrêta en 1934 (pour les vaches, en 1935); c'est alors que s'amorça une légère augmentation, mais au début de l'année 1941, les chiffres étaient encore bien inférieurs à leur niveau de 1916.

ficative : à la veille de la guerre, la production de denrées alimentaires d'origine animale était inférieure à son niveau d'avant la révolution, et la production céréalière n'était pas très nettement supérieure à ce qu'elle avait été sous la N.E.P. ou avant la révolution – et ce, avec des emblavures bien plus importantes et pour faire vivre une population plus nombreuse. La seule branche qui produisait nettement plus était celle des cultures industrielles [1].

Mais tandis que les récoltes de céréales chutaient ou stagnaient, une colonne des tableaux I et II laisse apparaître une forte tendance à la hausse : les *zagotovki.* Quel que fût l'état de cette branche, que sa production ait continué à baisser ou se soit légèrement améliorée, l'importance et la part des *zagotovki* dans la production brute atteignit presque la barre des 40 % – prélèvement extrêmement lourd pour les médiocres récoltes et les faibles rendements de ces années-là. On remarquera que toute l'amélioration des années 1938-1940 a été absorbée par l'augmentation des *zagotovki.* C'est le recours aux estimations des « cultures biologiques » qui permit d'obtenir un tel résultat, et ce n'est qu'après une correction appropriée des statistiques qu'est devenue évidente cette part élevée des *zagotovki* dans la production céréalière. L'opération de *vykolačivanie* eut bien l'effet que pensait Kirov : elle étrangla l'agriculture, en tant que branche (et les paysans, en tant que classe – ce qui est une tout autre affaire). Pour la majeure partie de la population paysanne russe, les céréales n'étaient pas seulement un produit comparable à la plupart des productions industrielles. Elles jouaient un rôle multiple, sans équivalent : outre qu'elles représentaient la production de la ferme, elles lui apportaient aussi ses moyens de production (semences), ses matières premières (fourrage), une partie de son capital roulant, sans oublier les moyens de subsistance et le fonds salarial des producteurs. Le grain était donc – et il est encore souvent – une denrée vitale et complexe pour la branche et non seulement pour l'alimentation des villes ou comme moyen de se procurer des devises étrangères. Le gouvernement ne semblait pas s'attarder à ce genre de considération. Les paysans de la N.E.P., qui, nous le savons, ne produisaient pas moins

1. *Narodnoe hozjajstvo SSSR v 1958 godu, op. cit.*, p. 355, indique une augmentation des grandes cultures industrielles, mais une forte chute des rendements; quant à la population, elle est demeurée stationnaire dans les campagnes entre 1913 et 1940, mais elle s'accrut dans les villes pour passer de 28 420 000 à 63 112 000 habitants.

dans l'ensemble que les kolkhozes quelque trois plans quinquennaux plus tard, ne commercialisaient pas plus de 22 % de leur production céréalière. Leurs besoins se répartissaient, en gros, de la manière suivante : quelque 12 % pour les semences, entre 25 et 30 % pour le bétail, jusqu'à 30 % pour leur propre alimentation, et le reste pour les réserves ou la vente. Prélever 30 à 40 % sur des récoltes médiocres, parfois en baisse, c'était donc perturber gravement le cycle de la production. Les kolkhozes, encore extrêmement fragiles, reçurent ainsi une mission impossible. On ne leur laissa aucune chance de prospérer. Cela deviendra plus évident encore à l'examen d'un autre aspect majeur de la politique des *zagotovki* – celui des prix payés aux producteurs.

Dans l'ensemble, ce problème de fixation des prix est simple : les prix payés aux producteurs pour leurs livraisons restèrent pratiquement au même niveau entre 1928 et 1953 [1]. Ce qui ne fut le cas ni du coût de la vie ni des coûts de production. Certaines augmentations furent accordées en 1935, mais cela ne devait pas modifier beaucoup le tableau général. Ces prix étaient insuffisants et, comme l'a dit un auteur soviétique, ils devinrent bientôt purement « symboliques » [2]. Il n'est pas commode d'étudier ce problème en profondeur. Les indices de prix n'étaient pas publiés, probablement même pas calculés, dans les années 1930, et les coûts de production dans les kolkhozes ne firent l'objet d'aucune étude au cours de ces années. En revanche, il existait des estimations de coûts concernant les sovkhozes, et les prix auxquels leur étaient payées leurs céréales étaient probablement les mêmes que pour les kolkhozes. Quelques-unes de ces indications peuvent nous donner un aperçu du problème.

Si l'on en croit un auteur soviétique compétent qui s'appuie sur des documents d'archives, le coût de la production d'un quintal de céréales dans les sovkhozes dans les années 1933-1938 s'éleva en moyenne à 27 roubles (avec un maximum de 33,9 roubles en 1934 et un minimum de 17,7 roubles en 1937 – année d'abondance). Mais les prix payés aux producteurs étaient de l'ordre suivant (pour 1935, après une légère augmentation) :

1. Pour des indications concernant les prix et la valeur du rouble, voir A.A. Barsov, in *Istorija SSSR*, n° 6, 1968, p. 72 ; Lazar Volin, *A Century of Russian Agriculture*, Cambridge, Mass., Harvard University Press, 1970, p. 251. Les prix versés aux producteurs furent même abaissés en 1931, mais par la suite ils augmentèrent de 28 % pour les céréales et de 20 % pour les denrées alimentaires d'origine animale; mais des hausses de cet ordre n'ont pas changé grand-chose.

2. *Istorija SSSR*, n° 5, 1964, p. 19.

seigle, 6-6,2 roubles le quintal; blé, 9,1-10,4 roubles; avoine, 4,9-5,5 roubles. Dans ces conditions, il n'est pas étonnant que les sovkhozes aient accusé d'immenses déficits cumulés, en particulier lorsque l'on songe que l'État leur enlevait jusqu'à 80 % de leurs grains sans tenir compte de leurs besoins internes. Et les subventions officielles auxquelles ils avaient droit en tant qu'entreprises publiques ne suffisaient pas à couvrir ces déficits [1].

Pour les kolkhozes, nous pouvons citer une estimation soviétique pour une année ultérieure, 1953, qui fait le point sur les politiques économiques suivies dans les campagnes depuis vingt-cinq ans. Quand on sait que les prix versés aux producteurs restèrent au même niveau pendant toute la période et que le rouble perdit 90 % de sa valeur, tout est dit. En 1953, les prix versés aux producteurs (pour neuf céréales et productions animales de base) ne couvraient plus que 40 % des coûts de production. Les prix des céréales ne couvraient que 19 % de leur coût, et ceux des productions animales pas plus d'un quart de leur prix de revient [2].

Ce tableau d'une exploitation dévastatrice aurait au moins le mérite de la simplicité. Mais l'évolution des prix payés aux producteurs suivit un cours plus compliqué qui ne se réduit pas au seul prix de la livraison *(postavki)*, et il vaut la peine de présenter à grands traits cette structure de prix en raison de ses implications. Deux autres catégories de prix méritent d'être signalées : les achats *(zakupki)*; et les « collectes décentralisées », chaque catégorie étant assortie de son propre ensemble de prix.

Les *zakupki* furent introduites en 1933. On expliqua alors aux paysans qu'après leurs livraisons à l'État et aux M.T.S., on allait maintenant leur demander en plus de vendre au gouvernement une certaine quantité de céréales à un prix supérieur à celui des *zagotovki* normales et avec, comme incitation supplémentaire, la promesse de fournir aux vendeurs des produits industriels rares. Le décret en question promit que les kolkhozes auraient toute liberté de décider s'ils souhaitaient vendre ou non.

Cela se passait en janvier 1934, mais le 31 août de la même année, un nouveau décret signé par Molotov et Staline vint

1. I.E. Zelenin, *Zernovye sovhozy SSSR, 1933-1941,* Moscou, 1966, pp. 181-187 et *passim.*

2. V.G. Lopatkin, *Tovarnye otnošenija i zakon stoimosti pri socializme,* Moscou, 1963, pp. 366, 243; Volin, *A Century of Russian Agriculture, op. cit.*, citant une étude de Holtzman, a estimé que les collectes augmentèrent d'environ 25 %, tandis que les prix des biens de consommation dans les magasins furent multipliés par sept, et les prix pratiqués sur les marchés kolkhoziens par dix-sept.

rompre cette promesse en faisant de cette « vente » une obligation de fait [1]. Et le décret de stipuler que la distribution de céréales aux *kolhozniki* pour les *trudodni* (journées-travail) gagnés ne commencerait pas avant que les kolkhozes n'offrissent plus de céréales sous la forme de *zakupki.* Par suite, les « achats » eurent tendance à s'organiser comme les *zagotovki* ordinaires : contingents, répartis et signifiés à chaque village, pressions exercées sur les paysans, et ainsi de suite.

Ce fut là un nouvel exemple de promesses rompues. Avec ces *zakupki,* en sus des paiements aux M.T.S., l'intention solennelle de la réorganisation de 1933, qui entendait donner aux campagnes quelque sentiment de stabilité et de prévisibilité en ce qui concerne les collectes, s'envola en fumée. La part de ces « achats » et des paiements aux M.T.S. ne cessant d'augmenter au fil des années suivantes, la part fixe et prévisible – le prélèvement de l'État *(postavki)* – finit par ne plus représenter qu'une petite partie de l'ensemble. Une fois de plus, le montant total des livraisons sous toutes leurs formes devint une quantité changeante et imprévisible, replongeant les kolkhozes dans l'insécurité du premier plan quinquennal, qui avait fait de la planification et de la gestion de leurs fermes une affaire plus que délicate.

Les paysans savaient bien que les *zakupki* ne seraient pas ce que promettaient les autorités. Ils écoutaient les discours des membres du Politburo reprochant vertement aux kolkhozes de refuser de « vendre », ils en avaient entendu et lu assez long sur le thème familier des « chantres des koulaks », et ils avaient parfaitement compris que les *zakupki* allaient tout simplement devenir un nouvel impôt supplémentaire. De fait, ils devaient parler du « nouvel impôt » pour désigner ces *zakupki* [2].

Les « *zagotovki* décentralisées » fournirent un nouveau circuit pour procurer des produits d'origine animale et des légumes aux villes. Elles furent instituées en 1932 et permirent aux usines, aux coopératives urbaines, et à d'autres institutions de se rendre dans les campagnes pour y trouver des aliments d'origine animale, des pommes de terre, et des légumes une fois les livraisons de base à l'État effectuées. Un réseau spécial de « bureaux de convention » fut créé à tous les niveaux administratifs afin de fixer les prix de ces opérations et de les réglementer. Trois

1. Cf. Zelenin, in *Istoričeskie zapiski,* n° 76, 1965, p. 58.
2. Cf. Kirov, in *Stat'i i reči, op. cit.,* p. 155; *Na fronte sel'sko-hozjajstvennyh zagotovok,* n° 19, 1934, p. 31.

organismes au plus pouvaient opérer dans une même région administrative *(rajon)* afin d'éviter la concurrence, mais cette disposition ne devait être ni plus ni moins qu'un vœu pieux. Ces organismes achetaient des produits aux kolkhozes ou, de préférence, passaient avec eux des contrats à long terme – car les ventes bénéficiaient ainsi de prix « conventionnels » élevés et d'une récompense supplémentaire, les organismes acheteurs aidant les kolkhozes à acquérir des moyens de production et d'autres produits industriels.

La place nous manque pour traiter en détail de ces intéressantes « *zagotovki* décentralisées ». Elles devaient être bientôt assorties, comme bien d'autres choses, de certains éléments d'obligation – les kolkhozes étaient trop vulnérables aux pressions des autorités locales parce qu'ils demeuraient sans droits et sans défense – mais ces pressions restèrent beaucoup plus discrètes que dans le cas des *zakupki.* Le gouvernement central ne s'en mêla pas trop, et toute l'opération devint bientôt une affaire commerciale passablement désordonnée. Des essaims d'agents venant des villes descendaient dans les *rajony* qui avaient quelque chose à offrir; ils graissaient la patte aux fonctionnaires pour obtenir leurs licences commerciales – les « bons » *rajony* virent se développer tout un véritable marché noir de licences – et concluaient avec les kolkhozes des affaires juteuses fondées sur le troc et les menus profits des fonctionnaires locaux.

Cette activité améliora sans doute l'ordinaire des ouvriers et des fonctionnaires, mais elle ne contribua probablement pas moins à entretenir la spéculation sur les marchés noirs. Le coût de ces agences et de leurs affaires était immense. En 1934, le montant de leurs achats, essentiellement de pommes de terre et de légumes, s'éleva à un total de 859 millions de roubles, mais le coût de ces agences, compris dans ce total, oscillait entre 29 et 55,8 %. Suivant les prévisions, les frais d'exploitation n'auraient pas dû dépasser les 14 % [1].

Nous pouvons maintenant faire le point sur le phénomène des prix multiples qui se développa, contrairement aux intentions ou aux prévisions initiales, dans le sillage de la politique de *zagotovki.* Les *postavki* de base – c'est-à-dire la part des *zagotovki* officiellement présentée comme un prélèvement obligatoire de l'État – bénéficiaient d'un prix plutôt « symbolique ». Pour la

1. On peut trouver de nombreux renseignements in *Na fronte sel'sko-hozjajstvennyh zagotovok* pour les années 1933 et 1934; voir notamment n° 3, 1934, p. 18.

deuxième catégorie, celle des *naturplaty*, les paysans ne touchaient rien. Celles-ci étaient considérées comme des paiements en nature en contrepartie des travaux effectués par les M.T.S.; cela ressemblait à un système de métayage où, comme c'était le cas dans la plupart des systèmes de ce genre, le métayer n'intervenait guère dans la fixation des tarifs.

La catégorie suivante – celle des *zakupki* – bénéficiait de prix de 20 à 25 % supérieurs à ceux des *postavki*; tel était le cas en 1933-1934, et les quelques hausses des années suivantes ne devaient pas écarter sensiblement ce prix du taux de base. Les *zakupki* pouvaient bénéficier de certaines primes tandis que des produits industriels étaient offerts aux kolkhozes, mais on resta toujours loin des quantités promises, soit que les biens en question ne fussent pas du tout disponibles ou qu'ils ne fussent pas livrés aux campagnes, soit encore qu'ils fussent détournés – autant de faits dont la presse se fit largement l'écho [1].

La dernière catégorie était celle des prix qui se formaient sur les marchés kolkhoziens, où kolkhozes et *kolhozniki* pouvaient écouler leurs excédents après en avoir reçu l'autorisation. Sur ces marchés, les prix purent atteindre un niveau de 13,2 fois supérieur à celui des prix pratiqués dans le commerce privé en 1928 (pour cinq produits agricoles de base), et la vente d'une petite partie de leur production sur les marchés kolkhoziens rapportait aux paysans près de 60 % de leur revenu monétaire global [2].

Les prix des céréales trouvant le chemin des marchés noirs illégaux étaient encore supérieurs à ceux des marchés kolkhoziens, tandis que les spéculateurs couraient d'immenses risques en pratiquant leur commerce; mais bien qu'il soit impossible de jauger l'importance de ce commerce, les spéculateurs existaient bel et bien et paraissaient indéracinables.

Pour les denrées alimentaires d'origine animale se développa un quadruple système de prix : le prix officiel des *zagotovki* : le prix « conventionnel » des *zagotovki* décentralisées, de trois à quatre fois supérieur au prix officiel; le prix du marché kolkhozien, et le prix du marché noir.

Ainsi les producteurs, largement sous-payés pour le gros de leur production, obtenaient-ils quelque compensation grâce à la pratique des prix supérieurs sur les *zakupki*, aux prix pratiqués

1. Sur les prix payés pour les *zakupki*, voir VYLCAN, *Ukreplenie, op. cit.*, p. 132; cf. aussi *Na fronte sel'sko-hozjajstvennyh zagotovok*, n° 19, 1934.

2. BARSOV, in *Istorija SSSR*, n° 6, 1968, p. 19.

sur le marché kolkhozien, et aux ventes sur le marché noir; mais ces compensations ne pouvaient combler les pertes réalisées sur le gros de la production et ne changèrent aucunement la situation générale d'une branche de l'économie nationale que l'État n'autorisait qu'à couvrir une fraction de ses coûts de production.

La rétribution insuffisante et la politique des prix multiples eurent un effet profond sur les kolkhozes. L'impact de cette politique des prix n'a pas encore été analysé comme il convient mais, à la suite d'un propos plutôt courroucé d'un auteur soviétique moderne, nous pouvons insister sur un phénomène bien particulier. À l'en croire, le fait que les kolkhozes touchaient des prix différents pour différents lots du même produit fit de grands torts à l'économie kolkhozienne. Les kolkhozes pauvres et inefficaces – ils formaient, sans nul doute, la majorité – n'avaient pas beaucoup à offrir en sus des quantités prélevées dans le cadre des contingents obligatoires exigés par l'État. Ces kolkhozes furent donc touchés de manière particulièrement dure, et cela ne put que perpétuer leur misère. Les kolkhozes mieux lotis ou plus heureux, qui avaient encore des grains après le prélèvement des contingents obligatoires, pouvaient se procurer des revenus supplémentaires à travers les *zakupki* et toucher des primes pour les grains vendus en sus du minimum fixé pour les *zakupki*, sans oublier les recettes supplémentaires de leurs ventes sur les marchés kolkhoziens et, le cas échéant, sur les marchés noirs. De cette façon, ils pouvaient gagner beaucoup d'argent et devenir encore plus riches. Et l'auteur de déplorer que le système de prix existant appauvrît les pauvres et enrichît les riches et créât une situation « pire que l'anarchie capitaliste » [1].

QUELQUES CONSÉQUENCES

Les faits et les chiffres, tels qu'ils ressortent de cet examen, appellent une double conclusion : l'État soviétique réussit à organiser une grande opération d'extorsion de la production agricole à la paysannerie, mais il ne sut pas gérer ni organiser la pro-

1. Voir LOPATKIN, *Tovarnye otnošenija, op. cit.*, pp. 46-236; pour des critiques acerbes, par d'autres auteurs, des effets pernicieux des *zagotovki* sur l'économie rurale pour toute une génération, voir, par exemple, G.S. LISIČKIN, in *Novyi mir*, n° 9, 1965, p. 221; MOŠKOV, *Zernovaja problema, op. cit.*, p. 220 et *passim*; NEMAKOV, *Kompartija-organizator, op. cit.*, p. 261.

duction agricole sur une grande échelle. En fait, c'est le grand succès obtenu sur un plan qui est responsable de l'échec essuyé sur un certain nombre d'autres terrains d'importance vitale. Fonder l'activité économique de toute une branche, et d'une classe sociale, sur le « prélèvement » sans contrepartie serait inconcevable sans le recours permanent à des moyens de coercition de masse. Or les instruments et les énergies qu'exigeait ce système de contraintes et ceux qu'il aurait fallu déployer pour assurer la réussite des kolkhozes et promouvoir une structure socio-économique viable étaient bien différents et même contradictoires.

Soit dit en passant, l'extraordinaire déploiement de mesures de coercition de masse, sans lequel cette forme de *zagotovki* ne pouvait marcher, contribua fortement à faire de la Russie stalinienne un État policier et bureaucratique. La violence exercée année après année contre les paysans fournit en quelque sorte un terrain d'entraînement pour les institutions et les méthodes qui pouvaient être par la suite appliquées à d'autres groupes. Sur la toile de fond du traitement des paysans au cours du premier plan quinquennal, les années les plus noires de la purge des cadres, si sanglantes fussent-elles, apparaissent comme une réédition sur une échelle plus réduite.

Toutes les sources sont d'accord sur ce point : l'État fit très explicitement des *zagotovki* son activité centrale dans les campagnes. La direction n'en fit aucun mystère et ne cessa d'enfoncer dans la tête des paysans et des fonctionnaires que les *zagotovki* étaient une campagne essentielle, la plus importante pour la vie de l'État tout entier, pas seulement des campagnes. Il suffit de feuilleter la *Pravda* entre septembre et novembre 1934, par exemple, pour s'apercevoir qu'au cours de ces mois même l'industrie est restée d'une certaine manière dans l'ombre. Kirov devait l'affirmer carrément au cours de la même année : les *zagotovki* « sont l'expression concentrée de la totalité de notre politique dans les campagnes, à l'égard des kolkhozes, des sovkhozes et des petits cultivateurs ». Un autre responsable, Varejkis, voyait dans cette activité le principal moyen d'éduquer les paysans ; et Černov d'ajouter que les *zagotovki* aidaient les *kolhozniki* à dépasser les limites de leur psychologie de petits-bourgeois. Les livraisons, expliquait sur un ton euphorique un autre texte, sont le test suprême de la nature socialiste des kolkhozes [1]. On

1. Pour ce type de déclarations, voir Kirov, dans la *Pravda* du 19 juillet 1934 ;

ne recula même pas devant les allusions religieuses pour que les paysans se pénètrent bien du caractère sacré des livraisons : les *zagotovki* devinrent le « commandement suprême » pour les kolkhozes.

Pour les paysans, tout cela voulait dire que le grain n'était plus le leur, mais celui de l'État. Et la même attitude valait pour le kolkhoze tout entier. Les paysans apprirent cette leçon après une démonstration de terreur et une « éducation » qui insista lourdement, entre autres méthodes, sur la pédagogie de la famine organisée.

Les paysans s'inclinèrent devant une force supérieure, mais ils n'acceptèrent jamais réellement la règle qui voulait que les intérêts de l'État fussent plus importants que les leurs. Aussi longtemps qu'ils le purent, les paysans se conformèrent à des principes différents, tels que « pas de pain, pas de travail », ou « une livre de travail pour une livre de pain ». Et surtout, ils apprirent une grande leçon dont la meilleure expression était la suivante : ne faites pas confiance à l'État, il se moque des paysans.

Dans ces conditions, il ne pouvait être question pour les paysans de se défaire de leur « psychologie petite-bourgeoise ». Bien au contraire. Les paysans comprenant que l'État ne faisait aucun cas de leurs intérêts, ils en tirèrent une leçon évidente pour eux, étayée par une masse de faits : c'était à eux, dans toute la mesure du possible, de veiller à leurs propres intérêts. L'émergence d'une psychologie collectiviste n'était guère envisageable en l'occurrence – sauf en tant que groupe de défense ou position de classe. À force de pressurer les paysans jusqu'à la moelle, l'État les rendit apathiques et se vit alors obligé de chercher des moyens de surmonter cette apathie en leur offrant quelques stimuli et incitations, afin de leur redonner un certain intérêt à travailler dans les kolkhozes. L'ironie de toute cette affaire, c'est que les incitations en question pourvoyaient précisément à la mentalité petite-bourgeoise et à l'égoïsme que l'État prétendait éradiquer. Ces mesures, comme le rétablissement du droit de conserver une vache à titre privé, de cultiver un lopin privé, de vendre sur les marchés kolkhoziens, sans oublier les prix spé-

ČERNOV, in *Na fronte sel'sko-hozjajstvennyh zagotovok*, n° 11, 1933, p. 1; M.I. KALININ, in *Stat'i i reči, op. cit.*, 1935, p. 81; S. LEJKIN, in *Na agrarnom fronte*, n° 2-3, 1935, p. 61; VAREJKIS, in *XVII-aja konferencija VKP(B)*, Moscou, 1932, p. 190.

ciaux et les primes, étaient autant de remèdes destinés à soigner des maux que les *zagotovki* s'acharnaient à infliger.

Appliqués simultanément, ces traitements étaient voués à l'échec. Ils contribuèrent à la création d'un système hybride bien particulier muni de freins et d'entraves profondément engoncés. Les autorités ne pensant qu'à leurs collectes tandis que les paysans ne pensaient qu'à défendre leur gagne-pain, la production ne pouvait devenir le principal souci des uns ni des autres. L'État souhaitait l'organisation rapide du battage dont 90 % du produit devait aller directement dans ses silos, et les responsables de l'opération ne se souciaient guère de ce que, dans le même temps, une bonne partie de la récolte n'avait pas été moissonnée, ou que les meules avaient été mal faites et risquaient de prendre l'eau et de pourrir. Ce serait au dernier payé de faire tous les frais. Il ne manque pas de matériaux confirmant cet état de choses.

Les paysans le savaient. Ils réagirent en conséquence, suivant leur perception des réalités, en travaillant au minimum dans les champs collectifs. Face à une expression aussi massive de ce qui devint une véritable sagesse populaire, l'État se retrouva contraint et forcé de prendre la responsabilité directe d'un éventail croissant d'activités agricoles dont les paysans de la N.E.P. s'acquittaient très bien eux-mêmes : labourage, semailles, sarclage, moisson furent désormais du ressort de l'État et, à ce titre, planifiés et assortis de contingents et d'indicateurs. Cette politique se solda par une nouvelle intervention dans tous les aspects de la vie kolkhozienne, jusque dans ses menus détails. Quand commencer à semer, où et quoi semer, comment travailler, comment rémunérer, comment s'occuper des chevaux – toutes ces questions furent tranchées par le haut, tandis que différents officiels étaient dépêchés sur le terrain pour veiller à la bonne exécution des plans détaillés.

La situation frisait le ridicule. Tout cela était le travail normal du paysan et rien ne pouvait se faire correctement sans sa participation. Mais tant que les *zagotovki* restèrent la principale préoccupation de l'État, cette politique déboucha sur une guerre avec les paysans au lieu de les rallier au régime. Les paysans ripostant, en fait, par une *grève du zèle* [1] prolongée, la brouille entre les deux camps eut tendance à se perpétuer d'elle-même. L'État, qui se méfiait profondément des paysans, fut ainsi conduit

1. En français dans le texte *(N. d. T.)*.

à prendre de plus en plus de responsabilités dans les cycles agricoles, sans être capables d'y faire face; quant aux paysans, ils découvrirent de nouvelles manières de frauder et s'occupèrent de leurs lopins privés et de leurs vaches.

Le système qui émergea de cet affrontement fut une agriculture dans laquelle les paysans s'estimaient dépossédés de leurs moyens de production et déchargés du battage tandis que les estimations des récoltes se faisaient par-dessus leur tête et que leurs semailles étaient planifiées par le haut. De surcroît, les kolkhozes ne jouissaient d'aucune autonomie un tant soit peu digne de ce nom et aucun aspect important de leur travail n'échappait à une intervention. L'organisation démocratique officiellement proclamée du kolkhoze n'avait aucun sens, puisque la direction des kolkhozes était imposée à ses membres, et que tout président qui prenait la défense de ses subalternes était réduit à un rang inférieur et remplacé par une autre personne désignée. L'État voulait que les administrations intérieures fussent les chiens de garde des *zagotovki*, non pas les représentants des producteurs. Cela se traduisit par un renouvellement constant des présidents des kolkhozes, auxquels on ne laissait beaucoup trop souvent aucune chance d'accumuler assez d'expérience pour diriger une entreprise compliquée.

Pour que le kolkhoze puisse devenir un producteur efficace, il aurait fallu le mettre en condition d'acquérir une personnalité propre, un sentiment de fierté et d'appartenance. Il fallait confier la présidence de ces kolkhozes à des dirigeants dévoués et aider ces derniers à acquérir suffisamment d'expérience et d'autorité aux yeux de leurs collègues *kolhozniki*. Mais par sa politique, le gouvernement s'acharna à empêcher l'apparition de cette forme de solidarité au sein des kolkhozes. Par l'intervention constante et les petites tyrannies de ses agents locaux, par l'imprévisibilité de ses exactions et la nature même de sa politique agricole, l'État ne cessa, en vérité, de désorganiser les kolkhozes. À défaut d'un minimum de droits, d'indépendance, et d'esprit de corps, le kolkhoze était condamné à la stagnation.

Les paysans ne pouvaient bien sûr échapper à leur propre condition. Ils devaient se nourrir, mais le petit lopin auquel ils consacraient une part disproportionnée de leur travail et de leurs énergies était trop petit pour fournir à leur famille assez de pain et de fourrage. Vivre sans participer aux travaux des kolkhozes était une impossibilité physique, sans parler de l'obligation légale faite aux paysans d'y participer. Une fois dans le champ kolkhozien, on leur imposait un minimum de *trudodni* et on leur demandait de se plier à un certain nombre de normes et de respecter la discipline du travail sous la surveillance et les pressions de la direction et des cadres du parti; et dans certaines occasions, les organes de sécurité aidaient eux aussi à assurer la bonne marche des choses. Il n'y avait d'autre solution que de se soumettre, de gagner ses *trudodni*, et de vendre quelque chose sur les marchés kolkhoziens pour essayer de joindre les deux bouts. C'est l'incitation la plus grossière des besoins élémentaires qui faisait tourner le système, et non pas des stimuli d'un ordre supérieur. Les revenus tirés des champs kolkhoziens n'étant qu'un résidu imprévisible une fois satisfaits les nombreux autres ayants droit, c'est à son minuscule lopin que le paysan se consacrait avec le plus d'assiduité parce qu'il lui assurait réellement un minimum de denrées alimentaires, tandis que la fainéantise et l'indifférence étaient le plus souvent le lot du secteur moderne, à grande échelle et équipé de machines, mais qui avait de faibles rendements et dont la rémunération n'était pas garantie. Ainsi les paysans continuèrent-ils à se perpétuer sous la forme d'une classe paysanne distincte, sans avoir cependant la possibilité de devenir soit de petits cultivateurs productifs, soit des coopérateurs dévoués.

Le paysan n'était pas non plus un citoyen, même au sens soviétique. En comparaison avec la période de la N.E.P., le statut social des paysans se détériora. Sous la N.E.P., les paysans, si pauvres fussent-ils, avaient pourtant quelque raison de se respecter. La majorité d'entre eux avaient le sentiment d'être des producteurs indépendants et se considéraient eux-mêmes comme des *hozjaeva* à part entière – classe qui s'était récemment libérée des conditions dégradantes de la servitude.

Mais au cours de la période suivante, ils se virent transformés en une masse privée de droits, entourés de pratiques et de limitations discriminatoires, et soumis à un régime entièrement nouveau. Le système du passeport et les restrictions à l'intérieur des kolkhozes les privèrent d'une bonne partie de leur liberté de déplacement. Ils furent assujettis à des corvées d'État obligatoires, comme la construction de routes et l'abattage de bois, qui ne s'appliquaient pas aux citadins. Ils n'avaient aucune représentation propre ni aucun droit de s'organiser pour défendre leurs intérêts. Pour les moyens de production et certains biens de consommation, ils devaient acquitter des prix spéciaux supérieurs. Enfin, ils furent soumis à un système de travail qui leur rappelait trop souvent les conditions dont la révolution paraissait les avoir à jamais libérés. À l'époque de Staline, les paysans étaient légalement attachés à leur lieu de travail, soumis à un régime juridique spécial, et – à travers le kolkhoze – à une forme de responsabilité collective en ce qui concerne leurs devoirs envers l'État. Bref, ils se retrouvèrent dans une situation assez comparable au sort qui était le leur avant l'abolition du servage, pour former un ordre situé tout en bas de l'échelle sociale.

Quelque vingt ans après la mort de Staline, de nombreux changements sont intervenus, et bien des traits discriminatoires de ce régime particulier ont disparu. Les paysans de l'Union soviétique sont aujourd'hui rémunérés pour leur travail et autorisés à réaliser des profits; ils touchent des salaires et des pensions de retraite et produisent beaucoup plus et mieux qu'il y a vingt ans. Mais ce sont là des développements très récents. L'agriculture soviétique n'a pas encore réussi à accomplir une véritable révolution technologique semblable à celle qui s'est déroulée il y a déjà quelque temps en d'autres pays développés. L'agriculture reste assez primitive et représente encore un grand problème; et nul doute que les conséquences du premier quart de siècle de l'histoire des kolkhozes pèsent encore lourdement et sont loin d'avoir été définitivement surmontées.

CHAPITRE VII

Le kolkhoze et le moujik russe

L'histoire des lopins familiaux privés cultivés par les membres des kolkhozes est, à première vue, l'histoire d'un simple passe-temps rural ou d'un *hobby*, dans le meilleur des cas d'un moyen de diversifier le régime et de gagner quelque argent de poche sur le marché de la ville en vendant des œufs ou des pommes de terre [1]. Qu'attendre d'autre d'une superficie ensemencée équivalent à moins de 4 % de la superficie totale et distribuée en petits lopins d'un hectare maximum aux familles paysannes?

Un examen plus attentif de ces lopins privés montre cependant qu'ils sont beaucoup plus qu'un *hobby*. En vérité, nous sommes ici en présence d'une anomalie, de l'un des paradoxes de la vie économique et sociale soviétique, riche en contradictions inattendues, et les conséquences de ceux-ci vont bien au-delà de l'échelle apparemment insignifiante suggérée par les chiffres de superficies ensemencées.

Du côté officiel, on semble, à première vue, minimiser l'importance du phénomène : les lopins privés ne sont qu'une activité annexe et temporaire des paysans, qui consacrent l'essentiel de leurs efforts et de leurs intérêts à leur travail au sein des kolkhozes, ces grandes entreprises socialistes modernes et hautement mécanisées. Mais on trouve aussi dans l'approche officielle d'autres arguments, des appels à la vigilance et de nombreuses

1. Ce chapitre traite essentiellement de la période qui s'achève au milieu des années 1950, ou *grosso modo* de la période qui correspond au règne de Staline. Il y a eu depuis bien des changements touchant l'organisation de l'agriculture soviétique et la situation des paysanneries, mais on imagine que de nombreux traits importants du passé persistent.

« The Kolkhoz and the Russian *Muzhik* », in *Peasants* in *History : Essays in Honour of Daniel Thorner*, éd. par E.J. Hobsbawm, W. Kula, Ashok Mitra, K.N. Raj et Ignacy Sachs, Oxford University Press, 1980.

campagnes organisées par le gouvernement à propos de ces lopins ou contre eux, qui soulèvent un certain nombre de questions. L'énergie dépensée dans ces campagnes montre que les autorités sont parfaitement conscientes que le phénomène a peut-être été bien plus significatif que ne le suggère l'idée de son caractère transitoire et « subsidiaire ».

L'histoire de ces lopins – la manière dont tout a commencé au cours de l'hiver 1929-1930 par une campagne de collectivisation systématique et d'expropriation quasi générale du bétail des paysans, y compris des petits animaux [1], campagne suivie de nouveaux zigzags politiques et provoquant une farouche résistance de la part des paysans – fut assurément dramatique et violente et conduisit souvent à des bains de sang. Cette histoire tourna en bonne partie autour du lopin, du refus de céder le cheval, mais surtout la vache – le principal soutien de la famille et l'attribut indispensable de la paysanne. Les premières années de la « collectivisation » virent se succéder les émeutes massives et persistantes de femmes provoquées par ce que Staline devait appeler par la suite « notre malentendu mineur » avec les kolkhoziennes « au sujet de la vache [2] » ce qui est assurément une litote pour tenter de minimiser ce qui fut en vérité un conflit social majeur entre la paysannerie et l'État. Le problème dépassait de beaucoup le cadre de ces émeutes – mais celles-ci comptèrent parmi les actes les plus directs et les plus violents d'opposition au gouvernement durant les premières années de la collectivisation.

Le gouvernement en avait, semble-t-il, tiré la leçon en 1935 et s'était finalement décidé à passer un compromis avec les paysans en légalisant totalement le lopin et en garantissant dans le nouveau statut du kolkhoze le droit de conserver un certain nombre de bestiaux dans la ferme familiale [3]. Mais même si ce

1. Des chercheurs soviétiques publièrent dans les années 1960 des documents d'archives prouvant qu'une commission spéciale de hauts dignitaires, désignée par le Comité central en novembre 1929 pour décider comment collectiviser et que faire des paysans les plus riches, avait recommandé de préserver les lopins privés et de laisser à chaque famille la propriété privée d'une vache; mais ces clauses furent tout simplement supprimées du décret proposé par Staline et Molotov, et qui devait faire de grands ravages dans l'agriculture soviétique. Voir V.P. Danilov, éd., *Očerki po istorii sel' skogo hozjajstva v sojuznyh respublikah,* Moscou, 1963, p. 19; et B.A. Abramov, in *Voprosy istorii KPSS*, n° 1, 1964, p. 40.

2. C'est au premier Congrès des travailleurs de choc des kolkhozes, en 1933, que Staline parla de ce « malentendu mineur au sujet de la vache ». Voir *Na agrarnom fronte,* n° 2-3, 1935, n. 9.

3. Le statut des kolkhozes prit valeur de loi en février 1935. Il laissa à la

statut ne devait pas être ouvertement remis en cause depuis lors, le problème était loin d'être réglé. Le gouvernement ne cessa de surveiller cette activité et passa à des contre-attaques en invoquant l'abus des lopins par les *kolhozniki* et en les accusant de rechercher leurs propres profits commerciaux aux dépens du secteur collectif des kolkhozes. L'une de ces attaques les plus brutales se produisit sous Staline juste avant la guerre (il y en eut d'autres après la guerre et sous Khrouchtchev), lorsqu'une loi sévère du 27 mai 1939, signée par Staline et Molotov, prétendit que les paysans, avec la connivence des dirigeants des kolkhozes et des autorités locales, augmentaient, mine de rien, leurs lopins et leur bétail, songeaient à leurs intérêts privés et avaient tendance à s'embusquer dans les kolkhozes. Une campagne tapageuse fut lancée pour serrer la vis aux propriétaires des lopins en les accablant de nouveaux impôts et de nouveaux contingents de livraison. Un corps spécial de contrôleurs officiels fut créé afin de vérifier la taille des lopins et l'activité économique à laquelle ils étaient consacrés, et un immense réseau de commissions fut mis en place pour mesurer les lopins, les amputer des terres excédentaires et illégales, et les restituer aux kolkhozes.

Présentée par la propagande comme une offensive anticapitaliste, cette campagne eut au moins deux résultats importants. Premièrement, comme les chiffres révélés en 1960 l'ont montré, toute cette entreprise ne fut que l'une des nombreuses aberrations tout à fait caractéristiques de la Russie de Staline; dans l'ensemble, la paysannerie des kolkhozes était restée en-deçà des limites légales relatives au bétail et à la taille des lopins [1]. À peine 10,4 % des foyers kolkhoziens avaient peut-être légèrement dépassé les limites légales [2] et une bonne partie de la terre confisquée à ces contrevenants était fort médiocre ou peu utilisable, et les kolkhozes qui la « récupérèrent » n'en firent aucun usage.

Le second facteur ne fut pas moins important : le tour de vis donné aux activités des lopins se traduisit par une diminution

famille un lopin pouvant aller de un quart à un demi-hectare, au moins une vache, des veaux, et un nombre spécifié de moutons et de porcs, ainsi qu'une quantité illimitée de volailles.

1. La loi « Concernant les mesures destinées à protéger la terre socialisée d'un détournement » se trouve in *Sobranie uzakonenii*, n° 34, 1939, paragr. 235. Pour une évaluation montrant que les paysans n'atteignaient même pas les normes relatives à la possession de terres et de bestiaux, voir l'article de I.V. Arutjunjan in *Voprosy filosofii*, n° 5, 1966, pp. 51-61.

2. V.B. Ostrovskij, *Kolhoznoe krest'janstvo SSSR*, Saratov, 1966, p. 69; et *Kolhozy vo vtoroj stalinskoj pjatiletke* (recueil statistique), Moscou, 1939, pp. 11-12.

du cheptel – diminution que le pays ne pouvait se permettre compte tenu de la situation déjà tendue des approvisionnements alimentaires et de la guerre qui se profilait à l'horizon. Ces coups portés à la consommation et au bien-être populaires furent autant de résultats constants et prévisibles de toutes les campagnes dirigées contre les lopins.

Il n'est pas difficile de voir pourquoi. Suivant une estimation, 3,9 % de la surface ensemencée, cultivée à titre privé par les familles paysannes (0,49 hectares par foyer) assurait en 1938 près de 45 % de la production agricole totale. La famille kolkhozienne tirait de son lopin la moitié de ses revenus, la quasi totalité de ses denrées alimentaires animales, et l'essentiel de ses pommes de terre et de ses légumes, tandis que le kolkhoze la fournissait essentiellement en céréales [1]. Outre qu'ils assuraient 52,1 % de la production de pommes de terre des kolkhozes et produisaient l'essentiel des fruits et légumes, les lopins familiaux élevaient plus de la moitié du bétail du pays et la majeure partie du bétail des kolkhozes [2], tout en produisant 71,4 % du lait, 70,9 % de la viande et 43 % de la laine [3]. En même temps, ces minuscules entreprises assuraient, par leurs ventes à la population urbaine sur les marchés kolkhoziens, une part impressionnante – quelque 20 % – des approvisionnements alimentaires passant par le marché [4] tout en aidant par des dons les parents et amis des villes. Elles pourvoyaient aussi aux collectes et aux contrats avec l'État, lesquels se firent particulièrement exigeants en 1939 [5]. Et ces résultats étaient obtenus avec quelque chose comme 6 % de la main-d'œuvre masculine et 33,6 % de la main-d'œuvre féminine [6]. Dès lors, il n'est pas étonnant, comme les spécialistes du gouvernement devaient très tôt s'en apercevoir, que le *kolhoznik* tirait davantage de revenus de son lopin que du kolkhoze [7], et qu'en 1937 et de nouveau en 1938 une journée

1. Voir Karl-Eugen Wädekin, *The Private Sector in Soviet Agriculture*, Berkeley, University of California Press, 1973, p. 57 ; M.A. Vylcan, qui se fonde sur des documents d'archives, in *Voprosy istorii*, n° 9, 1963, p. 27.

2. Ces chiffres pour 1937 sont repris de Vylcan, *Voprosy istorii*, n° 9, 1963, pp. 17, 19.

3. Ostrovskii, *Kolhoznoe krest'janstvo*, *op. cit.*, p. 91.

4. G.I. Šmelev, *Ličnoe podsobnoe hozjajstvo i ego svjazi s obščestvennym proizvodstvom*, Moscou, 1971, pp. 110-111.

5. Ostrovskij, *Kolhoznoe krest'janstvo*, *op. cit.*, p. 131, pour l'année 1940 ; mais il faut préciser que les gosses et les personnes âgées travaillaient aussi.

6. Fait reconnu dès 1934 par D. Lurye, in *Bol'ševik*, n° 22, 1934, pp. 36-37.

7. Wädekin, *The Private Sector*, *op. cit.*, p. 197 – mais tel ne fut plus le cas à partir de 1964. Un auteur soviétique, V.A. Morozov, in *Trudoden', den'gi i*

de travail sur son lopin lui rapportait deux fois plus qu'une journée au kolkhoze [1].

Ce n'est qu'un aspect des choses, mais c'est assez pour nous permettre de conclure que le petit lopin nourrissait la paysannerie et apportait une contribution décisive à la production agricole du pays et à ses disponibilités alimentaires. C'était, en dépit de sa petite échelle, une branche économique majeure et un producteur indispensable. Et comme les auteurs soviétiques le reconnaissent aujourd'hui, ce fut aussi un facteur vital non seulement des campagnes mais aussi du secteur des kolkhozes tout entier. Tout cela nous éloigne fort de l'image officielle d'une activité auxiliaire et transitoire. Les petites entreprises privées ressemblent assez à un « nain géant », formant un secteur productif important et vital, et c'est pourquoi chaque fois que le gouvernement a voulu s'en mêler au-delà d'un certain point, il s'ensuivit automatiquement une dégradation de la situation alimentaire du pays.

Mais pourquoi fallait-il donc que le gouvernement partît en guerre contre les lopins? Nous ne tenterons pas ici d'apporter une réponse exhaustive à cette question. Toutefois, en présentant la situation générale de la production agricole du pays, nous pourrons cerner le problème dans sa totalité. Sous les premier et deuxième plans quinquennaux, jusqu'à la récolte exceptionnelle de 1937, la production agricole – les productions animales comme les céréales – ne cessa de baisser. Seuls les chiffres des trois années et demie du troisième plan quinquennal inachevé d'avant-guerre laissèrent apparaître une amélioration. Après 1934, le nombre de têtes de bétail cessa de chuter et amorça une lente reprise en même temps que la production de céréales. Mais, comme les chiffres officiels corrigés publiés après la mort de Staline l'ont montré, il n'y avait aucune raison de jubilation. En 1940, le pays produisait moins de denrées alimentaires d'origine animale qu'en 1916, année de guerre. Il produisait un peu plus de céréales qu'en Russie tsariste, mais pas beaucoup plus que sous la N.E.P. et ce, malgré une augmentation des emblavures; de plus, aucun progrès qualitatif significatif n'avait été accompli. Les rendements moyens n'étaient que de 7,7 quintaux

torgovlja na sele, Moscou, 1965, a estimé qu'en 1964 une heure de travail sur le lopin rapportait deux ou trois fois plus qu'une heure de travail au kolkhoze.

1. Quelques chiffres de sources soviétiques sont cités au chapitre VI de ce recueil. Il présente aussi un certain nombre de données sur les collectes et les prix versés aux producteurs – sur lesquels nous revenons plus loin dans ce chapitre.

à l'hectare; autrement dit, ils n'étaient pas supérieurs à ceux d'avant la collectivisation et demeuraient encore extrêmement faibles en dépit des avantages tant célébrés de l'organisation moderne sur une grande échelle, des kolkhozes et des sovkhozes, avec leurs centaines de milliers de tracteurs et de moissonneuses-batteuses, avec les nombreux ministères, et ainsi de suite [1]. C'est sur cette toile de fond d'aussi médiocres résultats – au vu du nombre croissant de bouches à nourrir, beaucoup reconnaîtraient que ces résultats étaient réellement catastrophiques – que les performances des lopins privés dans cette production totale ont pu paraître si remarquables. Ils étaient plus efficaces, plus fiables que les kolkhozes et les sovkhozes, et sans eux les paysans et le pays seraient morts de faim. Ainsi le pays avait-il besoin de ce secteur d'activité paysanne privée.

Mais le gouvernement n'était pas disposé à interpréter ces faits comme la manifestation d'un échec de sa politique et l'expression de la nécessaire acceptation d'un compromis franc et ouvert entre les deux secteurs pour l'avantage de tous : céréales et cultures industrielles sur les champs kolkhoziens; bétail et légumes sur les fermes privées, avec l'aide de l'État pour le fourrage, l'agronomie, les fournitures. C'est au contraire un « compromis pourri » qui prévalut, inavoué et bruyamment nié, qui contribua à transformer les activités en définitive complémentaires des lopins et des kolkhozes en forces étrangères, rivales et contradictoires. La politique et l'idéologie de l'État préféraient qu'il en fût ainsi.

Le système kolkhozien, tel qu'il apparaissait en 1933, représentait une combinaison de trois secteurs condamnés à une coexistence malaisée et antagoniste. En premier lieu, il y avait le grand kolkhoze avec ses administrations. En second lieu, les stations de machines et de tracteurs (M.T.S.) qui appartenaient à l'État et recevaient du travail sur les champs kolkhoziens aux termes d'un contrat passé avec le kolkhoze. Et enfin, le troisième secteur était formé par la multitude de lopins privés. En principe, la symbiose était censée régner entre les trois secteurs. En fait, comme on l'a dit, le tableau était moins idyllique : dans chacun des trois secteurs, il y avait de sérieux écarts entre les textes idéologiques et constitutionnels et la réalité. Étant théoriquement une coopérative, le kolkhoze devait être normalement dirigé par des administrations librement élues et supervisées par l'as-

1. Morozov, *Trudoden'*, *op. cit.*, p. 9.

semblée générale de ses membres. En fait, les dirigeants des kolkhozes faisaient l'objet d'une surveillance sourcilleuse de la part des administrations locales et de la police, et le plus grand arbitraire présidait à leur renvoi ou à leur nomination. Le principe coopératif n'était donc rien de plus qu'une fiction.

Agences d'État théoriquement créées pour servir leur clientèle de kolkhozes et accomplir pour ces derniers le travail voulu moyennant une rétribution raisonnable, les M.T.S. étaient en vérité les véritables patrons sur le terrain; elles n'avaient de cesse d'arracher les céréales aux kolkhozes, de les « planifier » et de les contrôler, et d'exercer une surveillance politique et policière. Cette organisation bureaucratique fut mise sur pied parce que les kolkhozes ne pouvaient se payer des machines agricoles ou, plutôt, parce que le gouvernement pensait que l'on ne pouvait les leur confier. Les M.T.S. étaient des organisations inefficaces, souvent en conflit avec les kolkhozes et les malmenant fréquemment, tandis que ceux-ci n'avaient aucun recours contre ces stations et leur pouvoir.

Le lopin, le producteur le plus efficace des trois, était en théorie un petit dispositif supplémentaire. Mais en même temps, les idéologues et les politiques le magnifièrent au point d'en faire quelque chose de très inhabituel : son existence même était considérée comme le fruit de « survivances d'une mentalité petite-bourgeoise », son activité étant essentiellement motivée par la soif du profit privé et l'esprit mercantile du paysan, tandis que le secteur tout entier était présenté comme un corps étranger dans la société socialiste. Ainsi, en leur qualité de possesseurs de lopins, les paysans étaient idéologiquement illégitimes, profondément immoraux, et à peine tolérés pour un temps.

L'organisation agricole dite collectivisée ressemblait donc à une charrette affreusement bancale avec deux roues immenses et une petite, une grande roue entraînant les paysans dans une pseudo-coopérative, l'autre leur apportant des machines sur lesquelles ils n'avaient rien à dire, et la troisième leur permettant de se nourrir. En même temps, au lieu de faire avancer réellement l'attelage dans une seule et même direction, les trois roues disproportionnées étaient mal coordonnées et trop souvent se bloquaient l'une l'autre, chacune d'entre elles tournant sous diverses contraintes et au gré d'un système différent, souvent contradictoire, de motivations. Sans la coercition massive de l'État, aucun attelage de cette espèce n'aurait pu survivre longtemps sous cette forme. Naturellement, il a continué à exister, mais les résultats de cette organisation agricole furent, comme c'était assez prévisible, extrêmement décevants.

Frustré par la faiblesse de ce qui, avait-il espéré, allait bientôt s'imposer comme une forme économique et sociale supérieure, et la voyant battue sans appel sur le terrain de la production par de minuscules lopins, le gouvernement eut tendance à présenter les lopins et la cupidité des paysans comme les principaux responsables des médiocres résultats du nouveau système agricole. Il prétendit en conséquence que le problème numéro un consistait à « rééduquer » le paysan et à changer sa mentalité.

En attendant [1], le système ne ressemblait guère à une institution très « pédagogique ». C'était au demeurant chose impossible avec cette espèce d'attitude idéologique qui déformait la réalité et produisait des analyses vicieuses. Le problème des lopins ne tenait pas tant à la « mentalité archaïque » des paysans qu'à leur nécessité économique. Cette branche n'était ni secondaire ni annexe, mais indispensable. Les paysans s'y consacraient avec acharnement et honnêteté, et leurs motivations étaient légitimes et pleinement compréhensibles. Présenter ce travail comme un tant soit peu « immoral » ou « suspect » était le fruit d'un miroir déformant empêchant l'idéologue de percevoir les choses telles qu'elles étaient. Le conflit avec les paysans leur fut donc imposé par des contraintes politiques et une prédilection idéologique qui n'étaient ni plus ni moins que l'expression d'une tentative de viol des réalités sociales. Qui plus est, les principes que le gouvernement entreprit d'inculquer n'avaient rien à voir avec la coopération, la solidarité ou le progrès économique. Il s'agissait plutôt pour lui d'imposer avec des gants de fer – rien d'autre n'aurait marché – le principe très différent de la priorité absolue et de la supériorité des intérêts de l'État sur ceux des producteurs. En pratique, cela aboutit donc à un système dans lequel les collectes de l'État, plutôt que la production, formèrent l'axe central des relations entre l'État et ses kolkhozes – un tiers de la production ou plus étant arraché aux kolkhozes pour un prix insignifiant qui ne couvrait qu'une petite partie de leur coût de production. Tel était le principe central dont procédaient tous les autres traits du système. « Responsabilité matérielle » au

1. En français dans le texte *(N.d.T.)*.

lieu de « stimulation matérielle » – tel est le verdict fort critique d'un auteur soviétique moderne, même si, pour d'évidentes raisons, il se contente de termes très mesurés [1].

Tout cela aboutit à un système qui ne pouvait être économiquement rationnel. Que des mots ou expressions tels que coût, rentabilité, intérêts matériels ou incitations matérielles aient été bannis du discours officiel n'a rien d'étonnant. Livraisons obligatoires, minimum impératif de journées de travail consacrées aux champs, kolkhoziens, plans détaillés de production imposés du haut – en fait, le système tout entier était imposé du haut – sont autant de facteurs qui justifient cette appréciation d'un spécialiste occidental : le kolkhoze se transforma en « système de travail forcé [2] ». Les ombres du passé se profilaient derrière cette situation, qui rappelait plus que jamais ce qui avait été aboli en 1861. Le paysan réagit, en quelque sorte, par un dédoublement de sa personnalité de producteur et en employant deux mesures suivant les deux types différents de motivation, l'une quand il travaillait « pour eux », l'autre quand il travaillait pour sa famille. La situation était assez comparable à celle qui prévalait sous le système du servage, quand le paysan se montrait nonchalant et négligent sur les champs du *pomeščik* pour se consacrer avec ardeur à sa propre terre. Derrière le *pomeščik* se profilait la puissance de l'État; derrière les kolkhozes et les M.T.S., il y avait aussi l'État, mais il avait maintenant une tâche plus ardue que son prédécesseur, puisqu'il s'agissait de « rééduquer » non seulement les paysans mais aussi les administrations kolkhoziennes.

Ce troublant parallèle avec le servage va encore plus loin dès lors que l'on réalise que, sous Staline, le régime kolkhozien laissait les paysans pieds et mains liés à l'intérieur d'un système juridique et économique discriminatoire à leur égard à plus d'un titre. Non seulement les paysans eurent à souffrir des désavantages « normaux » de l'arriération rurale (lesquels se font encore sentir aujourd'hui) – mais ils furent aussi considérés comme une classe inférieure et traités en conséquence. La rétribution de leur travail était fondée sur le « principe du résidu », sans le revenu garanti auquel avaient droit les autres classes [3]. Ils ne

1. Cf. V.V. Gusev, *Kolhoz kak samupravljajuščajasja sistema*, Moscou, 1971, p. 31.

2. Wädekin, *The Private Sector*, *op. cit.*, p. 18.

3. Ce qui voulait dire que le *kolhoznik* n'était payé qu'à la fin – une fois que le kolkhoze s'était acquitté de sa dette envers l'État et avait déduit les moyens

bénéficiaient d'aucune protection sociale, ni d'aucune aide au logement; ils étaient soumis à un système d'obligations envers l'État auquel personne d'autre n'était assujetti, sans perdre de vue les prix spéciaux supérieurs qui leur étaient demandés pour leurs achats, les passeports qui leur étaient refusés afin de contrôler leur mobilité et le système fiscal aussi lourd que complexe dirigé contre leurs lopins privés [1]. Le fait même d'avoir à s'occuper de leurs lopins pouvait être considéré comme un handicap et non pas comme une espèce de privilège.

Ainsi l'État, en attendant l'abolition des classes dans une toute prochaine phase historique, « expliqua-t-il » avec la plus grande fermeté aux paysans qu'ils formaient une classe suspecte et inférieure. Les paysans le savaient bien de toute façon. Tandis que l'État campait au-dessus de leur tête et leur imposait son « premier commandement » – telle était l'expression biblique réellement employée – « L'État premier fourni », les paysans répondirent de manière très audible : « Commencez par vous-même et par votre famille. » L'expérience leur avait appris, au fond, que « si vous ne prenez soin de votre famille, personne ne le fera, et elle mourra de faim ». C'est un fait, librement reconnu aujourd'hui par certains auteurs soviétiques. Dans cette situation, un conflit d'intérêts, profond et fondamental, était inévitable : l'État percevant dans le paysan un danger pour les fondations du régime, et le paysan voyant dans l'État une menace pour la survie de sa famille.

Ce n'est que dans les années 1960 qu'il devint possible en Union soviétique d'énoncer quelques-unes de ces vérités mais aussi ce fait paradoxal : en dépit de la guerre économique et idéologique menée par le gouvernement contre les lopins à cette époque, « le lopin privé fut en fait le seul et unique stimulus de

matériels et financiers destinés à ses propres fonds de production. Parfois, il ne restait pas grand-chose. Le *kolhoznik* ne savait pas sur quoi il pouvait compter avant la fin de l'année, et il n'avait guère d'influence sur ce « résidu ». MOROZOV, in *Trudoden'*, *op. cit.*, p. 113, emploie à cet égard l'expression *ostatočnyj režim*, et s'exclame amèrement : « En vérité, comment pouvait-on parler de comptabilité des coûts et de rentabilité dans les kolkhozes quand n'importe quelle erreur de gestion pouvait être compensée par une simple amputation de la rétribution du travail du *kolhoznik*. »

1. ŠMELEV devait assimiler ces impôts à des exactions, in *Ličnoe podsobnoe*, pp. 111, 112, avant d'en dresser la liste : collectes directes, taxe de commercialisation, taxe de moulage, assurance obligatoire du bétail et des cultures, contribution volontaire au fond de la culture et du logement, qui devint ensuite un prélèvement obligatoire normal. Tous ces impôts ont aujourd'hui disparu. Mais n'oublions pas qu'à l'exception du dernier ils ne frappaient que les seuls paysans.

la participation à la production sociale »[1], et donc le sauveur du système malgré lui!

Néanmoins, pendant plus d'une génération, l'agriculture soviétique se retrouva prisonnière d'un cercle vicieux qui lui interdit de faire progresser cette branche – problème qui, encore aujourd'hui, est loin d'avoir trouvé une solution satisfaisante. Pour reprendre les termes d'un auteur soviétique, la production kolkhozienne n'augmente pas parce que la productivité du travail n'augmente pas non plus, et ceci parce que le *kolhoznik* n'a aucun intérêt à travailler pour un revenu aussi faible. « Mais il est impossible d'améliorer son revenu puisque la production n'augmente pas[2]. » Cet auteur fait ici allusion à certains kolkhozes arriérés des années 1960 mais, en vérité, son diagnostic s'applique tout aussi bien au système passé que, dans une large mesure, au système actuel.

Dans cette situation de stagnation de l'agriculture, la position dans laquelle se trouvait la paysannerie – celle d'un « état » bridé « du haut » – ne pouvait être que renforcée et perpétuée « de la base » par l'activité des familles kolkhoziennes sur leurs lopins privés. Deux facteurs, l'État et l'entreprise privée, contribuèrent à façonner de manière inattendue les réalités sociales des campagnes soviétiques. La paysannerie traditionnelle était censée se « moderniser » à travers la collectivisation et l'industrialisation de l'agriculture, au point de dépérir et de changer de nature sociale. En fait, le système kolkhozien suivit un cours très différent en ce qui concerne les paysans qui restèrent sur leur terre. Ils ne montrèrent aucun signe de dépérissement. Bien au contraire.

Comme nous l'avons dit, l'État créa une situation dans laquelle il prétendit avoir priorité sur ce que produisaient les kolkhozes. Mais les paysans étaient censés diriger eux-mêmes ce système incapable de les nourrir et de leur offrir le moindre revenu garanti. Outre leurs travaux au sein des kolkhozes, ils devaient aussi pourvoir aux besoins de leurs familles en même temps que d'une bonne partie du pays. La réalité de leur situation, telle qu'ils la percevaient, leur rappelait la dualité qu'avaient connue leurs ancêtres sous le servage, et ils y réagirent avec leur traditionnelle défiance à l'égard de l'État – comportement qui avait été celui des paysans depuis des générations. Ils ne firent ainsi que perpétuer une vieille tradition qui devait s'exprimer plei-

1. Morozov, *Trudoden'*, *op. cit.*, p. 176.
2. *Ibid.*, pp. 172-173.

nement à travers la conscience d'une identité de classe façonnée par des forces contradictoires.

Certes, il n'y avait plus de classe oppressive de propriétaires fonciers. À sa place apparut une nouvelle force sociale : la bureaucratie d'un État en pleine industrialisation. Mais tandis que l'État entra précipitamment dans l'âge des machines et des communications de masse, ses paysans furent socialement « gelés » dans un stade antérieur, s'ils n'essuyèrent pas en fait un recul. Il y avait certes des tracteurs et des moissonneuses-batteuses sur les champs kolkhoziens, mais même avec ces machines il y avait un problème : ces techniques s'implantèrent sans renforcer la production agricole du pays pour au moins une génération. Le système de l'usine, où la machine n'appartient pas à l'ouvrier, fut la source d'une immense augmentation de productivité, et ce fut aussi le cas dans le système soviétique, en dépit des difficultés et des obstacles à l'innovation et au progrès technique. À la différence de l'usine, cependant, le kolkhoze n'était pas le résultat d'un développement organique. Il fut « inventé » et imposé par l'État, expropriant ainsi les principaux moyens de production. Ce fut une greffe loupée, qui laissa paraître des signes évidents de rejet. Les champs kolkhoziens ressemblèrent longtemps à un cimetière de tracteurs. Les indications en ce sens sont légion. Les paysans les brisaient, les maltraitaient et ne s'y intéressaient pas. Et en ce qui concerne les lopins, ces grandes machines ne présentaient aucune utilité. L'activité du lopin restait entièrement à l'écart de l'ère technologique. Elle consistait pour l'essentiel en travaux physiques à l'ancienne mode et archaïques.

Mais si petit et techniquement arriéré que fût le lopin, il n'en restait pas moins l'expression d'un authentique esprit d'entreprise, qui pouvait s'épanouir dans cette activité privée et à petite échelle. Le fait que la famille paysanne eût besoin de ce lopin pour se nourrir – au point, que dans certains cas, le revenu tiré du kolkhoze apparaissait « secondaire » – l'incitait fortement à travailler avec acharnement sur le lopin et à rechercher toutes les sources possibles de revenus privés, pour se contenter du minimum inévitable sur les kolkhozes. Et cela força le gouvernement à lutter contre les paysans qui se dérobaient en masse à leurs obligations en leur imposant des minima légaux de journées-travail, assortis de sanctions en cas de manquements [1].

1. N. Aristov, in *Planovoe hozjajstvo*, n° 11, 1939, p. 94, explique ces minima et les autres mesures disciplinaires par le fait que des millions de *kolhozniki* ne faisaient strictement rien dans les kolkhozes.

L'enjeu, dans l'esprit des paysans, n'était autre que la survie même du foyer paysan et de sa famille. Pour résoudre le problème, le paysan eut donc recours à sa forme traditionnelle d'activité économique, en faisant plus que jamais de sa famille une véritable unité de production économique. Il saute aux yeux qu'une telle situation ne pouvait aller sans conséquences importantes quant aux perspectives de la paysannerie soviétique.

Les lopins formant un secteur économique crucial, celui-ci servit de base à la perpétuation du comportement et des attitudes traditionnels de la paysannerie. À défaut d'une couverture sociale et d'un revenu garanti, la ferme, le lopin et les efforts familiaux devinrent les seules et uniques sources de satisfaction de ces besoins élémentaires et fondamentaux. La baraque paysanne offrait un abri, et la ferme apportait de quoi nourrir les personnes âgées, sans oublier le lait pour les enfants. Derrière la hutte se trouvaient l'étable et d'autres dépendances de la ferme – lesquelles donnaient à l'ancien foyer paysan *(dvor)* sa forme et sa substance, avec son sens de la cohésion et de la dépendance mutuelle. La position et le rôle des femmes et des enfants aussi bien que des vieillards demeurèrent conformes aux traditions – peut-être même en laissant un poids accru sur les épaules des femmes, qui abattaient l'essentiel du travail sur le lopin comme sur les champs kolkhoziens. Cela obligeait aussi le paysan à accomplir, souvent chaque jour, un long et pénible voyage pour se rendre dans les banlieues urbaines et y vendre de petites quantités d'œufs, de viande, de beurre ou de légumes sur les marchés – qui représentaient la principale source familiale de revenus [1]. Mais outre qu'il s'agissait d'une perte de temps que des méthodes modernes d'organisation auraient permis d'éviter, cette vente sur les marchés perpétua une vieille dimension caractéristique de la vie des familles paysannes : leur dépendance et leur vulnérabilité par rapport aux fluctuations du marché, nonobstant le Gosplan.

L'activité sérieuse consacrée au lopin ajoutait donc un poids d'heures supplémentaires que ne partageaient pas les autres classes, et qui privèrent les paysans de bien des occasions d'élargir leurs horizons culturels. Des sociologues soviétiques modernes ont étudié toutes les implications de ce facteur. D'aucuns ont

1. *Problemy ekonomiki*, n° 3, 1940, a consacré un article au problème du temps perdu par les *kolhozniki* pour se rendre sur les marchés et y vendre leurs produits. L'article embellissait quelque peu la situation, mais il n'en reste pas moins vrai que cette activité absorbait des millions de journées de travail.

souligné que les lopins privés – même ceux des sovkhoziens et des ouvriers, encore répandus et passablement importants d'un point de vue économique – influencent la vision des choses et la mentalité des intéressés [1]. Bien plus important, le lopin des paysans est un facteur économique et social qui pèse encore beaucoup plus lourd. Quoique indispensable pour ramener le revenu des paysans au niveau de celui des ouvriers, il a en fait retardé la fusion tant annoncée des classes sociales en perpétuant bien des traits classiques de la paysannerie [2], et en lui conservant son caractère d'entreprise agricole à base familiale. De surcroît, les conditions dans lesquelles cette entreprise a évolué ont entravé le progrès de l'agriculture tout en encourageant les méthodes les plus archaïques : travail physique primitif, conditions de commercialisation passablement ridicules, et niveau extrêmement bas de consommation. En fait, jusqu'à une date avancée du règne de Khrouchtchev, la grande masse des paysans souffrait encore de sous-consommation [3]. Par suite, la précarité des conditions économiques, caractéristique des petits paysans sous de nombreux régimes, qui ne laissaient aucune énergie pour faire des calculs à long terme et prendre des risques, mettait la survie des familles à la merci de la prochaine récolte. Les traits psychologiques qu'une telle situation produisit dans la mentalité paysanne sont notoires : conservatisme et attachement à la routine, peur du changement, opposition à la technologie, méfiance envers les villes et les citadins, et désaffection vis-à-vis de l'État, avec ses fonctionnaires, ses juges et ses policiers.

Autrement dit, pendant au moins une génération, les effets sociaux du fonctionnement du système kolkhozien consistèrent à reproduire des *mužiki* russes rétrogrades au lieu d'en faire des fermiers coopératifs modernes et industrialisés. Il n'est même pas exclu que ces *mužiki* soviétiques aient fini par s'intéresser plus que jamais, si c'est possible, à la propriété privée ainsi qu'à l'agriculture privée. Jusqu'en 1906, les paysans russes n'avaient tout au plus qu'une très vague idée de la propriété privée [4], et

1. L.S. Bljahman et O.I. Škaratan, *NTR, rabočii klass i intelligencija*, Moscou, 1973, p. 210.

2. I.V. Arutjunjan, in *Voprosy filosofii*, n° 6, 1966, p. 57.

3. En 1940, près d'un tiers des familles kolkhoziennes n'avaient pas de vaches. Sur les quelque 18,5 millions de fermes que comptaient les kolkhozes, seulement 12,5 avaient des vaches. Peut-être certains d'entre eux n'en voulaient-ils pas mais, d'une manière générale, le fait de ne pas avoir de vache était un syndrome russe traditionnel de pauvreté parmi les paysans.

4. Michael T. Florinsky, *The End of the Russian Empire*, New York, Macmillan, 1961, p. 180.

les fameux efforts de Stolypine et les réformes qu'il entreprit entre 1906 et 1910 ne furent pas de trop pour leur inculquer un certain attachement à cette idée. Cet effort délibéré ne fut d'ailleurs pas entièrement couronné de succès. On peut même se demander si, dans sa phase stalinienne, la collectivisation n'a pas largement renforcé et développé les attitudes qu'elle prétendait extirper.

Que la Russie officielle ne veuille pas reconnaître son travail pour ce qu'il était, préférant y voir une forme de nuisance plutôt qu'un travail difficile et honnête, n'avait rien de très nouveau pour le moujik. C'est un affront que le moujik pouvait boire. Il avait l'habitude de se retrouver tout en bas de l'échelle sociale, et il tenta d'un tirer le meilleur parti – ce qui eut parfois des effets incalculables sur la destinée du pays. C'était là une manifestation de ce que les Russes ont appelé, d'un ton approbateur ou désapprobateur suivant leur penchant idéologique, la vieille « force moujik » *(mužickaja sila)*.

Cette vague notion recouvrait néanmoins une réalité d'importance, exprimant l'influence économique, sociale et culturelle de la vieille Russie rurale et son effet sur le comportement et la mentalité de la société russe, dans son ensemble, au cours de l'industrialisation et de l'urbanisation du pays. D'un côté, des forces puissantes érodèrent de larges couches de la paysannerie en les absorbant dans des emplois non ruraux; de l'autre, et contradictoirement, d'autres forces renforcèrent et reproduisirent le moujik. Aussi longtemps que dura cette situation, la vieille *mužickaja sila* ne pouvait que se perpétuer et influencer profondément la nation et le système étatique. Le fait que ces influences et les intérêts de la paysannerie n'aient pas eu la possibilité de s'exprimer ouvertement, à travers la littérature ou d'autres circuits libres, n'a pas empêché le travail de ces tendances profondément enracinées. La propagande moralisatrice contre la mentalité petite-bourgeoise et le *mel'kosobstvenničestvo* ou, en l'occurrence, contre les croyances religieuses, devait remplir les éditoriaux et les discours, mais les véritables processus sociaux et culturels se poursuivirent, bien entendu, sans répit, formant de vastes sous-cultures et des modes distincts de comportement. La méthode dictatoriale qui consiste à faire entrer les choses de force *(zagonjat' vnutr')*, au lieu de laisser les intérêts et les idées s'épanouir au grand jour, eut un effet déformant sur le développement de la nation – de nombreux courants souterrains, de force non reconnue, détournant l'esprit des masses des clichés officiels, mais pas toujours dans les directions les plus plaisantes. Mais de telles considérations nous éloignent par trop du champ de cette étude.

Résumons brièvement l'essentiel de notre argumentation. Le lopin privé exerça paradoxalement une influence disproportionnée : ce fut un facteur économiquement limité mais socialement puissant dans la formation d'une classe. Il fit de l'histoire sociale des Russes sous Staline, aussi bien qu'après lui, une affaire plus complexe que les apparences et les clichés ne le donneraient à penser. Il se solda par la préservation d'une paysannerie plutôt rétrograde dans un cadre par ailleurs très dynamique. Mais ce n'est là qu'un exemple d'un phénomène plus large intéressant le stalinisme, dans lequel le dynamisme du développement industriel et du redéploiement social est allé de pair avec un phénomène déroutant : la perpétuation et la recréation d'une bonne partie du passé impérial.

III

LÉNINISMES ET CHANGEMENT SOCIAL

CHAPITRE VIII

Léninisme et bolchevisme à l'épreuve de l'histoire et du pouvoir

TROIS FACTEURS CORROSIFS :

Comme les Latins le disaient des livres – *habent sua fata libelli* –, on peut affirmer que les idéologies ont leurs destinées, leur histoire et leur sociologie. Il reste encore beaucoup à faire pour comprendre le destin du léninisme et du bolchevisme. Je me contenterai ici d'avancer quelques idées pour ouvrir une discussion.

Léninisme et bolchevisme : les deux notions ne sont pas identiques. L'étiquette de « bolchevisme » s'applique à l'ensemble du parti qui a fait, *grosso modo,* du léninisme son idéologie de combat, mais ce parti comptait plusieurs courants qui donnaient souvent des interprétations divergentes des canons du marxisme ainsi que des positions théoriques et stratégiques relevant plus précisément du léninisme. D'autres l'ont déjà dit : le parti bolchevique était une alliance de courants, et il le demeura de manière assez visible entre 1919 et 1929. Il était certes plus uni que d'autres partis, mais il ne formait pas ce bloc monolithique d'une seule coulée que d'aucuns, dont certains spécialistes, ont voulu y voir par la suite. Le léninisme, l'une des versions russes du marxisme élaborée par Lénine, était partagé par les bolcheviks dont la formation idéologique s'était faite avant la révolution; ceux-ci gardaient cependant une certaine ouverture d'es-

---

« Leninism and Bolshevism : The Test of History and Power ». Première publication : « Le Léninisme et le bolchevisme à l'épreuve de l'histoire et du pouvoir », in *Les Aventures du marxisme,* éd. par René Gallissot, Paris, Syros, 1984. Version corrigée d'une communication faite au colloque tenu à l'occasion du centenaire de la mort de K. Marx, à Paris, mai 1983, sous les auspices des ministères de la Recherche et de la Culture.

prit et une souplesse institutionnelle qui leur permettaient de mener un combat d'idées surtout, il est vrai, mais pas uniquement, en matière de stratégie et de tactique. Mais celles-ci étaient, après tout, au cœur du léninisme. Il importe de ne pas perdre de vue que le bolchevisme avait connu pas mal de débats internes avant 1917, qu'après la révolution de 1905, notamment, il avait évolué sur une scène politique où s'affrontaient plusieurs partis, et que cette situation s'est prolongée après la prise du pouvoir jusqu'en 1920. À partir de la révolution de février 1917 et jusqu'à l'interdiction des fractions lors du Xe Congrès, ont coexisté au sein du parti divers ailes et courants, des fractions et des plates-formes opposées, qui étaient présentées avant et pendant les congrès; non seulement elles étaient tolérées, mais leur affrontement constituait un *modus operandi* très largement accepté. Le bolchevisme était donc fractionnel. Lénine lui-même jouait le jeu et respectait ces règles, même s'il ne leur a pas toujours marqué beaucoup d'attachement, et put ainsi obtenir l'expulsion des « déviationnistes ». Mais s'il a réussi à éliminer Bogdanov et les siens, par exemple, il n'a pas eu gain de cause en octobre 1917 quand il tenta de faire expulser Zinoviev et Kamenev comme « briseurs de grève ».

Rappelons quelques faits essentiels. Avant la prise de pouvoir, le bolchevisme était encore un courant jeune. Il s'était constitué en parti indépendant en 1912 et s'était donc retrouvé au pouvoir à peine cinq ans plus tard. Qui plus est, jusqu'en 1945, son activité a été marquée par deux guerres, deux et, si l'on veut, trois révolutions, une guerre civile atroce accompagnée de phénomènes de décomposition et de fragmentation du corps social ainsi que d'une quasi-disparition de l'État – phénomène dont on mesure encore mal l'ampleur et les effets – puis de sa reconstitution, suivie d'autres crises sociales comme celles de l'industrialisation, de la collectivisation forcée et des grandes purges – le tout couronné par une nouvelle guerre mondiale. Il serait impensable de ne pas retrouver cette idéologie et ce parti profondément éprouvés, transformés, voire annihilés par des événements d'une telle envergure. La question mérite d'être posée, car il s'agit de bien plus que d'une simple transformation ou d'une dégradation. Dès la prise du pouvoir, la conjoncture internationale et la situation structurelle du pays imposèrent des changements inéluctables qui aboutirent à une transformation de fond en comble au point de modifier l'essence même du phénomène. Bref, la situation internationale, l'épreuve du pouvoir qui a toujours un effet profond et souvent conservateur, et enfin les structures sociales du pays – tout cela avait tendance à précipiter la dissolution de ce complexe bolcheviko-léniniste.

LE LÉNINISME ET LA CLASSE OUVRIÈRE

Sans prétendre donner ici une définition exhaustive du léninisme, l'on peut se limiter à quelques traits caractéristiques.

Premièrement, le marxisme constituait sans aucun doute la base théorique du léninisme. Lénine souscrivait avec plus ou moins de réserves à la théorie du capitalisme et aux idées de Marx et Engels sur le socialisme, même s'il donnait en fait souvent son adhésion aux versions élaborées par Kautsky et par Plékhanov.

Deuxièmement, tout en restant fidèle à un marxisme orthodoxe, Lénine y ajoutait l'attente de crises révolutionnaires, tant en Occident qu'en Russie. Cette vision des choses reposait sur sa théorie de l'impérialisme comme stade ultime du capitalisme – bien que les idées de Lénine en ce domaine ne constituent pas réellement une contribution originale.

Troisièmement, au cours de la révolution le prolétariat devait jouer un rôle d'avant-garde et assurer, notamment, la fonction de dictateur collectif en attendant la dissolution des classes et le dépérissement de l'État.

Quatrièmement, la question du développement du capitalisme dans ce pays – problème spécifiquement russe – fit l'objet de longues discussions qui amenèrent Lénine à souligner, dans un premier temps, la rapidité et la profondeur de ce développement. Puis sous la pression des événements de 1905-1906, Lénine devait consacrer plus d'attention aux freins qui entravaient ce développement et aux facteurs de persistance du sous-développement, surtout dans l'agriculture.

Cinquièmement, dans ce contexte d'arriération spécifique à la Russie, le léninisme accorda une place importante – dont il tira cependant des conclusions divergentes – au rôle de la paysannerie dans le processus révolutionnaire, et conclut finalement à la nécessité d'alliances tantôt avec l'ensemble de la paysannerie, tantôt avec ses couches les plus pauvres.

Sixièmement, il est certain que la paysannerie – classe composée de travailleurs-propriétaires – ne partageait pas les objectifs du prolétariat et qu'un affrontement avec cette classe innombrable était toujours à craindre. Et cela, même ou surtout après la formation d'un gouvernement commun à la suite d'une révolution démocratique et bourgeoise, pensait Lénine. Une telle phase était aussi prévue par les mencheviks pour qui les libéraux étaient appelés à jouer un rôle de premier plan dans la révolution. Après 1905, Lénine pensa que la bourgeoisie n'avait plus aucun intérêt à renverser le régime tsariste et il suggéra en conséquence la formation d'un bloc ouvrier-paysan pour mener à bien une révolution démocratique et bourgeoise. Mais il ne précisa pas ce qui arriverait en cas de conflit de dernière minute entre partenaires ou de tout autre événement. De fait, cette formule ne devait jamais réellement se concrétiser.

C'est là un élément important dans la conception stratégique de Lénine. Il fait apparaître très clairement que le léninisme prérévolutionnaire pensait sa stratégie en fonction d'une révolution démocratique, dans la perspective d'une coexistence de plusieurs partis. Il conduisait donc tout au plus le parti vers une participation au pouvoir et non vers une conquête solitaire. Une telle tâche était laissée pour plus tard et ne semblait pas inscrite à l'ordre du jour.

La conception du parti comme pépinière de cadres révolutionnaires professionnels, fortement encadrés et disciplinés, constituait l'élément le plus original du léninisme. Cette conception allait de pair avec l'idée de relations entre ce parti de professionnels clandestins de la politique et la classe ouvrière qui, selon certains, révisait fortement le marxisme dans une direction volontariste et très autoritaire. Maints auteurs y voyaient déjà l'annonce de développements futurs particulièrement sinistres. D'autres y voyaient plus simplement une adaptation réaliste aux conditions politiques et sociales de la Russie tsariste; d'autres encore n'y reconnaissaient que l'expression d'un réalisme sans aucune coloration de mauvais augure.

C'est un débat intéressant. Notons tout de même un fait marquant, puisqu'il s'agit d'un fait. Avant la révolution, l'espoir du léninisme était investi dans le prolétariat russe, et l'accent était souvent mis sur ses seules qualités combatives; après la révolution, on entendit de plus en plus un discours sur la vulnérabilité du prolétariat à l'influence de la petite bourgeoisie, notamment de la paysannerie.

Ici, sans doute, l'on pourrait avoir un avant-goût de choses à venir. L'exaltation et la méfiance envers la classe ouvrière coexistent dans le léninisme, et cela s'est vérifié pendant la prise du pouvoir. Le soutien de cette classe était indispensable et activement recherché. Mais Lénine affirmait avec insistance, et contre l'avis de nombreux bolcheviks, que ceux-ci devaient prendre le pouvoir tout seuls, en ne suivant que les décisions prises par les instances du parti, et non pas celles de la classe au sens le plus large. Car il était impossible de savoir, prétendait Lénine en octobre 1917, si le Xe Congrès des Soviets aurait une majorité favorable aux bolcheviks. Le Congrès déjà réuni ne commença donc ses travaux qu'après la prise du Palais d'hiver, alors même que sa majorité était en fait du côté des bolcheviks. Lénine aurait-il rendu le pouvoir dont son parti avait décidé de s'emparer pour le confier à cette assemblée de la classe ouvrière si le pouvoir lui avait été refusé ? Ou l'aurait-il dispersée comme il l'avait déjà fait de la Constituante ? On peut imaginer qu'en octobre 1917, encore, il aurait accepté le verdict, ne fût-ce que parce que l'opposition au sein de son parti contre la prise du pouvoir était plus importante qu'on ne l'imagine d'habitude. Tout cela est discutable et mérite d'être discuté. Mais le fait est là : Lénine a bel et bien reçu un mandat du IIe Congrès des Soviets, ce qui signifie que l'idée d'un « vide politique » qui aurait permis la victoire des bolcheviks doit être révisée. N'oublions pas qu'il y eut en Russie, jusqu'en octobre, un double pouvoir, une dyarchie, et ce, dès février-mars 1917. Le vide ne s'est créé que d'un seul côté, le plus faible, tandis que de l'autre les bolcheviks l'emportèrent.

UNE RÉALITÉ TROP RÉELLE

Dans la perspective de trois ou quatre années de pouvoir, et malgré la guerre civile, les premiers mois du nouveau régime devaient apparaître comme un âge d'or. Car, entre-temps, on commença déjà à douter du pronostic léniniste d'une crise du capitalisme et de révolutions prolétariennes dans les pays industriels.

Il fallut attendre encore quelque temps avant que ce fait fût assimilé et engendrât les adaptations qui s'imposaient. Dès cette époque, l'espoir d'une révolution victorieuse à l'Ouest commença à s'amenuiser. Le pouvoir bolchevik allait donc se retrouver tout seul, dans un pays peu développé, acculé à ne compter que sur ses propres forces, qui paraissaient bien trop maigres pour l'entreprise envisagée.

On se souvient du débat mené par Lénine contre Zinoviev et Kamenev, hostiles à une prise de pouvoir qui, à leurs yeux, était prématurée. La plupart de leurs arguments tactiques se sont révélés erronés à court terme, mais ils avaient raison contre Lénine dans l'analyse de la situation internationale, et des conséquences qui s'ensuivraient si les bolcheviks prenaient le pouvoir pour eux seuls. Grâce à son sens tactique, Lénine l'emporta contre eux au Comité central, et sur le terrain. Mais une fois l'acte décisif accompli, on allait découvrir qu'un certain nombre de facteurs stratégiques de premier ordre, sur lesquels on comptait, allaient faire défaut, et parfois cruellement. Rarement une victoire, en l'occurrence éclatante, avait été obtenue sur tant de prémisses fausses.

L'isolement inattendu de la Révolution russe fut particulièrement lourd de conséquences. Il faut bien comprendre que la réflexion léninienne sur les révolutions futures et le rôle du prolétariat se fondait en partie sur l'observation des pays évolués, et sur une analyse donnant une place de choix au comportement des classes. Dans cette perspective, le développement capitaliste devait préparer et faire mûrir les conditions de la montée et de la réussite du futur pouvoir prolétarien. Puis, grâce à la dictature du prolétariat – étape, par définition, transitoire – la classe deviendrait État, et cet État commencerait, *ipso facto,* à dépérir. On voit bien pourquoi les conceptions de ce type nées en Occident servaient bien la réflexion sur la prise du pouvoir au cours d'une crise révolutionnaire, en même temps qu'elles préparaient mal – ou pas du tout – aux réalités de l'exercice du pouvoir dans un pays comme la Russie. Le degré de développement du pays était certes important mais fortement exagéré par des révolutionnaires impatients, et le travail de préparation que ce capitalisme devait accomplir n'a pas eu lieu. Cela était vrai également pour l'état de la classe ouvrière car, presque aussitôt après la prise du pouvoir, et surtout après la guerre civile, il apparut clairement que le soutien si crucial de la classe ouvrière n'allait pas sans limites. Peu nombreuse, et peu instruite, elle n'était pas capable de gérer ni même de cogérer les usines et ne pouvait non plus fournir assez de cadres pour gérer l'État. Elle était trop faible pour supporter à la fois les dévastations de la guerre, le fardeau du service et des pertes dans l'Armée rouge, les ponctions opérées dans ses rangs pour former des cadres au profit de l'appareil administratif (la privant ainsi de ses éléments les plus doués), et en même temps survivre à la destruction de l'industrie, au chômage et à la famine. Vers la fin de cette guerre civile fatidique, nous entendons Lénine pousser un cri d'alarme : « La classe ouvrière, dévastée, déclassée, dispersée dans les campagnes à la recherche de pain a disparu ! » Le pouvoir restait en quelque sorte suspendu « en l'air », car il avait perdu sa base sociale.

Il allait presque de soi que la classe ouvrière devait perdre ce qui semblait être le grand acquis d'Octobre – le contrôle et la gestion ouvrière des usines – et qu'elle perdrait ces pouvoirs au profit des syndicats centralisés, plus facilement intégrés dans les rouages de l'État, et surtout au profit du « commandement unique » concentré entre les mains des directeurs d'usines nommés par un organisme étatique. Il est vrai que cette « autocratie des usines » a mis du temps à s'implanter. On l'a décrétée à nouveau en 1929, mais à partir de cette période elle allait être imposée avec succès. La tendance à un régime fort dans l'industrie s'accompagnait en contrepartie d'une réorientation favorable aux cadres et aux techniciens, et cette réorientation, qui commençait à peine en avril 1918, allait s'accentuer dans les années 1930, pour y être érigée en système.

Parallèlement à cette faiblesse ainsi déclarée dans les usines, le nouveau régime découvrit qu'il avait un besoin aigu de spécialistes – lesquels étaient presque tous des bourgeois, en opposition plus ou moins ouverte avec le nouveau régime. On comprend pourquoi le pouvoir bolchevik, avec son orientation prolétarienne, fut surpris. Or ces couches ne pouvaient pas être conquises par la seule contrainte; il fallait leur offrir des privilèges matériels. De surcroît, on avait besoin de ces spécialistes au sommet de la hiérarchie, là où les prolétaires nouvellement promus par la révolution à de hautes responsabilités étaient souvent inefficaces, par manque de formation, et finalement à la merci d'experts plus ou moins hostiles, au début tout au moins.

Mais il s'agissait de postes qui, en plus des privilèges économiques, conféraient inévitablement d'autres privilèges. Les rapports difficiles qui s'établirent avec ces couches d'experts, hostiles, mais indispensables à la réussite du régime se doublèrent d'un véritable drame quand l'intelligentsia dite « populaire » – notamment, les enseignants du primaire et du secondaire, traditionnellement à gauche –, débraya dès l'installation du nouveau régime. Cette pilule amère avait laissé des traces profondes et donna naissance à une véritable paranoïa à l'encontre de l'intelligentsia, seule couche instruite dans un pays rétrograde, mais qui récusait une révolution prolétarienne, même populaire. La décision de former « notre propre intelligentsia » allait se convertir, au fil des ans, en action de grande ampleur, impressionnante par son envergure et ses résultats, mais la paranoïa allait persister et se retourner contre les nouvelles couches de l'intelligentsia fidèles au système, notamment à travers les purges meurtrières des années 1930.

Mais qu'importe. À travers ces déboires, tantôt avec les spécialistes dits « bourgeois », tantôt avec l'intelligentsia artistique ou les enseignants de formation ancienne ou soviétique, la tendance à s'appuyer de plus en plus sur les couches instruites, si nécessaires à la bonne marche de l'économie et de l'État en général, s'amplifia et commença à être perçue comme un changement radical d'orientation, susceptible de changer la physionomie du système. (Le philosophe A. Bogdanov, par exemple, ancien bolchevik expulsé dès avant la révolution, expliqua, dès les premiers pas du bolchevisme victorieux, que malgré la sincérité des convictions bolchevistes, le caractère prolétarien du système n'était qu'une illusion. Ce n'était qu'une entreprise menée par les intellectuels et dans leur intérêt.)

Dans les premières années, les angoisses des milieux attachés à l'idéologie originale du mouvement furent atténuées par l'affirmation, au sein du système, d'une volonté et d'une orientation prolétariennes qui devaient permettre au pouvoir d'employer – quitte à céder, d'une manière toute transitoire, sur un ou deux principes – d'anciens commis du camp opposé. Cela n'avait-il pas marché dans l'armée, où près de cinquante mille officiers blancs, dont peu s'étaient idéologiquement convertis, aidaient à édifier l'Armée rouge et à vaincre leurs frères du camp adverse ? Le raisonnement suivant lequel le régime n'avait d'autre choix que de construire le communisme avec des mains bourgeoises, sans que cela fût dangereux à la longue, était rassurant. Mais un autre problème, qui se confondait avec celui des spécialistes, allait s'ajouter à la liste des « surprises » auxquelles le léninisme ni le bolchevisme n'étaient préparés : la bureaucratie. Au début du régime, les fonctionnaires tsaristes, très solidaires, opposèrent un refus complet aux nouveaux maîtres du pouvoir – faisant grève et refusant leurs services en se livrant à d'autres formes de sabotage. Les bolcheviks vinrent rapidement à bout de cette résistance, mais ils devaient s'apercevoir très vite que l'appareil étatique auquel ils s'étaient peu intéressés auparavant – parce qu'il était, au moins en grande partie, voué à la destruction –

constituait une force redoutable. Lénine dira plus tard que le malheur ne venait pas tant de la grève mais du fait qu'une fois leur résistance brisée les fonctionnaires tsaristes soient revenus en masse pour servir, de manière plus ou moins tiède, leurs nouveaux employeurs.

On a trop souvent imputé les innombrables difficultés qui s'ensuivirent, la faiblesse de l'appareil étatique notamment, à l'origine et à la formation de ces *« činovniki »* venus du système tsariste... Beaucoup, dont Lénine, pensaient que les bureaucrates et la bureaucratie étaient un héritage que le développement économique et culturel du pays finirait par éliminer. Mais là encore, une analyse poursuivie exclusivement en termes de classe n'était pas pertinente; dans les phases ultérieures (au demeurant fort brèves) de l'histoire du système, la bureaucratie devait devenir un phénomène soviétique par excellence, indépendamment de l'origine sociale des fonctionnaires en place. Comme certains critiques à l'intérieur du parti commençaient à le soupçonner, la « dictature du prolétariat » risquait fort de déboucher sur une tout autre configuration du pouvoir.

Dans ce trop bref aperçu de ces facteurs essentiels qui, dans la structure sociale de la Russie postrévolutionnaire, posèrent des problèmes inattendus au bolchevisme et à son idéologie, il nous faut encore mentionner la paysannerie, c'est-à-dire l'immense majorité de la population. Les paysans jouèrent un double rôle dans la révolution : en tant que producteurs qui se révoltèrent et firent tomber l'ancien régime, par la confiscation et la redistribution des terres appartenant à la noblesse, et en tant que soldats qui refusèrent de servir le tsar et, dans une très large mesure, se mirent au service de la révolution et du nouveau régime. Sans ce facteur, la révolution d'Octobre et le gouvernement de Lénine eussent été impensables. Le rôle des paysans-soldats dans la consolidation du pouvoir mériterait une réflexion plus poussée, qu'il nous est impossible de développer ici. Mais pour revenir à cette paysannerie avide de terres, nous pouvons mentionner ici quelques conséquences de la révolution agraire qui contribuèrent à changer le paysage social de la nouvelle Russie. Lénine et son parti espéraient obtenir l'appui, ou la neutralité bienveillante de la paysannerie tout entière, ou presque, en adoptant le programme agraire des S.R. Cette stratégie se révéla pleinement justifiée. Plus tard, l'analyse léninienne devait compter plutôt sur la paysannerie pauvre – une catégorie sociale mal définie, mais dont l'existence dans les campagnes était bien réelle – pour continuer la révolution et contrôler les tendances capitalistes de la petite bourgeoisie rurale. Or, au moment même où Lénine fit appel aux paysans pauvres à travers les « comités de pauvres », pour les inviter à passer à l'offensive contre les koulaks et à obtenir les céréales nécessaires au ravitaillement des villes, la révolution agraire était en passe de modifier le caractère social de ces « paysans pauvres » comme de la paysannerie tout entière. Car la distribution et la redistribution des terres transformait massivement les paysans pauvres *(bednjaki)*, du moins dans leurs rêves, en *serednjaki* (paysans moyens), tandis que de nombreux koulaks se voyaient rabaissés, à la faveur de la redistribution, à l'état de *serednjaki*. Quand Lénine, dans une de ses déclarations les moins prudentes, proclama qu'en passant à l'offensive contre les nantis des campagnes les « paysans pauvres » étaient en train de transformer la révolution d'Octobre en véritable révolution sociale et socialiste, la paysannerie était moins divisée et tendait à une certaine homogénéité sociale. Ces phénomènes sociaux majeurs au sein de la paysannerie devaient avoir d'importantes conséquences à long terme, mais certains résultats se firent sentir dès la guerre civile, car ils sont à l'origine, dès mars 1919, d'une modification de la stratégie pro-*bednjaki* au profit d'une alliance avec la paysannerie moyenne.

LE VISAGE QUI DÉFORME LE MIROIR

Mais le parti lui-même a-t-il répondu aux attentes ? A-t-il été l'outil politique parfait, mais rien de plus ?

Il est important de se rendre compte que l'« outil », qui fonctionnait en effet remarquablement bien, n'était pas et ne pouvait être exempt d'influences historiques et sociologiques. En dépit des apparences, la politique ne plane pas, même si elle y aspire, au-dessus des réalités du pays. Le parti, face aux réalités récalcitrantes, allait donc à son tour causer des problèmes à ses chefs, en subissant notamment de nombreuses et brusques transformations touchant à sa nature même – et qui n'ont pas encore été suffisamment étudiées. L'interprétation classique du rôle du régime et du parti dans les destinées de la Russie mérite d'être complétée et il convient, à cet effet, d'accorder davantage d'attention à un autre horizon : celui du rôle de la Russie dans la transformation et les destinées tant du parti que du régime. Car le bolchevisme, qui se proposait de restructurer le pays, dut à présent le subir, et ce choc devait avoir des conséquences profondes. Voyons de quoi il s'agit, en esquissant, dans cette perspective, les étapes et les traits essentiels.

Arrêtons-nous d'abord sur les étapes historiques, qui changeaient rapidement au gré de circonstances extrêmement mouvantes – si mouvantes, en effet, qu'elles laissaient peu de temps aux responsables pour réfléchir et s'y retrouver. Le parti prérévolutionnaire, petit, illégal, souvent décimé par la police, était un réseau de comités très actifs, ayant des contacts suivis dans les usines mais, par tradition, peu d'expérience du monde rural, une certaine influence parmi la jeunesse estudiantine et les cercles de l'intelligentsia sensibles à l'attrait du marxisme. Ce parti, qu'on peut dire proche, à cette époque, du modèle proposé dans *Que faire ?*, résistait peut-être mieux à la répression que d'autres formations (ce qui reste à prouver), mais il s'adaptait facilement aux fluctuations de la combativité politique de différentes couches sociales, en particulier au sein de la classe ouvrière, en se faisant plus discret ou en se reconstituant malgré les réussites de la police. Pendant la guerre, le parti n'en fut pas moins décimé; ses principaux cadres vivaient à l'étranger, quand ils ne se trouvaient pas en exil en Sibérie.

En 1917, le parti connut un assez étonnant changement de structure et de nature : le nombre de ses cadres, qui ne dépassait pas vingt mille, atteignit trois cent mille ou plus, le transformant ainsi en véritable parti urbain de masse, un parti légal et démocratique composé de militants de couches sociales diverses, venus d'horizons idéologiques hétérogènes.

Après ses fameuses « Thèses d'avril », en 1917, Lénine réussit, non sans difficultés, d'ailleurs, à convaincre ce parti de changer de cap; et vers la fin de l'année, après un nouvel effort non moins, sinon plus, ardu, il le convainquit de se lancer à l'assaut du pouvoir. L'autorité de Lénine reposait alors sur le prestige sans égal dont il jouissait au sein du parti, mais il n'était pas seul à la tête de l'organisation; il y avait autour de lui un groupe de chefs également capables de combattre ses thèses en cas de différend, et qui ne s'en privaient pas. Le parti disposait aussi d'un deuxième échelon de chefs locaux qui jouaient un rôle important dans la politique du parti et dont on sollicitait souvent l'avis, car ils étaient indispensables, et auraient fait entendre leur voix, si on avait omis de les consulter.

Il s'agissait donc d'un parti politique mieux structuré et dirigé que toutes les autres organisations évoluant sur la scène nationale, alors même qu'il était fortement démocratique, voire même divisé par des factions, et accoutumé à d'âpres débats politiques. Ce parti, au moment où il s'acheminait vers l'apogée de sa gloire sous la conduite d'un chef historique reconnu en la personne de Lénine, n'était cependant pas un parti du type « léniniste ».

Les années de pouvoir, et surtout de guerre civile, soumirent ce parti à des pressions trop nombreuses pour qu'on les énumère ici. Notons seulement une énorme fluctuation de ses effectifs, une mobilisation constante pour l'armée et pour le service de l'État, un taux élevé d'attrition (décès, usure physique, désertion), mais en même temps, dans ses échelons moyens et surtout supérieurs (dont la plupart étaient du cru prérévolutionnaire, avec de nombreux transfuges récents venus d'autres formations de gauche), la permanence d'une certaine vie politique, avec ses débats, ses factions, et ses plates-formes que l'on présentait à la presse et aux assemblées très régulières des instances supérieures (congrès, conférences annuelles). Bref, au pouvoir et militarisé, ce parti n'en demeura pas moins un parti politique. Vers la fin de cette période, cependant, les paramètres sociaux que nous avons déjà évoqués, comme l'affaiblissement du prolétariat, les changements de structures de la paysannerie, le déficit douloureusement ressenti de cadres éduqués, la lente mais inexorable tendance à la centralisation et à la bureaucratisation (alors même que celle-ci suscitait une profonde aversion) s'affirmèrent comme autant de facteurs qui pesèrent sur le système tout entier, sans épargner le parti. Parmi les facteurs de changements profonds qui poussèrent le parti dans des directions imprévues et inquiétantes, il faut s'arrêter sur le caractère changeant de sa composition sociale et de ses effectifs. Quelques chiffres, qui ne prétendent à aucune exactitude, donnent déjà une idée du processus en question : 24 000 membres, donc, au début de l'année 1917, et 300 000 à la fin de cette même année; 150 000 début 1919; deux fois plus en fin d'année, puis plus d'un demi-million en 1921, avant que le parti ne soit amputé de quelque 180 000 adhérents par une première purge; après la mort du chef, la « promotion léninienne » devait drainer vers le parti près de 250 000 ouvriers. Le parti franchit le seuil du million de membres en 1927 pour atteindre celui des trois millions en 1933.

Ces chiffres sont d'autant plus significatifs qu'ils sont, avant toutes choses, l'expression de l'accession de la classe ouvrière, à la faveur de la révolution, au parti, à des postes de responsabilité administrative, et au pouvoir. Mais il en va de même pour d'autres couches non prolétaires, notamment pour un grand nombre de paysans, un nombre assez considérable de transfuges d'autres partis, bref une masse de gens d'origine populaire, peu éduqués, souvent illettrés, politiquement innocents sinon indifférents. Ces couches ne connaissaient évidemment pas Marx – on s'en inquiétait dans les cercles dirigeants – et ne le connaîtraient le plus souvent jamais; voilà quel était le résultat naturel d'une véritable révolution populaire dans un pays peu développé. Les gens du peuple jouissaient de leur droit à la promotion sociale, et usaient du canal le plus important pour participer au pouvoir par en bas, sinon par en haut.

Les plus hauts postes du parti étaient encore fermement tenus par la vieille garde, mais pour combien de temps? Au cours de ces années, le niveau intellectuel et culturel du parti était tombé très bas (l'accueil et l'assimilation politiques de masses aussi importantes et aussi frustes n'étaient pas du tout assurés), et l'on comprend ce cri d'alarme poussé par certains chefs vétérans du parti, qui se sentaient menacés, voire noyés, par ce raz de marée de nouvelles adhésions. L'afflux était provoqué, de fait, par la volonté de mobiliser pour assimiler, mais là encore on ne savait plus qui assimilait qui. En effet, en conjonction avec d'autres facteurs déjà évoqués, le parti se trouvait sur la pente de transformations si profondes qu'on pourra déjà entrevoir au cours de la N.E.P. la dissolution du bolchevisme et, jusqu'à sa complète destruction, un amenuisement tel du léninisme qu'il en deviendra une fiction, une mainmise totale de l'appareil sur le parti – déjà si peu « politique », de toute façon – qui le transformera en une organisation d'appoint auprès d'une structure administrative.

D'aucuns pensent que la guerre civile est responsable de ce coup de pouce fatidique. Cette thèse mérite considération. Après la défaite de Wrangel, le régime triomphant n'avait pas de quoi pavoiser. Le pays était exsangue, littéralement prostré, l'activité industrielle et les communications ne représentaient qu'une fraction de leur activité d'avant-guerre, une famine s'était déclarée et s'étendait à travers le pays. Le prolétariat, on l'a déjà dit, était décimé; une jacquerie menaçait dans tout le pays; c'était une période d'épuisement économique et psychologique extrême dans la population comme dans les organes du pouvoir, et le parti se sentait isolé, coupé des masses, et socialement « suspendu dans le vide ». Il est tout de même significatif que cette métaphore soit entachée d'inexactitude. Le parti disposait encore, en effet, d'un important soutien – le moins désiré, le plus embarrassant même, mais efficace en de telles circonstances. Il s'agissait de l'armée, de la police et d'importants secteurs de la bureaucratie qui, même hostiles aux bolcheviks, n'avaient pas d'autres maîtres à servir. Il n'y avait pas d'alternative sérieuse à l'horizon, et c'est cette combinaison d'absence d'alternative crédible après la défaite des Blancs et du contrôle des secteurs les plus coercitifs de l'appareil étatique (voué, par définition, à un dépérissement certain bien avant d'autres secteurs de la machine d'État...) qui sauva le régime. Les effets spectaculaires obtenus par le revirement de la N.E.P. firent le reste.

Or, c'est à ce moment si dangereux, où ce revirement commençait à s'opérer, en pleine catastrophe économique et sociale, que le parti sembla s'enfoncer dans une crise profonde. Lui aussi menaçait de succomber à la fragmentation du système social. Sa capacité d'agir et de gouverner paraissait en cause face au phénomène d'épuisement et de décomposition qui compromettait l'existence même du pays. C'est au cours du débat général sur le rôle des syndicats dans l'État – débat qui s'avéra plus symptomatique qu'important – que le parti parut se fragmenter en une multitude de groupes et de plates-formes; profondément inquiet devant ce spectacle, Lénine devait diagnostiquer alors un « état de fièvre ». La médecine qu'il prescrivit dans cette situation, où la pièce maîtresse de sa stratégie était sur le point de flancher, est caractéristique : le chef donna un coup de frein autoritaire en interdisant les factions [1]! Pour autant qu'on le sache, nul ne protesta, car son diagnostic était largement partagé. Mais beaucoup ne virent dans cette mesure qu'un coup d'arrêt provisoire. Or la décision fut prise alors même que l'on éliminait aussi les vestiges d'autres partis politiques. Les factions, nous le savons, subsistèrent quelques années encore. Mais les décisions de Lénine facilitèrent la tâche de l'aile « monolithisante » du parti, de ce courant administratif et disciplinaire, qui espérait surmonter les difficultés par un « réalisme » que d'autres craignaient comme l'annonce de la fin d'un rêve. Il va de soi – comme je l'ai dit dans l'introduction – que cette aile fut une création de la guerre civile, qu'elle a recruté parmi les nombreux

1. Nous ne voulons pas dire que Lénine en a seulement donné l'ordre; il n'en avait pas le pouvoir. Il s'arrangea pour que cette décision fût adoptée par les instances compétentes du parti qui avaient toute liberté à cette époque de s'y opposer si elles l'avaient voulu.

cadres qui rejoignirent le parti après 1917 au point d'en former son écrasante majorité et qu'elle participait de cette culture politique qui s'est irrésistiblement imposée au cours de ces années-là.

LES LÉNINISMES EN QUESTION

Il s'agit là d'un processus dans lequel le parti cesse d'être l'organisation d'avant-garde pour devenir un maître, alors même qu'il s'incline devant son propre appareil. Ce processus est, assez curieusement, facilité par l'essor de nouvelles couches plus ou moins « non idéologisées », qui apprécient davantage la mobilité sociale (la promotion) que les programmes politiques. Or cet essor eut lieu dans le cadre d'un pays qui avait vu sa structure sociale régresser d'un demi-siècle, pour revenir bien en deçà du seuil atteint en 1914 et en 1917. Cette extraordinaire régression était le prix de la révolution et de la guerre civile, mais il ne devait pas être le dernier. Face à un corps social émacié, il incombait donc au parti, dès le début de la N.E.P., d'entreprendre ce travail de résurrection de l'économie et de la société – tâche immense à laquelle il était le seul à pouvoir présider, car il avait entre ses mains l'essentiel du pouvoir ; d'abord l'État et ses corps constitués, mais aussi ces forces stimulantes ou même vivifiantes que représente le monopole des privilèges à répartir dans une situation de pénurie généralisée.

Comment le léninisme, qui régnait sur cet immense pays en pleine désolation, réagit-il à l'effondrement de ses espoirs concernant la scène internationale, au comportement des classes sociales et à la catastrophe provoquée par la guerre civile? Il est clair, et Lénine comme bien d'autres le voyaient, que la Russie ne répondait pas à la plupart des modèles de comportement conçus avant ou juste après la révolution. Elle semblait au contraire pousser les révolutionnaires et le nouveau régime dans des directions qui leur faisaient peur. On sait qu'au début de la N.E.P. Lénine déplora que la « machine » (il voulait dire le régime) ne fût pas sensible au timon et s'avançât dans une tout autre direction. Réagissant à chacune des nombreuses crises, essayant de naviguer et de manœuvrer entre les pressions et les écueils qui guettaient toute l'entreprise, la production idéologique du régime fut abondante, et même fébrile. Dès avril 1918, Lénine avait donné un grand coup de barre pour essayer de dominer une situation chaotique : il s'agissait alors de mettre un terme au contrôle ouvrier dans les usines et de le remplacer par le « pouvoir personnel » – Lénine disait « dictatorial » – des chefs d'entreprise. Pour obtenir un meilleur rendement, il préconisait le taylorisme, et même le travail à la pièce. Tout cela fit frémir l'aile gauche du parti. C'était bel et bien nouveau. Mais la véritable innovation, qui couronna les « Thèses d'avril » 1917, fut l'idée – l'objectif – lancée par Lénine d'ériger un « système capitaliste d'État » sous le contrôle très ferme du gouvernement prolétarien... Il est intéressant de noter que l'idée fut très mal accueillie dans le parti, et d'autant plus mal comprise qu'elle n'a jamais eu d'effet : les capitalistes en rejetèrent l'idée même. Mais tout ceci montre comment la pensée de Lénine était à la recherche d'une réponse au problème du sous-développement, et quel contenu il convenait de donner à la stratégie de cette période de transition. Le développement capitaliste faisant défaut à la Russie, alors qu'il était la seule force connue jusqu'ici capable de promouvoir une industrie, une solution évidente consistait à mettre ce capitalisme à contribution pour qu'il aide la Russie à acquérir le maillon qui lui manquait.

Signalons que Lénine tenta une nouvelle fois de lancer cette idée au début de la N.E.P., mais qu'il l'abandonna une fois de plus pour chercher autre chose. Le capitalisme d'État cherchait une alliance avec les forces du grand capital contre l'ennemi numéro un de l'époque : la petite bourgeoisie anarchisante, dissolue et rapace. Mais la N.E.P. entendra un langage différent, et même contraire : un appel à s'allier avec la petite bourgeoisie rurale contre le capitalisme.

Une autre innovation idéologique – véritable révision elle aussi – touchait à la façon dont Moscou dirigeait le Komintern. Il a très vite paru normal que Moscou fût le centre du mouvement révolutionnaire international et ne se contentât plus du rôle naturellement dévolu à un pays moujik : celui d'une force d'appoint assez modeste. Mais on alla encore plus loin, pour franchir les étapes avec de moins en moins de scrupules : le parti communiste et, en fait, le régime soviétique allaient bientôt être offerts comme modèles obligatoires aux pays développés, sans que les intéressés eussent le droit de contester un tel diktat. Le succès et l'audace révolutionnaires des Russes semblaient certes justifier de telles prétentions. Mais en vérité, nous sommes ici en présence de l'une des principales conséquences – même si ses principaux acteurs ne l'ont pas tout de suite comprise – de l'isolement de la révolution russe et de la réduction de sa base à un seul pays (qui, nous le savons, avait déjà liquidé les conseils ouvriers et où, de l'aveu officiel, les soviets avaient déjà perdu toute trace d'indépendance).

En se « nationalisant » dans les limites de la seule Russie, l'idéologie la plus authentiquement internationaliste a inconsciemment projeté son propre mode d'existence comme étalon d'internationalisme. Pour un observateur avisé, ces agissements et ces slogans – en déformant les phénomènes, comme le font souvent les idéologies – reflétaient une nouvelle réalité et une contrainte majeure à laquelle le nouveau régime devait désormais se plier.

Mais l'adaptation inévitable aux faits nouveaux ne fut pas immédiatement comprise et engendra aussi de dangereuses illusions, amplifiées par maints problèmes du même ordre liés à une autre innovation majeure, de nature assez différente, mais qui mêlait aussi l'inévitable à un emportement utopique assez dangereux. Il s'agit de l'ensemble des idées et des actions désignées par l'expression « communisme de guerre ». Qui plus est, celles-ci apparaissent après les événements, alors même que la conception a déjà été rejetée comme erronée. Là, une série de mesures de guerre et de rationnement – égalitaires par la force d'une pénurie générale – se sont vu attribuer le concept global de « communisme instantané », accessible par les méthodes de la « charge de cavalerie », à force de militarisation, de terrorisme, de suppressions et d'interdictions. La suppression des marchés, la nationalisation d'une économie délabrée au fil des ans poussaient également à supprimer argent et budget, banques et salaires, pour rémunérer les travailleurs en nature et offrir des services gratuits aux ouvriers et employés de l'État. On s'imaginait avoir ainsi trouvé un remède magique qui permettrait de jeter par-dessus bord toutes les « stratégies de transition », qui avaient jusqu'alors fait figure de condition *sine qua non*.

Était-ce encore là du marxisme? Le léninisme, en tout cas, par certains de ses penchants et plus encore par ses impulsions engendrées par la situation, encourageait les espoirs volontaristes de cette espèce.

Observons que, dès ses premiers pas au pouvoir, le camp bolcheviste comptait un nombre important de groupes qui poussaient vers des stratégies d'assaut; d'autres penchaient vers des stratégies d'une extrême prudence, que l'aile gauche qualifiait de « menchevistes ». Lénine, enfin, manœuvrait avec d'autres entre les deux pôles. Dans des situations de déséquilibre, semblait-il croire, la liberté de manœuvre et de brusques revirements pouvaient avoir des effets salutaires. À condition, évidemment, d'un calendrier parfait. C'est pourquoi on put le voir encourager des politiques opposées. Ainsi, notamment (c'est là une autre innovation qui constitue à n'en point douter une révision théorique importante du marxisme), en opposition à Soukhanov, ancien menchevik de gauche et célèbre chroniqueur de la révolution de 1917, il envisagea la possibilité, dans un pays qui ne possédait pas les fondements économiques requis pour le socialisme, de prendre le pouvoir à la faveur d'une crise révolutionnaire pour ensuite construire la base économique qui lui faisait défaut. Cette idée, typiquement léninienne, fut pourtant lancée au moment même où Lénine, très assagi, proposait sa nouvelle et dernière série d'innovations connue sous le nom de « testament de Lénine [1] ». On savait bien qu'il avait toujours préconisé de garder en réserve de la poudre sèche et de ne pas hésiter à recourir à la violence si la révolution était en danger – et il avait lui-même baptisé cette méthode « terreur révolutionnaire ». Mais le testament ne mentionne ni la « dictature du prolétariat » ni « terreur révolutionnaire » d'aucune sorte. Son message est très différent : pas de mesures de violence pour transformer les structures sociales du pays ! La révolution culturelle d'abord, l'entente avec les paysans, et – mesure éminemment nécessaire – la lenteur comme vertu suprême ; à quoi il faut ajouter une découverte d'importance : une vision, nouvelle chez lui, du socialisme comme régime de « coopérateurs civilisés ».

Ces thèses, et bien d'autres, sont parfaitement connues. On se souvient aussi d'une réflexion qui date de 1920, et que Lénine exposa lors du débat sur le rôle des syndicats au IXe Congrès du parti. Cherchant une formule pour assouplir la rigoureuse étatisation militaire qui caractérisait le « communisme de guerre », Lénine proposa une définition de l'État soviétique qui étonna son auditoire. Nous ne formons pas, expliqua-t-il, un État prolétarien, mais un État ouvrier et paysan avec, de surcroît, une déformation bureaucratique. Il semble que Boukharine ait réussi par la suite à lui arracher une concession puisqu'il accepta de retirer l'expression « et paysan » de sa définition de la nature de l'État. Mais Lénine ne devait jamais développer cette formule ;

1. Cf. à ce sujet Moshe LEWIN, *Le Dernier Combat de Lénine*, préface de Daniel Bensaïd, Paris, Éd. de Minuit, 1978 *(N. d. T.)*

la phase strictement théorique de son activité était déjà presque achevée, et les stratégies successivement proposées le furent sans réflexion théorique suffisante. Lénine fut littéralement dévoré par les impératifs de l'action directe en des circonstances dramatiques. Mais cette formule, très intéressante, laisse apparaître son souci de prendre en compte les véritables structures sociales dans lesquelles œuvrait la dictature afin d'élaborer des stratégies de transition réalistes. La formule ne mentionnait pas les experts – peut-être étaient-ils inclus dans la composante bureaucratique – mais la paysannerie y figure comme composante du système étatique et, quoique désigné par le vocable inadéquat de « déformation », le phénomène bureaucratique apparaît ici pour la première fois dans une formule capitale concernant les fondements mêmes du nouveau système étatique.

Il paraît légitime d'intégrer cette réflexion au programme général exposé dans le « testament ». Lénine prit alors conscience des forces et des pressions qui tiraillaient son mouvement et son système, et les poussaient « pas du tout où il voulait qu'ils aillent ».

Pour se soustraire à ce tiraillement fatal, pour éviter l'extrémisme de stratégies dangereuses, il semblait dire, en substance, qu'il fallait plutôt modérer les ambitions que renchérir, qu'il fallait s'adapter à la réalité d'un pays moujik sans perdre de vue, cependant, les objectifs chers aux révolutionnaires. S'opposant à une fraction du parti tentée de réagir par une fuite en avant et des sursauts de volontarisme et de violence, Lénine tourna la page du – ou des – léninisme(s) en laissant entendre que la volonté de brusquer les choses lui paraissait maintenant représenter la menace la plus dangereuse.

On sait que Staline en personne devait taxer dédaigneusement de « libéralisme » cet ensemble d'idées – et ce, au moment même où Lénine rédigeait ses dernières notes, dont Staline devinait vaguement le contenu...

LE LÉNINISME EMBAUMÉ, PUIS...

Le paysage social d'après la guerre civile se présentait en gros de la manière suivante : un pays au potentiel réduit, qui amorçait une pénible remontée avec l'arrivée de la N.E.P.; un système social composé, pour l'essentiel, d'un océan de petits paysans propriétaires de petites parcelles de terre (souvent minuscules), dans lequel nageait un secteur urbain lui aussi rétréci par la guerre civile et abritant une industrie délabrée. Un système étatique qui se voulait socialiste semblait planer au-dessus de cette masse rurale et d'un système productif d'un autre siècle, ne sachant pas comment s'y enraciner sans se faire engloutir, ni comment changer tout cela sans s'y enraciner. Nous avons déjà évoqué les tendances et les facteurs qui se manifestaient de plus en plus comme autant de données structurelles : l'isolement et la réduction du système à la seule Russie, et donc sa dépendance à l'égard de la société russe, qui pesait de plus en plus et exigeait d'incessantes concessions; la bureaucratisation du système, son étatisation de plus en plus accentuée (c'est-à-dire, le recours presque exclusif à l'État et à ses agents pour faire bouger le pays); les pressions qui s'exerçaient pour refondre le système des privilèges et des statuts sociaux – tout cela éloignait de plus en plus le pays des valeurs initiales du mouvement révolutionnaire. Voilà donc à quoi ressemblaient les réalités sociales de l'époque. Qui plus est, il était nécessaire de continuer à créer des idéologies afin d'exprimer ces réalités, de formuler des voies nouvelles ou de camoufler des changements embarrassants.

Les pressions et les exigences de cet ordre se trouvaient encore aggravées par le fait que, même pendant la N.E.P., le système verrouilla assez fortement les canaux du développement capitaliste, refusant les initiatives indépendantes de la population et proscrivant avec vigilance la pluralité des expressions politiques. Or ce coup d'arrêt à l'initiative privée ne fit qu'accentuer la bureaucratisation et la dépendance du système à l'égard de l'action étatique. Le parti lui-même, très absorbé par la construction et la surveillance de l'appareil bureaucratique de l'État, manqua de vigilance alors même qu'il était conscient des dangers que cette machine faisait courir aux destinées du pays. Ainsi finit-il par se trouver de plus en plus « contaminé » par l'objet de son action en subissant, à son tour, les effets profonds de sa propre « étatisation ». Nous avons déjà montré comment les événements internationaux et les facteurs socio-économiques internes contribuèrent à la soumission du parti à son propre appareil administratif qui, il faut le rappeler, existait à peine en pleine guerre civile.

En elles-mêmes, cependant, les circonstances ne nous autorisent qu'à poser les problèmes et à esquisser quelques perspectives. Elles ne dictent pas encore catégoriquement les ultimes résultats. Pendant la N.E.P. se déroulèrent un combat d'idées ainsi qu'une lutte politique concernant les stratégies et les objectifs du parti, avec plusieurs innovations et élaborations idéologiques notables. Mais nous savons l'issue de ces combats, et les voies nouvelles que le régime suivit depuis lors.

À mon sens, et bien que l'on ait persisté à employer le même terme, les métamorphoses du régime après 1918 se sont opérées au prix d'un changement idéologique si profond que le terme « léninisme » devait finalement perdre son sens.

Nous croyons utile, dans l'intérêt du débat, de postuler l'existence d'un léninisme prérévolutionnaire plus ou moins cohérent : sa version « A »; l'ensemble des innovations, explicites ou implicites, apportées après la prise du pouvoir constituerait une version distincte composée d'éléments nouveaux qui en font une version « B », très différente de la première. Dans un souci de brièveté, nous sautons ici la période de la N.E.P. – la plus connue par ailleurs – qui accomplit la transition du léninisme au stalinisme pour suggérer deux autres phases de développement idéologique, correspondant à la période d'industrialisation accélérée et de collectivisation forcée. Il faut évidemment ajouter qu'il s'agit là encore d'une période de bureaucratisation renforcée, d'étatisation poussée à outrance, et de violence policière sans précédent, qui aboutit à la création d'un État léviathan et d'un système dit « stalinien ». Or, par rapport au léninisme, le stalinisme n'a pas seulement changé de stratégie, mais il a aussi réorienté le système vers des objectifs différents. Il ne s'agissait plus de construire une société où les classes et l'État disparaîtraient, en passant par une phase « socialiste », au sens où Marx, Engels, Lénine et bien d'autres socialistes occidentaux entendaient ce terme. Il s'agissait maintenant d'étatiser, c'est-à-dire de coiffer l'ensemble d'un État dictatorial tout-puissant afin de préserver le système de classes et les privilèges tels qu'ils s'étaient mis en place durant la période d'industrialisation forcée. On peut donc parler ici d'une rupture, non seulement avec la période prérévolutionnaire du léninisme, mais aussi avec sa version fort modifiée d'après la révolution, qui proposait un système politique autoritaire, une dictature, mais qui pourtant aspirait à se trouver une base sociale large et diversifiée, et qui en fin de compte récusait la voie menant à un superétatisme jugé antisocialiste. Tels furent l'attitude et le programme auxquels Boukharine devait plus tard s'identifier.

En conclusion, nous pouvons peut-être ajouter une note concernant les stades du stalinisme, qui correspondent aussi aux étapes de son développement idéologique. Au cours des années 1928-1934, grossièrement parlant et pour paraphraser la définition que Lénine donna en 1920, on peut parler d'un État formé par la bureaucratie et les spécialistes et marqué par ce que l'on a appelé une « déformation prolétarienne ». Après 1935, ce système devait céder la place tandis que commençait l'apogée du stalinisme. Le parti et le système furent alors soumis à un despotisme personnel qui, en alliance avec la police, rechercha et reçut le soutien d'un conglomérat de forces sociales hétérogènes et changeantes, y compris d'une certaine *lumpen*-bureaucratie, de populations déracinées par le grand tournant et ravies de trouver ne fût-ce qu'une sécurité temporaire et une certaine promotion sociale, sans compter la sécurité psychologique que donne le culte de la personnalité à ceux qui l'acceptent. De plus, des fonctionnaires d'origine ouvrière ou autre, récemment promus à des postes importants, peu ou pas politisés, sans convictions idéologiques, furent appelés à remplacer des cadres qui avaient été marxistes et léninistes dès avant la révolution et qui avaient dans le passé appartenu à un parti encore fidèle au bolchevisme. Ce problème des soubassements sociaux du stalinisme exige des recherches plus poussées. Ce que nous pouvons dire ici demeure provisoire. Ce qui est plus certain, en revanche, c'est que les formules léninistes de la phase précédente ne pouvaient plus suffire, ni d'ailleurs s'accommoder de ce changement de cap stalinien et d'une pratique qui engendrait un État léviathan ponctué de guerres sociales, tantôt contre les ouvriers et les paysans, tantôt contre les cadres fidèles à Lénine puis, finalement, aussi contre les cadres fidèles au stalinisme, qui avait presque coupé tous les ponts qui le rattachaient à l'ancienne idéologie. Car, sauf dans la mesure où cette transformation en catéchisme l'avait rendue complètement inoffensive, cette idéologie était devenue une gêne.

CHAPITRE IX

Société, État et idéologie sous le premier plan quinquennal

Les années 1929-1933 constituent sans doute l'un des quinquennats les plus importants de toute l'histoire de la Russie et même de l'histoire moderne. Le chercheur demeure confondu devant l'incroyable intensité et l'ampleur des transformations de la société, pour ne rien dire de l'effet déroutant que toutes ces années eurent sur les contemporains. Il s'agit d'un processus unique de transformation sociale guidé par l'État, car l'État a fait bien plus que « guider » : il s'est substitué à la société, pour devenir le seul et unique initiateur et contrôleur de toutes les sphères importantes de la vie. Ainsi le processus se trouva-t-il transformé en une entreprise d'« édification de l'État », toute la structure sociale étant, pour ainsi dire, absorbée par le mécanisme étatique, comme pour être entièrement assimilée par celuici.

Le rythme et la violence de ces changements sont renversants. En quelques années à peine, une bonne partie du tissu social antérieur, tsariste et soviétique, fut dispersée et détruite. Et cette destruction s'accompagna de la création de nouveaux modèles qui, bien qu'apparus très rapidement, devinrent permanents. On reste pantois devant le sentiment d'urgence qui a présidé à tout ce chambardement : le rythme imposé suggère une course contre le temps, comme si les responsables des destinées du pays avaient le sentiment que la fin de l'histoire était proche. L'émergence d'une nouvelle hiérarchie sociale dans les années 1930 se produisit de manière non moins rapide et contradictoire : les couches dirigeantes naissantes furent maintenues dans un état de per-

---

« Society, State, and Ideology During the First Five Year-Plan », in *Cultural Revolution in Russia*, 1928-1931, éd. par Sheila Fitzpatrick, Indiana University Press, 1978.

pétuelle tension et furent plusieurs fois bousculées et partiellement détruites avant qu'on les laissât s'installer. La plupart des artisans de ce chambardement furent eux-mêmes transformés, emportés et annihilés au cours de cette très longue « Nuit de Walpurgis », donnant ainsi à ces années les traits d'un véritable « drame total » : nul n'en sortit indemne, et tous les survivants en furent profondément transfigurés. Cela n'était pas pour surprendre, car le nouveau monde édifié n'était pas l'État meilleur et plus libre des rêveurs, mais un État Caliban. Qu'une idéologie progressiste, initialement vouée à renforcer la liberté humaine et à créer des formes supérieures de communauté, ait fini par servir un État policier constitue l'une des singularités de cette période, en même temps qu'un phénomène important à étudier.

AVANT LES PLANS

L'héritage tsariste

D'un point de vue strictement dramatique, notre étude devrait partir de quelque moment idyllique avant la tempête, de 1926 peut-être. Mais les intérêts plus prosaïques de la recherche seront mieux servis si l'on commence en 1922, sitôt après la grande famine qui couronna les années de guerre, de révolution, et de guerre civile. Ce point de départ rappelle fort opportunément que l'accalmie entre la fin d'une catastrophe et le début d'une autre (de nature fort différente) n'a duré que sept ans : disloqué au cours de ce siècle par une série de cataclysmes, le corps social de la Russie a fait preuve d'une étonnante capacité de récupération.

Les années 1914-1921 connurent incontestablement un séisme démographique. À la fin de cette période, la population russe accusait un déficit de 30 millions d'habitants par rapport au niveau qui aurait normalement dû être le sien : près de 16 millions de personnes avaient disparu victimes de la guerre et de la guerre civile, de la famine et des épidémies, le solde correspondant aux calamités qui s'abattirent sur les parents potentiels [1]. Ces chiffres sont indispensables si l'on veut comprendre les tensions des années 1930, car les 30 millions qui manquaient dans la population de 1923 expliquent les très graves déficits de la force de travail et du personnel militaire.

1. Frank Lorimer, *The Population of the Soviet Union : History and Prospects*, 1946; reprint, New York, AMS Press, 1976, pp. 38-39, 40.

Avant la guerre et la révolution, la Russie tsariste avait accompli des progrès significatifs en matière d'industrialisation et d'urbanisation – ses villes se développant même plus rapidement que la population totale. Mais l'ensemble du secteur urbain ne rassemblait pas plus de 18 % de la population, et le secteur industriel moderne était encore plus réduit : moins d'un habitant sur cinq vivait en ville (et la plupart des villes n'étaient que de modestes trous perdus de province), mais 2 % seulement de la population travaillait dans les industries manufacturières et mécaniques, contre 11,6 % aux États-Unis [1]. La plupart des villes étaient donc dominées par d'assez petits producteurs. La couche cultivée des professions libérales et des intellectuels était aussi restreinte, et comptait davantage de bureaucrates et d'officiers que de patrons, d'enseignants, de scientifiques ou d'artistes.

La Russie rurale était tourmentée par la pauvreté, la soif de terre, et les vestiges irritants de l'ancien régime de servitude, tout en étant plongée dans les affres des troubles sociaux créés par les réformes Stolypine. Ces réformes aboutirent au développement d'une classe soudée de petits propriétaires au sein de la paysannerie et à l'éclatement du système communal, mais les épreuves qu'elles infligèrent aux paysans eurent de douloureux effets.

La Russie officielle et cultivée était notoirement coupée et isolée de la Russie rurale analphabète ou à demi illettrée, alors même que les paysans affluaient par millions dans les villes en quête d'un emploi saisonnier ou à temps plein et formaient le gros des forces armées. C'était là un symptôme du « sous-développement » de la Russie, et l'un des plus profonds.

Les couches supérieures de l'édifice politique et social russe, quelque 4 % de la population, formaient un ensemble déroutant et complexe. Elles comprenaient les hauts fonctionnaires, que d'aucuns (dont Lénine) considéraient comme les véritables maîtres de la Russie tant ils étaient organisés et socialement soudés et jouaient un rôle capital dans la stabilité de l'État. Mais il y avait une faiblesse fondamentale : c'est une institution totalement archaïque, la cour impériale, qui nommait le chef de la bureaucratie et décidait de la formation du gouvernement. Produit de siècles d'absolutisme, la cour était incapable de tirer le meilleur parti du talent, de l'expérience croissante, et de l'accumulation des compétences parmi les éléments les plus capables

1. *Ibid.*, p. 22.

de l'administration. Important soutien social du système, la noblesse était une classe en pleine décomposition, largement tributaire des faveurs du tsar et de ses commis (qui faisaient eux-mêmes partie de la couche supérieure de la noblesse), profondément endettée, et perdant constamment ses terres en même temps que ses pouvoirs économiques et politiques.

Les classes d'entrepreneurs, qui se développèrent avant et pendant la guerre dans le sillage d'une impressionnante vague d'expansion industrielle, devaient jouer un rôle important au cours de la guerre tout en demeurant cependant inhibées par leur médiocre culture, leur dépendance à l'égard de la tutelle de l'État, et leur immaturité politique.

La guerre civile

La révolution et la guerre civile plongèrent la vie économique dans un état voisin de la stagnation et détruisirent l'ancienne structure sociale. Les propriétaires terriens, la bourgeoisie, les hauts fonctionnaires et, dans l'ensemble, les officiers cessèrent d'exister en tant que classes ou groupes. La mort et l'émigration emportèrent aussi une bonne partie des classes moyennes – des compétences administratives, économiques et intellectuelles que la Russie avait commencé à développer et à exploiter avant la guerre. Tout le secteur moderne de la Russie urbanisée et industrialisée enregistra de graves revers que mettent en évidence les chiffres de la population. Si les campagnes avaient perdu plusieurs millions d'habitants par rapport à 1917, les villes – qui ne constituaient encore qu'un secteur modeste en Russie – furent touchées de manière particulièrement dure. En 1920, les citadins ne représentaient plus que 15 % de la population, contre 19 % en 1917. Moscou avait perdu la moitié de ses habitants, Petrograd les deux tiers [1].

Les villes changèrent également de structure sociale. Les statistiques démographiques de Moscou et Petrograd en 1920 [2] indiquent que les classes moyennes et les petits producteurs – membres de professions libérales, commerçants, artisans et ouvriers qualifiés – étaient épuisés, tandis que les éléments déclassés, comme les serviteurs de maîtres qui avaient pris la fuite ou avaient été tués, demeuraient presque indemnes à côté de cette catégorie tout à fait indestructible que représentent les

1. L.M. Spirin, *Klassy i partii v graždanskoj vojne v Rossii, 1917-1921*, Moscou, 1968, p. 301.
2. *Ibid.*, p. 386.

criminels et autres gens du demi-monde, qui ne pouvaient que prospérer dans un tel désordre. Deux groupes apparaissaient désormais dans les villes comme les plus forts : la classe ouvrière et la catégorie des employés de l'État *(služaščie)*. Cette dernière catégorie comptait sans doute une multitude de petits fonctionnaires tsaristes qui avaient afflué dans les nouvelles administrations soviétiques, aussi bien que maintes nouvelles recrues venues d'anciennes classes privilégiées et qui, à la faveur de leur instruction, purent trouver des emplois de bureau et, ainsi, un certain refuge. Une enquête effectuée pour Lénine [1] nous apprend qu'en 1920 une institution soviétique représentative employant mille cinq cents fonctionnaires comptait quelque neuf cents membres issus de l'ancienne « intelligentsia ouvrière », deux cent cinquante anciens ouvriers, et près de trois cents anciens propriétaires terriens, popes, officiers, cadres ou « spécialistes bourgeois », sans oublier les hauts dignitaires tsaristes. Tous ces hommes devaient connaître de sérieux ennuis au cours des années suivantes; l'étiquette *byvšie ljudi (has-been)* devait se révéler indélébile.

La classe ouvrière, en particulier le noyau dur que le système soviétique considérait comme son principal soutien, perdit plus de la moitié de ses effectifs. Quelque six cent mille ouvriers servirent dans l'Armée rouge, cent quatre-vingt mille furent tués, un grand nombre entra dans l'*apparat* de l'État et du parti, tandis que d'autres – soixante-quinze mille environ – rejoignirent les brigades alimentaires. D'autres encore, bien plus nombreux, retournèrent dans leur village natal pour y survivre ou se retrouvèrent déclassés d'une manière ou d'une autre [2]. Ceux qui étaient restés dans les usines se retrouvèrent noyés par un afflux d'« éléments étrangers » venus d'autres couches sociales mises à contribution. Ce mélange se solda par une démoralisation générale de l'industrie, par des troubles, des *volynki* (désordres) et des grèves qui, comme l'ont expliqué certains auteurs soviétiques, mirent en avant des revendications « purement paysannes » en réclamant la fin des réquisitions forcées portant sur les céréales et le bétail et l'arrêt des confiscations d'« objets domestiques des paysans » [3]. Tout cela, prétendit-on,

1. *Ibid.*, pp. 386-387. Ces renseignements viennent des archives centrales du parti.

2. O.I. Škaratan, *Problemy social'noj struktury rabočego klassa SSSR*, Moscou, 1970, pp. 351-354.

3. *Ibid.*, p. 256. Il explique ces phénomènes aussi bien que les oppositions qui

était le fruit de « l'influence corruptrice de l'anarchie petite-bourgeoise » *(stihija)* sur la classe ouvrière.

Alors même que l'industrie végétait, quelque trois millions de personnes furent victimes d'immenses purges dans les administrations et les usines. L'État ne pouvait les employer ni leur offrir de rations. Il y avait parmi elles deux cent soixante mille ouvriers de l'industrie, 27,7 % de la main-d'œuvre du Conseil suprême de l'économie nationale de l'U.R.S.S. [1].

De toutes les classes, c'est la paysannerie qui survécut le mieux au chambardement. Elle absorba bien des citadins fuyant les villes et qui, pour une bonne part – le fait est typique de la Russie –, n'avaient pas coupé leurs liens avec leurs villages natals. Il ne faut pas oublier le nivellement *(poravnenie)* de la paysannerie. De nombreux paysans riches disparurent ou furent dépossédés d'une partie de leurs fermes et de leur puissance économique, tandis que beaucoup de paysans pauvres reçurent de la terre et, du moins pour le statisticien, accédèrent à la catégorie des paysans « moyens ».

La guerre civile laissa les villes délabrées. La Russie se retrouva beaucoup plus rurale et divisée en petites propriétés qu'elle ne l'était avant la tempête – ce qui représentait un recul considérable en termes de développement social et économique. Fait significatif, le « cœur » historique de la Russie – les régions centrales les plus développées et les plus peuplées – fut lui aussi durement touché. Citadelle de Lénine, ce « cœur » survécut aux assauts des périphéries, mais il fut saigné à blanc et avait grand besoin d'un répit pour se remettre de cette saignée.

La nouvelle politique économique

La nouvelle politique économique (N.E.P.) marqua un temps de répit en permettant une restauration limitée de l'entreprise privée et en rétablissant des rapports marchands entre la ville et la campagne. Cela contribua à ramener l'activité économique à ses niveaux d'avant la révolution et les chiffres de la population rattrapèrent et bientôt dépassèrent ceux de la vieille Russie. C'est la robuste fécondité des paysans qui permit au pays de se remettre des blessures de la guerre. Les villes aussi se développèrent, au

se manifestèrent à cette époque au sein du parti – l'Opposition ouvrière, notamment – par les hésitations résultant de la pression de « forces spontanées » *(stihija)*.

1. A.A. Matjugin et D.A. Baevskij, éds., *Izmenenija v čislennosti i sostave sovetskogo rabočego klassa*, Moscou, 1961, p. 83.

point qu'en 1926 elles avaient retrouvé, sinon dépassé, leur niveau de population d'avant la révolution. De même, à la fin de la N.E.P., la classe ouvrière avait retrouvé, mais pas dépassé, ses effectifs d'avant-guerre.

La restauration de la citadelle industrielle et administrative du pays permit au nouveau système politique de reprendre son souffle, mais sans engendrer le moindre changement structurel important qui aurait pu permettre de venir à bout de l'arriération de la Russie. Cette structure était même moins développée que dans la Russie tsariste. 82 % de la population vivait encore dans des zones rurales, et 77 % vivait directement de l'agriculture qui réunissait 86,7 % de la population employée. Pour dire les choses carrément, la Russie se trouvait au même niveau de développement que l'Inde ou la Turquie, même si elle était mieux pourvue en termes d'expérience administrative et industrielle. La structure sociale qui émergea sous la N.E.P. se caractérisait avant tout par la nationalisation des secteurs clés de l'économie, et donc par le rôle accru de l'État. Le parti et sa direction représentaient une nouveauté parallèle dans le domaine politique. Ce nouveau facteur n'allait pas sans importantes implications sociales puisque le rôle, le rang, et le bien-être des individus et des groupes allaient être de plus en plus déterminés par leur place dans l'appareil d'État et le parti, et non plus par la richesse ou la naissance. Ce fait entièrement nouveau et capital n'était pas encore pleinement perçu en raison de la persistance de secteurs privés et de nantis.

Le parti, nouvelle cheville ouvrière du système, était en cours de transformation. L'ancienne organisation révolutionnaire d'intellectuels politiques et d'ouvriers politiquement actifs (il n'y avait pas de paysans dans le parti bolchevik avant la révolution et, immédiatement après, ils ne furent guère plus nombreux) se retrouva peu à peu éliminée au profit des « rouages du secrétariat » – reflétant ainsi les effets de la guerre civile et des recrues de la N.E.P. sur la composition sociale du parti. Les échelons inférieurs et intermédiaires du parti, et dans une certaine mesure les échelons supérieurs, commencèrent à attirer des recrues à demi instruites issues des rangs des ouvriers de l'industrie et des petits fonctionnaires, et cette nouvelle équipe importante d'officiels ne pouvait manquer d'imprimer sa marque sur les perspectives du parti et de pénétrer les échelons supérieurs. Pendant quelque temps encore, les plus hauts postes au sein du parti devaient rester aux mains des anciens révolutionnaires professionnels, mais c'est précisément cette catégorie qui allait être sans cesse affaiblie par des dissensions et écartée. Les experts professionnels, les fameux intellectuels bourgeois, qui avaient acquis leurs compétences avant la révolution, jouèrent à cette époque un rôle crucial dans l'appareil d'État. Seul le petit nombre qui avait rejoint le parti avant ou durant la révolution eut le privilège de voir effacer les « stigmates » de leur appartenance bourgeoise. Leur poids était un tribut payé à la vigueur du vivier de talents professionnels que possédait déjà la Russie tsariste sans avoir jamais su l'exploiter au mieux. La part importante qu'ils prirent à la restauration de l'industrie, à l'organisation de l'administration publique, et à la formation de la jeunesse russe fit en quelque sorte pendant au rôle que jouèrent les paysans dans le rétablissement des moyens de subsistance et du patrimoine humain du pays. Ils allaient bientôt, cependant, devoir jouer un rôle bien différent : celui de bouc émissaire.

Sous la N.E.P., la population urbaine de Russie se composait d'une classe ouvrière en plein essor (estimée à 4,5 millions de personnes en 1926-1927), d'une armée de chômeurs, bien au-delà de la barre du million, et de la catégorie de plus en plus importante et influente des employés de l'État (3,5 millions à la même époque), en partie formée d'anciens fonctionnaires et réfugiés tsaristes issus des classes autrefois privilégiées. Quelque 700 000 artisans et 500 000 petits commerçants, pour l'essentiel indépendants, formaient un assez petit secteur privé de vente au détail et de services. Pour compléter le tableau, les bas-fonds, plus modestes et pittoresques, formaient un véritable dédale, avec un nombre étonnamment élevé de « serviteurs » (339 000), d'intermédiaires et de spéculateurs (les héros de Mikhaïl Zochtchenko et d'Ilf et Petrov [1]) ainsi qu'une toute petite, mais immensément créatrice, intelligentsia artistique. Pour ce qui est des nepmen ou de la « bourgeoisie » – entrepreneurs et commerçants employant une main-d'œuvre salariée – ils ne représentaient, si l'on en croit une source, que 75 600 personnes (284 000 avec leur famille) [2]. Pour gonfler ces chiffres, on pourrait inclure dans

1. Mikhaïl Zochtchenko (1895-1958) fut l'auteur de nombreux récits humoristiques sur la vie sous la N.E.P. Ilya Ilf et Evguéni Petrov écrivirent en commun des romans satiriques : *Les Douzes Chaises,* 1928, tr. par A. Préhac, Paris, Scarabée & Cie, 1984, et *Le Veau d'or,* 1931, tr. par A. Préhac, Paris, Scarabée & Cie, 1984.

2. D'après les calculs de la commission du Sovnarkom pour l'évaluation du fardeau fiscal, publiés in *Statističeskii spravočnik SSSR za 1928 god,* Moscou, 1929, pp. 42-43, dont nous avons tiré nos chiffres sur les catégories sociales. Ces

cette même catégorie les petits commerçants [1], ce qui nous donne encore un total peu impressionnant de 855 000 personnes (2 705 000 avec leur famille). Cela montre bien à quel point le secteur privé était modeste, même après l'inclusion, tout à fait inadmissible mais commune dans les statistiques officielles, dans la catégorie des « entrepreneurs », des colporteurs et des personnes louant une pièce dans un appartement.

Le retard culturel

Même si elle mérite tout à fait l'appellation d'« économie mixte », la N.E.P. et sa structure de classes ne formaient pas un mélange de « socialisme » et de « capitalisme ». La société et l'économie étaient foncièrement dominées par le secteur rural et les petits producteurs et commerçants à côté d'un petit secteur industriel fortement concentré, influent et à grande échelle et d'une administration publique qui employait une véritable cohorte de fonctionnaires et mettait à contribution une couche administrative et professionnelle plus réduite [2]. Si cette société était épargnée par certains phénomènes typiques du sous-développement tels que les classes de propriétaires fonciers absentéistes et d'usuriers, avec leur pléthore de serviteurs et leur débauche de dépenses ostentatoires, elle avait ses propres stigmates d'arriération : une administration cupide, analphabète et inefficace et une masse de bureaux dans lesquels un simple citoyen, surtout un paysan, se sentait entièrement perdu et traité sans la moindre cérémonie. Le « bureaucratisme » était officiellement attribué aux « survivances du passé », et à ce titre il fut combattu. À cette source bureaucratique de corruption étaient liés des « nids de corruption » *(gnojniki)*, résultant d'alliances profanes entre des fonctionnaires (en particulier dans les services d'approvisionnement) avec des négociants privés pour de grosses opérations illégales avec les biens de l'État. La presse regorgeait de récits de corruption à grande échelle, et il arriva à plusieurs reprises que tous les dirigeants d'un district ou même d'une république fussent purgés pour avoir toléré de telles affaires ou

chiffres concernent les « employés » (sans leur famille). Nous les avons arrondis tout au long de ce chap., puisque seuls nous intéressent les ordres de grandeur.

1. I. Magidovič, in *Statističeskoe obozrenie*, n° 11, 1928, p. 80.

2. En 1928, on dénombrait seulement 233 000 spécialistes ayant reçu une formation supérieure, dont 48 000 ingénieurs à peine. À ce chiffre, il faut ajouter celui des 228 000 personnes qui avaient fait des études secondaires spécialisées. Voir *Trud v SSSR : Statističeskii sbornik*, Moscou, 1968, pp. 251, 262.

y avoir trempé. La N.E.P. connut donc sa part de vénalités, de marchés irréguliers, et de manières de dépenser les profits – y compris ses boîtes de nuit, ses cafés chantants, ses tripots, et ses maisons closes.

À l'arrière-plan se profilaient des antinomies très menaçantes pour l'avenir du système. Il y avait en effet une disparité entre l'idéologie et les aspirations du parti et la réalité frustrante d'un pays petit-bourgeois – disparité qu'un récent historien a justement décrit comme l'opposition de « théories à grande échelle et de réalités à petite échelle » [1]. Et comme, assez naturellement, le gouvernement s'efforça de ranimer et de développer l'économie, il laissa dangereusement à la traîne le front culturel – l'éducation des masses et la lutte contre l'analphabétisme : la reprise économique n'était pas encore devenue une reprise culturelle. Alors que les spécialistes industriels étaient relativement aisés et que les cols blancs de la grande industrie gagnaient près de deux fois plus que les ouvriers dans les années 1926-1929, les enseignants – qui se trouvaient tout en bas de l'échelle des salaires, surtout dans les écoles élémentaires – formaient la partie la plus négligée de l'« intelligentsia » en termes de revenus comme en termes de statut [2] et ne gagnaient pas plus de 45 % de leur solde d'avant la révolution [3]. Les investissements « culturels » arrivaient très loin derrière les investissements économiques, et Lunačarskij se plaignit devant le XVe Congrès du parti de disposer de moins d'argent pour les écoles que le système éducatif tsariste. Certains hauts responsables en étaient douloureusement conscients. Lors du même congrès, Rykov déclara qu'à défaut d'un progrès culturel suffisant, le progrès économique finirait par se bloquer [4].

Avec un taux de scolarisation primaire pour mille habitants plus faible encore que dans bien des pays peu développés, un niveau de dépenses culturelles plus faible et une durée moyenne de scolarisation plus courte dans les campagnes comme dans les villes [5] – l'invocation fréquente du « manque asiatique de culture »

1. Roger Pethybridge, *The Social Prelude to Stalinism*, New York, St. Martin's Press, 1974, p. 196. La citation reprend le titre d'un chapitre de ce livre.

2. Voir le tableau *in* Kim, *Sovetskaja intelligencija,* Moscou, 1968, p. 134.

3. Calcul de S.G. Strumilin, cité *in* L. Averbah, *Na putjah kul'turnoj revoljucii,* 3e éd., Moscou, 1929, p. 72.

4. A.I. Rykov et A.V. Lunačarskij cités *in* L. Averbah, *Na putjah, op. cit.*, respectivement p. 64 et p. 68.

5. Arutjunjan, *Social'naja struktura*, p. 38. En 1924, un paysan n'avait accompli en moyenne que deux à trois ans de scolarité; les enfants des villes, 3,1 ans

(aziackaja beskul'turnost') n'était pas sans fondements. « La vodka tue la culture! » s'exclama d'un ton dramatique un écrivain du parti [1], sans être cependant prêt à admettre qu'il était beaucoup trop tôt pour parler d'une « nouvelle culture », et à fortiori d'une culture prolétarienne. Que des faits sociaux évidents fussent déformés dans le miroir des luttes partisanes et des tours de passe-passe idéologiques était l'une des singularités de la vie du parti. Trotsky, devait être pris à parti pour avoir affirmé, avec raison, qu'aucune culture nouvelle n'apparaîtrait tant qu'« existeraient les griffes de la dictature [2] ».

Les « griffes de la dictature » allaient bientôt servir à diffuser l'éducation populaire, mais les franges supérieures de la culture, et les tenants de cette culture, devaient connaître de sérieux ennuis. Le parti avait déployé des efforts concertés, partiellement couronnés de succès, pour faire accéder les ouvriers et les paysans en plus grand nombre à l'enseignement supérieur. En 1926, cependant, les barrières limitant l'entrée à l'université des cols blancs et des autres groupes sociaux non prolétaires furent assouplies, et l'université devint relativement accessible, même aux fils des « classes étrangères », en particulier aux rejetons de « l'intelligentsia bourgeoise » [3].

Mais dominé qu'il était par les masses paysannes, le Nepman rapace et mercantile, le militant du parti et son idéologie sévère, sans oublier l'agent de l'État indélicat et corrompu, le monde de la N.E.P. ne fut guère propice à l'épanouissement de l'intelligentsia et des cercles estudiantins. On buvait beaucoup de vodka dans les milieux cultivés et moroses de la Russie; et la jeunesse estudiantine connut des « manifestations de désespoir finissant par un suicide » après que le poète Essenine eut choisi de se donner la mort, et « d'inconduite finissant par un crime », suivant l'expression de Lunačarskij [4].

en moyenne. Ces chiffres donnent une bonne idée du point de départ, très bas en termes d'éducation populaire, qui fut celui du régime.

1. Averbah, *Na putjah, op. cit.*, p. 166.
2. *Ibid.*, pp. 186-187, citant une opinion « antiléniniste » de Trotsky tirée de *Literatura i revoljucija.*
3. Si l'on en croit Kim, *Sovetskaja intelligencija, op. cit.*, p. 174, les ouvriers et les paysans occupaient la moitié des places dans les établissements d'enseignement supérieur (*vuzy*, rendu par « universités » dans le texte). L'autre moitié – et après 1926 plus encore – allait aux « employés » et aux « autres » (c'est-à-dire aux rejetons des classes possédantes, passées et présentes).
4. Cité *in* M.P. Kim, éd., *Kul'turnaja revoljucija v SSSR, 1917-1965,* Moscou, 1967, p. 95.

Par opposition aux intellectuels hypersensibles à la Oblomov [1] et aux esprits talentueux mais ténébreux « à la Essenine », le type urbain le plus répandu de « gars soviétique » ordinaire était un homme peu instruit, mais roublard et astucieux, mi-cynique, mi-parasitaire. Boukharine en a esquissé ainsi le portrait collectif : un bon buveur et un bon bagarreur, qui peut faire un chambard du diable et jurer comme un troupier ; un gars qui ne se fatigue pas trop au travail et sait très bien se débrouiller tout seul [2]. Ces « petits malins » étaient les rejetons d'une société semi-développée, à la frange d'un monde rural statique et plutôt médiocre et d'un monde urbain (généralement de petites villes) corrupteur de petites affaires. Ils devaient affluer vers les emplois propres et peu astreignants de la petite (et souvent de la haute) fonction publique, dans les réseaux d'approvisionnement, dans le monde criminel et – pourquoi pas ? – dans les postes d'enquêteurs de police.

En somme, la régression culturelle de la population sous la N.E.P. – avec sa classe ouvrière entassée dans un espace vital allant en se réduisant, son analphabétisme massif, ses escrocs et ses Oblomov, ses brillantes couches supérieures et ses maîtres grossiers et ambitieux – vint donner quelque poids et quelque crédibilité aux craintes exprimées quant au sort de la révolution et à l'avenir de l'État. Le danger d'une dégénérescence *(pererożdenie)* du parti et de sa direction – suivant le cri d'alarme des oppositions au sein du parti – fut évoqué par Boukharine de manière quelque peu ambiguë dans la mesure où lui-même était encore l'un des principaux porte-parole officiels : à défaut d'un relèvement du niveau culturel des masses et d'un afflux constant des ouvriers dans les universités, une dégénérescence était à craindre, et cela pousserait certainement les cadres dirigeants à se « fermer sur eux-mêmes, à se figer en une couche séparée, ayant tendance à former une nouvelle classe dirigeante » [3].

Les suggestions de Boukharine pour éviter une telle évolution étaient de toute évidence insuffisantes. L'éducation rapide et bâclée des masses risque de rendre les gens encore plus vulnérables à

1. Oblomov est le héros éponyme d'un roman du XIXe siècle dû à Ivan Gontcharov. Il personnifie l'« homme superficiel » qui sombre dans la léthargie et l'oisiveté sur son domaine provincial.
2. Cité *in* AVERBAH, *Na putjah op. cit.*, p. 121.
3. *Ibid.*, p. 176.

la propagande et à l'endoctrinement [1] et à renforcer l'emprise des dirigeants et des contrôleurs, plutôt qu'à rendre les maîtres du pouvoir plus ouverts aux pressions des masses. C'est bien ce qui se produisit après le renversement de la société issue de la N.E.P. et sa folle reformation au cours de la « révolution par le haut » qui s'ensuivit, lorsque la scolarisation des masses et les cours accélérés ne purent empêcher la consolidation et la réclusion volontaire des groupes dirigeants, ni une coupure sans précédent entre l'État et la société.

LA GRANDE OFFENSIVE

La ruralisation des villes

La campagne d'industrialisation tous azimuts lancée en 1928 inaugura une période au cours de laquelle tant de choses se produisirent simultanément que l'on peut à juste titre les comparer aux douleurs de l'enfantement d'un monde. Il y eut, pour commencer, un immense mouvement de population, avec des millions de personnes tournant en masse dans le pays, bâtissant et rebâtissant, affluant vers les villes, à la recherche d'un moyen de sortir de la misère matérielle et autre – beaucoup finissant par se retrouver dans des camps de concentration en plein essor. Dans le même temps fut lancée une campagne massive de formation des cadres, entraînant dans son sillage une restructuration fébrile de la société – une classe ouvrière industrielle en pleine croissance, des bureaucraties et des administrations tentaculaires, des structures d'encadrement, un *establishment* scientifique, une nouvelle hiérarchie de rangs, de privilèges et de pouvoir, ainsi que des services de sécurité et de coercition qui connurent un développement considérable et tentèrent de rivaliser avec l'énergie des bâtisseurs en dénichant furieusement et en détruisant maintes catégories sociales du passé aussi bien que de nombreux groupes nouvellement formés. Dans les campagnes, ce fut un chambardement d'une violence comparable à celle d'un ouragan : les structures sociales et les modes de vie d'autrefois furent brisés à la racine, avec d'incalculables conséquences pour la société comme pour l'État.

Cette explosion fut, une fois encore, dommageable pour la croissance démographique. La croissance démographique ne

1. Pethybridge, *Social Prelude, op. cit.*, p. 350; et voir son chapitre sur « l'analphabétisme ».

s'arrêta pas, bien sûr, mais elle se ralentit certainement, en particulier dans les campagnes du fait de la terreur qui présida à la collectivisation et de la famine qui sévit dans les régions méridionales du pays en 1932-1933. Le taux de la natalité rurale passa de 49,1 en 1913 (31,7 dans les villes) à 42-43 en 1923-1924 et, enfin, 32,2 en 1935 (24,6 dans les villes). Les difficultés matérielles et la tourmente de la collectivisation comptèrent parmi les principales raisons de cette évolution [1], et suivant un certain nombre de sources, le Gos-plan prévoyait pour 1937 une population bien plus importante que la population effectivement dénombrée par le recensement de 1937 [2]. Sans entrer dans le problème complexe qui consiste à savoir de quel prix en vies humaines a été payée la politique soviétique du développement, nul doute que ce prix fut lourd, et qu'il n'a fait qu'aggraver les pertes déjà subies entre 1914 et 1922.

L'industrialisation fut lancée sur une telle échelle que la soudaine demande de main-d'œuvre submergea les planificateurs et les services du gouvernement et détraqua pour longtemps toute la machine. La paysannerie dut fournir, à bref délai, des millions de personnes pour les chantiers de construction et les nouvelles agglomérations urbaines. Ce qui, en soi, n'était pas un problème pour des campagnes notoirement surpeuplées. Les paysans étaient rompus à l'*othod*, au départ saisonnier pour travailler le long des routes historiques bien battues – départ qui se faisait dans le plus grand désordre mais de manière assez paisible. Au départ, cependant, les kolkhozes (fermes collectives) nouvellement créés et fragiles tentèrent de conserver leur force de travail, redoutant la perspective de rester sans la main-d'œuvre indispensable pour accomplir les tâches encore peu familières d'une organisation collective. Les mesures gouvernementales et l'impatience des paysans à quitter les kolkhozes devaient pourtant bientôt empor-

1. M.A. Vylcan, *Sovetskaja derevnja nakanune Velikoj otečestvennoj vojni*, Moscou, 1970, p. 142; Lorimer, *Population, op. cit.*, p. 112 affirme que le taux de croissance global pour les années 1926-1939 fut de 1,23 % par an. C'était un taux très élevé en comparaison des autres pays, mais il fut bien plus élevé en U.R.S.S. même en 1926 et en 1927, ainsi que, probablement, en 1938. Dans la Russie tsariste, la croissance démographique avait été de 1,74 % par an entre 1897 et 1914.

2. *Socialističeskoe strojtel'stvo v SSSR*, Moscou, 1935, p. xlviii, indique une population de 165 748 400 habitants à la fin de l'année 1932, mais le recensement de 1939 ne devait indiquer qu'une augmentation d'environ 5 millions d'habitants. Des choses très graves ont dû se passer. Le recensement de 1937 fut désavoué par le gouvernement; et de nombreux statisticiens furent épurés comme « saboteurs ».

ter tous les obstacles [1]. Au cours des années 1926 à 1939, les villes gagnèrent au moins 30 millions d'habitants, et leur part dans l'ensemble de la population passa d'à peu près 18 % à 33 % (ce qui nous rappelle qu'en 1939, 67 % de la population était encore rurale). Au cours du seul premier plan quinquennal, les villes connurent une augmentation de 44 %, presque autant qu'entre 1897 et 1926, et la main-d'œuvre salariée (ouvriers et fonctionnaires) fit plus que doubler pour passer de 10,8 à 22,6 millions de personnes [2]. Nul doute que le gros de cette croissance fut le fait des paysans. Si au cours des années 1928 et 1929, près d'un million de nouveaux émigrants vinrent vivre en ville, ils furent trois millions chaque année au cours des trois années suivantes. À elles seules, les régions de Moscou et de Leningrad reçurent chacune 3,5 millions de nouveaux habitants au cours du premier plan quinquennal. En 1931, c'est un chiffre stupéfiant de 4,1 millions de paysans qui vint grossir la population urbaine; et pour les années 1929 à 1935, ce mouvement concerna au total 17,7 millions de paysans [3]. Et cela ne donne pas encore toute la mesure des mouvements de masse et des changements, parce qu'à ces paysans qui vinrent travailler dans l'industrie, dans les villes ou sur les chantiers, il faut encore ajouter les millions d'*othodniki* saisonniers qui allèrent, avec ou sans contrats, construire des routes, des canaux et des usines. Au cours de la seule et remarquable année 1931, ce sont près de 7 millions d'*othodniki* qui se déplacèrent à travers le pays [4].

Dans les villes, la croissance démesurée et imprévue transforma une situation du logement déjà précaire en une situation catastrophique, créant cette réalité spécifiquement soviétique (ou stalinienne) que sont les logements chroniquement surpeuplés,

1. Pour plus de détails sur l'*othod* dans ces années-là, voir A.M. PANFILOVA, *Formirovanie rabočego klassa SSSR v gody pervoj pjatiletki*, Moscou, 1964.

2. *Narodnoe hozjajstvo SSSR v 1956 g.*, Moscou, 1957, p. 656; ARUTJUNJAN, *in* A.P. DADYKIN, éd., *Formirovanie i razvitie sovetskogo rabočego klassa 1917-1961*, Moscou, 1964, pp. 113-115; M.I. PISAREV, *Naselenie i trud v SSSR*, Moscou, 1966, p. 68 et *passim*.

3. M.I. SONIN, *Vosproizvodstvo rabočej sily v SSSR i balans truda*, Moscou, 1959, p. 143; *Statističeskii spravočnik SSSR za 1960 g.*, Moscou, 1961, p. 110. Il est très révélateur de lire sous la plume de Staline en 1931 : « Il n'y a plus la moindre “ fuite des paysans vers la ville ” ni “ mouvement spontané [*samotek*] de la force de travail ” », *in* STALINE, *Sočinenija*, 13 vol., Moscou, 1952-1955, vol. XIII, p. 53. Les chercheurs soviétiques devaient répéter pendant des années cette présentation scandaleusement mensongère des faits. On assista en réalité à un désordre indescriptible – où « fuites » et « mouvements spontanés » prirent une ampleur jamais vue jusqu'ici.

4. A.V. KORNILOV, *Na rešajuščem etape*, Moscou, 1968, pp. 158-159; PANFILOVA, *Formirovanie*, *op. cit.*, p. 80.

avec l'usure des relations humaines que cela entraîne, les tensions de la vie familiale, la destruction de l'intimité et de la vie personnelle, et diverses formes de tension psychologique. Tout cela fournit un terrain de chasse propice aux rustres, aux esprits primaires, aux maîtres chanteurs, aux houligans et aux informateurs. Les tribunaux eurent à traiter un nombre incroyable d'affaires attestant de la ruine des hommes à la suite de la congestion des lieux d'habitation. La baisse des niveaux de vie, les queues devant les magasins, et la prolifération des spéculateurs donnent une idée de la profondeur des tensions et des difficultés. Les effets cumulés de telles conditions devaient bientôt donner lieu à de très fréquentes manifestations de névrose et d'anomie, aboutissant à une chute alarmante du taux de natalité. De fait, les grandes villes essuyèrent en 1936 une perte nette de population, et connurent un taux élevé de mortalité infantile – lequel explique en partie l'inquiétude des milieux gouvernementaux et les fameuses lois contre l'avortement promulguées cette année-là.

Une fois satisfait le pressant besoin initial de main-d'œuvre, les autorités prirent conscience des effets dommageables de l'exode massif vers les villes et décidèrent en conséquence d'introduire des passeports ainsi que le système de la *propiska*, c'est-à-dire de l'enregistrement obligatoire auprès de la police locale (système introduit par une loi de fin 1932 et en pratique au cours de l'année 1933). Il s'agissait de méthodes destinées à contrôler les déplacements de la population rurale, en particulier au cours de l'hiver de famine 1932-1933, quand les paysans affamés tentant de sauver leur vie affluèrent dans les villes sans autorisation. Un paysan ne recevait un passeport que si les autorités étaient assurées que l'on avait besoin de lui pour quelque emploi et que le kolkhoze était disposé à le laisser partir.

C'est au cours de ces années de mobilisation de masse que le gouvernement et les directeurs contractèrent l'habitude typiquement soviétique de brasser la main-d'œuvre comme du bétail. Les yeux fixés exclusivement sur leurs objectifs, ils eurent tendance à négliger les besoins humains élémentaires des ouvriers. Cette attitude, qui n'était pas née dans les camps mais leur était antérieure, servit de toile de fond à l'essor des camps de la G.P.U. avec son système de « rééducation par le travail » de leurs pensionnaires.

Si l'on voulait définir d'un seul mot le processus, ce serait la « ruralisation » *(okrest'janivanie)* des villes. L'un des effets de cette ruralisation fut l'effondrement de la discipline de travail, qui encombra l'État d'un énorme problème d'éducation et de discipline de cette masse de main-d'œuvre assez fruste. La bataille contre l'absentéisme, les tire-au-flanc, les beuveries dans les usines pendant les heures de travail, et la casse des outils fut longue, et le gouvernement soviétique ne se montra guère « humaniste » dans cette affaire. Très tôt furent décrétées des mesures telles que la privation de cartes de rationnement, l'expulsion de son logement, et même des sanctions pénales pour les ouvriers indisciplinés. La même sévérité fut recommandée dans la lutte contre la dégradation de la qualité des produits industriels *(brak)* ; mais cette fois-ci, la bataille ne fut pas dirigée contre les seuls ouvriers mais aussi contre les directeurs et les techniciens, et des lois spéciales donnèrent aux procureurs les moyens de poursuivre les contrevenants.

« Tekučka »

Comme cela arrivait traditionnellement dans les temps de tensions et de catastrophe, la Russie paysanne se transforma en un pays de vagabonds, *Rus'brodjažnaja.* Et le début des années 1930 fut marqué par un renouvellement massif et rapide de la main-d'œuvre *(tekučka).* Soumise à rude épreuve par ses conditions de vie et de travail, la main-d'œuvre des usines recherchait une meilleure place, encouragée par des différences réelles ou fictives en matière de rétribution ou d'alimentation. Les ouvriers se laissaient souvent (illégalement) allécher par les promesses des chefs de chantier et d'entreprises, toujours terriblement anxieux d'avoir assez de réserves de main-d'œuvre pour parer aux crises intervenant dans le déroulement du plan.

Il n'était que trop commode d'expliquer ce phénomène en insistant sur le caractère petit-bourgeois des nouvelles classes ouvrières, avec leur archaïsme concomitant, leur égoïsme, leur manque de discipline, leur attachement à la propriété et leur laisser-aller, pour employer le vocabulaire moralement chargé des sources soviétiques. Que ce soit précisément cette même masse petite-bourgeoise de parasites qui ait réellement édifié le pays est l'un des paradoxes de cette analyse en termes de classes. Les usines et les mines furent alors transformées en « gare de chemins de fer » – ou, comme Ordžonikidze en fit la remarque d'un ton désespéré, en un immense « camp de gitans nomades » [1].

1. G.R. Ordžonikidze, *Stat'i i reči,* vol. II, 1957, pp. 411-412.

Le coût de ce renouvellement est à peine croyable. Avant même d'avoir pris le temps d'apprendre leur métier, les ouvriers avaient déjà donné leur congé ou fait le nécessaire pour être renvoyés.

Mais il y a plus : le même processus, et sur une grande échelle, se développa parmi les cadres et les administrateurs, les spécialistes et les fonctionnaires. À tous les échelons de l'administration locale et de l'*apparat* du parti, les employés prirent l'habitude de partir en temps opportun, avant d'être sanctionnés, rappelés, mis à la question, dégradés, licenciés ou arrêtés [1].

Ainsi, les ouvriers, les administrateurs, les spécialistes, les officiels, les membres de l'appareil du parti et, en grandes masses, les paysans essaimaient à travers le pays et changeaient de travail, créant des excédents indésirés en certains endroits et des pénuries en d'autres, perdant des compétences ou incapables de les acquérir, créant des mouvements incessants entraînant la destruction des familles, la perte des enfants, et la dissolution de la moralité. Les structures sociales, administratives, industrielles et politiques étaient toutes en mouvement. Et à la suite de son activité fougueuse dans ces premières années de l'industrialisation accélérée, le puissant gouvernement dictatorial se retrouva lui-même à présider à une société de « sables mouvants ».

Il n'est pas difficile d'imaginer le désespoir des dirigeants et leur ferme résolution de mettre un terme à cette situation et de rétablir l'ordre public à la place du chaos. Les traits sévères de l'effort de discipline accusèrent bientôt une crispation hargneuse. Dans ces conditions, il était tout à fait naturel que l'on fît appel à l'appareil judiciaire – qui, lui-même, « prenait eau de toutes parts » comme tout le reste. La police secrète (la G.P.U.) put ainsi étendre son empire dans de gigantesques proportions. Des purges *(čistki)* [2] constantes – méthode paradoxale, qui n'est pas inhabituelle en médecine, pour soigner une maladie – furent entreprises, et contribuèrent très largement à entretenir ce mouvement général. Après la première période de « prolétarisation », on eut recours à deux nouvelles stratégies pour stabiliser le corps

1. Pour quelques indications à ce sujet, voir *ibid.*; *Pravda*, 15 novembre 1931; *Spravočnik partiinogo rabotnika*, 8e éd., Moscou, 1934, pp. 846-849; *Bol'ševik*, n° 7, 1934, p. 16.

2. Les purges des membres du parti ou des employés de l'État entraînaient l'exclusion du parti et le renvoi – ce qui, fondamentalement, n'avait rien d'une infraction criminelle. Il ne faut pas confondre ces purges avec les arrestations et les exécutions qui eurent lieu à la fin des années 1930, et que l'on a aussi présentées comme des « purges » dans les publications occidentales.

social : en premier lieu, la création et la consolidation d'un réseau de superviseurs sous la forme de hiérarchies, d'appareils et d'élites; puis, à partir de 1934 à peu près, l'adoption de politiques que le sociologue Timasheff [1] a présenté comme « la grande retraite » – et consistant en une série de mesures classiques de conservatisme social, de stratégies visant à rétablir l'ordre public assorties d'un renouveau nationaliste et d'efforts pour inculquer des valeurs de discipline, de patriotisme, de conformisme, d'autorité, et de carriérisme tranquille. Que cette politique ait dû s'accompagner d'une nouvelle série renversante de purges (sanguinaires, cette fois) à la fin des années 1930 constitue une énigme de plus, déroutante même aux yeux de qui est déjà rompu aux caprices de l'histoire et de la politique soviétiques de ces années-là.

Dans la frénésie du premier plan quinquennal (1928-1932), aucune classe, aucun groupe social n'échappa à ce mouvement et à ces chocs, qui laissèrent les uns et les autres partiellement ou entièrement « destructurés » et déséquilibrés. On peut dire que pendant un bref laps de temps, quelques années avant l'heureuse proclamation de l'avènement d'une société socialiste, la société russe fut réellement une société « sans classe » : toutes les classes étaient sens dessus dessous, laissant le champ libre à l'État et à ses institutions, elles-mêmes très fortement ébranlées, pour agir et prospérer.

LA LUTTE DES CLASSES

Les « étrangers »

L'industrialisation, la collectivisation et la formation des cadres ne furent pas les seuls facteurs de la configuration que prit la nouvelle structure sociale. Des mesures sociales d'une nature fort complexe et souvent contradictoire jouèrent aussi un rôle. On peut parler, non sans une certaine hésitation, d'une période initiale de « prolétarisation », que l'on pourrait aussi présenter comme une période de « production » *(produkcionnyj)*, lorsque le régime donna la préférence aux ouvriers et les mobilisa en masse vers les universités, les écoles et les administrations. Parallèlement à ce processus se développa le *speceedstvo* (harcèlement des spécialistes), accordant une importance écrasante

1. Nicholas S. Timasheff, *The Great Retreat : The Growth and Decline of Communism in Russia*, New York, E.P. Dutton, 1946.

à l'origine sociale, tandis que les écoles et les universités furent transformées en « brigades de production ». La « prolétarisation » forcenée vida souvent les usines de leurs ouvriers les plus expérimentés et les plus fiables et poussa nombre d'entre eux dans le milieu hostile de la fonction publique ou, toujours sur la base de la seule origine sociale ou de la fidélité au parti, les mit dans une situation pour le moins épineuse, puisqu'ils se retrouvèrent inscrits dans des établissements d'enseignement supérieur sans avoir reçu la formation appropriée.

Cette ligne commença à changer à partir de 1931. Le recrutement d'ouvriers dans les bureaux fut officiellement interdit à la fin de l'année 1930, et un peu plus tard les inscriptions à l'université se firent de nouveau sur la base des aptitudes ou des formations suivies. Le régime mit également à cette époque un terme aux formes les plus grossières du *speceedstvo.* Avec la lutte pour faire régner la discipline dans les usines, les kolkhozes et les bureaux, une nouvelle stratégie fut adoptée afin de promouvoir la stabilité et la productivité – laquelle stratégie créa une nouvelle et forte couche de chefs. Ce type de politique « élitiste » allait se poursuivre non sans quelques retournements déconcertants tout au long des années 1930.

Que la terreur de masse ait marqué en profondeur toutes les étapes est un fait bien connu. La première cible des « organes » de sécurité était ceux qui appartenaient aux anciennes classes privilégiées avant la révolution (« ennemis de classe »). Par la suite, la terreur devait se retourner contre la nouvelle élite en plein essor : la plupart des hautes sphères du parti et des administrations d'État allaient être entièrement renouvelées par un afflux de nouvelles recrues sortant des universités ou issues des échelons inférieurs de la bureaucratie.

Il est un facteur important sur lequel il convient d'insister lourdement : pour des millions de personnes, ce grand chambardement se solda par une mobilité ascendante et une promotion sociale. Ce constat appelle cependant un certain nombre de nuances. Les paysans allant dans les usines ne pouvaient guère y voir alors une promotion car, pour beaucoup, les usines furent synonymes de chute du niveau de vie et de perte de toute dignité. Mais il en est peut-être allé différemment pour le grand nombre des paysans qui devinrent fonctionnaires, si modeste que fût leur grade et médiocre que fût leur rétribution. Pour ceux qui fréquentèrent les universités et accédèrent à des postes de responsabilité ou encore acquirent de nouvelles compétences, le progrès social fut indéniable, et c'est avidement qu'ils saisirent les nouvelles possibilités qui leur étaient offertes.

De toute évidence, les groupes sociaux et les classes des régions urbaines, fraîchement formées pour l'essentiel, n'étaient pas encore stabilisés dans leurs nouveaux emplois et leurs nouvelles positions, et la consolidation des nouvelles structures allait demander quelque temps. Le mouvement resta un élément du paysage social pendant le plus clair de la période stalinienne. Dans ces conditions, il n'est pas étonnant que, transformé en léviathan et ne cessant d'étendre sa domination, l'État n'ait rencontré aucune force ni aucun frein susceptible de faire contrepoids. L'État présida impérieusement aux changements sociaux et dirigea la société – mais cela ne signifie pas que les influences et les pressions formatrices s'exercèrent en sens unique. Bien que le puissant appareil d'État ne fût aucunement responsable devant les masses, le milieu social, quoique passif et sans défense, put cependant exercer une influence assez comparable à celle que les peuples conquis ont eu parfois sur leurs conquérants. Mais c'est là un problème qui appelle une discussion plus approfondie.

De tous les groupes sociaux, les plus démunis étaient ceux que le régime destinait à une « liquidation en tant que classe ». Cela pouvait signifier bien des choses : du simple arrachement à ses activités, assorti de la possibilité de se cacher dans quelque bureau ou usine, à l'emprisonnement dans les camps ou à l'exécution. Le plus gros de ces groupes était celui des koulaks, avec plus d'un million de foyers. La dékoulakisation, qui consista à exiler les familles des koulaks vers des territoires inhabités (sans oublier les emprisonnements arbitraires et les exécutions), est comparable, par son échelle, au déracinement d'un petit pays. Ce fut une véritable catastrophe économique, qui devait avoir d'incalculables effets à long terme pour des avantages immédiats insignifiants, sinon même ridicules : officiellement, les confiscations de biens rapportèrent 170 millions de roubles (ou jusqu'à 400 millions, suivant une nouvelle évaluation) [1], soit entre 170 et 400 roubles par foyer. Quelle piètre assistance les kolkhozes reçurent-ils de la destruction du « capitalisme rural »! Il est probable que même les dépenses, peu généreuses mais inévitables, consacrées à la réinstallation de ces familles, dont les

1. Ivnickij, *Klassovaja bor'ba*, p. 242.

rangs venaient d'être mis à mal et clairsemés, coûtèrent davantage.

Mais les koulaks ne furent pas les seules victimes de la « révolution anticapitaliste ». Tous les membres des secteurs, relativement modestes, d'activité et d'initiative privées sous la N.E.P. se retrouvèrent dans l'une ou l'autre de ces vagues catégories d'« oisifs », d'« étrangers », ou d'« éléments déclassés », ou furent *lišency* – c'est-à-dire privés de leurs droits civils. Dans la seule République de Russie, 1 706 025 personnes, soit près de 3,9 % des électeurs potentiels, furent *lišency*, et en 1932 3,5 % de la population était encore sur liste noire [1]. Mais ces chiffres ne rendent probablement pas compte du nombre total des personnes qui furent inquiétées pour appartenir à une catégorie ou une autre de *« has-been »* énumérées dans l'édit qui fit savoir aux autorités qui devait être privé du droit de vote [2]. Mais les méthodes employées contre ces groupes ne se limitèrent pas à cette très platonique privation du droit de vote. Cette privation, en effet, était souvent suivie de la perte de tout droit aux logements, aux rations alimentaires et aux services médicaux [3], et surtout de l'exil. L'arrestation en masse de personnes soupçonnées de posséder des objets de prix comme de l'or ou de l'argent est l'un des aspects les mieux connus de cette campagne antibourgeoise. L'immense purge des « personnes indésirables » dans les villes en 1932, juste avant l'introduction des passeports, en fut un autre [4].

« L'éviction des hommes d'affaires privés » *(vytesnenie častnika)* se solda par l'expulsion de près d'un demi-million d'ex-commerçants (1,5 million avec leurs familles) – pour l'essentiel du menu fretin qui n'avait pas le moindre employé. Dans les campagnes, où pour la plupart ils exerçaient leur commerce, leur capital fut évalué en 1927 à 711 roubles par boutique [5].

1. N.I. Nemakov, *Kommunističeskaja partija – organizator massovogo kolhoznogo dviženija (1929-1932)*, Moscou, 1966, pp. 159, 168. La catégorie des *lišency* fut supprimée en 1935 (*Pravda*, 30 décembre 1935).

2. *Sobranie zakonov i rasporjaženij raboče-krest'janskogo pravitel'stva SSSR* (journal officiel), n° 50, 1930, art. 524. C'est un document intéressant dans lequel le sociologue et l'historien peuvent étudier les éléments capitalistes condamnés et qui, pour la plupart, n'avaient jamais vu beaucoup de « capital » de leur vie.

3. *Ibid.*, n° 19, 1930, art. 212; cet article établit la liste de telles actions qu'il considère comme des « abus » et qu'il interdit, mais cela ne pouvait avoir le moindre effet, parce qu'il était enfantin de poursuivre les mêmes personnes sous d'autres chefs d'accusation.

4. S. Bulatov, in *Sovetskoe gosudarstvo*, n° 4, 1933, p. 71.

5. Chiffres tirés de *Statističeskoe obozrenie*, n° 2, 1928, p. 80; sur la valeur moyenne du capital par boutique ou entreprise commerciale, voir Levin, *Social'no-ekonomičeskie uklady*, *op. cit.*, p. 125.

Cette éviction, de même que les actions comparables entreprises contre les artisans et les ouvriers qualifiés, eut des effets capitaux. Les commerçants fermant leurs boutiques pour se retrouver dans des usines, des bureaux ou des camps, il se développa une situation déplorable de « déserts commerciaux », à laquelle les secteurs étatiques et coopératifs n'étaient pas en mesure de faire face. Même les maigres biens disponibles ne purent être distribués et il fallut rapidement mettre sur pied de nouvelles boutiques et organisations commerciales pour parer au plus urgent, mais leur qualité resta lamentable et leur nombre insuffisant pendant plus d'une génération. Avec l'allongement des files d'attente devant les magasins, la spéculation, les marchés noirs, et les combines prirent les proportions d'un véritable fléau. La lutte contre la spéculation – qui fit maintenant de nombreuses victimes dans la population aux origines de classe irréprochables – amena les tribunaux, déjà bondés et surchargés de travail, à traiter d'une masse de nouveaux crimes ou délits : détournements personnels et collectifs, vols dans les réseaux de fournitures, comptabilité truquée, trafics illicites sur les cartes de rationnement, etc [1]. Une loi terriblement répressive du 7 août 1932 contre le vol dans les kolkhozes fut par la suite étendue à tous les autres secteurs pour devenir la principale arme de l'État pour protéger ses biens. La multiplication des vols fut parallèle à la dégradation de la situation économique, et spécialement des approvisionnements alimentaires. La G.P.U., pour sa part, se révéla tout aussi incapable de trouver des vivres que de mettre fin aux vols. Peu respectueuse des biens de l'État, la nation tout entière parut s'être métamorphosée en une nation de voleurs.

La classe ouvrière

En ce qui concerne le développement de la classe ouvrière, les chiffres parlent d'eux-mêmes (tableau V). L'essor a été phénoménal au cours du premier plan quinquennal et encore considérable pendant le second, puis la croissance s'est ralentie et le nombre d'ouvriers de l'industrie et de la construction a quasiment stagné dans les années 1937-1940 (période où l'augmentation toucha essentiellement le secteur des « employés »). Cette croissance, on l'a déjà expliqué, s'est largement nourrie d'un afflux massif de paysans. Mais dès avant le plan, la paysannerie

1. Une liste complète des délits qui soit se multiplièrent considérablement, soit firent l'objet d'une campagne spéciale, au point de prendre un tour particulièrement inquiétant, est présentée in *Sovetskaja justicija*, n° 34, 1932, p. 13.

avait exercé une forte influence sur la classe ouvrière, en particulier dans les régions minières de l'Ukraine. Une étude de la main-d'œuvre industrielle réalisée en 1929 montra que 42,6 % des ouvriers étaient d'origine paysanne, et que 20,6 % avaient de la terre à la campagne [1].

V : L'ESSOR DE LA CLASSE OUVRIÈRE, 1928-1940 (en milliers)

	1928	*1932*	*1937*	*1940*
Emploi total (ouvriers et employés)	10 800	20 600	26 700	31 200
Ouvriers seulement (total)	6 800	14 500	17 200	20 000
– industrie	3 124	6 007	7 924	8 290
– construction	630	2 479	1 875	1 929
– sovkhoz et autres exploitations d'État	302	1 970	1 539	1 558

Sources : A.B. MITROFANOVA, *in* D.L. BAEVSKI, éd., *Izmenenija v čislennosti i sostave sovetskogo rabočego klassa,* Moscou, 1961, p. 220; et R.P. DADYKIN, éd., *Formirovanie i razvitie sovetskogo rabočego klassa (1917-1961),* Moscou, 1964, pp. 55-56.

Il n'est pas surprenant non plus que le niveau professionnel et le degré de scolarisation de la main-d'œuvre fussent extrêmement faibles. Aussi tard qu'en 1939, alors que les choses avaient largement repris leur train ordinaire, 8,2 % seulement des ouvriers avaient suivi sept ans de scolarité ou plus [2]. La classe ouvrière était aussi devenue beaucoup plus jeune. Elle se composait non seulement d'une masse de paysans inexpérimentés et souvent désorientés, mais aussi de nombreuses femmes qui n'avaient encore jamais travaillé dans l'industrie : en 1936, les femmes formaient quelque 40 % de la main-d'œuvre.

Pour les gestionnaires, pour l'État, et surtout pour les ouvriers eux-mêmes, la rapidité de la croissance posait de formidables problèmes. Au départ, bien des paysans récemment enrôlés essuyèrent de plein fouet un choc psychologique et culturel qui se manifesta, entre autres choses, par l'alcoolisme, le houliganisme, l'augmentation de la criminalité, mais aussi la destruction de machines coûteuses et peu familières, et « un essor colossal du traumatisme industriel » [3]. Nous avons déjà parlé du

1. ŠKARATAN, *Problemy, op. cit.*, p. 264.
2. A. STEPANJAN, *in* SEMENOV, *Klassy, social'nye sloj i gruppy v SSSR,* Moscou, 1968, pp. 20-21.
3. *Sovetskaja justicija,* n° 2, 1932, p. 15.

problème de l'instabilité de l'emploi. Les administrations désorientées tentèrent parfois de donner satisfaction aux ouvriers et parfois réagirent par des « méthodes administratives » – par un véritable déluge d'amendes, de renvois et de mesures répressives.

L'alternance régulière de brèves périodes de libéralisme et de longues vagues de *goloe administrirovanie* (méthodes administratives brutales) était alors bien enracinée dans la vie politique soviétique. La répression massive ne fut pas, comme le parti se plut à le dire, le fruit de quelque aberration de cadres locaux, mais l'effet de la politique même du parti. On peut illustrer la rigueur des méthodes employées contre l'absentéisme par une loi du 15 novembre 1932, complétée quelques mois plus tard, qui prévoyait le renvoi, la privation de rations alimentaires, l'interdiction d'accéder aux magasins d'alimentation, et l'expulsion des contrevenants de leur logement [1] quelle que fût – le texte insistait sur ce point – l'échéance normale [2]. Ainsi les usines furent-elles autorisées à affamer leurs employés pour s'assurer de leur présence sur le lieu du travail. Un seul jour d'« absence injustifiée » était assimilé à de l'absentéisme et tombait donc sous le coup de cette loi (en 1938, l'absentéisme commençait à vingt minutes d'absence ou de retard).

La stratégie d'ensemble était, bien sûr, plus complexe et allait au-delà de la répression pure et simple. Les syndicats et les cellules du parti furent mobilisés pour servir les impératifs de la production et des plans et, pour couronner le tout, on inculqua aux directeurs le goût du pouvoir. Le parti se fit ainsi l'apôtre de la manière forte, tandis que L.M. Kaganovič expliqua que le directeur devait se conduire que « la terre se mette à trembler lorsque le directeur fait le tour de l'usine » [3]. Le « triangle » de la N.E.P. – parti, syndicats, et encadrement – fut abandonné et remplacé par l'unité de commandement *(edinonačalie)*. Dans la lutte pour accroître la productivité de la main-d'œuvre, une autre méthode consista à introduire le travail aux pièces et, ce faisant, à augmenter les écarts de salaire, mais aussi à offrir divers avantages à l'ouvrier hors ligne *(udarnik)* et à ses enfants, de même qu'à tous ceux qui restaient assez longtemps à leur poste

1. L'application de cette loi fut cependant entravée par l'incapacité ou le manque d'empressement de nombreux gestionnaires craignant de braquer les ouvriers contre eux au point de rendre leurs usines indirigeables.

2. *Sobranie zakonov*, n° 78, 1932, art. 475, et n° 45, 1932, art. 244.

3. Cité *in* Jeremy R. Azrael, *Managerial Power and Soviet Politics*, Cambridge, Mass., Harvard University Press, 1966, pp. 247-248.

de travail : promotions, meilleure alimentation, et priorité en matière de logement, de vacances et d'admission dans les écoles. Cependant, cela ne parut jamais suffire, et la lutte contre les auteurs de nouvelles catégories d'actes moralement répréhensibles (dénoncés par la propagande comme autant d'« agitateurs », de « paresseux », de « perturbateurs », d'« absentéistes », etc.) ne renonça aucunement à ces « répressions massives sans discrimination » que L.M. Kaganovič, le principal artisan de cette stratégie, prétendit regretter en 1936 [1].

De temps à autre, presque comme par remords, un Ordžonikidze ou un Kirov appelaient les directeurs à cesser de négliger leurs ouvriers et à améliorer leur attitude envers eux [2]. Mais le fait est qu'une fois le « triangle » disparu, le parti et le syndicat durent se retourner contre les ouvriers pour consacrer toute leur « attention à la production ».

Les paysans

Dans les campagnes se développa un véritable état de crise et de guerre entre l'État et les paysans. Il n'y eut pas d'équivalent de la dékoulakisation en ce qui concerne les ouvriers, même au plus fort de la lutte impitoyable pour discipliner leurs rangs, et (sauf avant la guerre) même les décrets les plus répressifs contre l'absentéisme de la main-d'œuvre ne supprimèrent jamais la liberté de quitter son lieu de travail après en avoir informé l'autorité compétente, bien qu'il fallût, pour ce faire, franchir de nombreux obstacles. Si maigres fussent-ils, les salaires et avantages sociaux versés aux ouvriers restèrent une obligation que l'État accepta et remplit. Dans les villes, les efforts du gouvernement pour enrayer le désordre devaient, jusqu'à un certain point, porter leurs fruits et, si léthargiques et apathiques que nombre d'entre eux aient pu être, les ouvriers apprirent le métier, augmentèrent la productivité, et se montrèrent plus disciplinés.

Dans les campagnes, en revanche, la collectivisation eut des effets d'une espèce différente. Pour les paysans, en effet, il s'agissait d'une révolution qu'on leur imposait, d'une destruction violente d'un système de production et d'un mode de vie, même si, après une période initiale de choc qui se prolongea probablement de 1930 à 1934, les paysans commencèrent à acquérir certaines habitudes de travail et acceptèrent quelques routines. Mais cer-

1. L.M. Kaganovič, in *Bol'ševik*, n° 13, 1936, p. 54.
2. S.M. Kirov, *Izbrannye stat'i i reči*, Moscou, 1957, pp. 700-707.

tains phénomènes négatifs de longue période persistèrent, et d'aucuns n'ont toujours pas été surmontés aujourd'hui [1].

Les difficultés que rencontra le système des kolkhozes viennent sans doute, à la base, de ce que l'expérience précédente des paysans, leur mode de vie, et leur niveau d'éducation ne les préparaient aucunement à accepter et à diriger le système qu'on prétendait leur imposer. C'est cette contradiction, explique un chercheur soviétique, qui a obligé l'État à s'ingérer [2] dans tous les aspects de la gestion du système des kolkhozes – ou, plus exactement, à en prendre le contrôle. De surcroît, les tensions nées de cette imposition à une population conservatrice et dans sa grande majorité illettrée [3] d'un changement brutal de ces modes de vie ancestraux furent encore aggravées par une attaque dirigée contre leur religion – acte d'une incroyable folie et qui ne concernait en rien les problèmes de la production dans les kolkhozes. L'aveu du chef de cette croisade antireligieuse, reconnaissant qu'à la fin des années 1930 les deux tiers des paysans étaient toujours croyants, devait en démontrer plus tard toute la futilité [4].

Au tout début du processus, certains dirigeants, assez honnêtes pour aborder des sujets délicats en public, prévirent ce qui allait se passer. S.I. Syrcov, chef du gouvernement de la République russe, donna l'alarme [5]. Au début des années 1930, on pouvait déjà observer une dangereuse « explosion d'humeurs consuméristes » : devant la perte, en vérité le rejet violent, des régulateurs et stimulants d'autrefois, le besoin d'épargner et d'accumuler, habituel chez le paysan, laissa place à un besoin tout aussi pressant de consommer *(proedat')*; son habituel souci de la situation de sa ferme laissa place à l'apathie et à « une attitude nihiliste envers la production » *(proizvodstvennyi nigilizm)*. Le paysan attendait maintenant qu'on le guide, qu'on lui dise que faire. Mais l'État ne savait que faire ni comment le faire, et la confusion et le désarroi régnaient dans ses agences.

Le désintéressement à l'égard de la production n'était qu'un aspect d'un problème plus général : celui de la perte de l'identité et du respect de soi. Dans l'ancien système, le paysan était le

1. Le mécanisme des réquisitions et leur effet sur le développement des kolkhozes sont décrits au chap. VI.
2. ARUTJUNJAN, *Social'naja struktura*, p. 158.
3. *Ibid.* En 1939, encore un quart des paysans ne savaient pas lire.
4. JAROSLAVSKI, cité *in* KIM, *Kul'turnaja revoljucija*, *op. cit.*, p. 248.
5. S.I. SYRCOV, in *Bol'ševik*, n° 5, 1930, pp. 47-49, qui est la source du résumé qui suit.

maître *(hozjain)* sur sa ferme et, si pauvre qu'elle fût, cela lui procurait le sentiment de dignité d'un homme libre. Leur objection majeure aux kolkhozes était qu'on allait les « soumettre à un système de rationnement », ce qui leur enlèverait toute indépendance. Lorsque cela se produisit, les paysans n'eurent de cesse de fuir les kolkhozes pour se réfugier dans les villes – réagissant, entre autres choses, au phénomène de « l'étatisation » *(okazenivanie)* [1].

Les premiers pas de l'*okazenivanie* ne furent pas l'effet d'une stratégie délibérément planifiée. Le gouvernement se vit contraint ou s'estima contraint d'entreprendre des opérations de sauvetage qui l'amenèrent à s'enfoncer plus profondément encore dans le piège de l'intervention croissante dans toutes les étapes et dans tous les aspects de la production et de l'organisation agricoles. La seule grande mesure que l'on peut considérer comme stratégique fut l'enlèvement des machines aux kolkhozes pour les confier aux M.T.S. (stations de machines et de tracteurs) [2], alors qu'au début bien d'autres aspects de la politique gouvernementale eurent le caractère de réactions *ad hoc.*

Parce qu'il avait des besoins pressants et immédiats en céréales et en autres produits, l'État pressa ses fonctionnaires et ses administrations locales d'aller chercher le nécessaire chez les paysans. Les *kolhozniki* et les dirigeants des kolkhozes se retrouvèrent bientôt bâillonnés et à la merci d'un tout-puissant réseau de fonctionnaires locaux procédant à des perquisitions et à des saisies, jugeant, châtiant, expulsant et, surtout, arrêtant à leur guise, tout en faisant un usage très libéral de l'étiquette vide de sens de *podkulačnik* (suppôt des koulaks). A.J. Jakovlev, le commissaire à l'agriculture, protesta officiellement, semble-t-il, au Comité central réuni en juillet 1931 contre ce qu'il nomma la « masse des actions antikolkhozes » des administrations locales, expliquant que le *kolhoznik* était devenu « un objet d'arbitraire pur et simple ». Mais la même année, l'un de ses collègues du Comité central, B.P. Šelbodaev, donna la clé de la situation et de la politique des partisans de la ligne dure, plus puissants que

1. Le délégué paysan employa l'expression « *okazenivanie krest'jan* » au *6-oj s'ezd sovetov,* bulletin, n° 20, 1931, p. 3. Et d'expliquer que cela voulait dire qu'on les privait des fruits de leur travail, tandis que les koulaks se gaussaient des *kolhozniki* parce qu'ils étaient désormais « à la ration » *(na pajke).*

2. Les stations de machines et tracteurs (M.T.S.) furent mises en place en 1929 afin de regrouper le parc de machines et de tracteurs au service des kolkhozes. Par la suite, ces stations assumèrent également des fonctions de surveillance politique des kolkhozes.

Jakovlev. Les kolkhozes, affirma-t-il, « montrent trop peu de bon vouloir envers les intérêts de l'État », et il n'y a aucune raison d'« idéaliser le *kolhoznik* ». Il fallait en appeler sans scrupules à la vieille sagesse des dirigeants – la coercition [1]. Cette attitude bafouait totalement les intérêts de plusieurs millions de paysans. Les préoccupations du gouvernement s'exprimaient à travers la campagne de collectes *(zagotovki)*, « cette pierre de touche sur laquelle ont été éprouvées nos forces et nos faiblesses, et la force et la faiblesse de nos ennemis », comme le dit Kaganovič dans une phrase cruciale pour comprendre la stratégie des autorités et les rapports entre les kolkhoziens et l'État [2]. L'« ennemi » était véritablement légion. D'où le ton glapissant du Comité central exigeant de châtier « sans merci » non seulement la réticence à livrer les céréales, mais aussi ce qu'il appelait « la négligence criminelle du travail » [3]; d'où aussi ces suggestions aux autorités locales invitées à dénoncer comme « sabotage koulak » le travail mal fait et à considérer comme une aide à l'ennemi toute complaisance envers les contrevenants.

La typologie, établie par Krylenko [4] des « infractions à la légalité socialiste » en ce qui concerne les paysans et les kolkhozes, énumérait diverses formes de « traitement arbitraire de la paysannerie... ainsi des perquisitions et arrestations illégales, des confiscations, de la préemption des biens, des amendes illégales », et ainsi de suite [5]. Le caractère capricieux des accusations de « négligence et d'incurie dans le travail » ou de sabotage saute aux yeux sitôt que l'on examine le genre de « directives » que l'État donnait aux kolkhozes. De toute évidence, les comités locaux du parti ne savaient strictement rien de l'agriculture en général, et encore moins de ce qu'impliquait leur dada – la production agricole sur une grande échelle. Les kolkhozes manquant d'expérience, Staline entendait qu'ils fussent dirigés du

1. A.J. Jakovlev, *Voprosy organizacii socialističeskogo sel'skogo hozjajstva*, Moscou, 1933, p. 184; Šelbodaev est cité d'après *16-taja konferencija VKP(b) : Stenografičeskii otčët*, Moscou, 1932, p. 208.

2. L.M. Kaganovič, in *Na agrarnom fronte*, n° 1, 1933, p. 40.

3. La décision du Comité central se trouve in *Partijnoe stroitel'stvo*, n° 5, 1933, p. 62. Le document illustre le type de langage menaçant qu'employait le Comité central.

4. Nikolaj V. Krylenko était commissaire à la justice de la République russe.

5. *Sovetskaja justicija*, n° 5-6, 1932, p. 16. Le même périodique, n° 15, 1933, ajoute d'autres catégories de transgressions courantes de type « administratif brut » : obligation faite aux kolkhozes de nourrir toutes sortes de parasites protégés par les chefs du *rajon*; imposition de corvées illégales; prélèvements sur les comptes bancaires des kolkhozes; détournement du bétail, et ainsi de suite.

haut par le parti qui aurait à décider de tout, jusqu'au moindre détail. Mais comme Kirov en fit la confidence dans un moment de désespoir et de lucidité : « Moi-même, je le reconnais humblement, je n'y vois pas très clair en matière agricole » [1] – ceci après avoir donné les ordres les plus aberrants à la paysannerie puis ordonné ou approuvé l'arrestation en masse des récalcitrants [2] avant de découvrir enfin qu'il faisait fausse route.

Les plus honnêtes des staliniens se désolèrent de plus en plus de cet état de choses et cherchèrent à tâtons des changements. Kirov, qui parut parfois amèrement déçu en 1933, prôna le changement et recommanda que l'on se mît à l'école du *kolhoznik* – aveu éloquent de l'échec des méthodes gouvernementales. Mais c'est à peu près à la même époque que Staline publia des instructions rigides s'occupant de tout jusque dans les moindres détails, sous prétexte que les *kolhozniki* étaient incapables de diriger leurs propres affaires [3].

Les paysans furent enchaînés et « bureaucratisés », et ils comprirent parfaitement qu'ils venaient de perdre l'indépendance qu'ils avaient eue, en tant que producteurs et citoyens, sous la N.E.P. Tout un système discriminatoire fut mis en place, équivalent à un régime juridique et social spécial pour la paysannerie kolkhozienne. Si l'absence de droits garantis par la loi devait être pendant un temps un trait propre à l'ensemble des classes sociales, le paysan était tout particulièrement vulnérable en raison même des formules idéologiques du régime, qui le tenait pour suspect en raison de ses origines de classe et en termes de pureté socialiste en comparaison des institutions dirigées par l'État; de même les kolkhozes avaient-ils un statut inférieur. Alors que l'ouvrier touchait un salaire – plus ou moins contrôlé par l'État, mais indépendant de la production totale ou de l'efficacité de l'industrie – le *kolhoznik* était payé sur le revenu *résiduel* du kolkhoze quand la récolte avait été engrangée et que l'État avait prélevé sa part. Ce revenu était donc à la fois incertain et, comme on le reconnut officiellement, insuffisant pour faire vivre la famille du paysan; d'où cette concession faite au paysan l'autorisant à conserver un lopin privé et une vache (concession trop modeste pour le satisfaire et lui faire oublier le kolkhoze, mais assez importante pour pourvoir aux besoins

1. S. Krasikov, *Sergej Mironovič Kirov*, Moscou, 1964, p. 176.
2. Résumé de *Sputnik kommunista v derevne*, n° 2, 1933, p. 48.
3. Kirov est cité d'après Krasikov, *Kirov*, p. 176; Staline, d'après *Partijnoe stroitel' stvo*, n° 5, 1933, p. 3.

essentiels d'une partie de sa famille et du pays tout entier). Cette tolérance fut, bien sûr, l'un des facteurs qui permit au vieux paysan de survivre dans le *kolkhoznik*, donnant ainsi un argument supplémentaire pour douter de ses lettres de créance socialistes.

Outre l'insécurité de leur revenu, les paysans se virent privés des avantages de la sécurité sociale que l'État garantit à ses ouvriers et employés [1]. Les paysans furent aussi assujettis à diverses corvées imposées par l'État – construction de routes, halage du bois d'œuvre, et ainsi de suite – tandis qu'il y a belle lurette que les citadins avaient oublié ce vestige du Moyen Âge. Le paysan n'avait pas non plus la liberté de déplacement, si limitée fût-elle, dont profitaient les ouvriers. Ses voyages étaient surveillés grâce au système de passeports et à la *propiska* (document indiquant le lieu de résidence dûment enregistré), ainsi que par la loi du 17 mars 1933, stipulant qu'un paysan n'était pas autorisé à quitter le kolkhoze sans un contrat de son futur employeur, dûment ratifié par la direction du kolkhoze. À peu près à la même époque, le procureur général de l'U.R.S.S. Akulov décréta que les paysans seraient passibles d'une peine pouvant aller jusqu'à six mois de prison s'ils ne respectaient pas un contrat avec un employeur d'État. Il se trouva alors un auteur pour rappeler (avec des résultats que l'on ignore) à Akulov que faire intervenir le droit criminel dans une transaction foncièrement civile comme un contrat de travail était contraire aux principes du droit du travail russe et européen [2]. Mais c'était bien là le nœud du problème : le mépris des intérêts « de l'État » allait être beaucoup trop facilement assimilé à un crime ou, pire encore, à un délit politique. Ce devait être l'un des attributs du « stalinisme ».

On était en plein dans le système d'exploitation « militaro-féodal » de la paysannerie que Boukharine avait craintivement annoncé en 1929, et l'« étatisme » sévissait sous sa forme la plus pure. Un producteur (pour ne pas dire un citoyen) si fortement enchaîné et victime de telles pratiques discriminatoires ne pouvait être efficace. Il perdit au contraire tout intérêt à se dépenser à son travail, sauf quand il s'agissait de son propre lopin, et fut

1. La création de fonds d'assistance mutuelle sur les ressources du kolkhoze fut même formellement interdite : elle ne pouvait se faire que sur la base des cotisations privées des *kolhozniki*. Voir *Sputnik kommunista v derevne*, n° 1, 1933, p. 48.

2. *Socialističeskoe zemledelie*, n° 16-17, 1933, p. 9.

doublement démoralisé, en tant que producteur mais aussi en sa qualité de personne. « Nous ne sommes pas maîtres de nous, nous appartenons au kolkhoze », répétaient souvent les paysans. Ces quelques mots résumaient parfaitement leur situation. Autrefois ils avaient été « leurs propres maîtres »; les voilà maintenant qui appartenaient au kolkhoze, mais le kolkhoze ne leur appartenait pas.

Au fil des ans, la paysannerie kolkhozienne connut un certain nombre de changements qui, pour être lents, ne furent pourtant pas insignifiants : ainsi de l'apparition d'une foule de cadres et d'administrateurs totalement inconnus dans l'agriculture sous la N.E.P. Un nombre croissant de chauffeurs de tracteurs firent leur apparition, de même qu'un embryon d'« intelligentsia rurale ». Mais si l'on en croit un sociologue soviétique, à l'issue des plans quinquennaux, cette soi-disant intelligentsia rurale se laissait encore à peine distinguer, par son niveau d'instruction, de la grande masse des *kolhozniki* [1]. Cette masse était encore composée de paysans, et ceux-ci se trouvaient tout en bas de l'échelle sociale, exactement comme le moujik dans les anciens temps. Le seul moyen de promotion sociale consistait à partir. Ils furent des millions à le faire chaque fois que possible, et ce faisant ils influencèrent probablement la société, la culture et l'État soviétiques bien plus profondément qu'on ne le réalise parfois.

LES INSTRUITS ET LES DIRIGEANTS

« Speceedstvo »

L'« intelligentsia » est un problème d'une considérable complexité et son histoire pendant et après la « grande offensive » est cruciale pour la bonne intelligence de la structure sociale alors en formation. Ici encore, l'État agit dans la plus grande hâte. Le premier plan quinquennal engendra une énorme demande de techniciens, d'administrateurs, et de scientifiques de toutes sortes, et les organismes de formation existants et les institutions gouvernementales furent submergés par l'ampleur de la tâche. Il est significatif que tout le problème de l'« intelligentsia » devint bientôt un problème de « cadres » administrés

1. Arutjunjan, *Social'naja struktura*, *op. cit.*, p. 57.

et bureaucratisés par centaines de milliers et même par millions à travers un réseau de « départements de cadres », mis en place « en cours de route », suivant l'expression d'Ordžonikidze [1]. L'improvisation d'un processus social et professionnel d'une telle importance est un trait que nous cessons de rencontrer tout au long de cette période, et pas seulement dans le domaine des cadres.

L'attitude à l'égard de l'intelligentsia à cette époque comme dans les périodes précédentes fut le fruit de facteurs contradictoires et fut soumise à des circonstances changeantes. Dès les tout premiers jours du régime, le parti eut besoin de personnes instruites pour diriger l'économie et l'État (dépendance que, d'une certaine manière, il n'avait pas prévue : les chefs du parti, eux-mêmes intellectuels, étaient occupés à comprendre l'« histoire » et la stratégie politique, non pas à diriger une économie). Cependant, l'intelligentsia, y compris l'intelligentsia populaire *(narodnaja)*, s'opposa activement et en masse à la prise du pouvoir par les bolcheviks en participant aux grèves imposantes de la fin 1917 et du début de l'année suivante. Cette opposition, sous ses formes ouvertes, fut très rapidement matée, mais son spectre ne devait cesser de hanter les relations entre le parti et les intellectuels.

En dépit du mépris pour les Oblomov et les *intelligenty* que les bolcheviks se plurent parfois à cultiver (les fameuses « tendances makhaevites »), il fallut de toute urgence susciter un certain respect pour les membres de l'intelligentsia. La tâche n'était pas facile. Tout le problème tient dans ces deux déclarations de Lénine : d'un côté, il déclara qu'il fallait « leur donner du travail tout en les surveillant de près; il faut les placer sous l'autorité de commissaires et étouffer leurs machinations contre-révolutionnaires »; et de l'autre, il lança un appel au respect de la culture et de ceux qui la détenaient tout en lançant une injonction à « commander moins, ou plutôt à ne pas commander du tout » [2]. Il est clair que cette attitude contradictoire allait produire des virages tactiques tout en gâchant les relations. Lénine savait qu'il ne pouvait pas prendre la moindre mesure sans les experts, et il reconnut franchement après la guerre civile que l'Armée rouge, par exemple, n'aurait pas du tout existé sans

1. Ordžonikidze, devant le XVIIe Congrès du parti, 1932, in *Stat'i i reči*, vol. II, p. 340.
2. Cité par Kim, *Sovetskaja intelligencija, op. cit.*, pp. 48, 56.

les ex-officiers tsaristes qui avaient aidé à la créer [1]. Mais il en allait de même pour les universités, le comité d'État du plan (le Gosplan), aussi bien que pour tous les ministères économiques importants. Le grand rêve de préparer « notre propre » intelligentsia ne pouvait être réalisé sans le concours de l'ancienne.

La N.E.P. se résigna à l'acceptation difficile de cette situation. À la fin de la N.E.P., en effet, l'intelligentsia était encore essentiellement la même – c'est-à-dire, la « vieille » intelligentsia en majorité non bolchevique. En octobre 1929, un tiers des spécialistes travaillant dans l'économie nationale et la majorité des cadres ayant reçu une formation supérieure étaient issus de l'ancienne intelligentsia, de même que 60 % des professeurs de l'enseignement supérieur. Et la masse des nouveaux spécialistes éduqués sous le régime soviétique ne devait pas être uniquement formée par ces instructeurs mais aussi, sans aucun doute, subir leur influence politique [2].

L'affaire de Šahty [3] survint comme un avertissement et démontra très clairement que la « vieille intelligentsia » ne serait pas libre de façonner à sa guise le profil de l'immense masse des nouvelles recrues. Elle inaugura dans l'histoire soviétique une période qui ne fut pas seulement une tragédie pour l'ancienne intelligentsia, mais se solda également par la destruction furieuse de maintes valeurs culturelles. La création frénétique d'instruments de diffusion de la culture – écoles, lycées, universités – devait s'accompagner d'un incroyable étalage d'obscurantisme et d'attaques tous azimuts contre ce qui était raffiné ou un peu élaboré. Les universités, par exemple, furent complètement détruites avant qu'une nouvelle approche, à partir de 1934, ne contribuât à les sauver.

Pendant le procès de Šahty mais aussi par la suite, les milieux intellectuels furent littéralement pris de panique et déprimés dans l'attente, qui n'avait rien de gratuit, d'une nouvelle vague de *speceedstvo* et de répressions en masse [4].

L'une des idées centrales que les hauts dirigeants entendaient

1. V.I. Lénine, *Polnoe sobranie sočinenii*, 5e éd., 55 vol., Moscou, 1958-1965, vol. XL, pp. 199, 218.

2. Kim, *Sovetskaja intelligencija, op. cit.*, pp. 126-127; S.A. Fedjukin, *Velikij oktajabr' i intelligencija*, Moscou, 1972, p. 377.

3. Le procès des ingénieurs de Šahty, accusés de pillage et de sabotage, eut lieu en mai-juin 1928.

4. Kim, *Sovetskaja intelligencija, op. cit.*, p. 127, reconnaît que ces craintes étaient bien fondées, mais il en rend responsable les « tendances makhaevites » des ouvriers tout en disculpant entièrement les responsables politiques.

« expliquer » à travers le procès de Šahty, c'est que la neutralité en politique – autrement dit, à l'égard de la politique du parti – pouvait conduire au sabotage. Ce message fut désormais présenté sous une nouvelle mouture : par une mise en scène assortie d'une signature bien reconnaissable.

Lénine avait été jadis impatienté par l'attitude des spécialistes cultivés qui prétendaient rester à l'écart de la politique au nom d'une certaine éthique morale et professionnelle. Cela impliquait, de son point de vue, qu'ils travailleraient pour le nouveau régime sans lui donner leur adhésion ni s'identifier à ses objectifs. Si Lénine était disposé à accepter ce compromis, Staline se refusa ensuite à tout accommodement de ce genre. Son but, commun avec celui de l'Inquisition, était de forcer les hommes de réflexion à renoncer à leur indépendance de pensée et à leurs principes moraux pour s'identifier avec un parti et des options politiques qu'ils jugeaient inacceptables ou contestables. Le plus inacceptable était précisément ce qu'on leur demanda de faire : se prosterner, s'humilier pour dire leur profond repentir – sous peine d'être accusés de trahison. La formule « le doute équivaut à la trahison » fut l'un des instruments les plus meurtriers de la réaction morale et culturelle qui frappa le pays au plus fort de son édification économique et militaire. Pourquoi cette poussée de créativité, que l'on aurait pu croire optimiste, fut assombrie par cette attitude profondément pessimiste à l'égard de l'homme et de la culture est l'une des nombreuses questions qui demeurent sans solution. En tout état de cause, la quasi mystique injonction « à rendre les armes devant le parti et à se repentir » s'avéra autodestructrice. Même les plus fidèles et aveugles partisans de la ligne du parti ne pouvaient prouver qu'ils n'avaient jamais eu l'ombre d'un doute.

L'isolement de l'« intelligentsia bourgeoise » à cette fin fut catastrophique. Le développement du pays ne pouvait se passer du concours des meilleurs professionnels, qui étaient terriblement nécessaires au milieu de l'immense masse des nouvelles recrues inexpérimentées et ignares tandis que le déficit de spécialistes ne cessait de s'accroître. D'aucuns furent miséricordieusement autorisés à « racheter leurs crimes » – en d'autres termes, leur prétendu sabotage – en travaillant « honnêtement », en inventant ou en dressant des plans dans leurs cellules de prison ou sur le terrain, mais en qualité de détenu. Afin de les encourager à inventer des machines et des armes, on offrit parfois à ces hommes de hauts salaires et les meilleurs aliments que l'on pouvait trouver dans ce pays de famine; mais, dans le même temps, le régime les gardait prisonniers en leur promettant la liberté pour prix de leur soumission.

Cette politique ne bénéficiait certainement pas de l'approbation pleine et entière de tous les hauts dirigeants. Dans le cadre d'une nouvelle campagne lancée en 1931 pour mettre fin à certains dégâts provoqués par le *speceedstvo*, J.E. Rudzutak expliqua officiellement que beaucoup de techniciens peu qualifiés étaient trop ignares pour distinguer un « bousillage » des risques professionnels que prend normalement un ingénieur [1], mais il savait certainement que le problème ne venait pas de ces « techniciens ignares », mais bel et bien de la politique du parti dans sa conception générale; sans quoi les excès de la période de « prolétarisation » n'auraient jamais été possibles. Il y eut des vagues de purges, de renvois et d'arrestations d'« éléments étrangers » et, surtout, de leurs enfants dans les universités et autres institutions. Les multiples « purges sociales d'étudiants » renforcèrent l'angoisse et la panique dans l'intelligentsia et provoquèrent même des suicides – sans parler des candidats pour construire des canaux [2]. L'expulsion en masse des étudiants fit l'objet d'une protestation de la part de Lunačarskij qui, dans une lettre à Staline découverte dans les archives centrales du parti, jugea inacceptable que les fils fussent persécutés pour les péchés de leurs pères, surtout quand le péché en question n'était ni plus ni moins qu'une mauvaise « origine sociale » [3].

Le traitement réservé aux anciens spécialistes ne fut guère bénéfique au reste des ingénieurs, y compris aux membres du parti, qui n'étaient pas exposés au soupçon. L'attaque contre les vieux ingénieurs fit du tort à l'ensemble du système. Le manque d'initiative, la tendance à fuir les responsabilités et à se cacher derrière le dos de quelqu'un d'autre, à rejeter le blâme sur ses collègues, et la philosophie du « c'est pas mon affaire » *(moja hata s kraju)* finirent par gagner les institutions comme toutes les couches de la société.

1. *Pravda*, 17 août 1931.
2. Il y eut des suicides même dans des villes aussi discrètes que Ržev, où il ne pouvait y avoir beaucoup d'intellectuels. La direction du parti fut d'ailleurs ébranlée par ce phénomène. Voir *Smolensk Archives WKP 55*, document daté de juillet 1930.
3. Kim, *Sovetskaja intelligencija*, *op. cit.*, p. 324-325.

Les intelligents et les moins intelligents

Les chiffres relatifs à l'augmentation de « l'intelligentsia » dans les années 1930 sont stupéfiants. Des modestes débuts de la fin de la N.E.P. à 1939, le régime aurait accompli un véritable bond – l'intelligentsia représentant alors entre 10 et 11 millions d'employés, soit de 13 à 14 % de l'ensemble de la population [1], ce qui en soi est déjà un changement structurel d'importance. Dans les universités, le nombre d'étudiants passa de 169 000 en 1928-1929 à 812 000 en 1940-1941, et il y eut aussi une augmentation impressionnante des élèves fréquentant les établissements techniques secondaires. Dans les premières années, cependant, ce n'est pas le système scolaire qui pourvut en étudiants les universités et forma les futurs spécialistes : au cours de la période de « prolétarisation », le recrutement se fit par la mobilisation des membres du parti, des ouvriers et des paysans à travers des cours de formation accélérée, des facultés ouvrières, et le *vydviženie* (la promotion des ouvriers à des postes de responsabilité au sein de l'*apparat* ou dans l'enseignement supérieur), etc. En fait, le système scolaire, comme tout le reste, fut en pleine ébullition au cours de ces années, et les progrès quantitatifs ne sont qu'un aspect des choses. C'est tout particulièrement vrai des établissements d'enseignement supérieur, dont l'expansion mouvementée et les conditions d'admission initialement assez lâches créèrent en grand nombre des institutions peu viables produisant des diplômés dont le niveau de qualification n'était guère supérieur à celui d'une école secondaire. La campagne choc pour le recrutement de cadres fut coûteuse et dans une certaine mesure inefficace. Par la suite furent adoptées des mesures destinées à stabiliser le système, et, avec le développement des écoles secondaires, les mobilisations et la discrimination pour des raisons de classes cessèrent. Mais l'effet de telles mesures sur la qualité des spécialistes et des fonctionnaires réunis sous l'étiquette d'« intelligentsia » ne pouvait se manifester très rapidement. En 1930, une étude portant sur les cadres dans l'industrie montra que plus de la moitié des ingénieurs et techniciens étaient des *praktiki* (c'est-à-dire des personnes qui assuraient un travail de technicien ou d'ingénieur sans avoir la formation officielle ni les diplômes requis), qui n'avaient reçu qu'une éducation sommaire ou parfois même n'avaient suivi qu'une formation accélérée. À peine 11,4 % des ingénieurs et des techni-

1. Pisarev, *Naselenie, op. cit.*, p. 41.

ciens avaient accompli des études supérieures. Il en allait de même pour la grande masse fourrée dans la catégorie des « cadres dirigeants et spécialistes » pour l'ensemble de l'industrie. Une enquête effectuée en 1933 montra que sur les quelque 861 000 personnes dénombrées dans cette catégorie, 57 % n'avaient aucune formation supérieure ni secondaire spécialisée [1].

Il convient, cependant, d'examiner maintenant le problème général de l'« intelligentsia » sous un autre angle. Les définitions statistiques employées dans les publications officielles laissaient à désirer et n'exprimaient pas les réalités sociales. L'appellation même d'« intelligentsia » passait sous silence des complexités ainsi qu'une pléiade de groupes particuliers comprenant : 1) l'intelligentsia créative, ancienne et nouvelle; 2) les spécialistes, anciens et nouveaux, réunis dans la catégorie des « ingénieurs et travailleurs techniques »; 3) les petits fonctionnaires des divers *apparaty*; 4) la haute administration; et 5) l'oligarchie dirigeante. Les deux derniers groupes peuvent être rassemblés autour d'une notion un peu plus large – celle d'élite politique.

Il ressort clairement de cette classification que l'histoire de l'intelligentsia est loin de se limiter à la création d'une couche de spécialistes instruits. Masquer ou camoufler les réalités du pouvoir sous la forme de constructions statistiques ou idéologiques – chose qui n'est pas un phénomène exclusivement soviétique – est une pratique qui revêt diverses formes suivant les circonstances. Des catégories comme celles d'« employés » *(služaščie)* ou d'« intelligentsia » peuvent dissimuler infiniment plus qu'elles ne laissent paraître.

Les millions de personnes rangées dans l'intelligentsia comprenaient aussi – on l'a vu – une écrasante majorité de fonctionnaires qui n'avaient guère fait d'études et dont le niveau de compétence professionnel était médiocre; on comptait trois employés dans cette situation pour un spécialiste réellement formé [2]. La réunion de ce personnel médiocrement instruit et

1. Ces chiffres extraits de l'enquête de 1930 se trouvent *in* M.P. Kim, éd., *Industrializacija SSSR 1929-1932,* Moscou, 1970, p. 571; les résultats de l'enquête de 1933 se trouvent in *Socialističeskoe stroitel'stvo SSSR,* Moscou, 1935, p. 522.

2. Il s'agit d'une évaluation concernant l'année 1937, *in* S.I. Senjavskij, *Izmenenija v social'noj strukture sovetskogo obščestva 1938-1970,* Moscou, 1973, p. 299. D'après lui, l'intelligentsia (dans laquelle il n'inclut que les spécialistes pouvant se prévaloir d'une formation professionnelle secondaire ou supérieure) ne représentait en 1940 que 3,3 % de la population employée, tandis que le « personnel non spécialisé » représentait 13,2 % de la main-d'œuvre totale employée.

non spécialisé dans le même groupe que les spécialistes réellement formés et les lettrés était destinée à créer l'impression d'un véritable bond culturel et procède donc d'une grossière exagération de la réalité. En vérité, cette multitude d'employés chichement payés constitua une adjonction à la structure sociale qui, loin d'en élever nécessairement le niveau, fournit un milieu propice à la diffusion de tendances irrationnelles et obscurantistes. Cette catégorie des petits employés ne recoupait que partiellement celle des *praktiki* qui, sans avoir suivi une formation en bonne et due forme, n'en étaient pas moins souvent des hommes capables. Dans leur majorité, pour reprendre le constat d'un sociologue soviétique, ces modestes employés étaient fort « peu prometteurs » *(besperspektivnye)*, bien qu'ils fussent nombreux, par l'intermédiaire du parti, à accéder à de hauts postes de responsabilités dans des *apparaty* influents. Nombre d'entre eux furent rangés dans la catégorie des membres du parti classés comme « employés », et ils contribuèrent certainement à la décadence morale et culturelle du parti dans ces années-là.

Notre intention, il est bon de le préciser, n'est pas d'établir un lien entre le niveau d'éducation et le degré d'élévation morale. Mais nous sommes en présence d'un climat politique qui a encouragé ou suscité des instincts irrationnels et vils et qui a probablement reçu des masses inexpérimentées, incultes, inexpertes et désorientées une réponse meilleure que celle qu'il aurait pu attendre d'une population plus cultivée et politiquement avertie.

Gratifier cette masse qui s'entassait dans les bureaux du prestige attaché à la catégorie d'« intelligentsia » relevait de l'hypocrisie. Et de toute façon, les fonctionnaires subalternes ne devaient guère profiter de la politique de promotion et d'augmentation du salaire et du prestige que le régime réserva aux spécialistes. Cette politique acquit un certain élan au cours de la lutte contre le nivellement salarial *(uravnilovka)*. L'éventail des salaires s'élargit, d'abord parmi les ouvriers eux-mêmes, en fonction des compétences et de certaines normes de rémunération à la pièce, puis (en même temps, à partir de 1931) lorsque les salaires moyens des ingénieurs commencèrent à augmenter et à s'écarter des normes salariales privilégiées qui étaient jusqu'alors celles des ouvriers de l'industrie. En août 1931 fut franchie une étape importante vers l'abolition de la discrimination à l'encontre de l'intelligentsia technique : l'égalité pleine et entière avec les ouvriers de l'industrie – y compris la possibilité pour eux et pour leurs enfants d'accéder à l'enseignement supérieur, le bénéfice des mêmes normes alimentaires, et un droit égal à séjourner dans des sanatoriums – fut instaurée dans les régions où les ouvriers avaient reçu la priorité. L'intelligentsia technique bénéficia enfin désormais de la même priorité que les ouvriers dans le domaine si important du logement, avec le droit supplémentaire – jusqu'ici réservé à la seule catégorie privilégiée des hauts fonctionnaires *(otvetrabotniki)* – à un cabinet de travail [1]. Un an plus tard fut créée une commission gouvernementale spéciale chargée de surveiller la construction de logements pour les ingénieurs, les techniciens et les scientifiques.

La parité avec les ouvriers ne dura pas longtemps, puisque les techniciens et autres spécialistes continuèrent leur ascension. Au cours de la période de « prolétarisation », plus de 50 % du corps estudiantin était issu de la classe ouvrière, tandis que la catégorie des « employés » était tombée à 32,8 %. Mais au fil des années 1930, les barrières de classes à l'entrée des universités et du parti furent supprimées, et les fils d'employés (et de spécialistes) firent un retour en force. Dans les universités, le groupe des employés serait passé à 42,2 %, tandis que les ouvriers retrouvèrent le lot qui était le leur sous la N.E.P. avec un taux de 33,9 % [2]. De toute évidence, les fils d'ouvriers et de paysans se retrouvaient désormais en grand nombre dans les universités. Mais la tendance de plus en plus nette à privilégier les fils des parents déjà cultivés participait sans conteste d'une nouvelle échelle de valeurs partagée par les responsables politiques comme par la société dans son ensemble.

À partir de 1934, les professionnels, les spécialistes et les administrateurs allaient commencer à toucher régulièrement des salaires mensuels fixes et garantis; et après la discrète abolition en 1932 du *partmaksimum,* qui maintenait la rémunération mensuelle des membres du parti dans une fourchette de 250 à 300 roubles, la porte allait être ouverte à la création d'une véritable pyramide des revenus et des privilèges [3].

Les chefs et leurs « apparaty »

Le problème des cadres ne consistait pas seulement à trouver assez de spécialistes et de gestionnaires, mais à promouvoir une

1. *Sobranie zakonov,* n° 44, 1931, art. 322.
2. B. Borisov, *in* Kim, *Kul'turnaja revoljucija, op. cit.*, p. 138. Ces chiffres n'ont qu'une valeur indicative dans la mesure où leur précision reste fort contestable.
3. V.I. Kuzmin, *Istoričeskij opyt sovetskoj industrializacii,* Moscou, 1963, p. 149.

puissante classe de chefs *(načal'stvo)* composée de cadres supérieurs dans les entreprises et de hauts fonctionnaires dans les organismes d'État. Les *načal'stvo*, la couche dirigeante de l'État, formaient un groupe privilégié que le système ne cessa de protéger – même si nous ne devons pas oublier qu'en termes staliniens « protection » a toujours été synonyme, même pour les plus privilégiés, de rossée permanente.

Le fait, cependant, d'être admis dans ce groupe, conférait de très considérables avantages, en particulier dans un pays où sévissait la pénurie, et ces chefs disposaient d'un très grand pouvoir sur leurs subalternes. Certains privilèges – voiture, pension spéciale, places réservées dans les restaurants – étaient connus de tous. Mais de nombreux avantages demeuraient cachés : ainsi des magasins spéciaux, des mandats spéciaux, de l'échelle progressive des notes de frais, des privilèges en matière de logement, des lieux de séjours particuliers bien protégés, et enfin de l'« enveloppe cachetée » contenant la prime en sus du salaire normal. Tout cela se développa lentement jusqu'à devenir une échelle d'importance et de pouvoir officiellement consacrée et très rigide.

La classe des *načal'stvo* est née du principe de l'unité de direction *(edinonačalie)* tel qu'il se développa après 1929. La création d'un échafaudage hiérarchique de chefs dévoués, soudés par la discipline, les privilèges et le pouvoir, résultat d'une stratégie d'organisation sociale délibérée visant à stabiliser le mouvement. Cette classe apparut donc dans des conditions de tension, de désorganisation générale et de guerre sociale, et le régime demanda effectivement à ces chefs de se considérer comme des commandants engagés dans une bataille. Le parti entendait que ces chefs se montrassent efficaces, forts, sévères, impétueux et capables d'exercer des pressions brutales et sans pitié pour obtenir des résultats « à n'importe quel prix ». La brutalité *(grubost')* devint une vertu et, surtout, le chef se vit confier des pouvoirs quasi policiers sur le lieu de travail : il avait entre autres prérogatives le pouvoir d'infliger des amendes et de licencier des employés, ce qui privait *ipso facto* les victimes de leur logement et de leur ration alimentaire, mais aussi la possibilité supplémentaire (encore plus corruptrice) de recourir aux organes locaux de sécurité et au procureur public. Le but véritable de cette formation de directeurs despotiques était en fait de créer des *souverains* plutôt que des dirigeants. L'extrême insécurité de leurs propres fonctions et la précarité de leur liberté rendirent probablement les traits tyranniques de leur domination encore plus capricieux et brutaux [1].

Un déluge de paperasse

Tous les *apparaty* – centraux ou locaux, du parti ou de l'État – connurent une croissance rapide et un renouvellement non moins rapide de leur personnel, et tous eurent à souffrir des purges, de la médiocrité du niveau culturel et professionnel de leurs membres et des dysfonctionnements liés à une centralisation excessive et aux « méthodes administratives ».

La centralisation des décisions, allant de pair avec la concentration du pouvoir, des prérogatives et des ressources entre les mains d'une poignée de hauts dignitaires, trouva des parallèles dans toutes les administrations. À tous les niveaux, le pouvoir appartenait à un petit cénacle, sinon même à un seul chef. Nous avons déjà discuté de cette création de « petits Staline » dans les usines. Le phénomène devint envahissant, mais ses résultats sont encore loin d'avoir été appréciés dans toute leur ampleur. Les responsables politiques agirent dans l'idée que dans une situation de rareté des ressources et des compétences, qui ne profitaient guère à l'organisme socio-économique qui se développait, il convenait de concentrer le pouvoir entre les mains d'une poignée d'hommes moins nombreux, mais plus compétents et fiables. C'est cette idée qui présida à la promotion des *načal'stvo,* de l'*edinonačalie* et, au faîte de l'édifice, du « culte de la personnalité ». Mais cette tendance s'affirma dans une large mesure spontanément, sous l'effet conjugué de la politique suivie et des nombreux éléments, imprévus mais tenaces, inhérents à l'univers bureaucratique d'un État dictatorial, mais qui ne répondaient à aucune stratégie ni aux intentions de personne. Des membres du Politburo, des journalistes ou des inspecteurs de l'*apparat* ont pu présenter tel ou tel de ces éléments comme des « insuffisances », mais le fait est que ces « insuffisances » se révélèrent si persistantes qu'il est impossible d'échapper à la conclusion qu'elles représentaient des traits permanents du système.

Entre autres « insuffisances », il faut signaler le « déluge de

1. La préférence pour l'« autorité brute » ne signifie pas que tous les directeurs étaient réellement des despotes. Il y en avait certainement beaucoup de type « paternaliste » russe traditionnel et quelques-uns, une minorité, qui avaient une tournure d'esprit et un style *(delovye)* « affairiste », prêts à la compromission et à la connivence. Quelle que soit la typologie, leurs pouvoirs et leurs privilèges étaient communs à la catégorie tout entière, en particulier dans les entreprises et les établissements les plus importants.

paperasse » *(bumažnyj potok)*, la prolifération des fonctionnaires et des bureaux, et (aussi incroyable que cela puisse paraître pour un État aussi centralisé) le multicentrisme. Une étude du commissariat du Commerce extérieur et intérieur de Mikojan, pour prendre un exemple, découvrit que l'ensemble du ministère se trouvait en pleine crise en 1930. Mais la submersion par les détails, un déluge de 2 500 « papiers » par jour, et la perte de contrôle sur les grandes questions politiques ainsi que sur leur coordination [1] n'étaient pas le problème du seul jeune Mikojan. Une autre étude [2] des *apparaty* des comités exécutifs des soviets locaux découvrit un certain nombre de traits déplaisants : une défiance profondément enracinée dans les instances supérieures des organes inférieurs, le manque de clarté présidant à la division des fonctions, le multicentrisme, le parallélisme, l'énorme multiplicité des circuits menant de Moscou jusque dans les *rajony*, le harassement et la chicanerie caractérisant la supervision des échelons inférieurs par la hiérarchie, et les retards constants [3]. Le fonctionnarisme et le style bureaucratique, dénoncés par les hauts dirigeants en personne comme autant de signes d'une « paperasserie formaliste » *(kanceljarščina* et *formal'no-bumažnoe rukovodstvo)*, apparurent comme des phénomènes auxquels il n'y avait pas moyen d'échapper. Les dirigeants comme le public demeuraient abasourdis et, en fait, démunis. Stučka (éminent juriste, théoricien, et juge à la Cour suprême), par exemple, parut fort étonné de découvrir ce que tout fonctionnaire savait déjà : que les services de l'État se livraient une farouche guerre intestine. C'est une véritable « lutte des classes », expliqua-t-il, dans laquelle les parties se conduisent en ennemis et en authentiques concurrents [4]. Il dut se contenter d'un soupir.

Il est clair que la direction ne comprenait pas ce qui se passait à l'intérieur de la bureaucratie ni pourquoi. Quand il était encore à la tête du commissariat de l'Inspection d'État, Ordžonikidze déplora que chaque fois qu'étaient décrétées des compressions de personnel et des économies financières, l'opération se soldait par une augmentation des dépenses et un accroissement du nombre d'employés [5]. Et d'ajouter qu'il était impossible de franchir tous les obstacles à l'intérieur d'*apparaty* aussi imposants

1. G. Šklovskij, in *Revoljucija prava*, n° 7, 1930, p. 89.
2. *Ibid.*
3. *Ibid.*, p. 59-61.
4. P.I. Stučka, in *ibid.*, n° 10, 1930, p. 19.
5. Ordžonikidze, *Stat'i i reči*, vol. I, pp. 228-229.

que lourds pour leur arracher des informations réalistes [1] avant de réclamer une étude de la propension des *apparaty* à déformer les décisions gouvernementales. C'était, en vérité, une tâche impossible. Les fonctionnaires formaient des « familles » et pratiquaient toute sorte de protection mutuelle.

La croissance du Moloch bureaucratique ne menaçait pas seulement le pays; elle terrifia aussi les plus hauts dirigeants. Ils réagirent, fidèles à leur style et à leur tradition, en faisant pression sur les *apparaty* ou en les purgeant. L'idée générale était de « tomber à bras raccourcis sur certains, à titre d'exemple pour les autres » *(bol'no stuknut' kogo sleduet, v primet i nauku drugim)* [2]. Les dirigeants intensifiant les mesures de contrôle et de terreur, la « centralisation » fut également renforcée au point de ne cesser de multiplier les mêmes phénomènes. Face à ces pressions des autorités supérieures, les fonctionnaires se sentirent contraints de se défendre en se rabattant sur une politique de remplissage et de dissimulation, bref en « prenant des gants » – et en répercutant les pressions sur leurs subalternes pour obtenir des résultats.

Toute cette atmosphère fut propice à l'épanouissement des caractères roublards et madrés, sans scrupules et conformistes, qui avaient appris à leurs dépens les inconvénients de prendre des initiatives sans avoir reçu d'ordres de ses supérieurs. Bientôt l'habitude allait devenir une seconde nature, et le système de « contre-incitations » allait mobiliser plus d'énergies pour bloquer les ordres et les plans venant du haut que pour les exécuter. Syrcov, le chef de l'appareil d'État de la République russe, savait de quoi il parlait en tenant ces propos : « Nous lions pieds et poings à un homme par toutes sortes de règles, puis nous l'enfermons dans une bouteille que nous bouchons et sur laquelle nous apposons la marque de l'État; et alors nous nous étonnons : “ Pourquoi cet homme ne montre-t-il pas la moindre énergie ni la moindre initiative [3]? ” » Il ne dit mot de la terreur, mais celle-ci allait de soi. L'appel qu'il lança pour résoudre le problème « en laissant les gens sortir de la bouteille » lui valut quelques ennuis cette même année.

1. « Vous pouvez fouiller autant que vous voulez, ils ne vous donneront pas de renseignements exacts », *ibid.*, p. 228.

2. Citations extraites du discours de Postyšev à Kharkov, in *Partijnoe stroitel'stvo*, n° 5, 1933. Il exprimait là les dogmes généralement acceptés de ce qui était alors « l'art bolchevik de gouverner ».

3. S.I. Syrcov, *O nedostatkah i zadačah*, Moscou et Leningrad, 1930, p. 15, discours de février 1930.

Quatre ans plus tard L. Kaganovič, l'un des autres promoteurs et praticiens de la « manière forte », dressa la liste des facteurs responsables de l'instabilité dévastatrice du personnel au sein du parti comme dans les autres *apparaty* : ceux qui se trouvent au sommet « frappent en plein », et les renvois et les sanctions étaient si fréquents que bien des responsables locaux du parti, même si tout avait très bien marché pendant quelque temps, étaient convaincus que la vie normale ne pouvait durer et, pour conjurer la catastrophe, se disaient : mieux vaut balayer *(nado smyvat'sja)* tant que les choses vont bien [1].

La « logique » de l'appareil centralisé conduisait à rejeter le blâme sur les seuls échelons inférieurs : si seulement les comités d'*oblast'* en savaient plus long sur leurs cadres et s'en occupaient mieux, soupirait Kaganovič. Mais au besoin, il pouvait aussi se référer à une vision plus large des choses : « l'analyse en termes de classes », pour tout mettre sur le dos des fonctionnaires tsaristes encore en service et de tous les autres « éléments socialement étrangers..., faillis, et parasites dégénérés ».

Telles furent en effet les expressions employées pour guider la gigantesque purge des *apparaty* de l'État ordonnée par le parti en 1929 [2]. Purger (*čistit'*, ou, plus aimablement, *podčistit'*) devint une nouvelle expression de « l'art de gouverner » au quotidien, dont les effets furent immenses et sont bien connus de tous. L'épuration des fonctionnaires commencée en 1929 dura deux bonnes années; elle désorganisa et désorienta les administrateurs et aboutit à l'élimination d'un fonctionnaire vérifié sur dix – puis elle prit fin sur une décision de mettre un terme à toute l'entreprise et de ne plus jamais recourir à la méthode des « épurations générales » *(poval'nye čistki)* [3]. Les 160 000 fonctionnaires épurés étant partis (beaucoup sont probablement revenus par la suite), restaient de nombreux phénomènes perturbateurs, entre autres une inflation du personnel, qui poussèrent le gouvernement à prendre une nouvelle initiative : non pas une purge, mais une « réduction du personnel » qui permit, semble-t-il, d'écarter quelque 153 000 autres fonctionnaires au cours de l'hiver 1932-1933 [4].

Ce ne devait pas être le dernier mot. Le *činovnik*, pensait

1. *Bol'ševik*, n° 21, 1934, p. 12.
2. *KPSS v rezoljucijah s'ezdov i konferencii*, vol. II, 1957, pp. 541, 546.
3. L.F. Morozov et V.P. Portnov, *Organy partiino-gosudarstvennogo kontrolja 1923-1934*, Moscou, 1964, pp. 139-142.
4. S. Ikonnikov, *Sozdanie i dejatel'nost' obedinennyh organov TsKK-RKI v 1923-1934 godah*, Moscou, 1971, p. 212.

Trotsky, allait avaler la dictature du prolétariat si la dictature ne l'avalait pas à temps. Cette prophétie n'était pas tout à fait exacte. Le prolétariat resta sur la touche, tandis que le *činovnik* « avalait » les masses et que l'État avalait ces mêmes *činovniki*. Toute cette affaire ne fut que le *modus operandi* d'un État policier, forçant le pays à entrer dans une modernité de son cru et attrapant quelques maladies mortelles en cours de route.

CHAPITRE X

Les relations sociales dans l'industrie au cours des plans quinquennaux d'avant-guerre : 1928-1941

La période étudiée ici – les années 1928 à 1941 – vit un changement en profondeur des structures politiques et sociales de l'U.R.S.S. Nous concentrerons ici notre attention sur les relations sociales dans l'industrie, en particulier dans l'industrie à grande échelle, et l'on peut affirmer que ces relations sociales n'étaient qu'un aspect du nouveau système industriel qui apparut au cours de ces années-là. Il est vrai que cette période est en vérité fort brève et qu'il n'est pas toujours facile de discerner en elle les traits transitoires des traits plus permanents, dont beaucoup sont encore largement présents aujourd'hui. Dans une perspective historique, cependant, certains phénomènes à plus court terme – en particulier le rythme et l'intensité du changement, l'essor sans précédent de l'emploi industriel caractéristique de ces années – ont joué un rôle capital dans les relations sociales et humaines de l'époque tout en affectant la nature même du système politique. Les composantes industrielles et politiques du régime furent sujettes à des changements fréquents auxquels on peut rattacher, à des fins d'analyse et d'explication, une rigidité et une sévérité excessives aussi bien que le caractère capricieux de l'exercice du pouvoir.

Durant cette période, la main-d'œuvre industrielle a triplé, le nombre des ouvriers a été multiplié par 2,5 tandis que l'on construisait quelque 8 000 nouvelles grandes entreprises et qu'apparaissaient de nouvelles branches industrielles; au cours

---

« Social Relations Inside Industry During the Prewar Five-Year Plans », in *L'Industrialisation de l'U.R.S.S. dans les années trente*, éd. par Charles Bettelheim, Paris, École des hautes études en sciences sociales, 1982; comptes rendus d'une table ronde, Paris, décembre 1981.

de ce processus, bien sûr, de nouveaux groupes entrèrent précipitamment dans le secteur social industriel, et cette poussée de développement industriel et d'assimilation d'une immense main-d'œuvre engendra de très vives tensions. Nul doute que l'on puisse justifier l'emploi de l'expression de « crise sociale » pour décrire les tensions sociales de la période. L'ampleur et le rythme de ces transformations furent à la racine de la crise et, en particulier, du phénomène de « télescopage des étapes » qui se produisit durant ces années lorsqu'il fallut faire entrer de force dans le monde industriel une main-d'œuvre à grande majorité rurale, à moitié illettrée ou totalement analphabète, et lui apprendre en même temps à se servir des machines, à s'habituer à une organisation peu familière et compliquée, à lire, à respecter l'autorité, à changer sa perception du temps et à utiliser un crachoir. Il va sans dire que ces tâches allaient demander bien plus qu'une décennie; qui plus est, l'effort parallèle de formation, souvent à partir de zéro, d'ingénieurs et d'administrateurs aussi bien que d'enseignants appelés à professer dans les centaines de nouveaux établissements d'enseignement secondaire et supérieur qui se multiplièrent à l'époque ne pouvait que rendre les choses encore plus compliquées. Le phénomène des *praktiki* – de ces gens sans spécialité et de culture générale assez médiocre qui prirent des emplois techniques et administratifs – fut et demeura un contrecoup de la « grande offensive ». En vérité, ces effets furent profonds et plus durables que ce seul phénomène des *praktiki* – dont certains, il faut le préciser, étaient certainement des hommes capables.

Mais nous parlons d'une « crise sociale » et non d'un simple processus d'apprentissage, de formation, et de temps héroïques où il fallait se serrer la ceinture, comme certains auteurs à l'ancienne mode veulent nous le faire croire. La décennie – s'il nous est permis d'appeler ainsi cette période du fait de sa brièveté – fut marquée par des vagues de guerre sociale, et notamment trois étapes ou trois guerres sociales qui méritent d'être distinguées. Dans les années 1928-1931, à partir de l'affaire de Šathy [1] une offensive contre « l'intelligentsia bourgeoise » qui perturba sérieusement le monde de l'industrie; des milliers de personnes furent arrêtées, avec ou sans procès, puis déportées dans des

1. Au printemps 1928, une cinquantaine d'ingénieurs et d'administrateurs de l'industrie minière du Donbass, en Ukraine, furent traduits devant la justice pour sabotage. La plupart furent condamnés à diverses peines de prison, mais le tribunal prononça aussi un certain nombre de condamnations à mort.

camps où l'on vit apparaître les premiers exemples de ce que l'on devait appeler plus tard les *šaragi* : des techniciens en captivité inventant et construisant des pièces compliquées sous la férule de la G.P.U. et l'aiguillon d'une promesse de libération et d'une forte récompense. Cette manière plutôt « pharaonique » d'employer les techniciens au XXe siècle marqua cette période de bien d'autres façons, illustrant ainsi le « télescopage des étapes ».

Avec le tassement des persécutions contre les techniciens, les rapports avec la classe ouvrière se dégradèrent et le relâchement de la discipline sur le lieu de travail prit des proportions catastrophiques : *proguly* (absentéisme), effroyable instabilité du personnel (la *tekučka* si souvent évoquée), alcoolisme, houliganisme et sabotage des machines, sans oublier les très « mauvaises humeurs » des ouvriers (si l'on en croit le discours que Postyšev prononça en 1932 devant le IXe Congrès syndical en parlant de *skvernye nastroenija*).

Le régime réagit par une volée de mesures draconiennes : renvois, privation de cartes de pain et de logement – le décret du parti-gouvernement précisant même que l'expulsion d'un locataire de son domicile devait se faire « indépendamment de la saison ». Ce fut la deuxième guerre sociale, qui devait se prolonger, avec une intensité variable et en particulier avec une nouvelle flambée soudaine, sous le troisième plan quinquennal. Les efforts de 1931 pour se réconcilier avec les spécialistes « bourgeois » (et autres) étaient sans doute très directement liés à cette guerre, et pas uniquement à la pénurie débilitante de techniciens.

Les effets de ces deux guerres ne s'étaient pas encore effacés qu'une troisième vague déferla, celle de la « guerre contre les cadres » – politiques, militaires, administratifs, techniques et scientifiques – dont la fine fleur fut emportée dans les purges des années 1936-1938.

Notre esquisse serait incomplète si nous ne précisions pas que la priorité donnée à l'industrie lourde et la politique de l'investissement créèrent des pressions inflationnistes, avec une poussée en 1928-1929, une longue vague en 1931-1934, un intermède de stabilisation des prix en 1935-1937, puis de nouveau une vague inflationniste qui devait se prolonger de 1938 jusqu'à la fin de la guerre [1]. Malgré certains progrès durant l'accalmie de l'inflation, les salaires réels tombèrent au cours de cette période

1. Périodisation empruntée à Basile KERBLAY, *La Société soviétique contemporaine*, Paris, Armand Colin, 1977, p. 174.

bien en deçà de leur niveau de 1928 et 1913 et, comme certaines études soviétiques l'ont montré, ils restèrent à peu près au même faible niveau jusqu'au début des années 1950 [1].

L'examen de la structure sociale ne peut se faire qu'en gardant à l'esprit ce contexte touchant à la période de « l'accumulation primitive ».

PROFESSIONNELS ET FONCTIONNAIRES

Les statistiques de l'emploi industriel, qui est passé de 3 779 000 personnes en 1928 à 10 967 000 en 1939, traduisent incontestablement un rapide processus de rénovation physique du personnel ainsi que l'entrée assez récente dans l'industrie de la majeure partie des employés. Suivant une source relative à l'emploi dans l'ensemble de l'économie nationale, 80 % des personnes employées en 1940 avaient rejoint la population active au début ou pendant la « période de reconstruction ». Le même ordre de grandeur valait aussi pour l'industrie, et cette brièveté du *staž* (ancienneté) valait aussi pour toutes ses catégories et l'ensemble de ses groupes sociaux. Notre étude commence par la catégorie des *rukovoditeli*, des administrateurs, bien qu'il ne soit pas toujours facile de distinguer les cadres ou les administratifs des techniciens et des ingénieurs. Un document des Archives économiques centrales de l'État (Ts.G.A.N.Kh.), daté du 29 mars 1941, nous apprend que le nombre total des « cadres dirigeants et des spécialistes » était de 589 049, dont 175 000 travaillaient dans les *zavodo-upralevnija* et le reste dans les ateliers [2]. Seule une minorité d'entre eux – des directeurs d'usine, 13 530 en tout, aux contremaîtres *(mastera)*, 138 363 hommes à poigne à l'échelon le plus bas – formait l'échelle ou l'échafaudage administratif; le reste représentait le commun des ingénieurs et des techniciens. Les véritables *načal'stvo* (chefs), cependant, comptaient à mon avis quelque 75 000 cadres supérieurs et 43 888 chefs d'atelier *(načal'niki ceha)*, le premier groupe appartenant, dans le langage militarisé de l'époque, à la structure du commandement supérieur *(vysšii komandnyi sostav)*, et les

1. Par exemple, V.F. Maier, *Dohody Naselenija i rost blagosostojanija naroda*, Moscou, 1968, pp. 96-97; L.A. Gordon, E.V. Klopov, *Social'noe razvitie rabočego klassa SSSR*, Moscou, 1974, p. 143.

2. Ts.G.A.N.Kh., *Industrializacija SSSR, 1938-1941 : Dokumenty i materialy*, Moscou, 1973, p. 277. (Les Ts.G.A.N.Kh. sont les Archives centrales de l'État pour l'économie nationale.)

chefs d'atelier avec leurs adjoints et les ingénieurs en chef formant les grades intermédiaires *(srednii komsostav)*; pour finir, il y avait les contremaîtres, comptés comme N.C.O.

La saturation du parti par cette catégorie de dirigeants et de spécialistes était très forte, puisque 30 % environ appartenaient au parti et 10 % au Komsomol; 81 % des directeurs, 48 % des chefs d'atelier, et 30 % des contremaîtres étaient membres du parti, tandis qu'un pourcentage plus faible appartenait au Komsomol.

Les *mastera*, les représentants les plus bas de l'administration, causèrent bien des soucis aux autorités. Ils formaient une couche cruciale de l'administration industrielle mais, à la fin de la N.E.P. et pendant encore quelque temps, ils devaient constituer trop souvent un groupe d'hommes rudes et brutaux, hésitant entre le monde des ouvriers et celui des I.T.R. (ingénieurs et techniciens) sans adhérer à l'un ni à l'autre [1]. Le *master* était trop rude pour se faire accepter par les ouvriers (et, après tout, n'était-il pas l'œil de l'administration?) et trop primitif pour que les I.T.R. le reconnaissent, socialement ou même professionnellement, comme l'un des leurs.

Le jour viendrait où le contremaître ferait partie, et pas seulement à titre officiel, des I.T.R., qui à la fin de notre période comptaient 264 736 ingénieurs et 222 557 techniciens – une partie de ces ingénieurs, appartenant, bien sûr, à l'échafaudage administratif. La proportion entre ingénieurs et techniciens, si manifestement insuffisante, ne doit pas nous retenir ici, même si elle eut bien des conséquences importantes, en particulier pour l'image des ingénieurs à leurs propres yeux. En revanche, nous ne saurions passer sous silence le fait que 38 % seulement des ingénieurs avaient reçu une formation supérieure. Près de 20 % avaient reçu une formation secondaire spécialisée, et plus de 41 % étaient de simples *praktiki.* Parmi les techniciens, un pourcentage très élevé – 60 % – était formé de *praktiki* et le manque d'une formation appropriée se faisait sentir à tous les rangs; en particulier, près de 27 % des ingénieurs en chef étaient dans ce cas. Il y avait sans doute eu une certaine amélioration par rapport à la situation de ce dernier groupe au début des plans, mais les progrès étaient demeurés modestes. Et, à la veille de la Seconde Guerre mondiale, la très grande majorité des contremaîtres étaient encore des *praktiki* – à près de 89 %.

1. M.P. Tomskij, *8-oj s'ezd profsojuzov, stenotčët*, Moscou, 1928, p. 30.

D'après Senjavskij, l'industrie ne comptait que 310 000 personnes ayant suivi des études secondaires et supérieures, proportion très insuffisante due en partie à l'offre encore assez modeste de travailleurs qualifiés en 1941 (pas plus de 2,4 millions), mais plus encore à une tendance sociale poussant les diplômés à se détourner de l'industrie ou, à l'intérieur même de l'industrie, à se désintéresser du processus direct de production pour se tourner vers les services de gestion et les commissariats [1]. Ce phénomène relève de la sociologie des structures socioprofessionnelles dans la société et l'industrie soviétiques, et nous y reviendrons plus longuement par la suite. Mais nous pouvons d'ores et déjà noter que les dirigeants du pays ne cessèrent de déplorer le manque de cadres, leur insuffisance numérique autant que qualitative, qui paralysa constamment le développement du pays, en particulier au cours du deuxième plan quinquennal si l'on en croit une source [2]. Mais pourquoi pas aussi au cours du troisième, après que les purges eurent emporté tant de cadres, probablement quelques-uns des meilleurs, quand 8 % seulement de ceux qui avaient fréquenté l'université appartenaient à l'ancienne catégorie des « bourgeois »? Ces purges eurent certainement une influence sur l'ancienneté des ingénieurs. Près de la moitié de ces ingénieurs avaient moins de trois ans de service, 65,6 % moins de cinq ans. Ainsi la grande masse des ingénieurs n'avaient-ils que fort peu d'expérience à cette époque. En un sens, ils étaient aussi « novices » à leur poste que bien des ouvriers au leur, et il en allait de même pour les administrateurs. Nul ne s'étonnera de découvrir que la mince couche des « spécialistes bourgeois » – qui, après quelques efforts de réconciliation à partir de 1931 résista bien mieux à la tempête des purges que les cadres affiliés au parti – était encore d'une immense importance pour le nouveau géant industriel. Ils détenaient encore la majorité des postes cruciaux de directeurs techniques et d'ingénieurs en chef.

La couche suivante, socialement et numériquement importante dans le monde de l'industrie, était celle des « fonctionnaires » – *služaščie* – ou « employés de bureau », que quelques auteurs et sources statistiques soviétiques placent encore dans la catégorie unifiée des salariés, ou dans l'intelligentsia; d'aucuns les fourrent même avec les ouvriers, tandis que d'autres, heu-

1. S.I. Senjavskij, *Izmenenie social'noj struktury sovetskogo obščestva, 1938-1939*, Moscou, 1970, pp. 299, 302.
2. M.P. Kim, éd., *Sovetskaja intelligencija, op. cit.*, pp. 206-209.

reusement, nous permettent de les isoler et de les distinguer des ouvriers et des I.T.R. Un petit tableau tiré d'un recueil statistique de 1964 nous donne une image utile et une idée de l'évolution des différents groupes de main-d'œuvre industrielle (voir tableau VI).

Ces chiffres indiquent que le groupe des fonctionnaires connut une croissance très rapide et fut même, pendant quelque temps, le deuxième après celui des ouvriers. Le groupe des I.T.R. devait le rattraper en 1937, lorsque le contingent des fonctionnaires fut amputé avant de connaître une nouvelle accélération de sa croissance, moindre que celle des I.T.R., mais beaucoup plus rapide que celle des ouvriers. D'après une source, le nombre des ouvriers employés dans l'industrie baissa de 2 % dans les années 1937-1939, tandis que celui des *služaščie* augmenta de plus de 15 %.

VI : PERSONNEL INDUSTRIEL, 1928-1940 (en milliers)

	1928	*1932*	*1937*	*1940*
Total	3 773	8 000	10 112	10 967
Ouvriers	3 124	6 007	7 924	8 290
Apprentis	135	560	335	351
I.T.R.	119	420	722	932
Služaščie	236	700	649	768

Source : *Promyšlennost' SSSR*, Moscou, 1964, p. 84.

Ces chiffres paraissent confirmer un relatif ralentissement dû aux efforts entrepris pour contenir leur croissance, mais cette apparence est sans doute en partie trompeuse. Pressés par le gouvernement de réduire leur personnel *(štaty)*, les administrateurs se livrèrent à certains « maquillages » pour donner l'impression d'obtempérer ou encore augmentèrent le nombre des I.T.R. pour les charger de tâches supplémentaires – travail de bureau et corvées sans rapport avec leur spécialité; ce fut là, en fait, l'une des sources de l'inefficacité de l'industrie, les ingénieurs gaspillant plus de la moitié de leur temps à ce type d'occupations et s'en plaignant amèrement.

Les fonctionnaires n'étaient pas très respectés parmi les ouvriers et préoccupaient beaucoup les autorités, au point que l'on prit l'habitude de considérer leur prolifération – dans l'industrie ou ailleurs – comme un fléau : « le ballonnement *(razbukanie)* des *apparaty* ». En fait, ils passaient pour l'incarnation de la « bureaucratisation » et du « bureaucratisme ». Le Gosplan s'est penché sur les causes de ce « ballonnement » dans une intéressante étude consacrée à cette couche [1]. Les auteurs mettent en évidence certains traits du système, y compris du secteur industriel : la « méthode de tutelle mesquine », complexité de la structure d'encadrement, systèmes de rémunération embrouillés, excès de comptes rendus et de paperasserie, déformations dans la description du personnel et des postes, essor des *apparaty* de fournitures, médiocre mécanisation du travail de bureau – autant de facteurs qui contribuent à la prolifération de fonctionnaires mal formés, qui se multiplient parfois à un rythme plus rapide que celui de la croissance économique. (Scott a suggéré un facteur supplémentaire pour expliquer cette multiplication : le système de rémunération à la pièce, exigeant des calculs complexes pour déterminer les salaires à verser [2].) Nous comprenons pourquoi le Gosplan se plaignit de ce que les dépenses allant aux *apparaty* financées sur le budget de l'État avaient augmenté de 27 % en 1938-1939, et celles financées par les agences économiques elles-mêmes de presque 29 %, alors que les chiffres de la croissance industrielle et de l'augmentation du revenu national étaient demeurés plus modestes.

Nous sommes ici au cœur des malheurs de l'appareil et de la bureaucratie en U.R.S.S., même si nous ne devons pas perdre de vue qu'un aspect du problème a été souvent mal compris du fait de la sous-estimation, dans la théorie soviétique, des domaines d'activité « non productifs », débouchant sur une peur exagérée des « fonctionnaires ». Mais ce problème n'en était pas moins bien réel, y compris sur le plan social. À cette époque comme beaucoup plus tard encore, ces employés n'étaient pas « spécialisés » ni formés à quoi que ce soit, et ils étaient très médiocrement cultivés; beaucoup de ces prétendus « comptables », ou plus pompeusement, de ces « économistes » n'avaient droit à cette appellation professionnelle que parce qu'ils savaient lire et écrire et qu'il fallait bien leur verser un salaire.

Ce milieu, souvent d'origine populaire, était tenu en piètre estime par les I.T.R. comme par les ouvriers et, acceptant mal cette situation, ces employés formaient, en fait, une « classe de

1. Ts.G.A.N.Kh., *Industrializacija SSSR, op. cit.*, p. 252.
2. John Scott, *Behind the Urals : An American Worker in Russias's City of Stell*, 1942; reprint, Salem, N.H., Ayer, 1971, p. 75.

gens agressifs, avides de biens matériels et ambitieux », sans le moindre résultat remarquable de nature à justifier leurs appétits. Des études plus poussées de cette « petite bourgeoisie » soviétique ou de cette couche inférieure de « cols blancs » montreraient probablement qu'ils cultivaient des humeurs et des conceptions rétrogrades de la vie et de la politique – le nationalisme, notamment – et qu'ils étaient porteurs de toutes sortes de tendances « petites-bourgeoises », quand bien même ils n'avaient ni terre, ni boutiques, ni ateliers. Il est donc fort étonnant de constater que les autorités soviétiques – Molotov, notamment, dans ses indications de 1939 sur l'intelligentsia soviétique – incluaient ces pitoyables et assez incultes sous-produits de l'industrialisation dans la catégorie flatteuse de « l'intelligentsia ». Était-ce pour donner quelque poids à l'idée qu'une véritable « révolution culturelle » avait été accomplie en un laps de temps aussi court, au point que 16 % des employés du pays appartenaient désormais au monde des « intellectuels » *(intelligenty)* ? Les sociologues soviétiques devaient par la suite affirmer on ne peut plus catégoriquement qu'à peine 3 % des employés relevaient de l'intelligentsia, tandis que les autres 13 % formaient une masse très rétrograde de petits bureaucrates que Seniavskij a pu définir comme une « couche sans avenir » *(besperspektivnyj)*.

L'inclusion des *služaščie* dans l'intelligentsia fut malheureusement érigée à cette époque en véritable politique du gouvernement, et celle-ci ne manqua certainement pas de froisser les autres groupes du paysage social.

« LA CLASSE DIRIGEANTE »

Dans la Russie tsariste et soviétique, les ouvriers traversèrent une histoire assez courte mais difficile et convulsive, avec des hauts et des bas s'agissant de leur bien-être, de leur engagement politique, et de leurs batailles idéologiques à l'intérieur comme à l'extérieur de leurs rangs. Nous savons le rôle important que jouèrent les ouvriers dans la révolution de 1905 puis dans les deux phases de la révolution de 1917, et les ravages que firent parmi eux la guerre civile et le « communisme de guerre ». Au cours de la N.E.P. se produisit un singulier processus de « réassemblage » des ouvriers que l'on rappela de la campagne, de l'armée et, chaque fois que possible, des rangs des vagabonds déclassés et autres. Mais naturellement, les victimes de la guerre, les épaves sociales, et les heureux élus qui se retrouvèrent dans les administrations et les écoles, qui n'étaient certes pas leurs plus mauvais représentants, étaient perdus pour de bon. Il fallut les remplacer, comme à chaque fois, essentiellement par des recrues venant des régions rurales, d'où était originaire la majorité des ouvriers russes. Mais on fit aussi appel à un contingent bien plus réduit d'origine urbaine, et qui augmentait en même temps que les villes, pour battre le rappel dans les familles d'artisans et de petits commerçants et dans les rangs des enfants et femmes d'ouvriers.

Quoique fort pauvres et loin d'être heureux face à la nouvelle race de nepman et de potentats officiels qui jouissaient ostensiblement des meilleures choses de la vie, les ouvriers étaient encore sous la N.E.P. les favoris du régime. Ils jouissaient d'un traitement préférentiel en ce qui concerne l'admission dans les écoles et ils profitèrent de campagnes de promotion *(vydviženie)* leur permettant d'entrer dans l'administration et d'accéder à de hauts postes de responsabilité; de même, à l'entrée du parti, une très nette préférence de classe leur était réservée. Ils pouvaient encore se prévaloir de leurs « bonnes origines sociales », même si d'autres groupes s'évertuaient à saper cette position. Les efforts déployés dans maints quartiers non ouvriers pour décrocher, coûte que coûte, quelque emploi dans une usine, et entrer dans le syndicat de manière à pouvoir grimper encore plus haut – dans l'industrie métallurgique et dans le syndicat des ouvriers de la métallurgie – afin d'acquérir ce type d'armoiries et ouvrir d'autres avenues aux faveurs du régime, attestent aussi bien de cette tendance que du traitement préférentiel accordé aux ouvriers.

Les griefs et les raisons de se plaindre ne manquaient pas dans les rangs des ouvriers; le taux de chômage n'était pas loin de la barre des deux millions, et les potentats du parti et de l'État, puissants, arrogants et clairement privilégiés de bien des manières visibles ou invisibles, ne cessaient de se multiplier et d'étendre leur pouvoir. Le Comité central eut même l'occasion de déplorer dès 1926 que dans l'industrie les *vysčie činy* (les rangs supérieurs) fussent choyés par des primes secrètes et des avantages en nature, et notamment toutes sortes de lucratifs *komandirovki* (voyages d'affaires).

L'ouvrier qui avait quelque expérience de l'industrie, et surtout le *kadrovyj* (cadre) d'avant la guerre, supportait souvent assez mal cet accroissement des inégalités, dans ses propres rangs ou à l'extérieur; on était bien loin de la difficile situation de famine du « communisme de guerre », où les rapports étaient cependant plus justes et plus égaux. Les écarts de salaires étaient presque de un à quatre en 1926, et ils ne cessèrent d'augmenter, de sorte que les syndicats adoptèrent une politique visant à réduire ces écarts et engagèrent dans cet esprit la réforme salariale de 1927-1928. Même si l'on peut les créditer de quelques résultats, les chiffres de Dogadov publiés dans les minutes du VIIIe congrès syndical indiquent qu'au sein de la classe ouvrière existait un écart de un à six entre les 10 % les plus pauvres et les 10 % les plus riches. Avec un salaire moyen encore très faible, quoique de 15 % supérieur à son niveau de 1913, la masse considérable des ouvriers qui ne gagnaient pas même ce salaire moyen vivaient dans la misère. On sait que les ouvriers eurent une réaction de colère face à ces différentiels de salaires qu'ils trouvaient exagérés, et qui pouvaient même aller de un à dix si l'on prend des groupes de référence de moins de 10 %. Mais ils se méfiaient aussi des *načal'stvo* et détestaient les « spécialistes bourgeois », même fort malmenés, en qui ils voyaient encore leurs exploiteurs de jadis. Ce « harcèlement des spécialistes » inquiéta les dirigeants au cours de la N.E.P. et, en vérité, il était très largement lié à la grande misère culturelle et matérielle des ouvriers. D'aucuns devaient même expliquer ces attitudes aussi rétrogrades contre l'intelligentsia par l'origine et les perspectives rurales des ouvriers.

Prétendre, en paraphrasant un propos de Suhanov tenu avant la guerre, qu'il suffisait de gratter un peu un ouvrier russe pour découvrir un paysan, prêt à retourner à ses origines, surtout en périodes de tensions, ne nous aurait pas conduit très loin de la vérité. Mais une telle affirmation serait exagérée : un nombre croissant de personnes, parfois même avec leurs parents, vivaient dans les villes et d'aucuns travaillaient dans les usines où avaient travaillé leurs parents. Ces groupes étaient cependant constamment envahis par des nouveaux venus, et l'effilochement des liens avec la terre et le relâchement des rapports avec les campagnes de certains groupes étaient plus que compensés par ces arrivées, qui contribuaient en outre à rabaisser encore les niveaux scolaires et professionnels moyens de la population ouvrière. La cohésion interne, si fragile fût-elle, allait être soumise à rude épreuve par l'arrivée en grand nombre de ces recrues mal dégrossies qui devaient aussi exacerber les clivages internes et la stratification; et l'on sait que les ouvriers qualifiés, et même les *černorabočie*, qui étaient eux-mêmes venus très récemment de milieux similaires, méprisaient et fuyaient les ruraux – les *derevenščina,* comme on les appelait communément.

Ainsi les nouveaux venus formaient-ils toujours, pendant quelque temps, une couche sociale distincte facile à repérer dans les usines. Mais plus bas encore dans l'échelle sociale, il y avait les autres campagnards qui étaient encore travailleurs saisonniers, et qui n'étaient pas réellement protégés par les syndicats, ainsi qu'une autre sous-catégorie de saisonniers qui faisaient surtout leur apparition dans les moments difficiles : les *brodjačie,* chemineaux ou *lumpen*-ouvriers, mineurs le plus souvent, qui quittaient leur domicile pour aller à l'aventure, ou simplement travailler n'importe où quand la saison agricole battait son plein, et qui coupaient leurs liens avec l'industrie aussi facilement qu'ils les renouaient.

Au-dessus de ces groupes se trouvait une large couche d'ouvriers non qualifiés qui pouvaient se prévaloir d'un peu plus d'ancienneté; puis un peu plus haut venaient les ouvriers qualifiés et, enfin, les hautement qualifiés que les ouvriers eux-mêmes appelaient assez souvent les « aristocrates » ou les « rois ». Et il faut ajouter que les femmes, récemment recrutées comme tout le monde dans les régions rurales, ou même parmi les citadins, constituaient pour toute une série de raisons une couche distincte dans le monde ouvrier – on pourrait même dire qu'elles formaient un groupe d'opprimés au sein du prolétariat industriel.

L'offensive industrielle lancée en 1928-1929 entraîna de très profonds changements dans la vie de la classe ouvrière. Bien des traits de son environnement aussi bien que du système tout entier allaient être radicalement transformés. L'un des paradoxes de cette entreprise de développement, c'est que pendant une courte période, tout particulièrement durant le premier plan quinquennal, la situation économique se dégrada et tous les rapports sociaux s'exacerbèrent au point qu'il s'ensuivit une crise à multiples facettes pour toutes les personnes concernées, mais dont souffrirent surtout les ouvriers. La croissance numérique des ouvriers passés de trois à huit millions en 1940 est en soi un phénomène d'importance, mais cette augmentation ne fut ni uniforme ni régulière. Le nombre des ouvriers devait même baisser à deux reprises – de 4 % en 1933, et de 2 % en 1938-1939. La croissance la plus forte eut lieu durant le premier plan puis le mouvement se ralentit pour déboucher sur une quasi-stagnation vers le dernier plan, où l'essor de l'emploi industriel concerna pour l'essentiel les I.T.R. et les employés.

Sous la N.E.P., 57 % des ouvriers travaillaient dans la petite industrie. Mais à la fin de la période, ils n'étaient plus que 14 % dans ces branches; 76,5 % étaient employés dans des usines de plus de 500 ouvriers; 63 % dans des usines de plus de 1 000 salariés, et un tiers dans des usines de 10 000 salariés ou plus. De surcroît, la majorité des ouvriers et des autres employés travaillaient dans les nouvelles usines bâties au cours des plans. Beaucoup d'anciennes usines furent considérablement étendues et rénovées et employèrent enfin des techniques nouvelles et modernes, grâce aux abondantes importations de machines notamment; ainsi la masse des ouvriers, *kadrovye* ou frais émoulus de leurs campagnes, durent-ils affronter un défi technologique qu'il ne leur était pas facile de relever. Qui plus est, il n'y avait guère autour d'eux de personnes qualifiées susceptibles de leur apprendre le métier. Dans ces conditions, les machines et les bras cassés se transformèrent en un phénomène massif et quotidien, pour ne rien dire de la piètre qualité des produits, et surtout de l'avalanche permanente de *brak* (produits défectueux).

La raison de tout ceci était simple : au début de la planification, l'ouvrier russe n'avait accompli en moyenne que 3,2 années de scolarité – ce qui, souvent, ne suffisait pas à empêcher un homme de rechuter, dans le meilleur des cas, dans un demi-analphabétisme. Sous la N.E.P., 20 % des ouvriers travaillaient sur des machines et avaient une qualification; 80 % étaient de simples manœuvres ou n'étaient qu'à demi qualifiés, ce qui voulait dire qu'on leur confiait des travaux physiques élémentaires. L'utilisation des nouvelles machines apparut donc comme une mission impossible à beaucoup d'ouvriers auxquels on n'avait pas laissé le temps ni les occasions de se former et de s'initier, et si le défi sembla exaltant à quelques jeunes Komsomols, nul doute qu'il fut une source de réelle tension pour les autres.

Ce que les historiens de l'organisation du travail appellent la mécanisation partielle de ces années-là [1] engendra deux phénomènes. En premier lieu, cette mécanisation créa une demande supplémentaire de main-d'œuvre non qualifiée auxiliaire et, en

1. M.S. Zeltyn, *Razvitie socialističeskoj organizacii truda v gody sovetski vlasti*, Moscou, 1968, p. 105.

conséquence, la réduction voulue des tâches purement physiques de simple manœuvre fut très lente. Sauf pour un petit nombre de branches, une main-d'œuvre encore assez mal dégrossie et médiocrement formée continua à peupler en masse ces nouvelles usines.

En second lieu, pour permettre à ces ouvriers de faire tourner les machines et de se qualifier, se développa un processus, partiellement encouragé et partiellement spontané, de fragmentation des métiers et des spécialisations, et ce processus dévalorisa bien des anciennes compétences mais aussi, dans une certaine mesure, les compétences nouvellement acquises. Le travail des métaux *(selsar')*, par exemple, qui était subdivisé en 12 spécialités en 1930, devait en compter 176 en 1939. Pour les tourneurs, on passa ainsi de 10 à 109 spécialités, et pour les électriciens de 3 à 188. Comme on pouvait s'y attendre, le phénomène de « déqualification » touchant ceux qui avaient quelque mal à apprendre les nouvelles techniques ainsi que l'éclatement et la fragmentation du processus de fabrication produisirent des effets inévitables, tantôt positifs, mais le plus souvent négatifs – et notamment, bien des phénomènes de *stress*, qui n'ont guère été étudiés à l'époque mais qui méritent certainement notre attention.

À la fin des années 1930, du fait des gros efforts de scolarisation, la fréquentation scolaire atteignit en moyenne 4,2 ans par ouvrier, et quelque 9 % de la population ouvrière avait accompli sept années de scolarité ou plus. Autrement dit, 910 ouvriers sur 1 000 n'avaient suivi qu'une scolarité élémentaire et se distinguaient en conséquence par la grande médiocrité de leur niveau culturel et professionnel. En 1928, Tomskij déplora que « nous » – c'est-à-dire les syndicats et le parti – n'eussions réussi à pourvoir aux besoins culturels, à travers les clubs, que de 20 % des ouvriers; les 80 % restants préférant la taverne. La situation était certainement bien meilleure en 1940, mais sans plus. Plusieurs études du budget familial ont même montré que les ouvriers consacraient moins de temps à la lecture et aux activités culturelles au milieu des années 1930 que sous la N.E.P. et que, comme sous la N.E.P., ils dépensaient plus en vodka que pour la « culture ». Et cela n'a rien d'étonnant. Le niveau de vie, les salaires réels, la situation du logement connurent tous une dégradation très sensible. Et l'arrivée massive de millions de paysans ne cessa d'abaisser les bonnes moyennes pour relever les mauvaises. Mais le même mouvement de population est aussi, dans une large mesure, responsable du considérable rajeunissement de la classe ouvrière : un immense pourcentage d'ouvriers avaient désormais moins de vingt-neuf ans, et un contingent considérable avait vingt-trois ans ou moins. Dans le même temps, l'ancienneté et l'expérience industrielle de la main-d'œuvre étaient extrêmement courtes. Près de 80 % des ouvriers avaient tout au plus cinq ans d'ancienneté; 38,6 % un an ou moins!

Cette jeunesse ne devait pas aller, bien sûr, sans de nombreuses implications politiques et sociales. Il convient d'ajouter que le pourcentage de femmes parmi les ouvriers passa de 28,8 % en 1928 à 43 % en 1940 et qu'elles aussi étaient assez jeunes et en grande majorité campagnardes. Elles occupaient les postes les moins qualifiés et les plus mal payés, et leur énorme charge de travail domestique supplémentaire ne leur laissait aucun temps pour l'étude. Elles formaient, au sein de la classe ouvrière, une sous-catégorie manifestement inférieure, en position d'« opprimées ».

Tout compte fait, dans ses grandes lignes, la structure sociale interne du monde ouvrier changea peu avant la guerre. Les grandes couches restèrent les mêmes, même si la politique et la stratégie sociale du gouvernement mais aussi, tout simplement, la dérive sociale et l'inertie se soldèrent par une différenciation accrue et des écarts de salaires (et autres avantages) plus prononcés entre la petite minorité de stakhanovistes et la base sous-payée.

POLITIQUE SOCIALE ET STRUCTURE HIÉRARCHIQUE

L'esquisse précédente des grandes composantes de la main-d'œuvre nous permet maintenant d'aborder deux processus étroitement liés qui devaient profondément influencer les rapports sociaux entre les différentes composantes du monde industriel : la refonte de 1) la structure hiérarchique et 2) de la pyramide sociale tout entière.

Le fameux principe de l'*edinonačalie* (unité de direction) que Lénine commença à préconiser en 1918, quand il conclut au désastre du contrôle ouvrier, fut officiellement à l'honneur sous la N.E.P. Mais en dépit du rôle important que jouèrent les « directeurs rouges », le système devait rester fortement dilué ou incomplet en raison de deux facteurs compensateurs. En premier lieu, même s'il avait de la poigne et qu'il était souvent capable [1], le « directeur rouge » n'avait aucune formation technique et il était donc tributaire de son adjoint ou de l'ingénieur en chef, qui, dans la plupart des cas, était un « spécialiste bourgeois ». Cette dépendance était trop forte pour ne pas vider de son contenu, de manière certes informelle, le principe de l'*edinonačalie.* Très souvent, on avait plutôt affaire à un duumvirat qu'à l'autorité d'un seul homme.

Mais il y avait encore un autre sous-système faisant obstacle au pouvoir du chef suprême : le rôle officiel ou *de facto* que jouait le *treugol'nik* (le triangle). Le *treugol'nik* se composait de l'encadrement, de la cellule du parti et de la section locale du syndicat – tantôt en tandem, tantôt en conflit – et mettait toute une série de freins à la liberté d'action du directeur. Les échelons inférieurs de l'encadrement, en particulier les contremaîtres, étaient encore plus gênés que leurs supérieurs par les deux autres partenaires. Souvent, ils étaient pour ainsi dire désignés par les syndicats et se retrouvaient donc partagés entre leur devoir d'obéissance envers leurs supérieurs hiérarchiques et leurs obligations envers le *zavkom* (le comité d'usine) avec ses représentants de la base. La chaîne de commandement était donc partiellement rompue.

Avec la multiplication des troubles sociaux en 1929 – et la prémonition que l'avenir réservait pire encore – le gouvernement entreprit de consolider l'autorité et le pouvoir du directeur en usant de la force. Il y eut d'abord en mars un décret autorisant le directeur à recourir à toutes les sanctions prévues par le code de discipline, y compris au licenciement, sans passer au préalable par les instances d'arbitrage – c'est-à-dire sans l'aval des syndicats. Il s'agissait d'une violation flagrante du Code du travail de 1922 – violation que les autorités avaient déjà tentée par un décret de 1927, mais que les syndicats avaient alors réussi à bloquer. Après le bouleversement des syndicats en 1928-1929, il ne se trouva plus personne pour résister à ce type de sabotage. En septembre 1939, un autre décret sur l'*edinonačalie* s'attaqua au principe même du triangle et entreprit un travail de sape. Bien que l'opération se révélât très difficile, la position des syndicats et de la cellule du parti à l'intérieur des usines, ainsi que leurs rapports avec l'encadrement devaient changer profondé-

1. Jeremy R. Azrael, *Managerial Power and Soviet Politics*, Cambridge, Mass., Harvard University Press, 1966, est une œuvre de pionnier sur les « directeurs rouges ».

ment au cours des deux années suivantes. Tous reçurent l'injonction de tourner leur « visage vers la production », suivant le nouveau mot d'ordre du parti, et à compter de ce jour, la productivité, le plan, et la discipline devinrent autant de tâches centrales, sans oublier le renforcement du pouvoir et de l'autorité du directeur et de l'encadrement en général.

L'*edinonačalnik* (le directeur) ne devait pas être quelque *primus inter pares* ou simple président d'un conseil d'administration. L'objectif du pouvoir était de créer un véritable autocrate. M. Kaganovič l'avoua franchement dans un discours de 1934 lorsqu'il expliqua que « la terre devrait trembler quand le directeur entre dans l'usine » – et elle tremblait en effet quand Kaganovič en personne y entrait. L'enjeu de cette politique était de créer une direction ferme *(žestkoe rukovodstvo)*. Or, pour ce faire, il fallait de toute évidence priver les syndicats des prérogatives qui avaient été les leurs jusqu'ici pour les intégrer pleinement à l'encadrement; ainsi pourraient-ils s'acquitter des tâches qui leur étaient assignées : responsabilité des cotisations de sécurité sociale, émulation sociale, prédication de la discipline et de la soumission à l'autorité hiérarchique. Le rôle des syndicats dans l'élaboration de la politique des salaires et des rémunérations fut réduit, et la signature de conventions collectives à l'échelle nationale fut abandonnée à partir de 1935. La dénonciation – y compris, assez hypocritement, par les autorités supérieures – des syndicats accusés de s'être « coupés des masses » et de s'être bureaucratisés se fit naturellement plus forte que jamais – et elle était aussi plus justifiée.

La cellule du parti – organisation plus puissante en raison de ses liens privilégiés avec le parti dirigeant – devait néanmoins se transformer en groupe de pression au service du directeur et lui servir de *tolkač* (de locomotive), perdant de ce fait sa position dominante dans l'usine alors que dans le même temps les instances supérieures du parti, à l'échelle nationale, resserraient leur étreinte.

Mais pour que la direction des usines devienne réellement forte, en rapport avec les missions du jour, il convenait de mettre à leur disposition de nouveaux instruments leur permettant de faire face au relâchement de la discipline qui s'était produit sous le premier plan quinquennal et que d'aucuns, en Union soviétique, jugeaient « effroyable ». Le décret de 1932 sur la discipline autorisa désormais non seulement le licenciement du contrevenant mais aussi la privation immédiate, pour lui comme pour sa famille, de ses cartes de rationnement et l'expulsion de leur logement. Donner au directeur le pouvoir de priver un ouvrier de nourriture, de logement et d'autres facilités en ces temps d'épreuves et – on est en 1932! – de famine, c'était lui mettre entre les mains une arme fort terrifiante de discipline et de motivation. Ses pouvoirs furent encore augmentés en 1938, par l'inclusion dans cette stratégie des prestations de sécurité sociale, puis en 1940 par la possibilité d'engager des poursuites judiciaires contre les coupables de *proguly* (absences injustifiées) et d'autres formes d'indiscipline – même si, sous d'autres formes, cette faculté n'avait jamais manqué tout au long des années 1930, où l'on était si prompt à parler de « sabotage » à la moindre panne d'une machine. Ainsi l'introduction de la procédure criminelle en des domaines qui, partout ailleurs comme sous la N.E.P., relevaient exclusivement du Code civil poussa-t-elle le principe de l'*edinonačalie* jusqu'à ses ultimes conséquences.

L'espace me manque pour montrer ici comment, en réalité, ce principe fut néanmoins tempéré par diverses contraintes économiques et sociales et combien le directeur despotique, si puissant qu'il parût vu de la base, était lui-même vulnérable et pouvait aisément devenir la victime des caprices de ses supérieurs. Ce fut, somme toute, un temps de « petits Staline » – l'expression dit bien ce qu'elle veut dire. Le roman d'Alexandre Bek, *Novoe naznačenie* [1], nous donne un aperçu convaincant de la situation et de l'état d'esprit d'un puissant hiérarque qui se comportait presque en esclavagiste à l'égard de ses subalternes alors qu'il était aux genoux de son supérieur – en l'occurrence Staline en personne. La direction la plus despotique, cependant, et la pyramide administrative du commandement n'auraient rien pu faire si elles ne s'étaient enracinées dans un milieu social plus large, imbriqué dans l'échafaudage administratif et hiérarchiquement stratifié. Cette hiérarchie sociale n'était pas nouvelle, mais elle allait désormais se développer davantage et prendre un caractère plus prononcé. Nous pouvons employer l'expression de « révolution des positions sociales » pour définir ce processus et cette stratégie.

D'une manière générale, la politique appliquée en ce domaine – la double stratégie de différenciation des salaires et de stratification sociale – a été fort justement définie par un auteur

1. *Deuxième nomination*; voir, à ce sujet, G. Nivat, « Les Stalines de l'imaginaire », in *Vers la fin du mythe russe*, Lausanne, L'Âge d'Homme, 1982, pp. 201-210 *(N. d. T.)*.

soviétique comme une politique de « profonde différenciation » (même s'il ne l'a pas dit à notre façon), et elle devait être poursuivie tout au long de la période stalinienne. L'un des aspects en fut l'élargissement de l'éventail des salaires, à travers la généralisation de la rémunération à la pièce et surtout la *progressivka,* les primes et les traitements de faveur réservés à des groupes d'ouvriers, l'*udarničestvo* (le travail de choc), le stakhanovisme, la fourniture de denrées alimentaires et de produits supplémentaires et des récompenses.

Toutes ces mesures firent l'objet de campagnes répétées et en utilisèrent toutes les méthodes. Autrement dit, on fixait des objectifs et l'on exigeait que certains quotas fussent remplis : il fallait, par exemple, que le salaire aux pièces représente tel pourcentage de la masse salariale ou qu'il y ait tant de stakhanovistes dans la main-d'œuvre, ou encore on demandait aux ouvriers de battre certains records. Des études devaient plus tard déplorer cette imposition d'en haut du salaire aux pièces car la méconnaissance des conditions locales rendait très souvent ces méthodes contre-productives. La manie des records aux premiers temps du « mouvement » stakhanoviste, qui excitait tant Staline, ne tarda pas à montrer ses effets désorganisateurs et se heurta à une très vive résistance de la part des ouvriers comme des directeurs. C'est Staline, je crois, qui tenta de forcer les choses en mobilisant l'arme du crime, mais Ordžonikidze, avant sa mort, s'opposa très clairement à cette recherche de performances « spectaculaires » et à la poursuite des directeurs tièdes ou hostiles, et bien qu'il se suicidât ses idées finirent par l'emporter. Le stakhanovisme changea de nature à partir de 1937, même si l'appellation fut conservée.

LA RÉVOLUTION DES POSITIONS SOCIALES

L'accentuation des différences, qui toucha l'ensemble du tissu social, procéda par étapes. Dans un premier temps, le régime prit par décrets toute une série de mesures visant à supprimer les barrières qui empêchaient les différents groupes de l'intelligentsia, y compris des I.T.R., d'accéder librement aux écoles et aux logements. Ils devaient désormais se retrouver à « égalité avec les ouvriers » en ces domaines. Au cours des années suivantes, cette « parité » devait être étendue à l'entrée au sein du parti. Toutes les contraintes imposées aux catégories autres que celles des ouvriers furent abrogées, et ce fut là un indicateur très clair du renversement des rôles dont nous parlons : à compter de ce jour, le parti se transforma résolument – je serais tenté de dire officiellement et de manière prédominante – en un mouvement de fonctionnaires et de spécialistes, au sens large, et même en termes de force numérique.

Cela, bien sûr, n'avait strictement rien à voir avec la volonté de les mettre « sur un pied d'égalité » avec les ouvriers. L'amélioration constante des salaires et des conditions de vie et de travail eut tôt fait d'engendrer une stratification – les ouvriers se retrouvant maintenant au bas de l'échelle, précédés par les *služaščie*, puis par les I.T.R. (eux-mêmes formant un groupe différencié) et l'encadrement et, enfin, au sommet les *otvetrabotniki* et les *rukovoditeli*, en particulier les directeurs, désormais dotés de pouvoirs et de privilèges considérables. Même au premier coup d'œil porté sur les seules moyennes, les échelles de rémunération accusaient très clairement cette stratification. Les moyennes des *služaščie* dépassaient celles des ouvriers, celles des I.T.R. étaient de 2 à 2,5 fois plus élevées que celles des ouvriers (suivant les branches). Mais une étude plus fouillée pourrait faire apparaître un rapport de un à dix entre un bon salaire moyen d'ouvrier et celui de son directeur ou du directeur technique. Et l'écart pouvait facilement aller jusqu'à un rapport de un à vingt si l'on s'intéressait aux ouvriers les moins bien payés.

Le simple examen des salaires et des rémunérations en dit déjà très long. Certains observateurs, dont André Gide, n'ont pas manqué de remarquer cette élite dirigeante et de déplorer la grande misère qui régnait au bas de la pyramide. Mais ils ignoraient probablement les « avantages divers » et les versements gardés secrets, les énormes primes supérieures au salaire officiel et remises dans des enveloppes spéciales cachetées, sorties tout droit des coffres-forts pour aller dans la poche des destinataires. Voici, par exemple, ce que l'on peut lire dans une biographie de Lihačev, le célèbre directeur de l'usine automobile de Moscou qui fut un temps commissaire chargé des moyens de transport : Lihačev fait venir les cadres de son ancienne usine et leur demande de résoudre d'urgence un problème technique. Puis il ouvre le coffre-fort et montre du doigt une énorme liasse de billets en disant : « Elle sera à vous... »

Vu de la base, de la position des ouvriers, cela avait tout l'air d'une disgrâce. Si modeste qu'avait été leur position sous la N.E.P., les ouvriers n'en avaient pas moins bénéficié d'un traitement de faveur; ils étaient libres de se déplacer et de choisir leur travail, ils disposaient d'un système fort efficace de recours contre l'encadrement, de la possibilité de critiquer les directeurs, et d'un code du travail qui avait une réelle valeur. Tout cela avait maintenant disparu pour l'essentiel. Ils étaient devenus inférieurs aux autres groupes et, ce qui était le plus irritant, aux tout petits fonctionnaires. Nous avons le témoignage de Postyšev qui, lors du IXe congrès syndical, en 1932, expliqua qu'en face des vendeurs soviétiques les ouvriers avaient le sentiment d'être comme des accusés dans un tribunal. Il en allait souvent de même avec n'importe quel autre bureaucrate. Sans compter que le Code du travail était désormais devenu une rareté bibliographique.

En ce qui concerne les cadres dont ils subissaient la loi, l'origine populaire de nombre d'entre eux ne changeait absolument rien au fait que le puissant *načal'nik* avait la haute main sur le salaire de l'ouvrier, sa nourriture, son logement, ses soins médicaux, et même sur sa liberté de mouvement et sur sa liberté *tout court.*

Le symbole même de ce pouvoir était le *ty* brutal et sans façons avec lequel il apostrophait l'ouvrier, qui pour sa part répondait respectueusement par un *vy* – un peu comme dans la Russie tsariste le *zemskij načal'nik* s'adressait à un petit fonctionnaire de *volost'* rurale – renouant de la sorte avec une vieille tradition, tout en laissant tomber, cependant, le « Votre Excellence ».

L'autre action, également symbolique, fut l'introduction en 1939 d'une autre vieille pratique tsariste, le « livret de travail ». Les poursuites criminelles engagées contre les ouvriers coupables d'absentéisme ou d'avoir quitté l'usine sans permission vinrent couronner l'ensemble du système. La classe ouvrière se retrouva, plus encore que les autres, enchaînée, même si en ces temps de terreurs tous les groupes sociaux traversèrent des périodes difficiles.

Une documentation digne de confiance montre que les ouvriers ne manquèrent pas de réagir. L'idée d'une quelconque résignation enracinée dans le caractère national ne tient pas. Non seulement les ouvriers détestaient l'inégalité excessive, le salaire aux pièces, le stakhanovisme et les bureaucrates, se méfiaient des *načal'stvo,* et exécraient les abus de pouvoir, mais ils ne manquèrent pas non plus de le faire savoir. Ils se plaignirent en adressant des lettres par milliers à la presse et à toutes les institutions intéressées. Ils protestèrent verbalement et physiquement et se mirent en quête de tous les moyens possibles et impossibles d'autodéfense. Probablement y eut-il encore des grèves, mais celles-ci étaient désormais excessivement dangereuses. La *tekučka* s'imposa alors comme une forme de réaction et de protestation en masse, un critère du climat social et un substitut de la grève, suivant la suggestion de Basile Kerblay [1]. Il se trouva parfois des ouvriers pour tuer des *udarniki*, conspuer les stakhanovistes, agresser les contremaîtres et, pour mettre un point final à cette liste, lâcher une bordée de jurons des plus orduriers – *kryli gustym matom.*

Ils obtinrent souvent des concessions de toutes sortes grâce, surtout, à une autre arme puissante : la « grève du zèle », ou « l'abstinence d'efficacité » *(withdrawal of efficiency)*, pour reprendre une expression de Veblen probablement plus heureuse. Les ouvriers réagirent aussi de manière positive à la plus petite amélioration de leur sort – quand cela arrivait, mais ne se produisit pas très souvent dans ces années-là. La revendication constante des ouvriers : *« Snačala nakormi, potom sprašivaj »* (« Donnez-nous d'abord à manger, puis demandez »), traduisait fort bien le caractère élémentaire et fondamental de leur triste état.

Au fil de ces années, une autre attitude se répandit parmi les ouvriers : quand on leur demandait de faire plus qu'à l'accoutumée, ils répondaient d'une formule souvent entendue : *« My ljudi malen'kie, nacal'stvu vidnee »* (« Nous sommes du menu fretin; les chefs sauront mieux »). En apparence, une vieille tradition nationale d'acceptation de l'autorité et de soumission, derrière laquelle un examen plus attentif permet de reconnaître une illustration de « l'abstinence d'initiative » probablement commune à de très larges couches d'ouvriers encore aujourd'hui, et profondément déplorée dans bien des textes.

REMARQUES GÉNÉRALES EN GUISE DE CONCLUSION

Nous sommes bien conscients qu'une concentration sur la période courte, inévitable étant donné le sujet qui est le nôtre, risque de se traduire par une déformation considérable dans la présentation et l'interprétation des faits. Le système social en

1. B. Kerblay, *La Société soviétique contemporaine*, *op. cit.*, pp. 187, 188.

gestation, sa structure sociale, ses formes d'autorité comptaient bien des éléments transitoires, tandis que beaucoup d'autres étaient appelés à subsister; de nombreux éléments étaient caractéristiques de tout système industriel, d'autres, également nombreux, étaient spécifiquement soviétiques. Tout cela appelle de nouvelles études et de nouveaux débats.

Sous le premier plan quinquennal, notamment, il y eut une cassure considérable *(otryv)* entre les ouvriers et les hauts dignitaires. Et cet *otryv* fut le pendant de l'*otryv* si souvent déploré entre les syndicats ou les officiels du parti d'une part et les masses de l'autre, ou encore du mépris des besoins des ouvriers par ces organisations et par l'encadrement.

On peut fournir des documents éloquents à l'appui de tout ceci, mais nous savons bien que l'intensité de l'effondrement de cet « univers où supérieurs et subalternes tenaient un même langage » n'alla pas sans fluctuation. À en juger par les trois faits suivants, il ne pouvait en être autrement.

Premièrement, le système tout entier progressa par chocs et par secousses qui eurent le don d'irriter les ouvriers et les autres et produisit un état de *dergan'e* (harassement) constant et horripilant, à travers des « tempêtes », des heures supplémentaires obligatoires, d'incessantes *perestrojki* (restructurations) des échelles de salaires, des promesses rompues, et des changements de normes.

Deuxièmement, au cours de ces années, le système considéra toutes les doléances comme autant d'expressions d'agissements contre-révolutionnaires (ainsi de la revendication *« Snačala nakormi... »*); le combat pour la discipline fut traité comme une forme de la lutte des classes, et la notion abusive d'« hésitations petites-bourgeoises » fut employée du jour au lendemain comme une arme contre les ouvriers.

Enfin, étant donné le médiocre niveau culturel de toutes les personnes concernées et la baisse du niveau de vie, le régime ne disposait d'aucun modèle culturel à offrir et à partager avec l'ouvrier. Les privilégiés de ces temps-là eurent tendance à adopter n'importe quel style compatible avec leurs moyens – ce qui voulait dire, le plus souvent, à faire preuve d'une détestable *meščanstvo,* à se réfugier dans la mesquinerie pure et simple. Or ce style suppose un mépris certain pour la condition même des ouvriers, et les contradictions que cela impliquait avec le langage officiel n'ont pas échappé à l'attention des intéressés. Ils apprirent ainsi à faire la différence entre un *rabočij*, un *rabotnik*, et enfin un *otvetrabotnik* [1]. Tous ces points, bien sûr, méritent d'être précisés et appellent une discussion.

Les matériaux que nous avons présentés – et l'on pourrait en produire bien davantage – ont montré l'apparition de clivages et de coupures et nous invitent par la même occasion à nous demander pourquoi les fractures sociales n'ont pas débouché sur des fractures politiques. À elles seules, la répression et la terreur ne sauraient expliquer le phénomène.

Le niveau culturel, l'expérience industrielle relativement courte du gros des employés (et la mobilité sociale ascendante dont beaucoup profitèrent dans le système), l'existence au sein même de la classe ouvrière de larges couches non intégrées de nouveaux venus, de femmes, de jeunes à côté d'une espèce d'aristocratie ouvrière, sans oublier le grand espace de différenciation constituent autant de facteurs qui expliquent les tensions sociales, la grossièreté du langage, l'abus de vodka et le houliganisme; mais tous ces éléments peuvent aussi rendre compte de tout défi politique direct au régime. Une telle masse était probablement difficile à diriger – mais facile à surveiller (rappelons que les mouvements de main-d'œuvre furent constamment réfractaires à la planification et au recrutement organisé, mais pour ce qui est de la politique, les gens se contentaient essentiellement de parler et de maudire).

La pyramide sociale et administrative, fraîchement érigée, des employés, des I.T.R. et des administrateurs, était encore trop mal affermie pour se défendre de l'arbitraire policier, mais tous ses membres se montrèrent assez intéressés par leur position sociale pour donner un coup de main au régime et assurer ainsi sa survie.

Le « télescopage des étapes » et un autre facteur, l'« accentuation de l'arriération » due à l'ampleur et à la soudaineté de l'arrivée du nouvel appareil, permettent d'expliquer certaines spécificités du développement soviétique à l'époque des plans et par la suite. La brutalité des rapports sociaux et la grossièreté de la politique sociale, les traits despotiques du système et de l'encadrement, leur contrôle et leur stimulation par l'arme de la faim ou l'administration d'overdoses de privilèges, de faveurs,

1. Le terme *rabočij* signifie, bien entendu, ouvrier; *rabotnik*, que l'on traduit parfois à tort par « ouvrier », désigne en vérité un travailleur ou employé d'un certain rang; un *otvetrabotnik* est un employé de rang encore plus élevé, mais qui n'appartient pas encore aux instances supérieures; enfin, l'appellation de *gosudarstvennyj dejatel'*, qui veut dire homme d'État, est réservée à ceux qui se trouvent au sommet de l'échelle.

et d'avantages divers, de manière ouverte ou secrète, les avantages matériels démesurés accordés aux puissants mais aussi la terreur exercée contre eux ou les autres et, en général, la corrélation directe et la proximité de la carotte et du bâton – autant de facteurs qui marquèrent en profondeur l'industrialisation soviétique et le style du régime.

CHAPITRE XI

L'arrière-plan social du stalinisme

PRÉALABLES

L'examen des facteurs sociaux qui ont contribué de manière décisive à façonner ou à favoriser le phénomène stalinien peut partir sans dommage d'une étude de la situation dans laquelle le bolchevisme s'est retrouvé à la fin de la guerre civile et de son autoperception, ou plutôt des termes idéologiques (théoriques, si l'on préfère) dans lesquels les dirigeants ont alors analysé cette situation.

Les esprits exercés à penser en termes marxistes le développement social et la politique ont été habitués à un cadre qui leur offrait quelques points de départ assurés et quelques certitudes. Même si son apparition exigeait un effort délibéré et une révolution, le socialisme se laissait néanmoins deviner à grands traits dans la matrice du système capitaliste développé – ceux-là étant d'autant plus précis que celui-ci était plus développé. Même chez un homme tel que Lénine, qui appréciait à l'évidence cette maxime de Napoléon, « On s'engage et puis on voit », et qui en fit souvent sa règle de conduite, le volontarisme et l'idéalisme n'en reposaient pas moins sur un sens du processus historique qui donnait d'indispensables appuis à l'intervention consciente et garantissait que la révolution n'était pas un saut dans l'inconnu mais, jusqu'à un certain point, constituait une prolongation de tendances antérieures.

La Russie était, de l'aveu général, un pays retardataire. Et si, avant la révolution, le développement rapide de l'industrie

« The Social Background of Stalinism », in *Stalinism : Essays in Historical Interpretation*, éd. par Robert C. Tucker, New York, W.W. Norton & Co, Inc., 1977.

encourageait certains socialistes impatients à exagérer la maturité croissante de la Russie pour une prise de pouvoir par les socialistes, il n'y avait plus la moindre illusion possible à ce sujet à la fin de la guerre civile. Le pays était dévasté; la grande et la petite bourgeoisie, déjà pas si nombreuse, était détruite ou dispersée, la classe ouvrière épuisée ou déclassée, et la paysannerie en pleine effervescence. Il n'y avait plus alors de forces sociales ni, dans la réalité russe, de tendances discernables sur lesquelles on pût compter pour lancer une dynamique interne sur la voie du socialisme – hormis la volonté politique pure des dirigeants. L'appareil de l'État, tout au moins en ce qui concerne la grande masse de ses *činovniki* (hauts fonctionnaires, ou plutôt, « bureaucrates »), paraissait peu fiable; les membres du parti, qui se renouvelaient rapidement, étaient souvent dénués d'expérience et davantage poussés vers le parti par un souci d'adaptation que par des motivations idéologiques; ils n'étaient pas entièrement fiables non plus, si bien qu'il fallut commencer par les rééduquer et les endoctriner, tandis que les idéaux originaux des bolcheviks n'étaient pas initialement ni naturellement partagés par les nouvelles recrues qui devinrent bientôt l'écrasante majorité.

Au lendemain de la guerre civile, le marxiste se retrouva donc en territoire totalement inconnu où rien ne venait à l'évidence soutenir les objectifs idéologiques à long terme du parti. Bien au contraire, le parti se retrouva dans une atmosphère raréfiée d'imprévisibilité et de contingence, engendrée par des courants petits-bourgeois socialement hostiles et chaotiques.

Dans un certain nombre de déclarations, Lénine montra qu'il était parfaitement conscient de l'isolement des bolcheviks dans le pays qu'ils avaient conquis. La classe ouvrière avait pratiquement disparu : les anciens fonctionnaires tsaristes qui peuplaient les bureaux étaient « étrangers »; les paysans étaient profondément mécontents et ne voulaient pas entendre parler de *kommunija* – leur terme pour communisme; les membres du parti avaient besoin d'une épuration; les hauts dirigeants et toute la vieille garde étaient épuisés et affaiblis par l'usure [1].

Ce sentiment qu'éprouvèrent les dirigeants d'être « isolés », de manquer d'une base sociale appropriée, joua un rôle capital. Avec lui apparut une crainte foncièrement névrotique des dan-

1. Pour de plus amples renseignements sur la fatigue physique et mentale qui provoqua l'usure accélérée des vieux cadres bolcheviks, voir, entre autres, S.G. STRUMILIN, *Rabočii byt v cifrah*, Moscou et Leningrad, 1926, pp. 61-62.

gers du mouvement, la peur d'être soit balayés, soit, plus pernicieusement, de perdre leur identité. En réalité, dans une situation où l'attachement à leurs idéaux fondamentaux n'était pas partagé par les masses et se trouvait donc confiné à une couche relativement restreinte, cette couche se trouva elle-même soumise à d'inexorables pressions, entraînant non seulement l'usure physique des individus, mais aussi des hésitations et un délayage idéologique et, ce faisant, accroissant leur vulnérabilité aux dangers inhérents à la transformation de révolutionnaires dévoués en souverains. Ils avaient toujours su qu'ils auraient peut-être un jour à accéder au pouvoir – mais ils n'avaient pas prévu que cela se produirait dans un tel isolement social. Ils espéraient devenir des dirigeants et s'étaient faits à cette idée. Mais ils n'avaient pas songé qu'ils deviendraient des souverains.

Comme nous le verrons, il y avait différentes façons de surmonter, ou d'interpréter, ce fait essentiel – les différents dirigeants allaient proposer des remèdes différents face à ce diagnostic de base – mais un facteur explicatif d'importance vaut la peine d'être mentionné ici : les considérations sociologiques sur l'essence de classe et le potentiel de la paysannerie, prise *in abstracto*, étaient sans doute aussi valables pour la Russie qu'elles le furent, par exemple, pour la Chine. Néanmoins, lorsque Mao prit le pouvoir en 1949, il ne fut certainement pas tourmenté par un sentiment d'isolement par rapport aux masses. Il accéda au pouvoir avec l'appui écrasant des multitudes paysannes au milieu desquelles lui-même et son parti travaillaient avec succès depuis des décennies. Lorsque Lénine prit le pouvoir, non pas en 1917 mais au lendemain de la guerre civile, le pays, et surtout le plus gros de la paysannerie, était contre lui.

L'un des facteurs importants de cette situation, que les bolcheviks ont rarement analysé ou reconnu, c'est qu'ils n'avaient jamais constitué un véritable mouvement politique de masse, en particulier dans les campagnes. Ils étaient en fait et par préférence stratégique une organisation de comités, de dirigeants, et de cadres révolutionnaires professionnels. Si cette forme fut une source de vigueur et un facteur de réussite dans leur accession au pouvoir, elle fut en même temps un facteur d'isolement après la prise du pouvoir et la fin de la guerre civile. Cela ne veut pas dire que l'appui d'importantes forces sociales, y compris de nombreux paysans, leur fit défaut durant la guerre civile. La direction du parti se montra au contraire très habile à rallier de tels soutiens, à isoler certaines sections tout en travaillant à neutraliser ou à convaincre les autres. Mais il s'agit d'un soutien pour des mouvements tactiques et sur la base de raisons tactiques – et non pas du fruit d'une identification à des objectifs fondamentaux à long terme et à une structure idéologique, comme cela eût été le cas dans un authentique mouvement de masse. Le parti gagna des millions d'adhérents, mais cela se produisit bien plus tard, après s'être bien installé au pouvoir, quand les circonstances et les raisons d'adhérer étaient fort différentes. Et encore cela ne devait-il pas empêcher le parti de rester faible dans les campagnes et de continuer à souffrir de cette faiblesse fondamentale : sa quasi-inexistence et son manque d'expérience dans le monde rural.

LA « SUPERSTRUCTURE »... EN L'AIR

Lénine, on pouvait s'y attendre, établit son diagnostic en termes de rapports entre la « base » et la « superstructure ». Ce qui dérouta les dirigeants révolutionnaires, c'est qu'ils se retrouvèrent dans une position inverse à celle de Marx vis-à-vis de Hegel. Alors que Marx avait remis sur ses pieds la dialectique hégélienne, Lénine se retrouva – sans la moindre raison de s'en féliciter – en position de mettre Marx sur la tête : sa « superstructure » vint avant la « base ». La première était prétendument socialiste, mais temporairement suspendue dans une espèce de vide, et le problème ne consistait pas, comme on l'avait espéré, à adapter la « superstructure » récalcitrante à la base, mais d'abord à créer puis à élever la base jusqu'aux cimes de la superstructure politique la plus avancée [1].

Tant que persista l'espoir que la révolution gagnerait l'Occident, on put ignorer ce problème. Mais dans les années de famine et d'angoisse que furent 1920 et 1921, il fallut l'attaquer de front.

Ce sont les circonstances, plutôt que l'anticipation théorique, qui suggérèrent quelques éléments de solution. En premier lieu, la guerre civile charria avec elle une pratique et une idéologie pleinement développée de l'« étatisme », chose incontestablement nouvelle pour le léninisme. L'intervention directe et en profondeur de l'État, la coercition de masse, la centralisation admi-

1. Pour un bon exemple de ce raisonnement, voir V.I. Lénine, « O našei revoljucii », in *Polnoe sobranie sočinenii*, 5e éd., 55 vol., Moscou, 1958-1965, vol. XLV, pp. 378-389.

nistrative comme principal instrument d'action, l'apologie enthousiaste de l'étatisation *(ogosudarstvlenie)* constituaient autant d'aspects bien connus du « communisme de guerre » (l'autre étant l'égalitarisme extrême). La politique d'étatisation poursuivie par Trotsky à l'égard des syndicats en est un exemple. Les « comités de semailles » *(posevkomy)* d'Osinskij, que le parti intégra à sa politique en 1920, procédaient d'une attitude moins connue mais répandue et caractéristique. C'est en invoquant non pas l'état d'urgence, mais un principe socialiste *par excellence* [1] que les différentes autorités du parti recommandèrent et justifièrent l'intervention directe de l'État. Suivant de nombreux documents d'archives, la prise de contrôle par l'État, la planification détaillée, etc., étaient considérées comme des moyens de remplacer le marché capitaliste (et pas seulement la spéculation) et *l'ogosudarstvlenie* apparut comme le meilleur moyen de battre en brèche la nature possessive *(sobstvenničestvo)* et les élans capitalistes des paysans [2]. Ainsi, ce n'est plus une classe sociale – ni le prolétariat – qui fit office d'incarnation et de soutien du socialisme à travers l'État, mais c'est plutôt l'État qui, imperceptiblement, pour certains idéologues, finit par remplacer la classe et par devenir l'incarnation et le soutien du principe supérieur avec, ou sans, le concours du prolétariat.

C'était là, à l'état embryonnaire, une orientation et une idéologie entièrement nouvelles, qui n'étaient certainement pas présentes dans ce qu'était le « léninisme » auparavant. Bien que l'appui social souhaitable fît défaut en raison, surtout, de la dissolution de la classe ouvrière, le parti n'a pas agi dans un vide, et il ne le pouvait pas : s'étant mis à compter toujours plus sur l'État, et de moins en moins sur des masses inconstantes, l'appareil d'État, quelle que fût l'origine sociale de ses serviteurs, devint peu à peu le principal instrument d'action pour atteindre les objectifs voulus.

Ce faisant, le bolchevisme acquit une base sociale dont il ne voulait pas et qu'il n'a pas immédiatement reconnue : la bureaucratie. Celle-ci allait très vite s'affirmer comme un facteur crucial de la formation du système, mais il fallut une certaine évolution et quelques luttes internes dramatiques pour que ce fait fût enfin

1. En français dans le texte *(N. d. T.)*.
2. On trouvera de nouveaux documents d'archives intéressants sur les *posevkomy* et l'idéologie étatiste concomitante pour diriger l'économie rurale *in* Y.A. Poljakov, *Perehod k Nepu i sovetskoe krest'janstvo*, Moscou, 1967, pp. 213-230.

reconnu avant d'être pleinement accepté puis célébré. En tout état de cause, insuffisamment préparés à comprendre l'État qu'ils édifiaient, les bolcheviks se méprirent sur le cours que suivaient les événements. La théorie disponible était très inadéquate à ce sujet. Il importait désormais d'étudier non plus seulement le potentiel social du prolétariat, ou de la paysannerie, mais aussi le potentiel, les intérêts et les aspirations d'un appareil d'État soviétique changeant et en plein essor. De nos jours encore, il est douteux que l'on puisse trouver une telle analyse en Union soviétique. L'idée de « hisser » la base à la hauteur de la superstructure entretint l'espoir, pas totalement injustifié, que cela « normaliserait » la situation, mais fit oublier que le système étatique qui présidait à l'édification de la base pouvait influencer en profondeur la nature même de cette base et, par là même, le système tout entier. Pour reprendre une métaphore très fréquente dans ce type d'analyse, il aurait pu paraître ridicule que le toit donnât forme aux fondations, plutôt que l'inverse. Or il n'y avait rien de ridicule dans une telle supposition. Comme les événements allaient le prouver, elle était au contraire très réaliste.

POURQUOI AVOIR PESÉ DANS LA BALANCE?

L'étatisme de la période de guerre civile devait être abandonné et allait être bientôt répudié comme une idéologie de politiques administratives et coercitives extrêmes conçues comme le principal instrument du changement social. C'est donc sur la base de la négation même de ce qui avait été au cœur de l'étape précédente que fut lancée la N.E.P. (nouvelle politique économique); celle-ci donna lieu à une remarquable série de compromis, entre le plan et le marché, le monopole politique et la diversité culturelle et sociale, l'État et la société, l'idéologie et les expédients. Sitôt mise en branle, la nouvelle politique se transforma vite en une intéressante expérience et en un modèle tout en commençant à engendrer des idéologies appropriées. De nombreux bolcheviks en vinrent à voir dans la N.E.P. une « stratégie de transition » ou une « période de transition » à long terme au point de croire qu'ils avaient enfin découvert la manière la plus appropriée de surmonter l'isolement par rapport aux masses et de s'enraciner plus profondément dans le milieu social. L'idée clé devint alors celle de « changement organique », de réformisme, de gradualisme. Le communisme de guerre avait fait long feu pour avoir cru, pensait-on, qu'il était possible de brûler les étapes. Mais cette illusion s'était révélée catastrophique et appelait nécessairement la contrainte. Avancer plus lentement, suivant la nouvelle stratégie proclamée par Lénine, c'était remettre à plus tard des objectifs ambitieux, ralentir la restructuration, mais gagner des appuis sociaux et éviter un étatisme généralisé avec toutes ses implications déplaisantes.

L'alternance de deux modèles – le communisme de guerre et la N.E.P. – dans le développement historique concret donna à penser que le parti avait le choix entre deux solutions. La première, celle de la N.E.P., reposait – comme l'expliqua son principal porte-parole, Boukharine – sur la révision d'une série de postulats inhérents au syndrome isolationniste et le contestant [1]. À ses yeux, la paysannerie était plus disposée à coopérer avec le parti que ne le laissaient entendre des versions plus alarmistes; dans son interprétation, la paysannerie n'engendrait pas automatiquement le capitalisme, et le parti était par conséquent plus fort et socialement moins vulnérable que ne le laissaient entendre les isolationnistes. Il n'y avait donc aucune raison de se précipiter pour imposer à cette société les buts à long terme du mouvement.

Quand cette approche fut écartée pour laisser finalement place à une version révisée du modèle de la guerre civile, d'aucuns en conclurent que les choses étaient de toute façon prédéterminées et qu'il n'y avait en vérité aucun choix. Certains chercheurs ont perçu les germes de la nouvelle étape et du nouveau modèle extrême dans le léninisme, ou dans l'incompatibilité des buts socialistes avec l'arriération du milieu russe, ou encore comme une issue inéluctable en harmonie avec les destinées historiques de la Russie. Toutes ces hypothèses sont contestables. Les facteurs à l'œuvre sous Lénine, que l'on présente parfois comme de simples germes et conditions préalables d'une étape stalinienne plus poussée (c'est-à-dire, allant encore un peu plus loin dans le même sens), se prêtent aussi à une autre interprétation. On pourrait y voir plutôt, en effet, une variante ou une autre d'un système oligarchique et autoritaire dont le régime de Lénine était déjà un exemple. Sous son autorité, la stratégie consistait à entretenir un État fort sans pour autant sombrer dans l'« étatisme ». Il s'agissait de rester prêt à parer à toute

1. Sur les deux modèles de base et leur alternance, voir Moshe LEWIN, *Political Undercurrents in Soviet Economic Debates*, Princeton, N.J., Princeton University Press, 1974, chap. IV et V.

éventualité mais, ce faisant, Lénine chercha sérieusement le maximum d'appuis sociaux, non seulement afin de rester au pouvoir mais aussi pour promouvoir une transformation et un développement paisibles. Les dirigeants voulaient une police, mais ils ne voulaient pas édifier un État policier; ils se sentaient isolés, mais ils se refusèrent à transformer cette impression en « isolationnisme », etc. On pourrait énumérer encore d'autres traits de la version politique du temps de Lénine qui nous invitent à y voir une espèce propre, encore ouverte à des changements dans plusieurs directions. Si tel n'avait pas été le cas, la N.E.P. n'aurait pas été du tout possible, pas plus que la conversion de Lénine à cette politique, ni son adoption sincère par une bonne partie des dirigeants du parti (mais pas par tous). Ainsi le « léninisme » avait-il, pour ainsi dire, plusieurs « potentiels », même dans les conditions ingrates de la Russie [1]. Pourquoi avoir alors écarté la N.E.P., ou refusé toute modification de cette politique? La réponse ne tient pas nécessairement à son impraticabilité. Il n'est pas non plus du tout évident que l'écrasement des autonomies sociales de toute sorte, le refus de passer des compromis avec les groupes sociaux, le contrôle absolu de la culture et autres délices de la version suivante d'étatisme, aussi bien que la glorification de l'État, ou le penchant nationaliste et isolationniste de son idéologie représentaient la seule et unique solution; l'idée que le résultat final a été le fruit d'une série d'interactions circonstancielles de différents facteurs n'est pas moins plausible. Si l'on pouvait prétendre que la Russie était trop arriérée pour aller rapidement de l'avant sans la terreur massive et tout ce qui s'ensuivit, la même prémisse permet difficilement de taxer d'irréalisme la pensée de Boukharine. Était-il vraiment irréaliste de penser que la Russie n'était pas encore mûre pour les objectifs socialistes et qu'il fallait donc concevoir des stratégies de transition dictées par la prudence?

On a parfois tendance à confondre l'existence même d'une alternative (ou de plusieurs) dans la situation de la N.E.P. avec les conditions politiques ou les rapports de force à l'intérieur de la structure de décision. Ceux-ci se caractérisèrent, en gros, par un rétrécissement constant de la sphère où se prenaient les décisions, mettant le parti à la merci des aléas de la cuisine politicienne tout en le rendant incontrôlable, même par les

1. Stephen F. Cohen a développé un point de vue similaire dans son *Bukharin and the Bolshevik Revolution : A Political Biography, 1888-1938*, New York, Alfred A. Knopf, 1973, pp. xvi-xvii, 3-5.

échelons intermédiaires et supérieurs, et par conséquent, exposé à un important élément de hasard quant à l'issue des luttes politiques. De surcroît, durant la période préstalinienne, deux grandes tendances contribuèrent à l'intérieur du parti à ce « rétrécissement ». La première fut la dislocation (débouchant sur la suppression) de tout le jeu politique qu'il y avait dans les hautes sphères du parti parce que le groupe dirigeant perdit son unité, sa capacité d'action, et son aptitude à contrer des initiatives nocives pour sa propre liberté. Les dirigeants s'excluant mutuellement en se refusant les uns aux autres tout droit à l'opposition ou à d'autres formes de discussion institutionnalisées, ils se prirent eux-mêmes au piège d'un cercle politique toujours plus restreint. La seconde fut un phénomène parallèle – l'apparition et le développement de l'appareil du parti – qui œuvra dans la même direction. Contrairement à ce qui se passait auparavant, il devint de moins en moins important de convaincre le parti pour mener une politique, et de plus en plus de prendre un ascendant sur l'appareil. Cette tendance alla en s'affirmant au fil des années 1920, si bien qu'il n'est pas excessivement difficile de savoir pourquoi un groupe l'a emporté : il suffit d'étudier les différentes perceptions de la situation et le déroulement des événements au terme desquels un groupe élimine l'autre et impose son propre projet. Mais à ce stade, il n'est pas nécessaire, semble-t-il, de recourir à des facteurs de prédétermination, même s'ils peuvent être de quelque utilité à des stades ultérieurs.

La suite des événements en Europe centrale permet d'éclairer cette proposition. Dans la Pologne d'après-guerre, par exemple, il n'y avait aucune raison interne de mettre un terme aux politiques inspirées de la N.E.P. On aurait pu les poursuivre, mais l'imposition d'une re-stalinisation sur intervention extérieure y mit fin en 1949. Le passage à un modèle stalinien pur et dur en Pologne, de préférence à la poursuite d'une expérimentation plus souple, résulta donc de cette intervention d'un puissant facteur extérieur, qui assura aussi la faisabilité du modèle imposé. La Russie de la N.E.P. était un pays relativement sous-développé dans lequel un État fortement centralisé jouait un rôle majeur. Il y avait alors deux possibilités : soit poursuivre avec le modèle existant, soit imposer quelque chose d'autre. Le cadre historique, les traditions, et les rapports sociaux étaient assez riches pour justifier des voies différentes. Qu'un État policier ait pu se développer en Russie et entreprendre des révolutions du sommet n'a rien d'étonnant ni de très nouveau. Mais il n'est pas non plus difficile d'imaginer que l'on aurait pu perpétuer la situation de la N.E.P. En vérité, la N.E.P. était déjà là et elle était parfaitement adaptée au caractère du pays. Mais, comme nous l'avons dit, l'appareil politique tomba entre les mains d'hommes qui virent dans la crise des céréales un mauvais présage pour le modèle, et dans la structure sociale de la Russie de cette époque il joua le même rôle que vingt ans plus tard en Pologne et en Tchécoslovaquie, mais cette fois-ci en tant que force extérieure.

LA RUÉE DE LA « SUPERSTRUCTURE »

Dans le contexte social, déjà hérité de la N.E.P. et caractérisé en premier lieu, nous l'avons dit, par un État relativement moderne face à une structure sociale essentiellement rurale et par conséquent « locale », et, en second lieu, par un parti jouant un rôle moteur au sein de l'État, avec son propre appareil prêt à obéir à un petit groupe résolu, la situation était mûre pour peser dans la balance et engager le pays dans une direction toute nouvelle. Les premiers pas furent presque aussi faciles que la décision de peser dans la balance proprement dite mais bientôt, en l'absence de tout contrepoids, le processus se révéla à la fois irréversible et extrêmement coûteux. La hâte, la tendance à télescoper les étapes du développement et à les condenser, fut en même temps le fruit du sentiment de puissance des dirigeants qui se retrouvèrent à la tête d'un appareil incontesté et la cause d'un modèle « disloqué » de développement, avec un État allant de l'avant, présidant au développement économique et social, et le précédant. Le processus tout entier se transforma donc avant tout en une entreprise d'édification frénétique de l'État et d'expansion de l'administration publique.

Dans une lettre écrite le 2 octobre 1890 et adressée de Londres à C. Schmidt, Engels avait déjà soutenu de manière convaincante que l'État jouissait d'un haut degré d'autonomie par rapport aux facteurs économiques et sociaux, et que dans le déploiement de sa puissance il pouvait faire de trois choses l'une : favoriser le développement, le bloquer, ou ne s'engager vraiment ni dans un sens ni dans l'autre [1]. Dans le cas soviétique, au stade stalinien, l'État, à bien des égards, fit tour à tour les trois; mais il fit aussi

1. Cette lettre se trouve *in* Karl MARX et Friedrich ENGELS, *Polnoe sobranie sočinenii*, 2ᵉ éd., vol. XXXVII, Moscou, 1965. Le passage en question est à la page 417.

bien plus que Engels n'avait prévu. En termes de métaphore idéologique, l'action de l'État était censée élever la « base » au niveau de la « superstructure », après quoi celle-là soumettrait celle-ci à son influence. Dans les faits, c'est l'inverse qui s'est produit : l'État entreprit fébrilement et hâtivement d'imposer la forme de son choix à la structure sociale, de faire entrer de force ses groupes et ses classes dans un moule où l'appareil administratif et coercitif conservait son autonomie et sa « supériorité ». Au lieu de « servir » sa base, l'État, utilisant les puissants moyens qu'il avait à sa disposition (planification centrale, communications et mécanismes de surveillance modernes, monopole de l'information, liberté d'user de la contrainte à sa guise), fut à même d'obliger le corps social à servir sous son propre diktat.

Deux phénomènes, résultant l'un et l'autre du puissant élan de la campagne d'industrialisation à ses débuts, ont tout particulièrement favorisé cette évolution. Le premier n'est autre que le mouvement général dans lequel la « grande offensive » plongea la Russie; l'autre phénomène, lié au premier, est celui du grand chambardement des positions, de la mobilité sociale bien particulière engendrée par la collectivisation et l'industrialisation. J'ai ailleurs employé les expressions de « société des sables mouvants » et de « polka des chaises » pour décrire ces deux processus. En l'espace de quelques années à peine, la majeure partie de la population changea de situation et de rôle sociaux, de classe et d'emploi, tout en découvrant de nouvelles façons de faire les choses (les ouvriers se retrouvèrent dans des bureaux, des paysans devinrent ouvriers ou fonctionnaires, nombre d'entre eux accédèrent aux écoles et aux universités, des millions de paysans encaissèrent brutalement les chocs du système kolkhozien) et chacun, dans son nouvel environnement, se trouva confronté à des réalités aussi rudes qu'inattendues. Pendant un temps, avant que la poussière ne retombât, toute la nation se trouva comme déclassée, qui déclassé vers le bas, qui déclassé... vers le haut.

Elle-même soumise à rude épreuve et gagnée par ce mouvement, l'organisation de l'État déploya de formidables efforts pour maîtriser ce chaos par divers moyens. Le renforcement de l'appareil administratif et des dispositifs de contrôle, et singulièrement celui des « organes » (synonyme de « la sécurité ») apparut alors comme une issue évidente [1].

1. Voir le chapitre IX, « Société, État, et idéologie sous le premier plan quinquennal ».

C'est là l'un des aspects de la situation qui poussa l'État à laisser libre cours à son dynamisme et à ses tendances les plus profondes et qui l'encouragea à aller jusqu'au plein épanouissement du nouveau modèle. Mais il est encore un autre aspect qui mérite d'être mentionné. L'accélération sous la contrainte et le télescopage des étapes, par l'imposition de formes à grande échelle, soi-disant progressistes à une nation de petits producteurs qui n'y était pas préparée, sans laisser la moindre place à l'idée même de « maturation », engendra un état de guerre sociale contre la nation tout entière, ou presque, mais plus particulièrement contre les paysans. Cette évolution capitale provoqua un renouveau, parmi les dirigeants, du vieux sentiment d'isolement par rapport à la base sociale et réveilla la tendance à s'appuyer toujours plus fortement sur le soutien social en apparence le plus solide : la bureaucratie de l'État. Dans un stade ultérieur, plus morbide et manifestement pathologique, *le* dirigeant, sinon les dirigeants, allait avoir le sentiment que sa base s'était encore réduite pour se limiter à la seule partie réellement « sûre » de l'appareil : les services de sécurité...

LES SERFS SOUVERAINS

On a déjà indiqué que la guerre civile, les ravages qu'elle provoqua, en particulier l'affaiblissement des classes moyennes urbaines, constituèrent un recul du point de vue du développement social, laissant un vide à combler douloureux. On peut en juger à ce sentiment aigu de dépendance à l'égard des soutiens de l'ancienne culture bourgeoise (et du système bourgeois) que Lénine s'efforça par tous les moyens d'enrôler au service du nouveau système. Clairsemées et souvent hostiles, les classes de cadres et de spécialistes n'en étaient pas moins indispensables et elles devaient, en vérité, jouer un rôle crucial dans l'édification du nouvel État. L'objectif, affirmé par les dirigeants, d'avoir « notre propre » intelligentsia, « nos propres » cadres vient souligner le sentiment aigu de dépendance à l'égard de ces facteurs. Quoique marqué par la recherche fébrile – on pourrait même dire, furieuse – de ses propres cadres, le retournement contre la N.E.P. au cours de la grande offensive commença curieusement par une campagne contre les forces mêmes que Lénine jugeait indispensables, aggravant ainsi, pour un temps, la perte de quelques-uns des vecteurs du développement hérités de la période capitaliste. L'étatisation généralisée étant désormais à l'ordre du jour sans qu'aucun groupe d'experts ni aucun agent social – même quand ils étaient considérés comme des « alliés » – ne conservât la moindre autonomie, une seule force sociale restait en mesure d'organiser, de superviser et de promouvoir le développement : le parti et l'appareil d'État. Tôt ou tard, la composition sociale, les valeurs et les aspirations de la bureaucratie allaient donc inévitablement exercer une profonde influence sur le caractère du système. Mais pour l'instant, les appareils bureaucratiques étaient encore des corps hétérogènes tout neufs et en plein essor. Leurs composantes sociales étant encore peu étudiées, on ne peut tenter ici qu'une esquisse.

Les échelons inférieurs de ces administrations en pleine croissance, dans les domaines économiques, politiques et autres, furent submergés par des nouvelles recrues issues des classes populaires, mal préparées à leurs nouveaux postes et, en vérité, pour la plupart, peu instruits, sinon à demi analphabètes. Se retrouvant à des postes qui, si bas fussent-ils, ne leur donnaient pas moins quelque forme de pouvoir sur les autres, ces hommes apprirent très rapidement à en tirer le meilleur parti, pas toujours de manière très plaisante. Une « mentalité petite-bourgeoise », pour reprendre la terminologie désapprobatrice officielle, envahit bientôt la fonction publique et associa bien trop souvent la cupidité à l'incompétence. Pour se faire une idée du problème, il suffit d'imaginer ce qui se passe lorsqu'un service aussi « sensible » que celui des enquêtes criminelles se compose d'hommes qui non seulement n'ont pas reçu de formation juridique, mais ne savent même pas écrire correctement. Or telle était la situation avant guerre, et il en allait de même dans l'ensemble du spectre administratif, probablement aussi aux rangs intermédiaires, et pas seulement aux échelons les plus bas; et il n'est pas interdit de spéculer sur le climat social et spirituel qu'un tel milieu engendrait. L'*obyvatel'ščina* (« philistinisme »), autre terme du désaveu officiel, devint un phénomène généralisé, même parmi les gros bonnets des secteurs sensibles [1]. De surcroît, l'atmosphère de terreur, de purges constantes et toujours plus sanglantes, et le climat général de chasse aux sorcières et de recherche

1. M. Strogovič donne des précisions sur le niveau incroyablement bas de l'alphabétisation, sinon sur l'analphabétisme pur et simple, des responsables des enquêtes criminelles in *Za socialističeskuju zakonnost'*, 7, 1934, p. 21. Vyšinskij devait se plaindre amèrement du médiocre niveau éducatif et professionnel ainsi que de l'esprit philistin des enquêteurs et des producteurs dans la même revue, vol. VII, 1936, pp. 74-76.

d'ennemis tous azimuts n'étaient guère propices à un travail sérieux de rééducation et de relèvement du niveau. Des améliorations interviendraient à long terme, mais à court terme – et tant de choses, dans le stalinisme, dépendaient des événements et des tendances amorcées dans la brève période initiale d'industrialisation – on est en droit de penser que la masse des petits fonctionnaires médiocrement cultivés formaient un milieu – ou même, dans une certaine mesure, une base sociale – favorable à l'épanouissement du « culte de la personnalité » et des autres tendances irrationnelles de ces années-là. Dans *Le Pavillon des cancéreux,* Soljenitsyne nous trace le portrait d'un pur produit de ce contexte social aussi bien que de l'*apparat* : membre du parti, Roussanov est un personnage évocateur qui peut servir d'illustration à notre proposition.

Il est un autre facteur non moins capital ni moins intéressant : les couches supérieures des différents *apparaty* se transformèrent alors en une puissante classe de chefs *(načal'stvo)* investis du pouvoir, accumulant les privilèges et jouissant d'un certain standing, mais souffrant aussi de considérables handicaps. Dans la situation mouvante des années 1930, cette couche formait un élément essentiel à la direction du système et à sa stabilisation. Les hauts responsables politiques étaient disposés à payer ces chefs un certain prix, et notamment par un système de privilèges secrets, des approvisionnements spéciaux, et un certain pouvoir sur le destin des hommes mais, et c'est là un trait caractéristique de la politique stalinienne, si haut placés et apparemment choyés que fussent ces hommes, ils étaient soumis à un régime d'insécurité, de contrôles et, finalement, de terreur dirigé contre eux du sommet et qui ne leur permettait ni d'être assurés de leur position personnelle, ni de se cristalliser en une classe dirigeante compétente et sûre d'elle-même. Une fois de plus, suivant un modèle qui n'est pas inhabituel dans l'histoire russe, c'est l'État qui créa une couche dirigeante, qui la forma, l'endoctrina, et la rémunéra – exactement comme, des siècles auparavant, les premiers tsars avaient créé l'aristocratie terrienne *(dvorjanstvo)* et lui avaient asservi la paysannerie pour prix du service rendu à l'État. Le parallèle, ici, n'est pas complet, mais les similitudes demeurent. Dans un régime absolutiste, la dépendance des serviteurs de l'État à l'égard des décisions arbitraires du sommet trouve son indispensable contrepartie dans l'autorité absolutiste et arbitraire des fonctionnaires sur leurs subordonnés ou sur la population.

Sous Staline, pour nous résumer, les chefs *(načal'stvo)* furent non seulement autorisés mais aussi invités à se montrer autoritaires et rudes envers leurs subordonnés et les masses afin de les discipliner; ainsi acquirent-ils une double nature, un double visage à la Janus : un visage méprisant, de despote; et un visage soumis, de serf. On est donc tenté de se demander quels pouvaient être le comportement, les valeurs, la mentalité, et les intérêts d'une telle bureaucratie, et de tels *načal'stvo*? Cette bureaucratie n'allait-elle pas, pendant quelque temps au moins, cultiver sa propre version de l'« autocratie, de la nationalité et de l'orthodoxie » ? Quoi qu'il soit, il s'est passé en réalité quelque chose de très semblable. Nous y reviendrons plus loin.

LE MOUJIK ET SA RELIGION

La paysannerie, qui formait encore le gros de la nation en 1929, et les rapports entre elle et l'État – ou plus exactement, leur affrontement violent et les hostilités prolongées qui s'ensuivirent – jouèrent un rôle crucial dans la formation de la phase stalinienne du système soviétique, de ses perspectives et de son idéologie.

Tout au long de l'histoire russe, et encore sous la N.E.P., le milieu rural en Russie possédait tous les traits d'un système social distinct, tout à fait à part du reste de la société. La N.E.P. et sa politique donnèrent probablement à maints paysans un sentiment de promotion sociale en permettant à des millions d'entre eux de devenir *hozjaeva*, c'est-à-dire des producteurs indépendants, respectés et qui se respectent au sein de leurs communautés, même si beaucoup, sinon la grande majorité, restaient encore très pauvres. Mais cela ne fit que renforcer pendant un temps les traits spécifiques du monde rural en tant que système à part entière, doté de mécanismes profondément intégrés assurant son autoperpétuation et marqué par un très net conservatisme. Ce système reposait, au fond, sur trois éléments essentiels : 1) l'exploitation familiale, qui était l'unité socio-économique de base; 2) la petite échelle des activités agricoles; 3) la vie villageoise, qui formait le milieu de base, avec ses institutions communales plus ou moins développées, mais encore viables.

Ces éléments essentiels étaient encore renforcés par une culture largement partagée, de caractère essentiellement oral, avec une religion populaire pour dénominateur spirituel commun, même si, à travers l'immensité du territoire, les différences locales de croyances, de folklore, de cérémonies et de superstitions présentaient d'infinies, et souvent pittoresques, variétés. La *Weltanschauung* des paysans n'allait pas, bien sûr, sans maintes suppositions et assertions parfaitement profanes concernant la réalité de la vie rurale ou ses rapports avec les autres classes; on peut, cependant, affirmer sans risque que leurs croyances religieuses très largement partagées donnaient la meilleure expression du noyau dur de leur perspective morale et de leur philosophie de la vie. Selon Pierre Pascal, notamment, à qui j'emprunte librement les idées exposées dans cette section [1], la religion paysanne ne pouvait qu'être très différente de la foi apparemment identique commune aux citadins. De fait, le monde rural s'est traditionnellement écarté des versions officielles de l'orthodoxie, alors même que celles-ci étaient approuvées par l'État. En vérité, c'est précisément l'aval de l'État qui encourageait cette dissidence.

Certaines spécificités des croyances religieuses populaires sont la conséquence des événements que nous étudions. La paysannerie, en majorité illettrée, s'intéressait peu au dogme et n'était aucunement « cléricale »; ainsi dépendait-elle relativement peu du clergé et même des églises. Et en accord avec le modèle de base d'une vie centrée autour de la famille dans des villages dispersés à travers un immense territoire, leur religion tenait du culte familial. Le pope devait se rendre sur le foyer paysan *(dvor)* afin d'y accomplir divers rites et, en son absence, le chef de famille pouvait lui-même s'acquitter d'une liturgie élémentaire, soit autour de l'habitation, soit à l'intérieur, devant l'icône. De fait, comme Pascal le dit, « l'icône joue un rôle immense » [2], au même titre que le culte des images de saints, les reliques, les processions et les pèlerinages.

L'univers éthique des paysans, tel qu'il s'exprime dans leur religion, subissait l'influence de leur vie communautaire – laquelle engendra des valeurs sociales privilégiant la compassion et l'humilité, rejetant les dogmes imposés et, en particulier, tendant à rejeter toute hiérarchie, cléricale ou séculière – et, par conséquent, toute bureaucratie. Les masses populaires russes ont toujours été, par tradition, écartées des affaires publiques et, alors

1. Pierre PASCAL, *La Religion du peuple russe*, Lausanne, L'Âge d'homme, 1973.

2. *Ibid.*, p. 23.

même que certains droits formels leur furent octroyés, les paysans restèrent en dehors du champ politique, conservant une attitude apolitique mais néanmoins suspicieuse, hostile même à l'égard des commis de l'État et de la force publique. De ce point de vue, comme d'autres, le paysan était particulièrement « anarchiste ». Il vaut la peine de méditer sur cette intéressante affirmation de Pascal : « Il ne faut pas oublier que la révolution de 1917 a été, de la part des soldats et des paysans qui l'ont faite, un mouvement d'indignation chrétienne contre l'État [1]. » Elle comporte certainement plus qu'un grain de vérité. *L'État et la révolution,* dans lequel Lénine exprimait l'espoir, dans la plus pure veine anarchiste, que l'État disparaîtrait dès que les prolétaires l'auraient pris bien en main (et, en affirmant cela, il acceptait l'aspiration du paysan à posséder son propre lopin de terre), faisait probablement appel au sens de la justice sociale et à l'anti-étatisme spontané qu'éprouvaient les masses rurales. Le seul problème fut, pour autant que nous le sachions, que dès le tout début, en particulier avec le développement de la guerre civile, les révolutionnaires eux-mêmes entreprirent de bâtir un État, avec une pléthore de fonctionnaires, en usant de la force, et en tombant dans tous les autres pièges de l'étatisme. L'interlude que fut la N.E.P. contenait la promesse de quelque compromis, mais avec les méthodes autoritaires de Staline, cette édification d'un État prit un tour particulièrement dynamique. Et cette édification s'accomplit précisément au prix d'un affrontement, ou même d'une guerre contre les paysans, et cette très nette tendance antimoujik de la politique stalinienne a profondément influencé – ou plutôt, vicié – le caractère de l'État. À plus d'un titre, il a, nous le verrons, largement contribué au climat spirituel singulièrement « byzantin » de l'autocratie stalinienne.

Pour l'État et ses idéologues, le peu d'empressement des paysans à rejoindre les kolkhozes du jour au lendemain ou à devenir « socialistes » d'un seul coup était foncièrement – comme on l'expliqua officiellement – l'expression de leur nature petite-bourgeoise, avec son désir irrépressible de propriété, son indiscipline prétendument intrinsèque et son inaptitude à coopérer au sein de grandes organisations, sa mentalité mercantile et les risques inhérents d'une recréation du capitalisme.

De telles suppositions reposaient sur une analyse pour le moins

1. *Ibid.*, p. 48.

très imparfaite. Son rôle essentiel consistait à fournir une idéologie qui justifiait les méthodes coercitives employées contre l'essence « socialement étrangère » de la paysannerie, ou de toute autre classe sociale qui ne se conformait pas à la politique du parti. Les bolcheviks formaient *par excellence* un parti urbain, ignorant des réalités rurales et montrant peu de patience avec cette masse si arriérée et conservatrice. Eussent-ils mieux compris les paysans qu'ils auraient peut-être découvert – comme certains d'entre eux ont fini par s'en rendre compte, et comme d'autres mouvements révolutionnaires d'origine paysanne l'ont prouvé par la suite – que, nonobstant leur ignorance et leur conservatisme, les paysans ne sont pas automatiquement les supports du capitalisme et qu'il est possible de les inciter à participer à d'importants changements et expériences sociales coopératives.

Mais la situation étant ce qu'elle était en Russie – avec l'État qui entendait imposer un nouveau mode de vie et de production face à une masse de paysans qui s'accrochait au mode traditionnel – on vit s'affronter, pour ainsi dire, deux nations ou deux civilisations profondément différentes par leurs modes de production et leurs modalités d'organisation, leurs *Weltanschauungen* et leur religion (les uns obstinément religieux, les autres obstinément antireligieux).

La mise en place des kolkhozes était censée entraîner la paysannerie dans un mode de production et de vie supérieur et plus progressiste et, ce faisant, combler le fossé et aplanir les différences fondamentales entre la ville et la campagne. Mais toute cette opération eut des résultats bien différents.

LES KOLKHOZES : LES PAYSANS « SUR CARTES DE RATIONNEMENT »[1]

Le kolkhoze, forme prétendument supérieure de production et d'organisation sociale, apporta avant toute chose au paysan ce qu'il redoutait le plus : une bureaucratisation générale, ou, plus précisément, une étatisation douloureusement perçue par le paysan comme un recul et un abaissement de sa position de maître indépendant dans son foyer *(hozjain)* à celle de serviteur,

1. En russe, *na pajke*, « soumis à rationnement ». Cette perspective souleva un véritable tollé général parmi les paysans – une grande plainte, sur laquelle on ne manque pas de documents. Nous pouvons donc y voir, sans crainte de nous tromper, l'expression la plus authentique des sentiments des paysans.

contre son gré, des intérêts de l'État. Toute la puissance de la dictature fut déployée – de crainte que cela ne suffît point – pour bien faire comprendre aux paysans que leur premier « commandement » était de livrer d'immenses quantités de sa production à l'État – sans rémunération convenable. Dans le même temps, la nouvelle forme « supérieure » inspirait une telle méfiance à l'État que celui-ci enleva aux kolkhozes les principaux moyens de production pour les confier à des organisations collectives spéciales. Les instructions et projets détaillés venant du haut, l'ingérance perpétuelle de nombreuses agences, la domination des administrations – tout cela contribua à ce socialisme singulier sans les paysans, à ce système profondément antimoujik transformant la paysannerie en une classe légalement et effectivement déshéritée, au plus bas de l'échelle sociale – c'est-à-dire à la place qui était traditionnellement la sienne en Russie. S'estimant bâillonnés, exploités et floués, les paysans ripostèrent avec une arme fort ancienne : « Les abus de force des maîtres n'avaient plus guère d'autres contrepoids – à vrai dire souvent fort efficaces – que la merveilleuse capacité d'inertie de la masse rurale et le désordre de leurs propres administrations [1]. » Ce constat du grand historien Marc Bloch s'appliquait à la seigneurie médiévale, mais elle convient à merveille à la situation du XXe siècle. La résistance passive des paysans exacerba les rapports et exaspéra davantage encore les autorités – qui réagirent en intensifiant toujours plus les contrôles, les pressions et la terreur. Il n'était pas question de faire quartier dans cette lutte pour le produit stratégique : les céréales. Mais la stagnation, pour ne pas dire plus, de la production agricole fit chèrement payer l'ensemble de l'opération. Les paysans cherchèrent divers subterfuges, s'efforcèrent de tirer le meilleur parti de leur minuscule lopin privé et se dérobèrent, quand ils le purent, au secteur social du kolkhoze. Après tout, le lopin assurait un minimum prévisible de nourriture pour la famille, tandis que le travail pour le kolkhoze, à la différence du salaire de l'ouvrier, ne débouchait jamais que sur une quantité résiduelle et non garantie et, à ce titre, assez peu alléchante.

L'étatisation sans revenu garanti, une forme supérieure sans rendements ou niveaux de vie supérieurs, un système collectif incapable de nourrir la paysannerie sans l'appoint des minuscules lopins privés – tout cela était le résultat de l'imposition

1. Marc BLOCH, *La Société féodale*, Paris, Albin Michel, 1968, p. 347.

de formes théoriquement avancées à des individus qui n'y étaient pas préparés. L'immense secteur agricole, avec ses kolkhozes, ses sovkhozes, et ses stations de machines et de tracteurs (M.T.S.), avec ses paysans nombreux mais peu fiables, devint un lourd passif pour le système, un segment vacillant à l'intérieur même de ses fondations, une masse socialement instable et économiquement indolente. La fonction de l'État – pressurer sans être capable d'encourager la croissance – aboutit à la création de tout un arsenal de mesures administratives de répression dirigées contre le gros de la société russe. Comme les écrits post-staliniens allaient le montrer, la politique rurale du système fut une source de misère, ainsi qu'un terrain fertile qui, loin d'assurer de bonnes récoltes, contribua bien plutôt à perpétuer les traits les plus durs et les plus autodestructeurs d'un stalinisme en décomposition [1].

C'est pourquoi, comme on vient de le voir, les paysans se retrouvèrent dans une position d'infériorité sociale et victimes de discriminations au lieu de l'intégration promise – de manière organique – au système : ils continuèrent donc à exister comme une classe et une civilisation séparées, ruminant plus que jamais leur dégoût de l'État et des fonctionnaires, qui leur rendaient très largement la pareille. Dès lors, il ne faut pas s'étonner que loin de combler le gouffre entre les « deux nations » traditionnelles – l'une, officielle, comprenant les dirigeants et une partie de la population ayant reçu une certaine éducation, et l'autre, composée pour l'essentiel de paysans – la soi-disant collectivisation l'ait élargi.

Dans les temps de grand danger, néanmoins, le paysan défendrait son pays, comme il l'a toujours fait, alors même qu'il n'était qu'un serf, à moins qu'il ne fût battu par un ennemi supérieur ou maltraité par des chefs indolents. Mais Staline n'était probablement pas très sûr de cette loyauté. À en juger par les habituelles théories de l'État, il n'avait aucune raison d'y compter.

1. Les écrits de nombreux romanciers qui s'intéressèrent à la paysannerie russe – Ovetchkine, Yachine, Abramov, Stadniouk et Doroch – nous dépeignent un tableau de désolation et d'oppression bureaucratique que les chercheurs soviétiques en sciences sociales n'ont pas encore été capables de regarder en face. [*N.d.T.* : voir à ce sujet l'anthologie présentée et annotée par F. Burgun, *À l'écoute des villages soviétiques*, Paris, La Table Ronde, 1986.]

LE TSAR, L'EMPEREUR ET LE MARÉCHAL

La discussion du rôle de la paysannerie donne l'occasion de réfléchir sur un autre phénomène significatif du stalinisme : le retour de l'État soviétique modernisateur sous Staline aux modèles et aux pièges du tsarisme d'antan. La popularité des tsars bâtisseurs, industrialisateurs impétueux et despotiques et promoteurs de l'État; la réhabilitation de plus en plus marquée des traditions héritées du passé impérial; les épaulettes de généraux et de maréchaux; la poitrine médaillée de Staline et ses titres élevés pendant et après la guerre; le changement de costume décidé dans la bureaucratie d'État, en particulier dans les services juridiques ou diplomatiques, avec la création d'un corps de fonctionnaires en uniforme, avec des titres presque directement empruntés au « tableau des rangs » [1] – tout cela est bien connu. Mais ce qui est encore plus frappant, c'est l'affinité et la sincérité plus profondes encore que suggère le renouvellement des antécédents historiques, le passage de Stepan Razin et de Pugačev, les chefs des rébellions paysannes, à Ivan le Terrible et Pierre le Grand, respectivement le plus absolutiste des tsars et le premier empereur.

Cette conversion spirituelle était enracinée dans un ensemble de parallèles frappants dans l'édifice social et la situation politique créés au cours des années 1930.

Le premier phénomène, déjà évoqué, le gouffre existant entre les dirigeants et la grande masse des dirigés, c'est-à-dire non seulement les paysans mais aussi une bonne partie des gens instruits, prit la forme, à l'époque de Staline, d'une collectivisation forcée et d'une persécution de l'intelligentsia et recréa, pour un temps, une situation déjà reconnue comme « classique » dans l'histoire russe. Les traits caractéristiques de la « double Russie » et ses interprétations ont fait l'objet d'un exposé succinct et convaincant de la part de Robert Tucker : sa traditionnelle

1. *Vedomosti verhovnogo Soveta SSSR*, vol. XXXIX, 1943, reprend le décret du 16 septembre 1943 introduisant les grades *(činy)* suivants pour la profession juridique : *deistvitel'nyi gosudarstvennyj sovetnik justicii*, l'équivalent d'un général d'armée; puis le *gosudarstvennyj sovetnik justicii* de première, de deuxième et de troisième classes, les équivalents respectifs d'un général de brigade, d'un général de corps d'armée et d'un général de division, etc. Son Excellence marxiste Vyšinskij devint alors *deistvitel'nyi gosudarstvennyj sovetnik justicii* et aurait ainsi pu être le héros du *Revizor* de GOGOL.

dichotomie « État et société » et le mouvement de va-et-vient des « révolutions par le haut », entrecoupées de « dégels » récurrents, se manifestèrent avec une acuité plus prononcée du temps de Staline [1]. Mais le parallèle va encore plus loin : Pierre le Grand ne s'engagea pas seulement dans un effort de modernisation, mais aussi dans une série plus complexe de stratégies sociales et politiques. Il créa « de toutes pièces » [2] une classe dirigeante, de préférence composée d'étrangers plus dignes de confiance en raison de leur détachement par rapport à la société locale et de leur dépendance à l'égard de leur bienfaiteur; il édifia une bureaucratie régulière ainsi qu'un appareil de gouvernement modernisé; et, dans le même temps, il asservit davantage encore la paysannerie en lui imposant des conditions de vie plus rudes que jamais. Dans des circonstances très différentes, et à bien des égards avec des différences notables, Staline s'engagea dans un projet similaire : industrialisation forcée et vigoureuse, édification et développement rapide d'un régime pleinement bureaucratique, création « de toutes pièces » d'une classe de *načal'stvo* (non pas nécessairement en puisant parmi les ressortissants étrangers, mais en faisant appel aux classes les plus modestes) – et, simultanément, modification du statut de la paysannerie pour la soumettre à un nouveau régime plus draconien de dépendance à l'égard de l'État et de ses agents.

La « domestication » de la paysannerie, considérée comme la citadelle de l'arriération et de l'insoumission, comme une menace pour l'État, fut donc la répétition d'un thème ancien, repris également, et de manière très caractéristique, sur d'autres plans : la figure d'un souverain absolutiste, l'État policier, la dépendance de l'élite dirigeante à l'égard des caprices de l'autorité supérieure, l'autorité non moins capricieuse ni moins profondément ressentie à la base, la servilité des hautes sphères devant l'autocrate, et celle des masses devant le petit bureaucrate. La reproduction, sous des habits neufs, de ce dernier trait – la prédominance des potentats locaux – était tout particulièrement riche en connotations historiques.

L'édification d'un État puissant face à une société faible, étatisée et maîtrisée avec succès, est aussi la répétition d'un trait

1. Robert C. Tucker, « The Image of Dual Russia », in *The Soviet Political Mind*, éd. rev., New York, W.W. Norton, 1971, pp. 121-142; trad. franç. par M. Matignon, « La Russie aux deux visages », in *La Politique soviétique. Essais sur la pensée politique stalinienne et post-stalinienne,* Paris, Payot, 1967, pp. 81-102.

2. Voir P. Pascal, *La Religion du peuple russe, op. cit.*, p. 10.

ancien, mais sur une grande échelle, l'État entreprit une fois de plus de faire et de défaire les groupes dirigeants, de les transformer en simple appendice, d'imposer des formes d'activité économique et sociale, d'influencer profondément les rapports entre classes, de diriger l'ensemble de l'économie, et de faire des dirigeants comme des dirigés de simples rouages de l'État. Ce faisant, celui-ci reproduisit des modèles du passé même si, chose caractéristique, il ne s'inspira pas d'exemples proches mais de versions plus anciennes, du XVIIIe siècle. Le tsarisme, après tout, commença à s'adoucir à partir du milieu du XIXe siècle; il engagea, quoique sans enthousiasme, d'importantes réformes sociales et juridiques; un certain nombre de groupes et de classes – entrepreneurs, ouvriers, paysans, intellectuels – firent leur apparition et commencèrent à développer des attitudes et des activités autonomes, souvent antitsaristes. La structure politique se révéla incapable de se réformer pour faire place à cette évolution et permettre une nouvelle émancipation des forces sociales, et c'est pour cette raison qu'elle fut finalement rejetée, dans l'espoir qu'un champ plus vaste s'ouvrirait à l'initiative sociale et que l'on aurait davantage de libertés.

Le stalinisme en décida autrement : si le pays alla de l'avant en termes économiques et militaires, il recula, en comparaison de la période finale du tsarisme et même de la N.E.P., sur le plan des libertés sociales et politiques. Il ne s'agit pas seulement d'un cas spécifique et flagrant de développement sans émancipation, mais bel et bien d'une retraite au profit d'un harnachement plus serré que jamais de la société à la bureaucratie d'État, qui devint ainsi le principal véhicule de la politique et de la conduite de l'État. D'où cette tendance à emprunter si largement aux antécédents plus despotiques que le nouveau régime, à ses débuts, avait résolument rejetés et répudiés.

« L'EFFET DE CONTAMINATION »

Trois facteurs paraissent avoir favorisé de manière décisive le phénomène stalinien, avec son pouvoir personnel, son extrême dogmatisme assorti de fortes connotations pseudo-religieuses, et le renouveau du nationalisme – une version remaniée de la devise « autocratie, nationalité, orthodoxie » *(samoderžavie, narodnost', pravoslavie) :* 1) le déséquilibrage des structures sociales et le mouvement créé par l'effort d'industrialisation et ses méthodes; 2) les caractéristiques d'une bureaucratie en plein essor, quoique encore loin d'être stabilisée et pas encore pleinement consciente de son importance; 3) les traditions historico-culturelles du pays, en particulier celles de la paysannerie. Ces trois facteurs, dans le cadre d'un développement industriel énergique et précipité, favorisèrent un développement dans la même direction : une confiance dans la puissance de l'État, qui devait se terminer par l'idolâtrie de l'État – trait particulièrement important du système. Le sentiment généralisé d'insécurité à travers les *apparaty*, y compris dans les hautes sphères, poussa nombre d'entre eux à cultiver les prétendus symboles de sécurité et de stabilité dans le système et à s'y raccrocher : le secrétaire général et son « culte ». Enfin, différentes couches de dirigeants, sous le coup d'une stratégie délibérée ou par suite d'un sincère besoin de combler le fossé avec les masses et de consolider les liens du système avec elles, encouragèrent l'adoption et la diffusion des traditions nationalistes, spirituelles et autres des masses urbaines mais surtout rurales, tout en invitant le régime à leur faire des concessions.

Soit dit en passant, la précipitation est un facteur sur lequel il convient d'insister et dont l'influence mérite un examen. Des économistes ont étudié son rôle dans le cours que prirent les événements dans le domaine de la planification et de la gestion économique. Sur la base de l'expérience soviétique et à titre tout à fait indicatif, il vaut la peine de risquer la maxime suivante : plus vite vous cassez et vous changez, plus vous ressuscitez de vieilles choses. Après un examen plus approfondi, des institutions et des méthodes qui paraissaient être entièrement nouvelles trahissent souvent la réapparition stupéfiante de nombreux traits et formes d'autrefois. Cela ne s'applique pas seulement à l'exemple évident de l'armée, mais certainement aussi à beaucoup de ministères et d'autres institutions, sinon même à la plupart, et probablement aussi (pourquoi pas ?) à la police secrète. Le *sanctum sanctorum* de la sécurité, inaccessible par définition aux éléments non prolétariens, employa certainement, de même que l'armée, un petit (ou un grand) nombre de spécialistes de l'armée tsariste. Et ceux-ci ne purent s'empêcher de restaurer bien des traits du système précédent dans la formation et le fonctionnement des institutions. En tout état de cause, et quelle que soit la valeur de ce genre de pressentiment, une chose est certaine : plus le système stalinien est allé de l'avant dans son développement économique et ses transformations socialistes, plus il s'est abandonné aux valeurs très traditionnelles de l'autorité, de la hiérarchie et du conservatisme.

Le climat spirituel a dû naturellement lui aussi subir l'influence du fait social fondamental de ces années-là : c'est-à-dire du remodelage de l'environnement rural ou du réaménagement des villes récemment ruralisées. Le système tout entier, la société et l'État, les dirigeants comme les dirigés, ne pouvaient que sortir profondément transformés – souvent de manière très inattendue – de cet affrontement prolongé de principes et de forces initialement opposés à l'œuvre dans un tel milieu social. Au fil de cette réorganisation et du combat mené contre « la mentalité et l'esprit petits-bourgeois » et l'esprit religieux des masses, un « principe de contamination » (simulacre de loi, mais qui dissimule un contenu bien réel) commença à se manifester et à donner d'étonnants résultats. Dans l'effort entrepris pour éradiquer la mentalité paysanne, sa religion en particulier, les éducateurs ou les croisés ne furent guère heureux et se rangèrent souvent à la conclusion évidente que les cérémonies, les fêtes et autres coutumes familiales et villageoises profondément enracinées dans la tradition ne devaient être combattues qu'en proposant les mêmes choses sous une forme séculière. En réalité, l'échec de la campagne antireligieuse fut dans une certaine mesure le fruit de ce manque d'intelligence de cette mentalité si souvent morigénée. Attaquer les églises et le clergé, par exemple, c'était se tromper de cible : la religion populaire tournait autour du foyer et pouvait aisément s'adapter à l'absence de popes et de liturgie.

Mais la tactique proposée, qui consistait à offrir des icônes séculières et non plus religieuses, se révéla en fait à double tranchant. Au cours de la croisade prétendument marxiste contre « l'opium du peuple », tout le climat spirituel du système laissa paraître des signes qu'il succombait à quelques vénérables courants de la civilisation orthodoxe russe, absorbant certaines de ses valeurs, pas nécessairement parmi les plus inspirantes. La dévotion traditionnelle envers les icônes et les reliques des saints, le culte dont on les entourait, et les processions furent visiblement remplacés par une pâle imitation de l'imagerie religieuse, une liturgie officielle à destination des masses, des effigies, et, en particulier, des processions et des pèlerinages vers un mausolée abritant un athée embaumé.

La politique à l'égard de la famille inaugurée à la fin des années 1930 est un exemple parlant de l'exaltation de quelques-unes des tendances les plus primitives de la société rurale, sitôt que les intérêts de l'État paraissaient le justifier, et de leur présentation comme une valeur concernant la nation tout entière. Cette politique mérite une étude plus approfondie, mais pour le dessein qui est le nôtre un aspect vaut la peine d'être mentionné : c'est de toute évidence la grande famille rurale archaïque, avec ses grandes exigences quant aux capacités reproductrices des femmes, ses structures autoritaires et sa stabilité morale apparemment solide, que le régime présenta en modèle. Il suffit de lire la *Pravda* de 1936, au moment de la campagne pour la famille, la fécondité et l'autorité pour découvrir d'où vient ce « modèle ». Les « croisés » se laissèrent eux-mêmes prendre au piège de quelques-uns des éléments les moins modernes mais les plus orthodoxes et les plus nationalistes de leur tradition, maintenant mis en avant comme autant d'ingrédients d'un culte renouvelé de l'État et de ses intérêts. Quelqu'un aurait pu, sans doute, tenter de rationaliser ces courants en une stratégie préméditée, indispensable dans un pays dont la population a besoin d'un culte. La prostration, pleine de révérence et d'adoration devant les splendeurs et la pompe de l'État et de son chef, comme cela se faisait sous le tsarisme, aurait pu être la manifestation d'une bonne connaissance de la psychologie des masses. Quoi qu'il en soit, de l'idée d'émanciper les masses des structures mentales d'un passé peu glorieux, le système est passé à un stade de création de répliques, sinon de meilleures versions, des mêmes structures. Le culte de Staline ne pouvait qu'engendrer démons, agents et saboteurs, criminels pécheurs et abjects et pitoyables apostats impatients de désacraliser tout ce qui était sacré. Les traits de l'âme russe, prétendument équilibrée entre les extrêmes de la chute et du repentir absolu, la descente aux enfers de la dépravation et le soulagement de la confession la plus totale, furent pleinement exploités par Staline dans son « rituel de liquidation ».

Que beaucoup, en Russie, aient mordu à l'hameçon et répondu à ces débordements de démonologie ne fait aucun doute. Mais cette évolution fut-elle réellement un effet des penchants mystiques et orthodoxes russes ou des croyances religieuses populaires et d'une mentalité de moujik? Ou fut-elle, comme on l'a précédemment laissé entendre, une réponse à ce qui, *pensait-on*, était des besoins irrationnels du peuple? La déformation et la présentation fallacieuse des aspirations populaires des paysans par les porte-parole des villes, le camouflage de ses propres idiosyncrasies sous la forme d'une réponse aux attentes d'un autre, ne sont pas inhabituels dans des civilisations où le fossé entre les masses populaires et l'*establishment* politique et cultivé est profond, surtout en période de tensions et de crise. Il vaut donc la peine de prendre aussi au sérieux la thèse suivant laquelle les courants culturels de l'ère stalinienne n'ont pas été nécessairement des réponses à ce que les paysans souhaitaient obtenir, mais bien plutôt une expression des tensions psychiques et mentales et des valeurs des fonctionnaires et des dirigeants d'un appareil d'État en plein essor au milieu d'une civilisation rurale encore archaïque et en conflit avec elle. Il est impossible d'expliquer par quelque influence directe de la paysannerie ce qui fut de toute évidence une profonde retraite culturelle et une dégradation de la culture. Mais l'influence indirecte du milieu rural sur la manière rétrograde que choisit le régime pour aller de l'avant, tandis que des distorsions et des tensions travaillaient les *apparaty* dirigeants engagés à façonner ce milieu, mérite d'être explorée. Autrement dit, on est alors tenté de se demander si Staline a projeté sa personnalité sur la nation en obéissant à des considérations d'ordre stratégique et politique, à la lumière de son intelligence des mentalités russes, ou bien si ce fut là une expression de ses propres pulsions et besoins psychiques.

À en juger par les nombreux traits de son système qui s'effacèrent sitôt qu'il disparut, la dernière hypothèse se révèle, en dernière analyse, fort tentante.

« L'ÉQUATION PERSONNELLE »

« Quand la tradition juridique est faible, la personnalité du dirigeant prend une importance cruciale », affirmait un éminent chercheur. On pourrait ajouter : lorsque la tradition juridique est faible et que tous les éléments en sont taillés en pièces, alors sont réunies toutes les conditions propices à l'apparition même d'un tel dirigeant. Il va sans dire que l'on ne saurait se contenter d'invoquer le facteur personnel pour comprendre Staline et son « isme ». Nous avons déjà évoqué le contexte social général, et il importe de ne pas le perdre de vue au moment de nous pencher sur un facteur plus restreint mais essentiel : les processus à l'œuvre au sein du parti dirigeant, ceux qui le façonnent ou le bouleversent. Deux phénomènes sont capitaux à cet égard. En premier lieu, le changement de « substance sociale », autrement dit, l'évolution permanente de la composition sociale du parti, passé d'à peine 20 000 militants en mars 1917 à 250 000 ou plus à la fin de la même année avant d'être réduit de moitié puis de nouveau multiplié par deux en 1919, tandis que la courbe d'adhésion connut de très amples fluctuations jusqu'à ce que le seuil du million fût atteint puis dépassé en 1928. À ce stade, il y eut un temps de pause, puis le processus reprit sans répit. Tout cela suppose un renouvellement rapide des adhérents, et le groupe initial des fondateurs ne pouvait qu'être submergé par la masse des nouveaux venus, constamment poussés par d'autres nouveaux venus issus des profondeurs de la société russe. Les nouveaux adhérents entraient dans un parti qui, à la différence de ses fondateurs, n'avait plus à se battre contre le tsarisme. Ils ne partageaient pas les valeurs et les motivations, ni la culture et le raffinement de la vieille garde. Or, confronté au pays et aux nouvelles couches du parti, le groupe de chefs politiques qui formaient cette vieille garde se trouva dans l'incapacité de s'unir et de créer à son profit les conditions indispensables à la formation d'une élite dirigeante stable. C'est bien cette incapacité des vieux bolcheviks à constituer une élite ou une oligarchie qui fut la cause de leur disparition. À la suite de leur défaillance, le parti succomba à l'appareil qui apparut et prit le dessus – en même temps qu'à ceux qui savaient comment bâtir et diriger une machine de ce genre, avec une addition importante : ceux qui coiffaient l'appareil du parti avaient aussi la haute main sur la police et la manipulation de l'idéologie et de l'information.

La situation était donc mûre pour une prise de pouvoir dont le vainqueur sortirait sans rival. Aujourd'hui, un critique éclairé du parti demanderait tristement : comment se fait-il qu'il n'y ait eu aucune garantie ni aucun contre-pouvoir contre un tel coup de force? Le fait est qu'avant 1928 l'histoire du parti ne fut qu'une suite d'initiatives visant à éliminer tous les contre-pouvoirs qui subsistaient encore. La dernière étape en ce sens fut franchie par les dirigeants qui préférèrent Staline et lui prêtèrent main-forte pour éliminer le dernier carré d'opposants. Ils succombèrent eux-mêmes au mécanisme qu'ils avaient employé contre les autres. Mais tout cela est parfaitement connu aujourd'hui.

Staline est donc l'homme qui prit les leviers du pouvoir que lui offrait la période précédente (il avait lui-même auparavant contribué à forger quelques-uns de ces leviers), inclina l'échelle dans une nouvelle direction, remania l'ensemble du cadre politique et idéologique, et engagea le système non seulement dans une industrialisation accélérée mais aussi, cyniquement, dans l'édification d'un État d'un genre bien particulier : l'État comme principal instrument et but en soi, principe suprême, au fond, de son socialisme. Mais il fit davantage encore. Dans le cadre de son étatisme, il se fit l'avocat d'une terreur généralisée et alla même jusqu'à s'identifier personnellement à l'État policier qu'il avait créé. Bref, il fut le fondateur d'un système en même temps que son idéologue, et c'est lui qui se chargea d'adapter le précédent cadre idéologique à la réalité de ce nouveau système. Mais cette réalité était complexe, et le rôle de Staline dans cette réalité ne le fut pas moins.

Certains historiens de la Russie tsariste soulignent qu'au cours de son développement les despotes ont eu tendance à changer de rôle et à modifier la nature même de leurs pouvoirs pour les adapter au système auquel ils présidaient, sans pour autant toucher à l'image officielle du tsar comme autocrate *(samoderžec)*. Ivan le Terrible et Pierre le Grand comptent parmi ceux qui parvinrent à se débarrasser de groupes sociaux encombrants pour les remplacer par de nouvelles élites et de nouveaux appareils plus dociles. Ivan le Terrible battit les boyards et fonda son *opričnina*; de même, Pierre le Grand créa « de toutes pièces » une nouvelle couche dirigeante et un appareil de gouvernement. Les fondateurs et les modernisateurs de cette espèce demeurent au sommet et peuvent préserver l'idée même d'« autocratie » mais aussi sa réalité. Toutefois, un processus s'amorce par lequel l'appareil et les classes dirigeantes s'imposent, stabilisent et, finalement, modifient, de fait sinon en droit, la réalité même de l'« autocratie ». Nicolas Ier fut sans doute le dernier véritable autocrate. Les tsars suivants se transformèrent peu à peu en chefs de leur bureaucratie, voyant leurs pouvoirs despotiques et leur liberté d'action se réduire tout en devenant de plus en plus dépendants de la bureaucratie. Cette métamorphose de l'autocrate en bureaucrate suprême n'a jamais été totale, et les tsars conservaient encore d'immenses pouvoirs. Mais cette tendance existait bel et bien, et il se passa quelque chose de semblable sous Staline. Sous les tsars, cependant, cette tendance mit deux siècles à se manifester; sous Staline, avec l'intensification et la compression considérables des processus historiques, cette évolution se produisit du vivant même d'un seul dirigeant.

Aussi instable et ébranlé que fût encore l'appareil d'État dans sa croissance rapide des années 1930, on put entendre de nouveau des appels à l'« apaisement » et à la régularisation des postes et des conditions de travail tandis que s'exprimait la volonté de jouer un certain rôle dans le gouvernement. Et Staline commença certainement à percevoir ces appels qui émanaient de la couche dirigeante de l'État et du parti. Nous avons affirmé que celle-ci se trouvait dans la situation de serfs puissants. Il suffit de rappeler la description de l'atmosphère qui régnait dans les hautes sphères du pouvoir autour de Staline, telle que Khrouchtchev l'a évoquée dans ses mémoires, pour s'apercevoir qu'il s'agissait d'un cas exemplaire des relations qui existent nécessairement entre un maître despotique et puissant, qui a la haute main sur l'emploi et le sort de chacun de ses collaborateurs triés sur le volet, et le cercle restreint des potentats qui l'entourent, et qui n'ont aucune sécurité dans leur vie, pour ne pas parler de leur emploi. *Une classe dirigeante sans tenure* – tel est le système que Staline créa pour eux, et il était loin d'être agréable. Nul homme capable, parmi eux, n'aurait pu croire que cela était « historiquement » ou autrement justifié.

Dans ces conditions, des tendances et des pressions visant à « normaliser » la situation auraient dû se manifester très tôt. Ce qui ne voulait pas nécessairement dire l'apparition dans l'appareil d'un désir de se débarrasser de Staline – même si beaucoup s'en seraient certainement félicités – mais plutôt de changer ses fonctions de sorte que tout le modèle pût être gouverné en accord avec sa « logique », c'est-à-dire avec les intérêts de la bureaucratie et de ses hauts dignitaires en particulier. C'est bien, en fait, ce qui devait arriver, mais seulement après la mort de Staline.

Staline n'était pas disposé à accepter le rôle d'un simple rouage, si puissant fût-il, dans sa propre machine. Un haut bureaucrate est un directeur général, dans le cadre d'un comité contraignant. Le système, à mon sens, y était prêt très tôt (en fin de compte, c'est précisément ce que voulut dire en 1934 la tendance Kirov), et les observateurs qui, au lendemain de la disparition de Staline, prédisaient qu'un nouveau Staline allait surgir en raison de la nature même du système se fourvoyaient. Staline avait eu le pouvoir mais aussi le goût du pouvoir – au point d'en vouloir toujours plus – puisqu'il avait en personne dirigé la première phase de la percée renversante et qu'en cours de route il s'était assuré le contrôle plein et entier de l'État. À ce stade, les traits de sa personnalité lugubre, avec d'évidentes tendances paranoïdes, prennent une importance cruciale. Une fois au faîte du régime, il ne fut plus homme à accepter la moindre remise en cause de son pouvoir personnel. Il continua à défendre sa place dans le système et à le rendre toujours plus dépendant de sa propre personne. Il assuma le rôle de pilier de l'édifice tout entier, « personnalisa » ce modèle à outrance et, en accord avec l'image qu'il se faisait de lui et avec sa dynamique personnelle, il identifia le tout à sa propre personne, et sa propre personne à l'histoire. Il atteignit une position dans laquelle il aurait eu toutes les raisons de proclamer « L'État c'est moi », et plutôt deux fois qu'une, car derrière cette « identification » d'un homme à un poste et à l'histoire se profilait la perte potentielle de l'indispensable sens des proportions entre le personnel et l'historique, ouvrant ainsi les portes de la folie. Dès lors, il n'était pas question pour lui du moindre changement touchant à la nature de son pouvoir et de son rôle dans le système. Aussi entreprit-il d'ébranler et de déstabiliser l'appareil et ses couches supérieures afin de bloquer le processus qui travaillait fatalement contre sa prédilection personnelle pour l'autocratie. C'est là une suggestion qui aide à comprendre les purges ainsi que certains aspects plus larges du rôle de souverain qu'assuma Staline dans l'histoire soviétique. En luttant pour perpétuer son pouvoir, il engagea le système dans une direction dommageable, « pathologique », et ce faisant commença un travail de sape : plus le régime se montra arbitraire, plus il se révéla incapable de diriger un pays qui se développait rapidement ainsi que ses nouvelles forces sociales en formation, tant à la base qu'au sommet de la hiérarchie.

LE BOLCHEVISME ET LA CLAUSE 58[9] DU CODE PÉNAL

La dynamique personnelle de Staline, qui ne pouvait lui permettre d'accepter le rôle des derniers tsars et l'amena à préférer le rôle de tsars plus anciens, est une question, fort compliquée, pour biographes. Néanmoins, isoler le rôle personnel de Staline dans le « stalinisme » des autres facteurs révélés par l'analyse socio-historique est une tâche cruciale, même si elle ne va pas sans son lot de difficultés. En réponse à des pressions bien réelles, même s'il les a souvent transformées dans son esprit en spectres mythologiques mal interprétés, Staline a employé ou manipulé trois leviers interdépendants. En premier lieu, son propre « culte » (ses aspirants « prêtres » l'ont certainement aidé à l'instaurer) s'affirma comme une manière singulière de communiquer avec les masses, par-dessus la tête de la bureaucratie, aussi bien qu'avec la masse bureaucratique elle-même, par-dessus la tête de leurs chefs dans le parti et dans l'État. Mais ce culte n'aurait pu s'implanter sans le soutien supplémentaire engendré par la réactivation de tendances héritées du passé et qui étaient encore présentes dans la mentalité de nombreux Russes, par le dynamisme industriel, et par les forces de l'inertie et du conformisme, sur lesquelles certains systèmes profitent mieux que d'autres.

Mais il est un facteur encore plus important, le deuxième de notre liste : l'« alliance » du souverain – institution désormais bien établie – avec la police secrète, sans ou contre le parti et enfin, en troisième lieu, la production d'une justification idéologique appropriée pour une telle alliance. Ce sont là trois ingrédients essentiels de la marque stalinienne. L'introduction de la police secrète comme partenaire de l'« alliance » consista à élever cette institution au-dessus du parti et, d'une force de sécurité plus ou moins conventionnelle, à en faire une puissante agence économique disposant de méthodes non économiques. Telle fut la racine de l'immense *univers concentrationnaire* (pour reprendre le titre du célèbre livre de David Rousset), appelé à devenir un autre aspect « essentiel » du système stalinien. Sans lui, cette expression aurait eu un sens bien différent.

Vyšinskij, le grand inquisiteur de Staline, fut probablement le meilleur porte-parole et interprète des intentions et des idéologies de Staline concernant notre thème. Il connaissait certainement non seulement les écrits de son maître mais aussi sa voix et ses intentions. L'idée cruciale, qu'il reprend à Staline, c'est que la disparition de la lutte des classes ne « procédera pas de l'atténuation des conflits de classe mais de leur intensification ». De même pour la thèse du dépérissement de l'État, qui se produira « non pas à travers l'affaiblissement de la puissance étatique, mais au prix d'un renforcement maximal de l'État afin de défaire les vestiges des classes moribondes et organiser la défense contre l'encerclement capitaliste » [1]. Il est vain de polémiquer sur de tels propos. Pourquoi devrait-on réussir avec un État faible à éliminer le gros des forces ennemies, mais faudrait-il une puissante machine d'oppression, toujours plus puissante, pour triompher de quelques reliquats ? La logique n'est pas de mise ici. L'essentiel, c'est que telle était la *devise* stratégique

1. A.J. Vyšinskij, *Voprosy teorii gosudarstva i prava*, 2e éd., Moscou, 1949, cite ce passage d'après la page 62 de Staline, *Voprosy Leninizma*, 10e éd., 19, p. 509.

centrale de Staline, le cœur même de la stratégie stalinienne. Vyšinskij y ajouta plus qu'une touche d'éclaircissements caractéristiques et mit les points sur les i dans son attaque contre les juristes bolcheviques (qu'il aida, entre parenthèses, à creuser leurs tombes). Ils ne répétaient que trop souvent le vieil adage léniniste sur ce dépérissement de l'État et du droit mais, assez naturellement, ils lui donnaient un tour tout autre que Staline. La rhétorique de Vyšinskij contre ces juristes est parlante : « C'est tout juste si nous comprenons aujourd'hui quel caractère de diversion, au sens direct de ce mot, c'est-à-dire au sens direct de la clause 58^9 du Code pénal de la république russe, avait cette expression [1]. » Ce venin visait des hommes tels que Pašukanis et Stučka, ou même Krylenko – mais, en vérité, la portée de ce passage allait au-delà. Cette clause, aussi bien qu'un petit nombre d'autres dispositions du même tristement célèbre paragraphe 58 du Code pénal, définissait le sabotage contre-révolutionnaire, la diversion, etc., et devait être employée contre le gros des cadres du parti bolchevique et contre l'une des promesses importantes du léninisme, sans laquelle il ne serait jamais devenu une force révolutionnaire : la promesse de plus de liberté et de justice et de l'émancipation des masses. Telle est la signification plus profonde de la thèse du « dépérissement », mais elle devint maintenant un acte directement criminel et contre-révolutionnaire, assorti de la sinistre clause 58^9.

Les « reliquats d'ennemi de classe » n'auraient pu devenir aussi dangereux s'ils avaient engagé un combat franc. Mais, prévint Staline, ils agissaient sournoisement *(tihoj sapoj)* en agents secrets de puissances étrangères et utilisaient les moyens les plus diaboliques pour donner le change [2] – et seule la police secrète était à même de faire face à un ennemi aussi sournois. Aussi allait-elle devenir l'institution la plus chérie par le régime, son symbole. Et si les ex-bolcheviks coupables de manœuvres de diversion étaient tellement perfides, c'est précisément parce que leur thèse sur « le dépérissement de l'État et des lois » visait ces sacro-saints services de l'État. Vyšinskij le dit sans détours : le travail de diversion de la précédente génération de vieux juristes bolcheviques « visait au fond à accréditer " l'idée " que les moyens de pression et les instruments de lutte dont disposait l'État – armée, marine, contre-espionnage, N.K.V.D., tribunaux, pour-

1. Vyšinskij, *Voprosy, op. cit.*, p. 64.
2. Le rôle des « masques » dans la perception par Staline du comportement humain est analysé par Tucker in *Stalin as Revolutionary*, p. 453.

suites – étaient inutiles, qu'ils avaient, pour ainsi dire, épuisé leur rôle historique ». On n'aurait pu exprimer plus clairement cette défense de l'État policier, son élévation au rang de principe, contre les vieilles idées bolcheviques et, plus précisément, contre les « droitistes » qui prétendaient aller de l'avant « paisiblement et harmonieusement » *(mirno i plavno)*.

Cette polémique (qui, entre parenthèses, peut nous rendre les victimes de Vyšinskij plus sympathiques, tant il est vrai qu'elles ont payé de leur vie leur détestation de la répression et des organes policiers) a tout pour libérer les fonctions oppressives de l'État et célébrer ces organes de répression. Et pour Staline, cet aspect ne devint pas seulement une affaire politique mais, ici encore, une question d'identification personnelle. Il faisait confiance à la police secrète et à elle seule : après le suicide de sa femme en 1932, c'est en effet aux services de Beria qu'il confia le soin de s'occuper de son foyer et de ses nombreuses villas, toutes construites et meublées de la même façon [1].

« LÉGALITÉ » ET « EXTRALÉGALITÉ » : DEUX MODÈLES EN UN

Sous l'appellation d'« ennemis du peuple » devait périr la fine fleur du parti bolchevique : les anciens cadres aussi bien que de nombreux cadres plus jeunes de la période postrévolutionnaire. Ce qu'il y a d'étonnant dans cette destruction, c'est son caractère gratuit, son absurdité totale, puisqu'elle s'est de toute évidence attaquée aux intérêts mêmes du système que Staline en personne édifiait et présidait. Si cela relevait de la folie, et tel a fort bien pu être le cas, celle-ci ne fut néanmoins pas sans méthode. Il s'agissait de la folie d'un homme d'une hypersensibilité paranoïaque. Il abominait certainement le passé de son parti et sa conduite – et il le détruisit. Mais, comme nous l'avons dit, il refusa aussi d'accepter les contours du modèle en gestation sous son propre règne postbolchevique – modèle dans lequel de nouveaux groupes sociaux, en particulier l'État et les couches dirigeantes, commençaient à prendre forme et à consolider leurs positions. Quelque autre dirigeant aurait pu, finalement, s'incliner devant l'ordre nouveau, en tirer le meilleur parti, et

1. Svetlana ALLILUYEVA, *Twenty Letters to a Friend,* Londres, Hutchinson, 1967, pp. 138-143, décrit cette fonction et le rôle de la police secrète dans l'organisation du ménage de Staline. (En français, *Vingt lettres à un ami,* trad. J.J. Marie, Paris, Éd. du Seuil, 1967.)

accepter une présidence honoraire ou même une très réelle fonction de direction [1]. Mais un homme de la trempe de Staline ne pouvait sans doute voir dans ces tendances que des empiétements de méprisables créatures qu'il avait lui-même nourries en son sein et qui tentaient maintenant de le cerner pour le dépouiller. Aussi défendit-il avec acharnement son propre pouvoir et son propre système.

En vérité, ce qui était en train de se former et de le cerner de près n'était autre que le nouvel ordre politique qu'il avait lui-même aidé à venir au monde par une césarienne. À première vue, ces années furent celles du stalinisme triomphant, même si tout ce qui arriva ne fut pas le fait de Staline. En fait, il présida à la création simultanée de deux systèmes politiques, qui n'étaient pas perceptibles par les contemporains mais que l'on peut discerner aujourd'hui, et dont Staline lui-même avait une vague et sinistre idée. Et ces deux modèles se retrouvèrent très tôt dans une coexistence malheureuse et génératrice de tensions.

Le problème d'une symbiose difficile sinon carrément impossible de la « légalité » et de l'« arbitraire » durant ces années-là est de nature à éclairer la question. Le jeu de bascule entre les transgressions en masse de la « légalité socialiste » et les campagnes visant à corriger les « excès » est un trait bien connu de l'histoire soviétique, en particulier dans la période stalinienne. Il est aussi très caractéristique qu'au plus fort de la terreur policière, dans les années 1935-1938, le régime ait proclamé et prêché le renforcement de la légalité ainsi que la réhabilitation du concept même de droit. Ce sujet appelle de plus amples considérations.

Dans son étude de l'État et du droit russes – l'équivalent à cette époque, de la « science politique » moderne – l'éminent chercheur russe N.M. Korkunov a défini l'« autocratie » et l'« autocrate » *(samoderžavie* et *samoderžec)* comme la souveraineté de celui qui gouverne, le caractère illimité de son pouvoir, mais en même temps par la nécessaire limitation de ce pouvoir par des principes juridiques et des lois fondamentales de son cru. La raison d'une telle tendance, expliqua-t-il, était double : 1) la légalité permet aux masses de s'identifier avec le système – un

1. Telle est l'interprétation d'Adam Ulam – qui emploie l'expression de « complot par adulation » – concernant les efforts déployés en 1934 pour se débarrasser de Staline en en faisant plus que jamais un dieu pour l'écarter de plus en plus de la vie politique. Voir ULAM, *Staline. L'homme et son temps*, trad. franç. M.-F. de Paloméra, Paris, Calmann-Lévy/Gallimard, 1977, vol. I, *La montée*, pp. 435-436.

système sans loi est ressenti comme tyrannique et ne saurait être stable; et 2) le souverain, s'il veut contrôler et diriger directement et efficacement l'appareil d'État, a bien sûr besoin d'un cadre juridique clair pour assurer le fonctionnement régulier des institutions et des bureaucraties de l'État. Sans cela, elles agiraient de manière purement arbitraire et contribueraient à saper l'unité de l'État au lieu de la servir en même temps que les intérêts du souverain [1]. Ces remarques sont fort éclairantes pour qui veut comprendre les problèmes des années 1930. Les mesures extralégales auxquelles le régime recourut en masse pendant la collectivisation et l'industrialisation et, par la suite, la chasse aux « ennemis du peuple » déchira le tissu social, et seul un solide cadre juridique était de nature à répondre au très profond besoin de sécurité qu'éprouvaient certainement des officiels aussi bien que la population. Il fallait régulariser, consolider, rassurer, et assurer un fonctionnement régulier et prévisible des institutions responsables – bref, instaurer quelque forme de « constitutionnalité ». Tel était sans doute l'état d'esprit dans les *apparaty* en 1934 et plus tard. Qu'il s'agît de gagner ou de regagner le soutien et la cohésion populaires ou d'assurer des conditions de travail prévisibles pour le bon fonctionnement de l'appareil d'État – les deux points sur lesquels insistait Kornukov au début de ce siècle – les intérêts de l'élite dirigeante aussi bien que du système dans son ensemble se confondaient avec les intérêts les plus profonds du système mais aussi de ses organes les plus importants.

Or nous savons que dans le même temps, et dans les vagues encore plus sauvages qui se déchaînèrent à la fin de l'année 1935, c'est la tendance opposée qui l'emporta : régime policier et système de camps. Ces deux facteurs étroitement liés sont de toute évidence la négation même de l'État de droit si ardemment désiré. L'arbitraire est au contraire l'essence même du système du Goulag – ce nom lui restera en raison du puissant écho rencontré par les écrits de Soljenitsyne. Il serait naïf de penser que le sort des masses d'innocents entassés dans les camps ne concernait personne d'autre et n'inquiétait pas la majorité de la population. En termes d'analyse politique du citoyen dans cet État particulier, de ses droits et de ses devoirs, le système des camps était une pierre de touche. C'est dans les camps que se

1. N.M. Korkunov, *Russkoe gosudarstvennoe pravo,* vol. I, Saint-Pétersbourg, 1901, pp. 204-207.

retrouvaient les masses de gens qui entendaient un jour frapper à la porte puis étaient arrêtés. Il est symptomatique que seule une catégorie ait pu jouir dans ce système d'un semblant de protection juridique : celle des criminels endurcis. De manière assez naturelle, ils formaient une caste de privilégiés dans les camps et y détenaient le pouvoir, et eux seuls obtinrent un minimum de garanties juridiques et l'assurance, selon toute probabilité, d'être libérés à l'expiration de leur peine ou même de bénéficier d'une remise de peine pour bonne conduite ou tout autre motif. La très grande masse des prisonniers n'avait pas la moindre garantie de cette espèce. C'était là un trait important du système politique : n'importe quel citoyen, quel que fût son milieu ou sa situation sociale, n'avait d'autre garantie que la chance ou sa propre naïveté contre « les coups à la porte ». Chacun pouvait ainsi devenir un candidat en puissance à l'internement dans un camp, même si la majorité, bien sûr, ne reçut jamais la sinistre convocation.

Que les dirigeants sans stabilité aient souhaité acquérir une certaine stabilité et que les sujets-internés-en-puissance voulussent changer de « situation » ne paraît pas douteux. Nous pouvons donc rechercher deux séries de facteurs à l'œuvre au sein du régime : les forces naissantes soucieuses de stabilité et de légalité; et les facteurs qui les bloquèrent et perpétuèrent le système « extralégal » dominant. Il est symptomatique que le même homme doué des antennes politiques du parfait opportuniste, je veux parler de Vyšinskij, ait prêché et pratiqué ces tendances contradictoires. Il se battit aussi farouchement pour le droit soviétique qu'il brisa les omniprésents agents secrets et ennemis – fruits d'une imagination malade et antithèse de toute légalité. Ainsi, deux modèles coexistants, l'un se fondant dans l'ombre de l'autre et tous deux visiblement sous la coupe de Staline, se laissent dissocier à des fins analytiques et peuvent apparaître, après un certain temps, comme deux systèmes en collision. Le premier, faible encore, devait par la suite évoluer vers un système de bureaucratie tranquille coiffée par une oligarchie institutionnalisée et présidée plutôt que gouvernée par une haute direction politique; le second, que nous pouvons appeler le système stalinien *stricto sensu,* se composait de tous les ingrédients susmentionnés : culte, police, manipulation idéologique et mentalité appropriée. La plupart n'ont pas survécu très longtemps à Staline, et cela n'est pas très étonnant.

CONCLUSION

Le modèle stalinien *stricto sensu*, grandement aidé par le mouvement social caractéristique de ses débuts puis par le mode de développement social que nous avons évoqué, était assez puissant. Il s'agissait d'un modèle dans lequel la structure sociale évolua sous l'influence d'une organisation étatique déjà en place et envahissante pour être asservie à un imposant mécanisme de contrôle et de surveillance, et dans lequel l'emprise de l'État était, jusqu'à un certain point, acceptée comme un fait déjà familier, quoique à un moindre degré, hérité du cadre précédent.

Au cours de l'industrialisation – avec la superstructure qui, pour ainsi dire, se rua en avant de la base sociale en formation – tous les groupes sociaux importants se retrouvèrent « bureaucratisés » et entièrement dépendants des administrations d'État. L'étatisme est un phénomène d'autant plus important que nombre de ses traits étaient appelés à rester. Mais son développement fut une affaire complexe et contradictoire.

D'un côté, il donna le jour aux formes et aux structures d'une organisation autocratique du pouvoir rappelant à bien des égards, ou même reproduisant directement, des traits du passé impérial. Mais de l'autre, la rencontre des cœurs et l'affinité avec l'étatisme d'antan ne furent pas la réplique du passé, mais une création nouvelle et originale, un hybride de marxisme et de tsarisme, un phénomène transitoire confiné à la seule étape stalinienne.

Tandis que l'État se développait et que les tensions et le mouvement des premiers temps commençaient à se relâcher, la structure étatisée amorça une évolution vers un modèle stable, mais la vigilante réaction en sens contraire du pouvoir en place, strictement stalinien, ne lui permit pas de prendre une forme définitive. La réaction stalinienne trouva des conditions propices à son développement et profita de l'occasion qui lui était offerte pour aller jusqu'au bout de sa course. Après l'étape du « développement sans émancipation » de la période antérieure, le régime entra dans une phase de « développement avec oppression », qui devait bientôt arborer des traits politiques et sociaux purement pathologiques.

Le modèle élargi d'un système bureaucratique plus policé et dirigé par une oligarchie, qui apparut après la mort de Staline, était déjà perceptible dans l'ombre du régime stalinien, mais il ne pouvait s'affranchir du joug tant que l'étape initiale de la guerre de l'État contre la nation des petits producteurs n'était pas franchie. Pour dompter Staline, il fallait mettre fin à cette guerre et à la mentalité de guerre afin de revenir à une politique économique et sociale de caractère plus « normal ». Staline et son entourage, au contraire, profitaient de la guerre ainsi que des conditions et des mentalités propres à un état de siège, et ils firent tout leur possible pour perpétuer cette situation – allant même jusqu'à utiliser à cette fin, comme une affaire de stratégie et une méthode de gouvernement, l'hallucinant procédé qui consiste à inventer des pléiades d'ennemis mythiques et anéantir en cours de route des masses de gens. Cela devait provoquer non seulement un divorce entre l'« État » et la « société » mais aussi couper la direction des intérêts de l'État. Pour le pays, ce fut une catastrophe sans mélange.

Dans le même temps, ce régime laissa un héritage embarrassant pour les dirigeants de notre époque. Ils partagent toute une série de postulats avec le chef diabolique, et il ne leur est pas facile d'expliquer comment eux-mêmes, le parti, etc., peuvent être présentés comme innocents des pratiques passées ou immunisés contre les dangers d'une répétition à l'identique.

Quoi qu'il en soit, leur système ouvre un champ plus large au développement et à de sérieuses améliorations. La couche dirigeante est présidée, et non plus violentée; le *pays politique* [1] du système est plus vaste qu'autrefois; les communications et les contacts avec les classes populaires se sont considérablement améliorés; et dans bien des milieux, la qualité des dirigeants est très nettement supérieure. Malgré les améliorations, cependant, et pour ce qui est du système social dans sa totalité, la domination politique, le monopole idéologique, et les contrôles vigilants de cet « étatisme » modernisé continuent à engendrer des problèmes – en particulier dans les domaines où l'héritage des années 1930 est en cause. Et ces domaines ou principes sont encore très présents dans la politique soviétique.

1. En français dans le texte *(N. d. T.)*.

CHAPITRE XII

Aux prises avec le stalinisme

UNE ÉNIGME

Au lieu de traiter le phénomène du stalinisme de manière exhaustive, mon propos est ici d'introduire dans l'étude et la discussion du système soviétique et de cette période de son histoire certains éléments qui, pour n'être pas nécessairement originaux, n'ont pas encore été pleinement « exploités » dans notre quête d'une explication convenable de ce qui demeure, dans une large mesure, énigmatique. Les faits et les idées tirés de l'histoire sociale de la Russie poussent à développer une réflexion plus « historique » sur ce pays, à intégrer des facteurs du passé qui, peut-être, n'étaient pas encore éteints et jouèrent un grand rôle dans les premiers temps du régime et qui n'ont pas encore été pleinement reconnus comme des forces motrices qui ont façonné le cours des événements et les structures successives.

En vérité, des propos de cette nature peuvent sembler un tantinet rebattus. Mais le fait est que la plupart des études russes se sont contentées de quelques notions générales et de facteurs idéologiques et politiques qui paraissaient plus attrayants et, d'une manière ou d'une autre, laissaient sur la touche les intuitions historiques. Telles ou telles attitudes acquirent même parfois la douteuse valeur d'obsessions et de sophismes purs. Une approche répandue consiste à insister sur le léninisme – et sur la conception léniniste de l'organisation du parti – à la racine du stalinisme et de Staline – le premier paraissant impliquer le second, portant l'étape suivante en son sein presque par défi-

---

« Grappling with Stalinism », in *A History of Marxism,* vol. III, éd. par E.J. Hobsbawm, Brighton, The Harvester Press, Ltd, 1985 (nouv. éd. en cours, Indiana University Press).

nition. Ainsi l'idéologie politique qu'est le léninisme est-elle présentée comme la principale « coupable » – la cause essentielle du cours bien particulier que suivit l'histoire russe postrévolutionnaire, un démiurge qui montre de quoi il est capable, s'explique et fait l'histoire – sans laisser un grand rôle aux facteurs historiques et sociaux. De nombreux observateurs ont perdu de vue que de puissants facteurs étaient à l'œuvre, avant comme après la révolution, qu'ils ont façonné les événements, la direction et l'idéologie elle-même, et qu'ils ont bien pu affecter le léninisme et le stalinisme de différentes manières, y compris les liens qui existent entre les deux phénomènes. L'aura d'une révolution réussie – ou, si on y était opposé, son opprobre – favorisa un phénomène qui n'est pas si rare et qui consiste à isoler un événement marquant par son intensité et son caractère spectaculaire pour y voir une cassure absolue dans le développement historique, censée rompre radicalement les liens avec le passé. N'était-ce pas là, au fond, ce que l'on voulait – et que l'on doit dorénavant tenir pour le seul et unique responsable de tous les chapitres futurs? Aux yeux de quelques-uns des participants, il ne fut réellement responsable que des plus jolies choses qui suivirent, les moins plaisantes étant mises sur le compte des « déviations » ou des « vestiges du passé », appelés à disparaître sans laisser la moindre trace. Eric Hobsbawm a insisté sur les erreurs d'interprétation que pouvait entraîner une concentration excessive sur des révolutions ou des bouleversements comparables [1]. Et l'on pourrait ajouter d'autres erreurs qui procèdent de la référence abusive et passe-partout aux « vestiges du passé », dont certains auteurs soviétiques sont encore si friands. La religion, la soif de biens essentiellement matériels, la conduite criminelle – ce ne sont là que quelques exemples de ces soi-disant « vestiges » dont le régime n'entendait pas porter la responsabilité. Les chercheurs occidentaux ont rarement « avalé » ce dernier type d'explication, mais ils ont souvent accepté l'idée que l'impact de la révolution avait été un point de rupture quasi absolu, et ils se sont employés à perpétuer cette idée à travers leurs spécialisations et leurs divisions en départements, amoindrissant ainsi considérablement la portée de leurs interprétations.

Une autre approche répandue, qui consiste à s'intéresser essen-

1. Eric Hobsbawm, *in* M.W. Flinn et T.C. Smout, éd., *Essays in Social History*, New York, Oxford University Press, 1974.

tiellement aux dirigeants, a abouti à une série de conclusions unilatérales, auxquelles on doit s'attendre chaque fois que l'ambition personnelle et les luttes pour le pouvoir au sommet de l'échelle sociale et politique deviennent la substance même de la recherche historique. La fascination exercée par tout ce qui est puissant et d'une évidence immédiate enlève inéluctablement de leur intérêt aux matrices profondément enracinées des relations sociales, aux courants culturels de fond et aux tendances économiques à long terme ou, dans le meilleur des cas, les relègue au second plan.

Le recours abusif à certains types d'analyse en termes de classe de la part des bolcheviks et de leurs héritiers est aussi devenu une source de difficultés politiques et conceptuelles considérables, en particulier pour les acteurs et les meneurs qui participèrent aux événements en Russie. « L'application » trop empressée d'une analyse en termes de classe empruntée à un arsenal conçu dans et pour une société capitaliste avancée risque fort de tomber à plat dès que l'on a affaire à une société encore aux premières phases de quelque cours historique attendu, à une société encore en transition ou en mouvement dans laquelle coexistaient ou s'agençaient diverses formes. Or, la Russie tsariste présentait précisément des traits de ce genre, et les nouveaux dirigeants soviétiques n'en ont pas moins continué à employer les mêmes instruments d'analyse pour tenter désespérément de discerner, dans leur société postrévolutionnaire, des classes pleinement épanouies ou, à défaut, leur préfiguration clairement discernable, susceptible de conduire à l'avenir souhaité ou de pousser dangereusement le système vers une restauration. Et tout cela, bien sûr, pour prendre un aperçu du processus historique et s'en servir comme base de décision politique; mais il n'en demeure pas moins vrai que les dirigeants soviétiques postrévolutionnaires ont souvent tourné leur regard dans le sens opposé, dans la mauvaise direction, qu'ils ont commis une longue liste de bévues et que, dans une phase ultérieure, en particulier durant les grandes purges, ils ont fini par compromettre purement et simplement les instruments d'analyse par de monstrueux abus.

Qui plus est, l'analyse a aussi souffert de ce qu'au lendemain de la guerre civile la société était encore trop indifférenciée, trop homogène ou trop archaïque ou même, comme au début des années 1930, trop ébranlée par d'incessants mouvements et chambardements pour donner des résultats crédibles au terme d'une recherche dévoyée par des concepts inappropriés.

E.H. Carr pensait, lui aussi, que l'analyse marxienne des classes n'était pas opératoire dans les conditions soviétiques, mais pour une raison différente : ce n'était pas cette classe-ci ni une autre classe dirigeante qui dominait la société soviétique, mais plutôt l'État qui joua le rôle dominant pour faire et défaire la structure sociale, sans céder lui-même à une telle domination ni à une analyse en termes de classe. L'argumentation de Carr traduisait une réalité qui est devenue, à juste titre, un thème privilégié de l'étude des régimes est-européens, tsariste et soviétique inclus. Le rôle croissant de l'État dans les systèmes démocratiques et capitalistes avancés devait donner une justification supplémentaire de cette forme de focalisation à propos des pays en voie de développement.

Il ne s'agit aucunement de prétendre que les approches susmentionnées sont hors de propos ou ne méritent pas d'être poussées plus avant. Ce que je conteste, c'est plutôt une forme ou une autre d'exagération ou d'excès, pour insister sur le nécessaire raffinement des outils, ou sur l'introduction de nouvelles et indispensables données ou de facteurs supplémentaires. Dans le cas de l'État, également, il faut déplorer une même concentration excessive, qui débouche sur des interprétations unilatérales qui en font un facteur plus autonome qu'il ne l'était réellement ou qu'il ne l'est, un moule qui n'est façonné par rien d'autre que par lui-même, ou encore une cause primaire qui se développe et évolue exclusivement livré à ses propres moyens. Qu'un État puisse être fort et dominer le système social, en particulier dans quelques périodes bien précises de poussée, ne prête pas au doute. On a assez souvent observé des situations où l'État se déchaîne et agit comme un frein puissant et destructeur sur le développement social ou bien, au contraire, où il s'impose comme le premier agent et moteur du développement. Mais présenter cette interprétation comme un absolu serait politiser l'analyse à outrance, et dissimuler ce qu'une analyse à plus long terme pourrait bien infirmer ou, tout au moins, sérieusement modifier. Un relâchement temporaire et apparent des contraintes n'est pas vraiment une porte ouverte à la plus totale liberté d'action. On peut prétendre que les changements économiques et sociaux induits – ou accélérés – par l'État devaient finir par imposer des adaptations aux institutions étatiques de même qu'à l'ensemble du système étatique proprement dit; non seulement ces institutions sont soumises à un certain nombre de contraintes, mais celles-ci forment en fait un système dont l'État n'est qu'une partie et qui limite, fait échouer, ou restreint d'une autre manière ses activités. Il importe d'introduire dans l'analyse les phénomènes économiques, sociaux et culturels, même si l'objet d'étude n'est autre qu'un despote puissant, arbitraire et destructeur. La validité d'une telle interprétation historique ne s'arrête pas dès lors que les droits de l'homme sont amputés et que des bureaucraties oppressives s'imposent sur le devant de la scène.

Notre essai ne saurait présenter une analyse pleinement développée qui prétendrait corriger tous les travers que l'on vient d'évoquer. Mais la nécessité d'une telle démarche mérite d'être soulignée. Des études historiques peuvent contribuer à rétablir l'équilibre et déboucher sur des interprétations plus satisfaisantes, en recourant à quelques arcanes de leur métier, en racontant l'histoire événementielle, mais aussi en isolant des tendances, en traitant des idéologies sans pour autant les dissocier des institutions et des structures sociales, en étudiant les personnalités sans oublier leurs clientèles ni les grandes masses, même s'il se trouve certains dirigeants pour les mépriser, et enfin en traitant les États comme des partis importants des systèmes sociaux – qui changent en eux et avec eux.

COMPRENDRE LA RUSSIE TSARISTE

Introduire plus d'« histoire » dans le débat, c'est compliquer considérablement le tableau mais aussi, peut-être, l'enrichir. Cela nous amènera à nous demander si, par exemple, la Russie postrévolutionnaire conservait en héritage certains traits de la réforme inachevée ou avortée de 1861. Si l'on sait que les événements d'après 1861 débouchèrent sur deux révolutions, il est peut-être moins connu que certains phénomènes de crise qui apparurent au cours de cette période se manifestaient encore dans la Russie de Lénine, sinon encore plus tard. Dès lors, les puissantes et complexes secousses de l'enchaînement guerre-révolution-guerre civile infligèrent certes de graves dégâts à l'ancienne structure, mais reste à montrer de manière plus détaillée et plus fine comment elles l'ont effectivement changée pour découvrir quelles sont les survivances de cette période qui ont continué à empoisonner la vie du régime et à compliquer davantage encore les choses à la première occasion. Enfin, il convient de poser le même type de questions à propos de l'étape suivante de l'histoire de la Russie, la période de la « grande offensive » de Staline, afin de mieux apprécier l'interaction des composantes anciennes et nouvelles du système, qui reçut alors une autre impulsion dans une nouvelle direction. Si cette impulsion ne fut pas la première en son genre dans l'histoire du pays, elle fut assurément d'une force exceptionnelle. En nous interrogeant sur la nature de cette nouvelle orientation, nous ne devons donc pas perdre de vue les changements sociaux et les zones de crise apparus avant la Première Guerre mondiale, les retombées des années 1914-1921, et les effets cumulés des années 1920 et du début des années 1930 – espèce de fusée à trois étages, chacun apportant ses forces durables de propulsion, mais provoquant aussi de nouveaux déséquilibres et de nouvelles crises au sommet des étages plus anciens, et la combinaison des trois étages est indispensable à l'explication de la période stalinienne – et, partiellement, de ce qui s'est passé par la suite.

Si cela est vrai, nous trouverons peut-être encore quelque intérêt aux concepts utilisés par les partenaires ou les théoriciens de chaque période quand ils tentèrent de donner un sens à la situation historique des Russes et deviner où ils allaient. C'est la réflexion des participants engagés dans les événements – et non celle des chercheurs purs – qui présente ici un intérêt tout particulier dans la mesure où elle continue à influencer la réflexion des chercheurs soviétiques mais aussi, dans une certaine mesure, la nôtre. Plekhanov, Lénine, et Trotsky, notamment, ont saisi à bras-le-corps toute la complexité du passé, du présent et de l'avenir de la Russie, même si pour chacun d'eux l'avenir semble avoir été le moins problématique. C'est le présent qui les déroutait. Il leur fallait à tout prix diagnostiquer le présent afin de guider leur action lors des prochaines révolutions. Leurs problèmes venaient en partie de cette tendance de l'analyse à partir de catégories bien définies, qu'il s'agisse de formations sociales ou de leurs classes, à une époque où, plus que jamais, leur objet d'étude laissait apparaître des flux, des formes transitoires, et un entrelacement de composantes difficile à démêler. L'impatience des responsables politiques tournés vers l'action, et qui avaient donc un besoin urgent de concepts et de conclusions susceptibles de les guider dans leur action politique, n'a pas arrangé les choses. Elle les a poussés au contraire à « voir » plus qu'il n'y avait, ou à rechercher ce qui ne s'y trouvait pas. Naturellement, le tempérament de chacun et son aptitude à saisir intuitivement les situations, parfois malgré certaines de leurs théories, pouvaient leur permettre de réussir dans leurs entreprises alors même que la transition, l'évolution du contexte, de nouveaux déséquilibres, et des symptômes de crises ne cessaient de produire des situations imprévues et, de fait, une réalité totalement imprévue, rebelle à des constructions théoriques bien ordonnées – bref, une réalité plus malléable par une action résolue en tel ou tel sens que ne le laisseraient prévoir les théories.

Dans sa période postpopuliste, alors qu'il n'avait de cesse de saluer les résultats anticipés d'un développement capitaliste accéléré, Plekhanov recourait encore souvent à la notion de « despotisme asiatique » pour définir le système du passé aussi bien que le milieu dans lequel le capitalisme pénétrait alors et qu'il mettait en pièces [1]. Les anciennes structures ne cédaient pas facilement, mais Plekhanov prévoyait et croyait fermement que de nouvelles avancées du développement économique allaient transformer l'édifice social de manière à produire les forces motrices que la théorie avait déjà observées ailleurs : une classe capitaliste, réclamant aussi la démocratisation; un prolétariat demandant la même chose, mais commençant par contester les capitalistes; puis le capitalisme proprement dit, à la poursuite de ses intérêts et de sa mission. D'où ce modèle en deux étapes dont la social-démocratie russe fit son pronostic historique et la base de son action politique.

Le seul problème fut que, si les nouvelles classes firent leur apparition comme prévu, l'interaction entre les formations nouvelles et les anciennes ne fut pas conforme à la théorie et continua à compliquer la situation et à dérouter le penseur autant que l'homme politique. L'opposition attendue et simplifiée de la bourgeoisie et du prolétariat ne devint jamais la seule ni même la principale force motrice (bien qu'elle ait joué un rôle), et les étapes prévues se révélèrent désespérément confuses. La faillite du modèle en deux étapes de Plekhanov trahissait soit une lacune dans son analyse, soit une erreur dans la traduction de l'analyse en pronostic révolutionnaire correct.

Lénine dut s'attaquer aux mêmes problèmes, à la même réalité, et aux mêmes conceptions et, au départ, Plekhanov exerça une profonde influence sur ses réflexions. Il semble qu'il ait adhéré sans réserve au modèle des deux étapes jusqu'à la révo-

1. Pour une bonne présentation des interprétations historiques et politiques de la Russie par Plekhanov, voir Samuel H. BARON, *Plekhanov, the Father of Russian Marxism*, Stanford, Californie, Stanford University Press, 1963, pp. 295-307.

lution de 1905, mais qu'il ait alors entrepris de modifier bon nombre d'hypothèses – ce qui l'amena finalement, plus en action qu'en termes théoriques, à brûler une étape pour faire un bond en avant et se retrouver lui-même au pouvoir. Quant à savoir si cette victoire fut aussi la victoire de l'analyste de la société, ou si ses propres prévisions et anticipations – abstraction faite de la conquête du pouvoir – furent plus heureuses que celles de Plekhanov, le débat reste ouvert.

Quelle que soit la réponse à cette dernière question, la réflexion de Lénine sur la société tsariste et ses différentes, quoique inégales, constructions théoriques en ce domaine constituèrent une authentique tentative – intellectuellement plus impressionnante qu'on ne le reconnaît parfois. Nous ne disposons pas d'une étude satisfaisante de cet aspect de sa réflexion, et il est intéressant de se demander pourquoi. Est-ce en raison du caractère toujours polémique de nombre de ses affirmations ? Ou est-ce parce que la révolution d'Octobre a perdu son prestige quand on a pu en mesurer toutes les retombées ? Ou faut-il invoquer notre connaissance insuffisante de la société tsariste et postrévolutionnaire ?

Le fait est que l'influence de Lénine, en particulier sur la pensée soviétique, n'est pas aussi despotique ni dogmatique qu'il y paraît. Tout dépend de la manière dont on utilise ses textes, et il y en a pour plus d'un goût. Il a bien vu les faits et les effets du capitalisme en plein développement, mais il a aussi perçu la persistance des rapports sociaux antérieurs formant une toile qui entravait constamment ce développement au point, presque, de l'étouffer. Mais en tentant de dégager le sens de cette espèce de symbiose, il n'a cessé d'hésiter au moment d'attribuer la prédominance aux effets du nouveau système ou à ceux de l'ancien. L'impatience du jeune révolutionnaire l'amena à déclarer le capitalisme « tendance dominante » avant qu'il ne le fût réellement; ainsi dans son œuvre de jeunesse, *Le Développement du capitalisme en Russie*, où il expose cette thèse avec beaucoup d'effet [1]. À cette époque, au tournant du siècle, la Russie lui semblait bien engagée sur la voie du capitalisme. Pendant la révolution de 1905 et après, il apporta une série de corrections à cette thèse tout en reconnaissant qu'il avait effectivement vu plus qu'il n'y avait à voir [2], en particulier dans les campagnes;

1. Lénine, « Razvitie kapitalizma v Rossii », *in* vol. III des *Polnoe sobranie sočinenii, op. cit.*

2. C'est dans un texte de 1907 que Lénine a modifié sa position quant au

de même, dans le domaine de la stratégie, il procéda à quelques changements intéressants, en introduisant notamment l'idée « d'une dictature démocratique-révolutionnaire du prolétariat et de la paysannerie ». Cela traduisait le fait, démontré par les événements révolutionnaires, que la paysannerie n'avait pas encore éclaté, comme prévu, en classes antagonistes suffisamment claires et avait agi à l'unisson, face aux *pomeščiki* et à l'État, dans sa lutte pour la terre. Elle formait encore aux yeux de Lénine une « classe » ou une « classe-État » capable d'action politique commune, y compris avec les ouvriers; mais cela ne se fera jamais sans risques inquiétants de heurts avec son allié. Nous verrons donc Lénine proposer tour à tour une alliance avec la classe paysanne tout entière, puis avec les couches les plus pauvres seulement, et enfin, de nouveau avec les paysans moyens. Cette évolution fut en partie dictée par le changement de la situation, mais elle vient aussi en partie de ce que l'analyse de Lénine, quoique souvent lucide, n'a jamais permis une intelligence satisfaisante de ce qu'était réellement le paysan russe.

La classe ouvrière était politiquement plus développée que la paysannerie ou la bourgeoisie, pensait Lénine, mais elle semblait quelque peu vulnérable à l'influence de ces classes et pouvait se laisser assez facilement influencer par les hésitations petites-bourgeoises. Il appartenait donc aux dirigeants et au parti de redresser la conscience politique des ouvriers. Lénine acquit aussi la ferme conviction que la bourgeoisie ne serait pas capable de diriger sa propre entreprise révolutionnaire et que son rôle devrait donc être joué, une fois encore, par quelqu'un d'autre. Le tableau était donc d'une extrême complexité et tout se passait, au fond, comme si toutes les classes pouvaient changer de camp et faire le contraire de ce qui semblait logique – même si ce n'est pas en ces termes que Lénine en fit le constat.

Toutes ces conclusions exprimaient assez fidèlement les résultats d'une situation dans laquelle les tendances et les rapports capitalistes étaient très largement entrelardés de réseaux de « vestiges », créant des solutions de transition et des formes hybrides, et ces « vestiges » n'avaient rien de vétilles. Il s'agissait de facteurs aussi puissants que l'État tsariste – ni bourgeois ni réellement « féodal » non plus; ou que l'aristocratie terrienne, refusant pour l'essentiel la modernisation, mais pas les subventions de l'État

degré de pénétration du capitalisme dans les campagnes; cf. *Polnoe sobranie sočinenii*, *op. cit.*, vol. XVI, p. 268.

ni les hypothèques, et contribuant, à sa manière, à la perpétuation de formes non capitalistes d'agriculture. L'administration, dont les plus hauts postes étaient le plus souvent occupés par des nobles, formait une poche socialement mélangée. Enfin, se refusant à entrer dans les catégories habituelles et en demandant de nouvelles, la paysannerie était, de toutes les couches sociales, la plus « prémoderne ».

Mais Lénine, au fond, laissa en suspens la grande question : Qu'était réellement le système social de la Russie prérévolutionnaire ? La principale réponse, qui ne donnait pas entière satisfaction, demeura plus ou moins : « Le capitalisme règne, mais les vestiges sont immenses. » Il la légua donc à ses héritiers, et notamment aux chercheurs soviétiques qui, aujourd'hui, continuent ce jeu de bascule avec Lénine – les uns choisissant d'insister sur les « vestiges » et les autres sur le « développement capitaliste ». Mais dans un cas comme dans l'autre, le chercheur soviétique risque de s'attirer des ennuis par ses conclusions. En insistant sur l'importance du développement capitaliste, il est politiquement du bon côté, mais il se trouvera embarrassé par de trop nombreux faits bien connus, dont maintes citations de Lénine en personne déplorant le règne de l'*aziatčina* primitive dans le pays. S'il exagère la part « vestiges », il va au-devant d'une hérésie idéologique. Il vaut la peine de citer un exemple des fortes connotations politiques que peut prendre la sociologie du tsarisme dans l'Union soviétique contemporaine.

Au cours d'une discussion qui se déroula en 1960, un excellent chercheur soviétique, A.M. Anfimov, accusa l'un de ses collègues, M.A. Rubach, d'exagérer le degré du développement capitaliste dans l'agriculture, en particulier le nombre de koulaks dans les campagnes, et souleva la question suivante : « Si le pays change et passe du servage au capitalisme, et si, même en Ukraine, les rapports capitalistes ne constituent pas le système dominant, que sont alors les rapports prévalant dans les campagnes ? Comment caractériser un tel système [1] ? »

Et Anfimov de poursuivre en invoquant le père fondateur : le capitalisme se développe dans les campagnes et dans les villes, mais les rapports purement « capitalistes sont très largement surchargés par des rapports féodaux », et Anfimov de revenir une nouvelle fois à sa question : « Dans ces conditions, permettez-

1. A.M. Anfimov, in *Osobennosti agrarnogo stroja Rossii v period imperializma*, Moscou, 1960, pp. 327-328.

moi de demander comment de tels rapports peuvent être *prédominants* tout en étant surchargés? »

Un idéologue conservateur est prompt à pressentir l'hérésie et, comme on pouvait s'y attendre, Rubach répliqua : « Vous parlez de prédominance de rapports féodaux dans la période impérialiste de la Russie. Comment peut-on parler, après cela, de quelconques prémisses d'une révolution socialiste? »

En effet, Anfimov ne répondit pas à cette occasion. Il se contenta de répéter que si le capitalisme demeurait mal assuré même dans les campagnes de l'Ukraine, par ailleurs mieux développée, il devait être encore plus faible dans le reste de la Russie – et l'on pouvait comprendre qu'il laissât Rubach répondre lui-même à sa question. Et cette question était assurément pertinente. De quelle espèce de formation s'agissait-il pour qu'un secteur capitaliste fort, peut-être même trop mûr, coexistât avec ces puissants et omniprésents rapports féodaux ou semi-féodaux, en particulier dans les campagnes [1]? Comment parler de conditions d'une révolution *socialiste* alors que le capitalisme « normal » de marché avait le plus grand mal à émerger et à s'affirmer?

La question ne cesse de réapparaître dans les publications soviétiques. Dix ans après la discussion que nous venons d'évoquer, V.V. Adamov, éditeur compétent d'un autre ouvrage collectif, revint au même type de questions pour confirmer que ce qui était peu clair autrefois, y compris lors d'un autre débat qui eut lieu en 1929, demeure aujourd'hui encore « peu clair » [2].

Et nous ajouterions : tant qu'il en ira ainsi, la nature même du régime soviétique, analysé en termes léninistes, demeurera également peu claire. Mais évoquer de tels problèmes en Union soviétique, c'est toucher à la politique, et fouiller dans la sociologie et l'économie politique du tsarisme, c'est jouer avec la nature même du régime et de ses principaux dogmes.

LES INTUITIONS DE LÉNINE ET DE TROTSKY

Il se trouve chez Lénine une autre idée, descriptive plutôt qu'analytique, qui semble encore extrêmement utile. Alors que

1. Les propos de LÉNINE que cite ANFIMOV figurent in *Polnoe sobranie sočinenii*, *op. cit.*, vol. XXI, p. 306. Cet article (pp. 310-316) et un autre du même volume (pp. 380-386) constituent de bonnes vulgarisations de ses idées sur le sujet à la veille de la Première Guerre mondiale.

2. V.V.ADAMOV, éd., *Voprosy istorii kapitalizma v Rossii : Problema mnogoukladnosti*, Sverdlovsk, 1970, pp. 98-99.

le régime soviétique était déjà en place, en effet, il expliqua que son pays contenait cinq formations sociales différentes, produits de phases historiques successives et coexistant dans une inextricable mosaïque. Il s'agissait du secteur tribal et non orienté vers le marché, essentiellement à l'Est et en Asie centrale; des petits producteurs commerciaux (en majorité des paysans, mais aussi des artisans); des producteurs capitalistes des villes et des campagnes; du secteur capitaliste d'État et, enfin, du secteur étatique socialiste. Si l'on applique cette « multiformité »[1] à la période prérévolutionnaire, on n'y trouvera pas le secteur socialiste, mais un secteur semi-féodal (composé pour l'essentiel de propriétaires terriens, utilisant la main-d'œuvre paysanne et des outils) important, ainsi qu'un secteur capitaliste bien plus important qu'on ne put le voir sous la N.E.P. Il s'agissait donc là d'une idée féconde qui devait gagner à être exploitée en liaison avec la réflexion et les intuitions de Trotsky sur les effets de l'arriération. Outre les indications que l'on trouve dans ses idées (et dans celles de Parvus) sur la « révolution permanente », il étudia, dans une brève mais brillante introduction à son *Histoire de la révolution russe*, ce qu'il a appelé la « loi du développement combiné », contribution pionnière concernant les effets de rattrapage des pays industriels développés sur les pays moins développés, dont la Russie. Il montra ainsi que ces efforts imposaient aux nouveaux venus un véritable bond en avant, les obligeant à passer d'un point de départ des plus arriérés, et souvent archaïque, à un stade d'organisation et de technologie des plus avancés. Ce qui les obligeait aussi à forcer l'allure, à brûler les étapes, à user abondamment des pouvoirs de l'État appelé à jouer un rôle crucial dans ce rattrapage – tout cela produisant à son tour une véritable cascade d'effets sur la structure sociale, et notamment l'attardement et la coexistence fort affligeante, non simplement des cinq secteurs énumérés par Lénine, mais surtout d'un trait bien spécifique : la coexistence et la mutilation mutuelle des formes les plus avancées et d'une immense traîne de formes très retardataires – toutes réunies en un seul système et marquant toutes les facettes de la vie[2].

1. L'ouvrage susmentionné publié par les soins d'Adamov s'inspire de cette idée de *mnogoukladnost'* – pluralité de formations – et étudie ses effets et sa valeur interprétative dans la Russie tsariste.

2. Les deux volumes de l'*Histoire de la révolution russe* de TROTSKY ont été réédités à diverses reprises. Trotsky commença à réfléchir à ces problèmes, sous l'influence des études de Ključevskij et d'autres historiens, dans son *Bilan et*

C'est une idée importante, également valable, quoique sous des variantes différentes, pour la Russie tsariste, pour la Russie soviétique de Lénine, et pour le régime de Staline. Il reste cependant encore à élucider les mécanismes sociaux spécifiques qui ont provoqué, à chacune de ces périodes, la perpétuation du transitoire, le blocage des formes plus modernes, le maintien d'un équilibre fort instable qui pouvait être facilement emporté par une crise – engendrée par la guerre, le marasme, ou l'accélération du développement – produisant une nouvelle secousse dans une nouvelle direction avec des effets imprévisibles et incalculables. On pouvait discerner un « mécanisme » de cette nature dans la Russie tsariste où le capitalisme et les marchés poussèrent une paysannerie encore très primitive à vendre davantage sur le marché avant même d'avoir appris à produire plus. D'où ce phénomène d'une commercialisation croissante dans une agriculture qui stagnait ou ne se développait que très faiblement. Et de manière assez peu inattendue, cette évolution se solda dans les campagnes par une paupérisation généralisée de larges couches de la paysannerie et l'apparition d'immenses excédents de population et de main-d'œuvre. Si l'on en croit A.M. Anfimov, on peut considérer qu'en 1913 cet « excédent » représentait environ 30 % de la population rurale (27 % au tournant du siècle) [1].

Le phénomène général de paupérisation et « l'excédent » concomitant de main-d'œuvre et de population freinèrent le développement économique et social de la société rurale et de l'agriculture, et c'est la tendance à la régression du niveau de vie des paysans qui, ainsi que l'ont souvent affirmé des auteurs populistes, bloqua ou dénatura dans bien des régions la très souhaitable différenciation économique et sociale, affaiblissant dans le même temps les plus pauvres comme les mieux lotis.

Ces phénomènes eurent un effet capital sur le fonctionnement du système tout entier. Pour commencer, il « corrompit » la petite et grande aristocratie foncière en l'incitant à s'accrocher à l'ancien système de métayage *(otrabotki)* par les paysans au lieu de moderniser et d'employer de la main-d'œuvre extérieure. De cette manière, le développement économique des paysans comme des propriétaires fonciers s'est retrouvé considérable-

perspectives, publié en 1906. Pour une édition française récente, voir Léon Trotsky, *1905, suivi de Bilan et perspectives,* trad. G. Bloch, Paris, Éd. de Minuit, 1969.

1. A.M. Anfimov, *Krupnoe pomeščičee hozjajstvo v evropeiswoj Rossii,* Moscou, 1969, p. 371.

ment entravé, et le *statu quo* économique et social de la société après la réforme se perpétua avec tous ces « vestiges du Moyen Âge » continuant à se bien porter. Le développement industriel du pays paya aussi un lourd tribut du fait de l'énorme excédent de population qui eut tendance à faire baisser les salaires et empêcha les ouvriers d'accéder à des niveaux et des situations dignes d'un système industriel moderne.

Dans le même temps, « la contradiction fondamentale », qui perpétua une classe de propriétaires terriens conservatrice et assez peu productive, perpétua aussi un système étatique appuyé par cette classe – et qui l'appuyait. Un État prêt à accorder des prêts hypothécaires au profit de domaines improductifs, aussi bien qu'à s'opposer de toutes ses forces à la revendication de ces domaines aux paysans sans terre, est certainement un facteur qui, loin d'encourager le développement d'une économie moderne de marché dans les campagnes, ou même dans le pays tout entier, joua un rôle de frein.

À ce stade, on peut faire appel à quelques formules inspirées de Barrington Moore [1] pour aider les Soviétiques, et nous-mêmes, à poursuivre l'enquête sur ce qui arrive ensuite et pourquoi. La préservation d'une paysannerie traditionnelle, selon Moore, est liée à celle d'un système étatique précapitaliste. Et de donner à ces systèmes (prévalant en Russie et en Chine, notamment) le nom de « bureaucraties agraires ». Dans un tel contexte, l'État, la paysannerie et la noblesse se trouvent dans l'impossibilité de se moderniser, et le secteur capitaliste existant est aussi lourdement chargé de chaînes. Dans ce régime également, tout développement démocratique est exclu. Et Moore de poursuivre en examinant quelles pourraient être les conditions d'un développement démocratique, mais l'espace nous manque ici pour aborder ce problème. La paysannerie, en l'occurrence, ne cesse de payer d'un prix très lourd tout développement et doit encore supporter le lourd fardeau d'un réseau de relations archaïques avec l'État et les propriétaires terriens, souvent aussi avec les patrons de l'industrie. Nous sommes maintenant à même de voir pourquoi, appliqué à de tels rapports, le terme de « vestiges » peut être si mal approprié : il dissimule le fait que la somme totale de ces relations est précisément le mécanisme qui a *perpétué* une situation instable et incline à la crise.

1. Barrington Moore, *Social Origins of Dictatorship and Democracy*, Boston, Beacon Press, 1966, pp. 420, 422, 477 et *passim*.

On peut maintenant faire appel à une autre contribution soviétique – de ce même Adamov déjà cité. Il doit éviter de citer des noms comme ceux de Trotsky ou de Barrington Moore, mais il lui est loisible d'élaborer une intéressante proposition méthodologique, très nouvelle dans le contexte des écrits historiques soviétiques, en se réclamant d'autres ascendances. Voici ce qu'il propose :

> Au centre de l'analyse, il ne faut pas mettre seulement l'arriération, mais aussi son inhabituelle conjonction avec l'accélération; non seulement l'âpreté des conflits sociaux, mais aussi un nouveau type de relations d'interchangeabilité *(vzaimoperehody)* de ces conflits; de la référence aux antinomies les plus générales en des termes tels que « médiéval »/« moderne », il faut passer au conflit le plus actif – c'est-à-dire aux diverses formes et aux différents moyens d'intégration à la modernité [1].

Adamov conviendrait probablement avec Barrington Moore que dans un système où un régime politique et une société, encore foncièrement précapitalistes et travaillés par les tensions de la modernisation pour laquelle ils mettent largement les paysans à contribution – en espèces, en misère, et, en dernière analyse, en termes d'inconséquence historique – l'édifice tout entier serait vulnérable à une révolution paysanne, et assez souvent à une dictature de style communiste.

Mais alors, une fois que la révolution s'est produite et qu'un nouveau régime – en l'espèce, un régime d'inspiration socialiste – accède au pouvoir, d'autres obstacles, souvent très nouveaux, surgissent, parfois sous la forme d'une version amplifiée des anciens, qui entravent tout nouveau progrès et maintiennent le système dans une situation instable et incline aux crises.

LA GUERRE CIVILE ET LE GRAND NIVELLEMENT SOCIAL

Dans une formation sociale aussi tendue et déséquilibrée, il n'était guère possible de contenir les forces refoulées de la crise et des conflits, en particulier lorsque des vagues de développement accéléré ou d'autres chocs brutaux comme des guerres

1. ADAMOV, *Voprosy*, *op. cit.*, p. 98.

vinrent s'ajouter à une situation déjà surchauffée. Et c'est bien ainsi que se sont déclenchées les révolutions. La croissance accélérée des années 1890, l'essor industriel des années 1910, l'une et l'autre associés à une guerre, débouchèrent respectivement sur les explosions révolutionnaires de 1905 et de 1917. Puis octobre 1917 et la guerre civile qui s'ensuivit provoquèrent des ondes de choc d'un type différent, puisque l'on assista cette fois à des phénomènes de décélération et de régression; et de nouveau, l'accélération de la croissance économique au début des années 1930, survenant à la suite des résultats encore récents et non assimilés des précédents bouleversements, déboucha sur le phénomène stalinien. Il faut se souvenir que la période à laquelle nous nous intéressons ici – pas plus d'une quarantaine d'années – est très brève dans l'histoire d'une société, et que cette seule période connut des restructurations en profondeur et des vagues de bouleversements, alors même que les problèmes en suspens n'avaient pas encore trouvé de solution. Chaque nouveau choc vint au contraire amplifier les tensions déjà existantes. Il serait en conséquence impensable de ne pas aller chercher dans les événements de cette période les explications des phénomènes qui nous intéressent. De fait, on pourrait tout aussi bien remonter à 1861 en invoquant, pour cela, des arguments très convaincants.

La guerre civile des années 1918-1920 provoqua un sérieux recul dans le développement du pays. Non seulement son économie était sens dessus dessous au début de la nouvelle politique économique en 1921, mais les villes étaient exsangues, la bourgeoisie détruite, de même qu'une bonne partie des professions libérales et de son potentiel administratif, universitaire et intellectuel. Qui plus est, la classe ouvrière, telle que le régime la percevait, était gravement affaiblie : près de la moitié de la main-d'œuvre industrielle qualifiée avait disparu sous les coups de la mort ou du fait des mobilisations, des promotions ou des retours au village. Et les chercheurs et les analystes n'ont pas encore pris toute la mesure des effets de ces changements et de ces revers de fortune. Tout se passe comme si le plus gros des fruits du développement économique et social que la Russie avait connu depuis 1861 avaient été balayés et que sa culture, spirituelle et politique, avait reculé jusqu'à quelque stade primitif antérieur, difficile à définir ou à dater. Or nous ne pouvons en faire abstraction dans nos réflexions, et nous devons en examiner les différentes conséquences et ramifications.

Il est vrai qu'ayant éliminé les privilégiés du précédent régime, la révolution ouvrit très largement les portes de la promotion, de l'enseignement et du pouvoir aux couches populaires jusque-là confinées au bas de l'échelle sociale. Naturellement, au cours des décennies suivantes, cela devait ouvrir les institutions publiques et les écoles à une grande masse de gens sans qualification et à moitié illettrés, pour l'essentiel d'origine rurale; de même, en dépit de ses prétentions au rôle d'avant-garde et de sa volonté de rallier les meilleurs et les plus brillants, le parti dut lui aussi se contenter de ce que le pays avait à lui offrir. Ainsi, une organisation qui comptait dans ses rangs quelque vingt-quatre mille personnes à l'aube de la révolution, en février 1917, quelque trois cent mille en octobre 1917, et un million en 1927, pouvait bien invoquer de tels chiffres d'un air de triomphe, dissimulant un phénomène social plus complexe : le parti était envahi par une masse politiquement analphabète, tandis que l'élite expérimentée du parti, politiquement et idéologiquement solide, avait été considérablement affaiblie par les épreuves de la révolution et de la guerre civile mais aussi par l'usure du pouvoir et était noyée dans une masse inculte – et que l'on disait souvent telle. Les niveaux éducatif, politique et culturel de toutes les administrations, y compris au sein du parti, ne pouvaient que traduire le déclin général du pays et mettre en évidence les effets de ce dramatique recul vers un stade plus primitif.

Nul doute que cette perte de substance sociale, de vigueur et de ressources de la part des éléments de la population les plus déterminants pour le progrès du pays dans l'ère industrielle, pour ne pas parler de quelque forme de socialisme, fut un rude coup. Et malgré les démentis officiels, on doit ajouter à la liste des pertes l'élimination et la dispersion des dirigeants et des cadres des différents partis politiques qui étaient nés en Russie, essentiellement au XXe siècle. Il est fort possible que les dirigeants bolcheviques n'aient pas déploré la perte d'un Miljukov – de notre point de vue, ce fut certainement une perte – mais ils savaient bien qu'un homme comme Martov leur faisait cruellement défaut. On sait, par le témoignage de Lunačarskij, que lui-même et Lénine déplorèrent souvent la perte de Martov, qui aurait pu être un excellent animateur d'une aile droite au sein du parti [1].

Dans le cadre du propos qui est ici le nôtre, ces noms ne sont cités que pour illustrer le problème. La dispersion des autres

1. A.V. Lunačarskij, *Revoljucionnye siluety*, Kiev, 1924.

partis et de leurs dirigeants a certes facilité l'instauration d'un régime de parti unique, mais ce fut sans aucun doute une lourde perte pour la culture politique du pays et le parti dirigeant devait lui-même en payer chèrement les conséquences.

Il en va de même pour le recul provoqué par la guerre civile dans le secteur urbain. Si l'on veut bien comprendre ce qu'était la Russie soviétique, socialement et politiquement, lorsque l'avènement de la paix permit au nouveau régime d'entreprendre son œuvre de construction, il faut en même temps tenir compte de l'évolution dans les campagnes. Pendant que les secteurs urbain et industriel du pays déclinaient, l'agriculture et la paysannerie, si arriérées qu'elles fussent – en vérité, en raison même de leur retard – résistèrent beaucoup mieux à la tourmente, si bien que leur rôle relatif dans l'économie du pays et dans la société ne pouvait que s'accroître. En Russie, pour désigner ce processus, tout à fait évident et signalé à l'époque par les observateurs, on parle volontiers de « ruralisation » et d'« agrarianisation » du pays. Comme à des époques bien antérieures, la production agricole était désormais le principal – sinon le seul – atout du pays. Le pourcentage de la paysannerie dans la population totale était supérieur à son niveau dans la Russie tsariste. À travers ses fils devenus soldats, la paysannerie joua un rôle crucial dans les développements révolutionnaires dans les capitales et sur les fronts de la guerre civile; mais les paysans formèrent aussi une force révolutionnaire capitale en un sens plus profond. En réalité, ils accomplirent leur propre révolution, dans leur propre intérêt, même si, comme toujours, le pouvoir revint aux villes. Néanmoins, la manière même dont cette révolution agraire fut réalisée et les effets directs ou indirects de l'action des paysans marquèrent en profondeur la nature même du système et les perspectives du nouveau régime. En reprenant les terres de la petite noblesse, ils éliminèrent les privilégiés et la classe dirigeante d'autrefois et mirent ainsi un terme à la vieille Russie officielle et à son système politique. Et fait non moins important du point de vue de l'ouverture ou de la fermeture de perspectives futures, ils effacèrent tous les effets des réformes Stolypine : ils redistribuèrent la terre suivant des principes égalitaires qui traduisaient leurs intérêts et leur sens de la justice et, ce faisant, éliminèrent tous les effets de la différenciation sociale, c'est-à-dire tous les gros producteurs et les meilleures formes d'exploitation agricole. De surcroît, la communauté rurale déclinante, et prétendument moribonde, fut ranimée et opéra un retour en force sous une forme pure et, dans les premiers temps du régime, intègre et inaltérée par quelque fonction imposée par les autorités. Le régime soviétique hérita donc – « se retrouva encombré » serait mieux – d'une paysannerie qui s'était défaite de tout ce que le développement capitaliste lui avait apporté auparavant. La paysannerie avait largement réduit ses inégalités internes, massivement adopté une perspective moyenne, amélioré quelque peu son niveau de vie et – considérablement – son statut social (surtout à ses propres yeux), et redonné vie à son ancien système coutumier d'exploitation familiale, le *dvor* (foyer).

Et ce n'est pas tout. En comparaison avec ce qui se passait sous la Russie tsariste, les paysans réduisirent fortement la part de leur production mise sur le marché. Ils revinrent ainsi à une économie plus « naturelle » que celle de la Russie des tsars, et ce pas uniquement sur le front de l'économie. Demeuré un monde à part entière, le mir – qui, à l'époque des tsars, symbolisait aussi bien la paix qu'une commune rurale en action – se replia plus que jamais dans sa coquille et se coupa de la société instruite, urbaine et officielle par son village et sa commune, son droit coutumier, et sa forme bien particulière de religion – un vieux christianisme ruralisé grouillant de démons et de sorcières. Bref, la paysannerie se retrouva plus traditionnelle, ou même archaïque, plus moujik que jamais – et elle le resta tout au long de la N.E.P. Pendant un temps, on devait assister à une régression non seulement vers un stade précapitaliste, mais aussi vers un stade prébourgeois, presque précommercial. Avec ses légers excédents commercialisables, ses charrues de bois, son système d'assolement triennal mais surtout sa répartition communautaire de la terre et la propriété familiale collective des moyens de production (autres que la terre), on peut même se demander si, dans le cadre d'une définition socio-économique, le qualificatif de « petit-bourgeois » lui serait applicable. Et pourtant, le discours officiel et souvent officieux, aujourd'hui comme hier, n'a cessé d'appliquer ce qualificatif et de prétendre qu'une partie de cette paysannerie formait en vérité une classe capitaliste – illustrant ainsi une forme d'abus grossier de l'analyse universitaire, infligeant souvent des dommages incalculables à la paysannerie comme à l'ensemble du système.

Pour résumer les résultats de la révolution et de la guerre civile, on peut dire que, les chefs révolutionnaires avaient beau savoir que leur pays n'était pas mûr pour le socialisme (tout en caressant l'espoir qu'une révolution en Occident viendrait les aider), ils n'ont pas compris qu'ils se retrouveraient finalement avec un pays bien plus arriéré que ne l'avait été la Russie tsariste. Bien des réalisations importantes accomplies par la Russie tsariste sur la voie d'une société moderne furent ainsi annulées par les événements, et le nouveau régime dut se mettre au travail sur des fondements sociaux qui n'étaient absolument pas prêts à évoluer vers des buts socialistes. Tandis que, chacun à sa manière, les secteurs agricole et urbain régressèrent et changèrent tous deux de physionomie sociale et politique, la société russe ne fut travaillée par aucune tendance ascendante mais fut plongée dans les douleurs d'une double courbe de régression, qui eurent pour effet de restreindre ses choix et de prédéterminer certaines tendances et limites douloureuses. Le gros de la nation – la paysannerie – n'était pas une force dynamique et l'on ne pouvait compter sur elle pour sortir le pays de la mauvaise passe qu'il traversait. À ce stade, la seule force dynamique disponible fut le nouvel État. L'ancien était déjà un facteur important en Russie, mais il s'effondra sous la poussée de forces sociales qu'il ne put contenir. La Russie tsariste avait aussi connu un développement insuffisant, quoique important, de la « société civile », tandis que ses facteurs sociaux se montraient de plus en plus capables de lancer des réformes et d'améliorer le système. Mais cette amélioration ne se produisant pas, les événements que nous avons rapidement esquissé firent perdre à la Russie ce potentiel et affaiblirent de manière fort dramatique sa « société civile ». Le nouvel État se retrouva donc confronté à un corps social moins articulé, qui était aussi moins capable d'action, et son rôle en fut *ipso facto* grandement renforcé : le recours aux organisations – parti, bureaucraties, armée – devint de plus en plus fréquent au point de devenir systématique. Bien que l'appareil d'État fût lui-même gravement déficient du fait de l'épuisement des milieux cultivés et de l'afflux d'éléments « socialement fiables » mais professionnellement inexpérimentés, il était encore, du moins au sommet où les objectifs étaient définis, un produit du XXe siècle. Il avait l'idéologie, la volonté, le monopole de toutes les compétences disponibles, et les instruments de contrôle pour conduire le pays à travers les étapes suivantes.

Mais il ne devait pas s'agir d'un mouvement rectiligne. Ce que nous avons appelé un produit du XXe siècle (ce qui, en soi, n'est pas seulement porteur de « progrès ») se retrouva face à une nation dont la majeure partie était une classe sociale pauvre, quasi homogène, formée par les siècles et – à en juger par ses méthodes agricoles, son mode de vie, sa culture, ses croyances et ses institutions – appartenant à quelque siècle antérieur. La métaphore se passe évidemment de précision. Mais il reste que « deux siècles incompatibles » se retrouvèrent face à face et, de surcroît, qu'il n'y avait pas assez d'indispensable tampon intermédiaire pour trouver un moyen terme et atténuer le possible choc. Beaucoup prévoyaient que, tôt ou tard, il y aurait un affrontement entre les deux forces, et que celui-ci déciderait de l'avenir du pays. En fait, en dépit des espoirs en sens contraire et des judicieux conseils à cet effet de Lénine en personne, en dépit aussi des efforts entrepris sous la N.E.P., il y eut bel et bien une bataille entre l'État et les masses populaires. Celle-ci devait faire rage au cours de l'étape suivante, lorsque l'État tenta une nouvelle accélération sans précédent, provoquant un nouveau chambardement, une nouvelle réorganisation violente, et une volée de résultats qui marquèrent en profondeur la société et la nature même du régime politique. En comparaison de ce qui allait se passer, la N.E.P. – avec son « contrat social » avec la paysannerie, les classes professionnelles, certaines parties de la bourgeoisie, et quelques éléments des élites culturelles – allait bientôt apparaître comme un âge d'or de liberté et de pluralisme. L'État qui se préparait allait être un véritable léviathan, que beaucoup redoutaient mais que personne n'avait réellement prévu, émergeant dans un déferlement de terreur et des paroxysmes d'irrationalité. Tels devaient être les douleurs de l'enfantement et les rejetons d'une nouvelle autocratie, qui n'était pas, bien sûr, l'objectif au nom duquel bien des personnes avaient donné leur vie dans les révolutions et les guerres civiles. Beaucoup plus encore allaient maintenant devoir payer pour n'avoir pas su se reconnaître dans le résultat final, ou pour avoir tout simplement accepté aveuglément tout ce dont on leur rabattait les oreilles.

LE MOUJIK – UN NOUVEAU CASSE-TÊTE

À la fin des années 1920, le jour d'expiation paraissait proche. Les débats sur la stratégie de développement, inévitablement embrouillés par une lutte pour le pouvoir, et les batailles idéologiques dont l'enjeu était l'âme même du régime, tournaient autour de trois grands axes : 1) comment industrialiser, 2) sans faire exploser la paysannerie, et 3) sans perdre le contrôle de l'État et du parti. Le dernier point se rapportait à la nature du système, et aux risques désormais évidents qu'il se transforme en un super-État oppressif. Droite et gauche, ouvertement ou implicitement, avaient cette inquiétude à l'esprit. En revanche, la future faction stalinienne et son chef ne laissèrent paraître aucun signe montrant qu'ils partageaient ces craintes. Ils allaient découvrir le prix de cette omission quelque sept ou huit années plus tard. Pour l'heure, ce sont précisément les forces organisées de l'État, et tous les instruments dont il disposait, qui allaient être mobilisées pour lancer et diriger la nouvelle « grande offensive ».

Dans tous ces plans ou stratégies d'avenir, le moujik devait une fois encore devenir ce qu'il avait été si souvent par le passé, le facteur central. Que faire de lui? Était-il réellement le principal fourrier d'une éventuelle restauration capitaliste? Allait-il soutenir le régime qui tentait de venir à bout d'une crise que le même moujik était censé avoir créée? Allait-il soutenir le nouveau processus d'accumulation pour lequel on lui demandait de payer un prix encore plus élevé?

Au cours des événements qui suivirent, et qui sont connus sous le nom de « campagne de collectivisation » – le terme de collectivisation étant certainement employé à mauvais escient – le régime ne put éviter l'affrontement des principales forces en présence sur la scène historique russe. L'État lança un assaut contre la paysannerie – véritable tour de force d'« organisation sociale » qui éclipsa très largement, par son échelle, son audace et sa violence, la réforme « organisée du haut » par Stolypine. Les résultats en furent capitaux, tant pour la paysannerie que pour le régime.

Cet affrontement eût-il été le seul ou, simplement, le front essentiel que ce processus aurait pu se dérouler avec des résultats moins dommageables. Or la collectivisation des paysans ne fut qu'un aspect d'une « offensive » plus large, et assez mal préparée. Tout en bataillant contre la mentalité du moujik et en lui imposant de force de nouvelles formes de vie et de travail, le régime entreprit une industrialisation accélérée, développa des villes nouvelles et étendit les anciennes, forma d'assez conséquentes nouvelles couches de professionnels indispensables à tout le projet – techniciens, scientifiques, ouvriers qualifiés, administrateurs – et ne cessa d'étoffer l'appareil d'État, ses bureaucraties et ses agences. Voici que le léviathan parvenait maintenant à maturité, dépassant les pires prévisions des précédents critiques.

L'histoire russe avait déjà connu des phénomènes similaires, mais cette fois-ci tous les records furent probablement battus, tant en ce qui concerne le champ des interventions de l'État que le caractère envahissant de la terreur ou la durabilité des résultats. Dans cet effort pour discipliner les masses de nouveaux ouvriers ou les paysans récalcitrants qui ne voulaient pas des kolkhozes, dans cette entreprise d'endoctrinement, de formation, de terreur et de coercition, les *apparaty* en plein essor se virent eux-mêmes soumis à de telles tensions que bien des traitements qu'ils administraient aux autres leur furent à eux aussi appliqués – y compris les saignements que l'on devait bientôt pratiquer sur une telle échelle qu'ils montrèrent la progression de la pathologie dans tout le système. Ce prétendu « second Octobre » produisit une telle cascade de crises et de déséquilibres que l'aptitude du régime à agir rationnellement et à faire face parut visiblement avoir atteint ses limites. L'avalanche de tâches, toujours plus complexes, submergea les *apparaty*, dont l'importance numérique s'accrut mais dont les moyens ne purent suivre le rythme imposé par de telles exigences ; de fait, leur qualité devait baisser à la suite de l'afflux de recrues mal dégrossies. Tous ces facteurs contribuèrent à transformer à la hâte le régime en un cadre et un système de violence coiffé par un autocrate capricieux.

Dans le langage officiel de l'époque, la paysannerie apparaissait comme l'honorable alliée de la classe ouvrière, et maintenant, d'une encore plus honorable « paysannerie kolkhozienne », mais l'on considérait aussi qu'elle était aussi la principale source de tous les obstacles que le régime trouvait sur son chemin. À ce titre, on la présenta comme « petite-bourgeoise », et nul ne put protester qu'il s'agissait de la même et unique masse de paysans, prétendument porteurs d'une nouvelle essence socialiste aussi bien que de l'esprit totalement opposé qui ne cessait en même temps de contaminer la classe ouvrière, la fonction publique, et même le parti.

Dans cette masse paysanne, l'État entreprit d'isoler une couche particulière de « super-moujiks », mieux connus sous le nom de « koulaks » – nouvel exemple de ces abus de l'analyse en termes de classes dont on pourrait dresser une longue liste. (Voir le chapitre v.) La petite couche supérieure de paysans aisés, qui dans les conditions soviétiques n'étaient jamais que des producteurs faisant encore essentiellement appel au travail des membres de leur famille, ne possédait en moyenne qu'une dizaine d'hectares, deux ou trois vaches, deux ou trois chevaux, un ouvrier agricole, rarement deux ou plus – et tout cela pour une famille moyenne de huit à dix personnes. Les présenter comme une « classe capitaliste », ou même « semi-capitaliste », ne pouvait se faire sans forcer le sens des concepts jusqu'à la chimère pure et simple (même s'il n'y avait aucun doute quant à leur exécration des kolkhozes). D'après les décrets officiels, c'est pourtant avec l'élimination de ces koulaks « en tant que classe », censée représenter le dernier rempart du capitalisme, que le pays fit son entrée dans l'ère du socialisme. Ainsi n'est-ce pas en octobre, quand on avait liquidé des choses bien réelles, mais au cours de la « grande offensive » stalinienne, où l'on s'était borné à enlever un placebo, que le socialisme se concrétisa. Était-ce réellement le socialisme que l'on avait promu par une manipulation idéologique de cette espèce ?

Pour se faire une idée du problème, le mieux est de se souvenir que, suivant les statistiques officielles, les biens confisqués à ce « capitalisme rural » représentaient une valeur d'environ quatre cents millions de roubles. Ce chiffre fut plus tard révisé en hausse, mais la modestie de ces sommes est assez éloquente. Une grande usine industrielle coûtait davantage, mais les dégâts infligés à l'économie par l'expropriation et l'élimination de plus d'un million d'agriculteurs, parmi les meilleurs, sont atterrants. Un trait caractéristique d'une bonne partie de l'œuvre entreprise mérite d'être signalé : la vitesse, et une ruée vers des unités à grande échelle, pour lesquelles les campagnes n'étaient pas mûres. La nationalisation prématurée des capacités de production peut provoquer de graves dégâts politiques et sociaux; mais il y a encore une différence entre nationaliser une grande société industrielle organisée de manière bureaucratique, où un simple changement de conseil d'administration pourrait suffire, et nationaliser des cabanes, des vaches et des charrues. Dans ce dernier cas, nous le savons, l'État entreprit en fait de détruire une classe de producteurs, ne laissant rien d'autre à leurs héritiers que la poussière.

Cette observation vaut pour l'expropriation des koulaks autant que pour la collectivisation tout entière. L'erreur du style soviétique de collectivisation consista à imposer à des petits producteurs des formes et des méthodes adaptées à une grande échelle avant même de disposer des moyens techniques et des cadres voulus et sans passer par les étapes de transition qui s'imposaient. La plupart des paysans vivaient et travaillaient dans de petites fermes familiales tout en étant intégrés, d'une manière typiquement russe, à un régime foncier communal. Au fil des générations, ils avaient aussi acquis une mentalité, une culture, et une éthique procédant de ce mode de vie et de travail ainsi qu'un système de croyances religieuses – essentiellement un christianisme spécifiquement rural, fortement imprégné de pratiques magiques et de sorcellerie. Le saut de la sorcellerie aux mathématiques supérieures, pour reprendre une expression courante dans les années 1920, exigeait bien plus que la simple manifestation de la puissance de l'État. Beaucoup pensaient que les formes communales étaient certes d'un âge vénérable et répondaient aux besoins d'une campagne primitive et surpeuplée, mais que l'on aurait pu s'en servir comme d'un marchepied vers quelque chose de plus moderne à une étape ultérieure. Mais comme le voulait l'impétuosité de l'époque, cette solution fut écartée. La marche forcée devenant, pour un temps, la panacée universelle, la facture attachée à cette démarche fut constamment la même : une nouvelle et considérable régression dans le domaine agricole, qui trouva des parallèles en d'autres secteurs – et notamment dans le monde de la culture, de l'idéologie et de la politique.

Mais n'oublions pas que la mentalité récalcitrante des paysans ne fut pas le seul problème que posèrent les kolkhozes. Du fait de l'immense effort industriel – ne perdons pas de vue ce fait majeur – les paysans affluèrent par millions dans les villes. La majorité de la nouvelle classe ouvrière, une bonne partie des employés, le corps estudiantin, et une proportion considérable des nouvelles classes professionnelles allaient être recrutés parmi les paysans. C'est avec ces matériaux que se constituèrent les classes de la société industrielle en pleine croissance. Allait-il suffire d'une brève période de scolarisation pour les amener à se défaire de leurs conceptions religieuses et culturelles traditionnelles ? Et cela, dans le cadre de la croissance rapide des villes de ces années 1920, aussi bien que dans les chantiers et les camps de travail surpeuplés des années 1930 ? Par un véritable tour de force, une massive mobilité sociale allait, à brève échéance, produire une désorientation non moins massive, fort peu propice à un abandon rapide et sérieux des vieilles habitudes. Et les phénomènes de redéploiement accéléré que nous étudions, ainsi que leurs effets, sont tous « à court terme » – au même titre, d'ailleurs, que notre thème central. L'effet d'un changement social à couper le souffle sera contradictoire, et ce n'est qu'après-coup qu'il est possible de dissocier les aspects relevant de la longue période des ondes plus courtes du changement. Il ne faut pas confondre quelque nouveau vernis superficiel facile à acquérir avec un changement, dont la maturation demande beaucoup plus longtemps, des couches culturelles et psychologiques les plus profondes.

Tandis que dix-sept millions de paysans se fixèrent dans les villes entre 1928 et 1935 – sans parler des millions d'autres qui devaient aller et venir dans les agglomérations au cours de ces années et plus tard – la population du secteur urbain doubla en ce laps de temps incroyablement court. De toute évidence, ces citadins se « déruralisèrent », ou amorcèrent une évolution en ce sens, mais en même temps, comme je l'ai expliqué ailleurs (voir le chapitre x), ils « ruralisèrent » les villes, et en particulier les usines. Des erreurs de planification, elles-mêmes liées au caractère foudroyant de l'accélération, rendent compte de l'ampleur excessive et de la soudaineté de ce processus. Il ne s'agit donc pas d'une simple migration vers les villes, dans laquelle on reconnaît habituellement un signe de développement et de progrès social. « À longue échéance », encore une fois, elle devait se révéler très positive. Mais en attendant, les villes et autres agglomérations se virent submergées par des flots humains – souvent désespérés du fait de leur haine des kolkhozes ou de la dékoulakisation – qui dépassaient les capacités d'absorption de ces cités et soumirent à fort rude épreuve leurs institutions et leurs moyens matériels. Les nouveaux arrivants se retrouvèrent donc plongés dans un milieu rude et inhospitalier, une situation économique qui se dégradait, des logements insuffisants – sans parler des complexités du système industriel et urbain soviétique face auxquelles l'esprit rural était terriblement mal préparé.

Tout cela représenta un déracinement massif, un choc culturel et psychologique, provoquant une désorientation généralisée, une crise des valeurs, et les phénomènes concomitants que sont la délinquance, le houliganisme, le cynisme, l'anomie des masses, et l'attrait exercé par des contre-cultures assez peu reluisantes.

Ces phénomènes sont cruciaux pour la compréhension des années 1930. Bien que nous ayons ici affaire, dans une certaine mesure, à un cas exemplaire d'industrialisation et d'urbanisation rapides, que l'on retrouve un peu partout, l'échelle et la concentration dans le temps, aussi bien que les circonstances politiques, furent très singulières et uniques. Les tensions et contraintes imposées à la population et au système politique furent immenses.

À ce stade, c'est ce qui arriva à la population qui est capital pour l'intelligence du régime. La population qui, dans sa grande majorité, on l'a vu, était d'origine rurale dut s'adapter et, d'une certaine manière, reconstruire ses valeurs éthiques et culturelles, retrouver la maîtrise de sa vie et de son jugement. À cette fin, elle allait employer, à différentes doses, tout ce qu'elle pourrait trouver dans ses environnements passés et présents – le seul problème étant que beaucoup de vieux bagages étaient maintenant hors d'usage, tandis que le nouvel environnement était lui-même fort en peine d'offrir de nouvelles valeurs. La charge d'apporter des réponses et des solutions retomba en conséquence sur l'État – lequel était aussi, pour le moins, fébrile et tendu à l'extrême, s'en remettant beaucoup trop à la coercition brute et à une propagande primaire, et arborant quantité de syndromes pathologiques. Au beau milieu de cette entreprise de scolarisation et d'édification, de formation et de poussée en avant, le processus d'acculturation se retrouva partiellement bloqué, tandis que se développa un phénomène temporaire auquel conviendrait parfaitement le vocable de « déculturation ». Ce terme rend compte à la fois des phénomènes de déracinement massif que connurent les paysans, perdant leurs anciennes valeurs et leurs moules culturels sans en retrouver assez rapidement de nouveaux, ainsi que des effets de la terreur politique et culturelle et de la propagande la plus grossière : grisaille, uniformité, langage stéréotypé, grossièreté des propos et des mœurs – et ce, tant à la base qu'au sommet – et enfin, contre-cultures troubles, alcoolisme et comportement criminel.

Il n'est pas inutile de répéter que l'État, évoluant au milieu de cette espèce de « vide » culturel (de son fait, dans une large mesure) éprouva lui aussi les effets de ces courants à travers ses propres organes et *apparaty*. Il allait en conséquence mobiliser toutes ses ressources pour maîtriser ces courants et continuer à régner. Cela ne devait pas se faire en un tour de main, et ce nouvel effort allait représenter le dernier chapitre de la formation de l'État stalinien, mais aussi le justifier.

UNE IDÉOLOGIE OU PLUS?

L'une des stratégies de contrôle social consista à créer ou à développer à travers l'ensemble du système un solide échafaudage de chefs – appelés *načal'stvo* tant par la population que par les intéressés. Ce terme, qui venait du vocabulaire et de la pratique politiques de la Russie tsariste, devait tout à la fois étayer le système et le symboliser. Mais il fallait une politique plus subtile pour contrer les effets de la « déculturation » dans les villes ou ceux de phénomènes similaires et de la disparition des incitations dans les campagnes. Le régime devait offrir et inculquer des valeurs, extirper certaines croyances pour en instiller d'autres, et légitimer sa politique et sa nature même aux yeux des masses, alors même qu'il élevait ou abaissait socialement des millions de gens. La réussite ne serait pas facile en ce domaine, et elle allait exiger des pressions et des compromis sur les fronts culturel et idéologique ainsi que de nouvelles transformations touchant à la nature du régime.

Une comparaison avec l'histoire de l'Église chrétienne et d'autres grandes religions aux premiers stades de leur développement peut donner une idée de l'enjeu des efforts déployés par la Russie soviétique pour combattre les effets des « marées petites-bourgeoises » et les effets démoralisants de l'anomie des masses et de la crise des valeurs. « Ni le prophète ni le prêtre », écrit Reinhard Bendix dans son ouvrage sur Max Weber, « ne peut se permettre de rejeter tout compromis avec les croyances traditionnelles des masses » [1]. On peut en dire autant des régimes, si radicaux soient-ils, qui s'efforcent de changer les rapports sociaux. Dans sa vieille lutte contre diverses formes de paganisme et, plus généralement, contre toute la culture populaire orale, l'Église a fini par adapter quelques-unes de ses pratiques aux coutumes populaires et adopter maints éléments de la religion populaire afin de gagner sur le fond moyennant quelques concessions tactiques. Il ne nous appartient pas de dire ici si ces concessions portaient sur des vétilles ou des éléments plus essentiels, mais il n'en reste pas moins vrai que l'Église s'est servie de ses miracles pour rivaliser avec la magie de ses ouailles, de son exorcisme pour l'emporter sur leurs guérisseurs, de sa version des démons, magiciens et sorciers pour éliminer leurs esprits et leurs divinités. La liste de ces adaptations et de ces adoptions est bien plus longue, mais ce qui nous intéresse ici, ce sont les phénomènes comparables que connut l'Union soviétique dans les années 1930. Cela se passait donc au XXe siècle, et non pas au Xe, et les choses n'ont pas duré plusieurs siècles mais se sont

1. Reinhard BENDIX, *Max Weber : An Intellectual Portrait,* 1960; *reprint,* Berkeley, University of California Press, 1978, p. 92.

concentrées sur quelques années. De plus, il ne s'agissait pas d'un affrontement opposant des paysans païens à une Église et à un royaume chrétiens, mais d'un conflit entre des paysans chrétiens et un État athée qui n'entendait pas imposer une nouvelle religion – mais tout simplement exploiter à ses propres fins des méthodes et des structures analogues à celles de l'expérience religieuse et ecclésiastique. Là encore, l'analogie est très frappante.

Un autre parallèle avec l'histoire de l'Église, que nous n'évoquerons que très brièvement, concerne le phénomène de la transformation des sectes en Églises et de l'apparition de sectes à l'intérieur des Églises établies – processus qui s'est répété dans toutes les religions. Ce parallèle peut éclairer la transformation du parti bolchevique révolutionnaire de réseaux de comités clandestins en une imposante bureaucratie, avec une puissante hiérarchie d'un côté et des « laïques » sans aucun droit de l'autre, des privilèges au sommet et la catéchèse obligatoire définie dans les hautes sphères à l'usage des échelons inférieurs, et enfin une version laïcisée... du péché, des apostats et de l'inquisition.

Le premier effort visible pour disputer à la religion populaire (ou aux religions existantes en général) l'esprit des ruraux et des citadins, sous des formes qui justifient notre analogie, s'est d'abord manifesté par une stratégie à moitié consciente comportant, entre autres, l'érection du mausolée de Lénine et l'encouragement des pèlerinages organisés autour de son corps embaumé. Et tout cela en dépit des protestations et de l'indignation exprimées par la veuve de Lénine et d'autres vieux bolcheviks devant de telles pratiques. En dépit aussi du mépris officiel pour la vénération des reliques des saints *(mošči)* à l'honneur dans l'Église orthodoxe.

Dans les années 1920, un écrivain du nom de Veresaev avait lancé dans *Krasnaja nov'* [1] un débat vif et intéressant : le problème était de savoir s'il fallait remplacer par quelque chose de séculier et de moderne, spécialement imaginé à cet effet, les cérémonies religieuses, en particulier celles qui se rapportent aux rituels du cycle de vie, qui jouaient un rôle si important, dans les campagnes surtout. Au cours de ce débat animé, d'aucuns mirent en garde contre des méthodes coercitives et artificielles, contre les dommages culturels et psychologiques que l'on risquait d'infliger en privant les gens de symbolismes anciens

1. V. Veresaev, « Ob obrjadah », *Krasnaja nov'*, n° 11, 1926.

mais profondément ressentis et nécessaires, sans les remplacer par quelque chose d'acceptable par ses destinataires.

Il se trouva même un intervenant pour mettre en garde contre le remplacement d'un ensemble autoritaire et dogmatique de rituels par un nouvel ensemble tout aussi autoritaire et dogmatique. Pour qu'elle ait un sens à ses yeux, toute l'opération devait consister uniquement à remplacer quelque chose d'autoritaire et de dogmatique par une cérémonie exprimant et portant l'émancipation de l'homme à un niveau supérieur – non par un autre rituel d'endoctrinement [1].

Les avertissements exprimés au cours de cet intéressant débat ne furent pas entendus. Dans les années 1930, notamment, la vie publique vit en effet apparaître des cérémonies et un style qui ressemblaient fort à ceux du passé : des processions avec des « icônes » de dirigeants vivants ou morts, des cérémonies publiques ritualisées, des manifestations pompeuses d'une espèce de liturgie séculière, et le recours croissant à un vocabulaire empreint de connotations religieuses et semi-religieuses. Les frontières du pays furent alors « sanctifiées » *(svjaščennye)* ; les obligations imposées par l'État, telles que les livraisons de céréales, devinrent des « commandements » *(zapovedi)* – étapes modestes mais toujours plus ambitieuses d'une stratégie se proposant de remplacer l'ancien système de croyances religieuses et nationales et ses rites par un quasi-culte de l'État séculier. Celle-ci devait prendre toute son ampleur dès la fin des années 1930, qui vit aussi l'apogée de ce que l'on tient aujourd'hui pour la pièce maîtresse du stalinisme et sa principale réalisation : l'édification fébrile d'un super-État, fortement relevé par ses fameux excès.

Nul besoin d'un grand effort pour rattacher le « culte de Staline » à cette stratégie plus générale de « sanctification » de l'État. Le culte de Staline devint en effet un élément central de cette orthodoxie séculière refondue. Sermons, serments, adulation et panégyriques donnèrent une saveur « byzantine » bien particulière à cette néo-autocratie. Mais outre qu'elle ouvrit une très sérieuse brèche dans l'idéologie marxiste-léniniste officielle, qui ne laissait aucune place à de tels développements, cette stratégie ne parut pas suffisante ni assez convaincante dans la bataille pour l'esprit des gens et la légitimation du régime. Le marxisme-léninisme ne pouvait fournir une explication convaincante du nouveau culte, et il se montra ou se sentit incapable de rendre

1. Lettre à Veresaev, in *ibid.*

plaisants et acceptables le super-État, la rigidité de la hiérarchie bureaucratique, la mainmise bureaucratique sur tous les vestiges de la souveraineté populaire, l'apparition de couches privilégiées dans la société et aux échelons supérieurs de l'échelle bureaucratique. Beaucoup crièrent à la trahison devant ces tendances, discernables dès les premiers jours qui suivirent la révolution et, de fait, au regard du credo officiel et de ses engagements d'autrefois, de telles tendances étaient choquantes. Aussi devait-on imaginer et appliquer une stratégie de diversion idéologique pour améliorer les barrières de l'idéologie. Et, pour commencer, on s'employa à amoindrir le potentiel critique du credo officiel en le transformant en une catéchèse rigoureusement contrôlée dans les limites autorisées et définies par « l'autorité suprême ».

Puis on chercha un soutien supplémentaire dans ces chapitres de l'histoire impériale qui étaient les mieux adaptés à la nouvelle situation et à l'image que se faisait de lui-même le nouveau chef : les grands tsars, bâtisseurs et despotes, Ivan le Terrible et Pierre le Grand, semblèrent convenir. On fouilla dans le passé impérial pour en extraire tout ce qui pouvait servir dans l'intégration des paysans, l'édification d'une industrie, et l'érection d'un puissant État, avec un despote à la barre, assez comparable à ceux des temps jadis avec l'éclat de leurs insignes impériaux, leur pompe et l'*Opričnina* [1], avec ses fourches contre les critiques et les ennemis.

On passa au crible le passé impérial pour y dénicher non seulement des instruments quasi religieux de nature à soutenir une autocratie moderne *(samoderžavie)*, mais aussi tout ce qu'il pouvait offrir pour nourrir le nationalisme *(narodnost')* [2] aussi bien que pour forger un nationalisme de grande puissance avec son chant de gloire à la « Grande Russie » *(Velikaja Rus')*, comme le dit encore l'hymne soviétique.

Il y avait un appétit insatiable au sommet – qui prêtait probablement le même besoin aux masses – pour ce type de symboles et d'idéologies. Il ne s'agissait pas seulement d'une stratégie conçue à tête reposée, mais d'un besoin psychologique profondément ressenti par le chef suprême, qui éprouvait sans doute

1. L'*Opričnina* était, entre autres choses, la police personnelle et secrète mise en place par Ivan le Terrible pour s'occuper de ses ennemis et administrer les terres confisquées aux boyards au bénéfice de l'État.

2. « Autocratie, Nationalité, Orthodoxie », telle était la devise officielle de l'État exprimant l'idéologie du tsarisme sous Nicolas Ier. On pourrait remplacer « orthodoxie » par « esprit de parti », mais il n'est pas nécessaire de pousser trop loin le parallèle. La similitude est là de toute façon.

une véritable affinité avec ces grands prédécesseurs – et qui se jugeait certainement bien meilleur.

Nous pouvons d'ores et déjà nous rendre compte que l'on « mobilisa » plus d'une idéologie au service du grand chambardement de ces années-là et que, ces idéologies étant réellement incompatibles, elles nécessitèrent des constructions supplémentaires.

Un observateur attentif discernerait bientôt l'apparition d'une autre production idéologique qui emprunta des éléments à la rhétorique marxiste-léniniste et nationale-impériale (ou nationaliste), associés à quelques ingrédients originaux – afin d'exprimer les intérêts et la façon de voir les choses d'une bureaucratie en plein essor. Cela était prévisible, en particulier au sommet de la hiérarchie, même si cette production ne fut pas immédiatement rendue publique ou si les purges terribles qui frappèrent ces *apparaty* et les empêchèrent de s'installer au pouvoir et de jouir en paix de leurs privilèges ne lui permirent pas de se manifester au grand jour.

Malgré l'instabilité de ses rangs due à l'époque et aux purges, l'idéologie officielle était incapable d'offrir une expression adéquate de ce qu'était la bureaucratie, de sa raison d'être et de ses intérêts tels qu'elle-même les percevait. La « qualité d'État » *(gosudarstvennost')* allait devenir le thème central, qui montrerait quel était le véritable objectif et comment assurer la cohésion interne du support de cette « qualité d'État ». On pouvait cependant emprunter un élément important aux pères fondateurs de la théorie : le principe socialiste par excellence qu'est la nationalisation des grands moyens de production. Que ce ne fût pas vraiment le principal dogme du socialisme n'avait pas beaucoup d'importance. La bureaucratie estimait qu'il était de son intérêt d'employer cette formule parce qu'elle exprimait en fait la source de la puissance de l'État et la position de ses serviteurs comme gardiens du patrimoine national. Il s'agissait d'une bonne base pour défendre leur rôle et par suite leurs privilèges tout en justifiant l'image et l'importance que voulaient se donner les nouveaux mandarins de l'État : l'apparatchik du parti, l'*otvetrabotnik*, et le *krupnyj gosudarstvennyj dejatel'* [1]. Cette idéologie,

1. Un *apparatčik* est un salarié du parti, même si ce n'est pas ainsi qu'ils se désignaient officiellement, préférant probablement *partrabotnik*. Un *otvetrabotnik* est un employé d'un certain grade et qui a quelque responsabilité. Quant à l'appellation *« Krupnyj gosudarstvennyj dejatel' »* (« éminent dirigeant de l'État »), elle est réservée aux grands commis de l'État et du parti qui ont au moins rang de ministre.

née de la défense de l'appareil du parti contre les assauts de l'opposition dans les années 1920, s'affirma ensuite à travers la répudiation de l'égalitarisme au début des années 1930 et s'épanouit avec l'imposition et la glorification du « pouvoir d'un seul » *(edinonačalie)*, avant de trouver enfin la bonne casuistique avec la thèse suivant laquelle l'État finirait bien par dépérir un jour, mais qu'il convenait, en attendant, d'étendre ses pouvoirs à l'extrême durant la phase historique en cours. La souveraineté de la bureaucratie était à peine camouflée par la célébration de l'importance de la direction – célébration qui apparaissait comme une simple variation sur le thème du rôle dirigeant du parti. On pouvait certes douter du caractère socialiste de tels principes, de même que de celui de la propriété étatique des moyens de production. Une telle forme de propriété, pour la terre notamment, avait un précédent dans des étapes antérieures du développement historique; elle pouvait devenir – et fut en fait – la base de toute sorte de régimes, y compris de la première principauté de Moscou et du tsarisme.

Il est d'autres aspects internes, moins connus et encore peu étudiés, de l'idéologie bureaucratique qui se sont manifestés dès les années 1930 et qui continuent à se renforcer aujourd'hui. Ils ont trait à la justification des privilèges matériels ou autres, avoués ou secrets, à la justification des modes de vie et des pratiques de carrière, au respect de l'autorité et des supérieurs, aux idées relatives à la position des bureaucrates dans l'État en comparaison de celle des autres classes, ainsi qu'à d'autres éléments qui ne sont pas évoqués dans les manuels ou les livres d'histoire officiels mais constituent une réalité idéologique puissante.

Que la fureur de ses purges sanglantes ait été largement dirigée contre ce soutien très réel du régime est bien l'un des mystères du stalinisme. Il y avait probablement encore parmi les *apparaty* beaucoup trop d'anciens membres d'autres partis ou du parti léniniste d'origine, de trop nombreux participants et vainqueurs de la guerre civile qui se souvenaient de ce qui avait été accompli durant ces jours de gloire. Beaucoup trop pouvaient s'estimer en droit d'être considérés comme des fondateurs du régime et arguer de ce fait pour revendiquer une participation aux décisions et la sécurité de leurs positions. De plus, laisser la nouvelle administration tentaculaire s'installer et s'incruster dans ses fauteuils et ses habitudes, c'était aussi probablement encourager les bureaucrates à tenter d'amputer le pouvoir des plus hauts dirigeants et de battre en brèche le style de gouvernement personnalisé du chef d'État – et c'est sans doute une perspective qui ne souriait guère au dirigeant paranoïde. J'ai déjà brièvement évoqué l'idée qu'une bureaucratie moderne a besoin d'une « tenure » – que l'autocrate lui refusa de la manière la plus cruelle. En réalité, l'autocratie ne pouvait vraiment bloquer trop longtemps une tendance sociologique qui devait finalement l'emporter en Russie à partir de Khrouchtchev (voir le chapitre XI).

Pour l'heure, au beau milieu d'un affrontement difficile avec la paysannerie, tandis que l'État déployait des efforts considérables pour discipliner la main-d'œuvre au plus fort des purges visant l'appareil du parti et du gouvernement, une quatrième idéologie fut mise en avant. Celle-ci parut nécessaire pour justifier l'existence d'un super-État, mais aussi les moyens spécifiques employés pour l'ériger : le terrorisme et la répression de masse. Ce fut une plongée dans les traditions et les aspirations les plus sombres et les plus irrationnelles des individus et du corps politique, exploitées pour amalgamer une réalité déplaisante, un impossible mélange d'idéologies et une charge macabre et contre-révolutionnaire visant les hommes comme les personnes. Le stratagème fut cette fois digne d'un grand chaman. Les procès publics ne furent que la partie visible de cet édifice. Il donna un semblant de vérité à la mythologie des « ennemis du peuple », tandis que les hommes de chair et d'os, pour la plupart des camarades de Lénine et des chefs de la révolution, avouèrent bel et bien les crimes les plus improbables. La procédure parut ainsi réhabiliter la mythologie, quand elle ne prouvait en fait que ce qu'elle tentait de dissimuler. Comme toutes ces accusations ne reposaient sur aucun fondement, seule la confession pouvait servir de preuve à défaut du moindre contenu analytique ou juridique. Lors de son propre procès en 1938, Boukharine donna à cette procédure le nom de « principe médiéval ». Et il avait raison, puisque ce « principe » avait été à la base de la chasse aux sorcières et des persécutions des schismatiques par l'Inquisition.

Le parallèle était parfait. Les victimes étaient présentées comme des pécheurs qui avaient vendu leur âme au diable et commis la plus vile des trahisons. On eut aussi recours à la torture avant ces procès, mais, avec ou sans procès, l'usage de la torture devint particulièrement massif après qu'en 1937 Staline eut personnellement autorisé l'emploi de « pressions physiques » contre tous ces traîtres.

Dans ce contexte, il vaut la peine de rappeler qu'un acte – si innocent fût-il – ou même l'ombre d'un doute sur la ligne du parti ou la sagesse du chef étaient déjà un début de trahison – puisque le doute ne pouvait en fin de compte que faire le jeu des services de renseignements étrangers et méritait donc d'être extirpé à titre prophylactique, même s'il était encore enfoui quelque part dans le subconscient. Trouver des excuses au doute de quelqu'un sans en faire part aux autorités était tout aussi répréhensible – et digne d'un châtiment.

Tout cela est parfaitement documenté et bien connu. Ce que l'on sait moins, c'est que toute cette activité, y compris la mise au jour de la fonction même du doute, le recours à des boucs émissaires pour laver le régime, la production d'ennemis mythiques, relevait d'une quatrième idéologie indépendante et pleinement opératoire qui offrait maintenant aux masses, désorientées par les chocs de ces années, les deux pôles d'une équation manichéenne : les forces du progrès avec le chef idolâtré à la barre; et le déploiement des forces du mal, des esprits et des démons, pour expliquer tout ce qui allait mal ou provoquait des souffrances et, par là même, mobiliser la nation autour de l'œuvre de construction et de destruction entreprise par le régime.

Nous savons que beaucoup réagirent par un torrent de dénonciations, mais nous ne saurons peut-être jamais combien de gens trempèrent dans des dénonciations ou des arrestations, ni combien furent arrêtés ou périrent. Mais de la part du régime – ou était-ce essentiellement le fruit de l'esprit pathologique du chef suprême? – il s'agissait d'exploiter les prédispositions psychologiques et culturelles d'une population désorientée au beau milieu d'une crise des valeurs et d'un *no man's land* culturel en l'amenant à accepter une « démonologie » présentée par les autorités. Cela montre aussi comment le système, qui livrait un combat contre les gens superstitieux qui croyaient encore aux forces du mal *(nečistaja sila)*, attrapa lui-même le virus pour plonger dans les superstitions et les aberrations les plus profondes que l'on ne pouvait ni rejeter sur des boucs émissaires ni laisser au seuil de la mentalité populaire.

UNE STRUCTURE SOCIALE GÉNÉRATRICE D'AUTORITARISME

Nous avons tenté, au fil de ce chapitre, d'introduire dans notre enquête sur le phénomène stalinien les grandes tendances qui ont joué dans toute l'histoire de la Russie, le mécanisme qui a causé la perte du précédent système mais aussi, et telle est notre thèse, qui a continué à affecter le nouveau régime. Nous avons aussi pris en considération les conséquences de la révolution et de la guerre civile, qui ont non seulement éliminé les classes dirigeantes de jadis mais aussi fait apparaître sur la scène historique une nouvelle couche sociale pour diriger l'État ainsi qu'un nouveau type d'institution de gouvernement, le parti. À la suite de ces deux événements, c'est tout le système socio-économique mais aussi, à bien des égards, le système politique qui ont régressé pour revenir à un stade antérieur de développement social, précapitaliste. Tout en reconnaissant que son prédécesseur n'était pas tellement avancé, ce système prétendument postcapitaliste est donc en réalité parti d'un niveau de développement qui n'avait hérité que d'une partie des acquis de la Russie au XXe siècle. Cet état de choses a influencé les positions respectives de l'« État » et de la « société », le nouvel État se trouvant uni et, essentiellement, confronté à une paysannerie communautaire et socialement homogène, au point que l'on peut considérer que leurs rapports ont largement contribué à définir et à délimiter le champ du possible, et de ce qui s'est réellement passé au cours des étapes suivantes.

À la crise suivante – et le point essentiel de notre thèse, c'est que tout le contexte était déséquilibré et enclin à la crise – une nouvelle accélération créa un troisième complexe de facteurs et de tendances qui fermèrent certaines voies au développement tout en en favorisant vivement d'autres et, en conjonction avec maints étais des étapes précédentes, se soldèrent finalement par une combinaison de développement et de terreur, d'État bureaucratique et de régime autocratique connue sous le nom de stalinisme. Par conséquent, le stalinisme, avec son étatisation systématique, la destruction des cadres, la collectivisation forcée, ses camps de concentration et sa main-d'œuvre servile, apparut dans une société relativement « primitivisée » qui avait été propulsée par une industrialisation accélérée, responsable de ce double résultat caractéristique de la période : une acculturation défigurée par une considérable déculturation; un bond en avant industriel sérieusement entravé par la stagnation de l'agriculture; une ascension sociale massive doublée d'une déchéance sociale massive pour bien d'autres; une progression de l'alphabétisation, mais un état général de libertés fortement compromises. En fait, ce devait être, pour toute une génération, un État policier cruellement oppressif.

Chaque étage de l'édifice historique avait contribué à ce résultat. La Russie tsariste avait un secteur capitaliste dynamique et croissant qui était lui aussi encore trop faible pour morceler la paysannerie et transformer le système en une société capitaliste à part entière. Comme Lénine le perçut, un secteur industriel et financier moderne et très avancé était profondément entravé par une toile de contraintes venant de l'État, ou de l'arriération économique des campagnes, où l'existence d'un immense excédent de main-d'œuvre paysanne bon marché empêcha le plus souvent la petite noblesse de moderniser ses domaines – et contribua à son déclin dans l'économie du pays.

La révolution se chargea de détruire les deux membres de l'équation : le secteur capitaliste, et ces rapports qui constituaient autant d'éléments « semi-féodaux ». Mais qu'est-ce qui allait les remplacer ? Dans un premier temps, ce devait être la résultante de « deux courbes de régression » par lesquelles le nouveau régime hérita, entre autres choses, du passé d'une paysannerie qui s'était libérée de ses fers, mais qui s'était rabattu sur un moule plus « rural » qu'auparavant, et d'une société urbaine privée d'une bonne partie de ses couches les plus expérimentées et les plus sophistiquées.

La situation était donc plus propice qu'autrefois au renforcement du rôle d'un État plus (et non moins) autoritaire qu'avant la révolution. La matrice sociale tout entière se nourrit alors que l'autoritarisme, dans le contexte d'une société « homogénéisée », illettrée, et semi-analphabète et d'une structure sociale « simplifiée » face à un filet de bureaucraties socialement assez hétérogènes où l'on trouvait maints survivants du précédent système à côté de nombreux nouveaux venus des classes inférieures. L'appareil de l'État subit à bien des égards le contrecoup du déclin économique et social, mais il se montra capable de faire ce qui n'était pas à la portée du gros de la société : utiliser les instruments du XXe siècle pour diriger et penser la situation et les buts du régime en termes modernes, souvent élaborés. Tout cela, on l'a déjà dit, favorisa l'établissement de rapports autoritaires entre les partis, presque par un réflexe spontané et naturel. Les études relatives aux administrations qui firent leur apparition après la révolution d'Octobre, dans tous les domaines de l'action gouvernementale, y compris dans le parti, le montrent de manière convaincante : le ton du commandement (favorisé par les expériences de la guerre civile) et de la suprématie bureaucratique venait tout naturellement et facilement aux fonctionnaires, quelles que fussent leurs origines sociales. Cette tendance devait aller, si possible, en s'amplifiant, jusqu'à atteindre son apogée sous le « haut stalinisme ». Paradoxalement, si l'idéologie socialiste poussa certains à s'opposer à de telles tendances, d'autres purent voir dans cette même idéologie la justification d'attitudes fermes, même rudes et dominatrices, convenant à ceux qui savent ce qui est le mieux pour les classes populaires, qui n'étaient pas dans le secret des concepts relatifs aux complexités du développement historique.

La manière dont les initiés analysèrent la situation – même si nous n'oublions pas qu'ils eurent au départ de très profondes divergences – n'est pas sans intérêt pour l'étude du régime. Face à une base sociale affaiblie, le chef du parti, nous l'avons dit, eut le sentiment que l'État avait devant lui un champ élargi et bénéficiait d'une position de monopole. Mais cette situation créa aussi à la tête de l'État, non pas en dépit mais en raison même de l'idéologie progressiste et modernisatrice, un sentiment de vulnérabilité et, enfin, une peur paranoïde des masses. Que celle-ci fût, oui ou non, objectivement justifiée constitue un intéressant sujet de débat. Mais elle a certainement été exagérée – ou eu tendance à le devenir – par l'habitude prise de recourir aux outils de l'analyse en termes de classes conçue dans et pour une société capitaliste développée. Dans la société d'après la guerre civile, avec sa paysannerie nivelée et ses villes, dont les classes supérieures avaient disparu, l'habitude de chercher désespérément une configuration de classes pleinement développée qui n'existait pas a renforcé le sentiment de vulnérabilité, entravé l'apparition d'instruments d'analyse plus appropriés, et contribué à bien des égards à conforter les facteurs de tension et de déséquilibre au sein du système. Le mésusage des instruments d'analyse a été, à notre avis, l'une des causes de la perte de sang-froid et de l'irrationalité dérivée qui devait longtemps infester le pays pour finalement plonger le système dans un état de morbidité aiguë.

Il est difficilement concevable que ces réalités sociales, ces données si tangibles de l'étape initiale, n'aient pas exercé une profonde influence sur les étapes ultérieures. Les données structurelles ne prédéterminent pas toute politique, pas plus qu'elles n'interdisent certains choix. En revanche, elles limitent certainement ces choix et éliminent, au moins, certaines solutions plus souhaitables. On ne voit pas la moindre possibilité de solutions démocratiques à cette époque – même si Lénine en souhaitait une [1]. Plus à propos, il n'y avait pas non plus de solutions socialistes envisageables. Officiellement, une période de transition s'imposait, mais l'on décréta finalement que le propre du socialisme était la nationalisation quasi générale. Ce que cela voulait dire en réalité, c'était une étatisation, c'est-à-dire quelque chose de différent mais qui, en soi, n'était pas si inattendu en Russie. Le voile idéologique contribua cependant à accélérer une nationalisation générale qui, en tout état de cause, était prématurée dans la plupart des secteurs – et ce, aussi bien durant la guerre civile que par la suite, y compris dans les années 1930. Et cette « nationalisation prématurée » – une idée que l'on ne saurait développer ici – est l'un des facteurs fondamentaux d'un type spécifique de bureaucratisation qui accompagna le renforcement du pouvoir de l'État et des contrôles rigides de la population.

Dans ces conditions, on se demande si l'échec des bolcheviks consista à avoir abandonné leurs idéaux d'Octobre – nous savons parfaitement que nombre d'entre eux s'y opposèrent et payèrent chèrement leurs efforts pour enrayer cette dérive par rapport à leurs espoirs initiaux – ou s'ils ont péri faute d'avoir su comment gérer un État autoritaire et l'empêcher de se transformer en quelque chose de pire encore – fermant pour on ne sait trop combien de temps les voies d'une démocratie sociale en Russie.

Les effets de ce type d'échec apparaissent dans toute leur ampleur après l'accélération effrénée de la croissance économique dans une société qui y était peu préparée – et précisément parce qu'elle y était si peu préparée. L'effort pour accomplir un bond dans une situation qui, nous l'avons montré, était « déséquilibrée » fut la source de profondes vagues de changement et de crises, que nous avons tenté de décrire. Les nouvelles déstabilisations qui s'ensuivirent et que, pour certaines d'entre elles, nous avons longuement analysées, ne firent qu'accentuer

1. Voir Stephen F. Cohen et Robert C. Tucker, éds., *The Great Purge Trial*, New York, Grosset & Dunlap, 1965, pp. 653-667. Cette remarque ne prétend pas expliquer les événements et les résultats obtenus par le régime en affirmant que les conséquences procèdent, de manière rigoureusement prédéterminée, prévisible et inéluctable, de l'édifice social décrit. Les grands traits de la forme naissante de régime politique sont, bien entendu, profondément influencés par cette configuration sociale, qui présente d'évidents facteurs limitatifs. Mais à l'intérieur d'un tel cadre général, il existe des choix et des alternatives, et bien des choses dépendent de la qualité des décisions et des capacités des factions en présence.

la tendance à s'en remettre chaque jour davantage à des « méthodes administratives », qui, bien entendu, allaient au-delà de la simple coercition. Elles renforcèrent aussi la tentation d'abuser des leviers de la contrainte et de les employer de préférence à d'autres instruments – tentation que le régime n'avait plus d'incitations à refuser. Si nous acceptons ce tableau de tensions, de contradictions, et de déséquilibres croissants dans l'ensemble du système – que l'on pouvait pressentir dès avant 1928 mais qui s'amplifièrent par la suite sous l'effet de la « grande offensive » – alors on peut voir dans le renforcement de l'étatisation, dans la bureaucratisation, la multiplication des mesures coercitives et l'apparition d'un despote parfaitement archaïque, une réponse à des conditions particulièrement propices à ces tendances. Ce qui s'est passé dans l'agriculture devrait rendre plus clairs l'émergence d'un État totalitaire et le resserrement de son étreinte aussi bien que d'autres de ses traits, dans la mesure où cette branche – et son support, la paysannerie – est un mécanisme crucial de ce processus. Dans un autre secteur important de la vie, le monde urbain, l'affluence soudaine et imprévue vers les villes que l'on a décrite comme un phénomène de « ruralisation des villes » et ses conséquences en matière de cohésion sociale, de culture, de niveau de vie, de psychologie sociale et individuelle, de valeurs, de névroses collectives ou personnelles et, enfin, de criminalité apparaissent comme autant de facettes d'une « déculturation » qui a touché de nombreuses métropoles. Durant un certain nombre d'années, les campagnes furent elles aussi soumises à des transformations, tantôt semblables, tantôt spécifiques. Cette politique de collectivisation écrasante poursuivait un double objectif : organiser les paysans dans le cadre d'unités et de formes élargies et plus productives et contribuer ainsi à libérer le pays de sa dépendance à l'égard des moujiks. L'affaire en question porta le nom de *raskrest'janit'* – « dépaysannisation ». Le domptage du paysan fut l'une des politiques les moins heureuses de l'État soviétique, bien que les formules de politesse ne soient point de mise ici. Et cette politique déboucha sur la création d'un système plus enclin et plus habile à pressurer qu'à produire. La paysannerie refusa son ardeur aux champs kolkhoziens pour la concentrer sur les minuscules lopins familiaux. De la sorte, le moujik se perpétua en tant que classe sociale d'un caractère archaïque – sauf que la base économique de celle-ci n'était que de 3,8 % de la superficie totale ensemencée et, jusqu'à une date avancée des années 1950, ces 3,8 % assuraient une production alimentaire dont la famille paysanne et la nation tout entière étaient ridiculement dépendants. L'arrachement par la force d'un travail non rémunéré, et une méthode résiduelle de paiement (le paiement ne se fait qu'en fin d'année, en quantité imprévisible, et uniquement après que l'État, les créditeurs, et le kolkhoze ont pris leur part) devaient profondément affecter le caractère des paysans et les amener à se souvenir de la N.E.P. avec nostalgie. De leur point de vue, la collectivisation se solda pour eux par un abaissement social et une chute du niveau de vie. Tout un système de restrictions sociales, économiques et juridiques vint annuler tout ce qu'ils avaient accompli au cours des trois révolutions précédentes et, devant l'atrophie de leur intérêt pour la terre et l'agriculture, ils ne cessèrent de se demander quelle était leur position dans l'État, quelle était leur identité sociale. Ils n'étaient pas des travailleurs salariés (que le système considérait officiellement comme son principal appui), ni des coopérateurs (tout était contrôlé et prescrit par le haut, et les élections des dirigeants kolkhoziens n'étaient qu'une formalité); et ils n'étaient pas non plus les producteurs indépendants, les patrons *(hozjaeva)* qu'ils avaient été sous la N.E.P. Une espèce hybride, une espèce de ridicule minimoujik souffrant d'un sentiment profond de dépersonnalisation et de perte d'identité – tel fut l'un des résultats de cette opération de changement social forcé. Dans le même temps apparut une situation un peu parallèle à ce qui s'était produit à l'époque de Pierre le Grand, et qui se prolongea encore un certain temps sous Khrouchtchev. Pierre tenta – il ne pouvait faire autrement – d'édifier ses usines industrielles sur la base du travail des serfs. Staline accomplit son industrialisation, en particulier son industrialisation de l'agriculture, sur l'extraction d'excédents non rémunérés, ne laissant qu'une « rémunération résiduelle » aux *kolhozniki* – chose qu'ils ne pouvaient accepter de leur plein gré. Ainsi des pratiques d'oppression de la main-d'œuvre se développèrent-elles dans les campagnes et dans une moindre mesure (et sous différentes formes) aussi dans l'industrie. L'oppression de la main-d'œuvre ou les nombreux éléments de ce régime introduits dans le système permirent aussi l'apparition d'un vaste secteur d'esclaves dans les camps – parachevant ainsi cette oppression.

Cet ensemble de phénomènes appartient aux éléments repoussants et régressifs du développement social et industriel soviétiques. Le stalinisme fut l'incarnation de ces traits, et sans eux il n'aurait pas existé. Quand son architecte disparut et que furent démantelés de nombreux traits de son système, la Russie se retrouva puissante et sur la voie du progrès, mais l'étreinte de la rechute sociale initiale des années 1917-1921, grandement propice et favorable au système étatique autoritaire et ubiquiste des années 1930, n'a toujours pas été brisée à ce jour – il s'en faut de beaucoup – si bien que le développement du pays et les rapports sociaux ont été périodiquement marqués par des ralentissements, des déclins, ainsi que des blocages conservateurs.

INDEX *

* Sauf pour les noms les plus connus (Trotsky, Boukharine...) et quelques substantifs passés dans le langage courant (*moujik*, par exemple), nous avons adopté les règles de translittération de l'Organisation internationale de normalisation.

*Composé et achevé d'imprimer
par l'Imprimerie Floch
à Mayenne, le 6 janvier 1987.
Dépôt légal : janvier 1987.
Numéro d'imprimeur : 24650.*

ISBN 2-07-070799-7 / Imprimé en France

39555